Bildung und Erziehung
Grundlage humaner Zukunftsgestaltung

Bildung und Erziehung

Grundlage humaner Zukunftsgestaltung

Beiträge von

Kurt Aurin – Wolfgang Brezinka – Erich E. Geißler – Georg Gölter – Henning Günther – Peter Heesen – Werner Heldmann – Kurt A. Heller – Rainer Ilgner – Julius Krämer – Josef Kraus – Rudolf Lassahn – Birgit Lermen – Brigitte Mohr – Ilse-Maria Oppermann – Franz Petermann/Ulrike Petermann – Karl-Heinz Potthast – Herbert Reul – Elisabeth Sander – Uwe Sandfuchs – Bernhard Sutor – Bernhard Vogel – Reinhold Weiß – Klaus Westphalen – Peter Winterhoff-Spurk

Herausgegeben von
Jörg-Dieter Gauger

1991

BOUVIER VERLAG BONN BERLIN

Die Deutsche Bibliothek - CIP-Einheitsaufnahme

Bildung und Erziehung : Grundlage humaner Zukunftsgestaltung / Beitr. von Kurt Aurin ... Hrsg. von Jörg-Dieter Gauger. - Bonn ; Berlin : Bouvier, 1991

ISBN 3-416-02289-0

NE: Aurin, Kurt; Gauger, Jörg-Dieter [Hrsg.]

 Linke Abb. auf dem Umschlag: nach dem Gemälde „Die Dorfschule" (1896) von Albert Anke. Printed in Germany. Satz: Computersatz Bonn. Druck und Einband: Druckerei Plump KG, Rheinbreitbach.

Inhaltsverzeichnis

„Zwei Erfindungen der Menschen kann man wohl als die schweresten ansehen: die der Regierungs- und die der Erziehungskunst nämlich, und doch ist man selbst in ihrer Idee noch streitig." *Immanuel Kant 1803*

„Es werden Versuche gemacht und kurzatmig Inhalte, Ziele Methoden gewechselt ... Ein Zeitalter, das sich selbst nicht vertraut, kümmert sich um Erziehung als ob hier aus dem Nichts wieder etwas werden könnte."

Karl Jaspers 1931

Vorwort des Herausgebers

Bildung und Erziehung: Grundlage humaner Zukunftsgestaltung

Der historische Prozeß der deutschen Einigung, die fortschreitende europäische Integration, aber auch die technologische Entwicklung, sich verändernde Lebensstile und Wertpräferenzen, der höhere Stellenwert von Freizeit, neue Anforderungen in der Arbeitswelt, die veränderte Rolle der Familie, die vermeintlich notwendige Bedeutung höherer Formalabschlüsse, die steigende Medien- und Reizüberflutung, schließlich das Schwinden hergebrachter traditioneller, insbesondere christlicher und milieugeprägter Orientierungen und daraus entstehende Sinndefizite müssen Grund genug sein, den Stellenwert der Bildungs- und Kulturpolitik in unserem Lande neu zu überdenken (s. den Beitrag von B. Vogel). Wir stehen vor der Aufgabe, uns in der europäischen Gemeinschaft zu behaupten wie auch Europa mitzutragen und mitzugestalten, und wir stehen vor der Herausforderung, das überkommene Bildungswesen – hier die Schule – in den fünf neuen Ländern auf einen Standard zu bringen, der unseren Vorstellungen zukunftsgerichteter Bildungspolitik entspricht, ihre Absolventen lebenstüchtig entläßt und so ausstattet, daß sie auch im europäischen Wettbewerb bestehen.

Es ist gerade jetzt an der Zeit, dazu einige Überlegungen vorzulegen, die christlich-demokratischen Grundüberlegungen entsprechen, und einige Leitgedanken vorzustellen. Denn wenn je, dann besteht jetzt eine Chance, neu nachzudenken. Dabei erhoffen wir uns (s. den Beitrag von Herbert Reul) auch Impulse für eine gesamtdeutsche Bildungsdiskussion, die hierzulande eingefahrene Gleise verläßt und auf neue Wege führt.

Höherer Stellenwert für Bildungspolitik

Worauf es uns angesichts der skizzierten Probleme zunächst ankommen muß, ist, den Rang von Bildungspolitik im Bewußtsein der Politik und der Öffentlichkeit zu erhöhen. Trotz mahnender Erfahrungen der Vergangenheit herrscht über ihren Stellenwert noch keineswegs politischer Konsens. Man mache sich daher klar, was sich mit Bildung verbindet bzw. verbinden kann:

– Bildung ist Heranführen an und Vertrautmachen mit den kulturellen Beständen unseres Volkes unter den Bedingungen einer freiheitlich-demokratischen Gesellschaftsordnung. Dieses Vertrautmachen nimmt Traditionen ebenso auf wie es die entscheidenden Fragen der Gegenwart einbezieht und zur sinnerfüllten und ethisch verantwortlichen Zukunftsbewältigung befähigen soll. Dabei gilt Bildung nach dem zutreffenden Wort Th. W. Adornos der „Kultur nach der Seite ihrer subjektiven Zueignung", ist in diesem auf Wissen und Urteil gehenden Sinne „Formung" (formatio) der Persönlichkeit, während Erziehung eher den Aspekt der Willensbildung und des Handelns betont. In der Realität muß beides zusammengehen.

Bildung ist daher immer mehr als nur reine Ausbildung und mehr als reine Berufsvorbereitung, auch wenn hier nicht scharf zu trennen ist. Aber daraus ergibt sich die steigende Bedeutung des Allgemeinbildungsgedankens für alle Bildungsbereiche, eine stärkere Verknüpfung von Informations-, Orientierungswissen und des Denkens in Zusammenhängen und Vernetzungen. In diesem Zusammenhang sei der Begriff der „Schlüsselqualifikation“ ausdrücklich erwähnt (s. den Beitrag von E. E. Geißler).

- Bildung ist das geistige Wettbewerbspotential unseres Volkes nicht nur unter ökonomischen und technologischen Gesichtspunkten. Wir haben nur die Ressourcen der Köpfe, von unserem Wissen und Können hängt die Zukunft ab. Der Erhalt und die Fortentwicklung des Kultur-, Wissenschafts- und Wirtschaftsstandortes Deutschland setzt daher eine ständige Intensivierung von Bildungsmaßnahmen voraus.
- Bildung muß das Vermögen und die innere Bereitschaft entwickeln, sich an der Gestaltung gesellschaftlicher Wandlungsprozesse aktiv zu beteiligen bzw. neue Entwicklungen verantwortlich und rational aufzugreifen und mitzuformen.
- Das organisierte Bildungswesen ist Funktion unserer freiheitlich-demokratischen Gesellschaft. Daraus ergibt sich die Konsequenz, ein (kritisches) Ja zur freiheitlich-demokratischen Grundordnung als Bildungsziel zu fordern. Auch wenn wir uns der Tatsache bewußt sind, daß Bildungsmaßnahmen etwa im Bereich staatsbürgerlicher Erziehung nur als Angebote gelten, muß dieses Ziel vorgegeben und angestrebt werden.
- Zukunftsvorbereitende Bildung meint einen nicht einmal abgeschlossenen Lebensabschnitt, sondern verbindet sich mit der Vorstellung *lebensbegleitenden Lernens* und *lebenslanger Weiterqualifikation.* Insofern muß Bildung als Kontinuum begriffen werden, in dem die bislang dominante Bedeutung der Schule auf eine Zwischenstufe reduziert wird und andere Bildungsbereiche stärker in die politische Aufmerksamkeit und Gestaltung einbezogen werden müssen. Das betrifft v. a. den Weiterbildungssektor.
- Bildung hat wesentlich mit *Sinn, Orientierung und Maßstäben* zu tun. Daher dürfen in einer Gesellschaft, in der herkömmliche Bindungen und Überzeugungen, die über Jahrhunderte das Gesicht europäischer Kultur prägten,

ihre Kraft verlieren, gerade Fragestellungen diesen Inhalts aus keinem Bildungsprozeß ausgeschlossen werden. Das betrifft das Verhältnis des Menschen zur Schöpfung ebenso (Umwelterziehung) wie seine Einstellung zum Mitmenschen, seine Beziehung zu seiner Lebenswelt und sein Bedürfnis nach Transzendenz (s. die Beiträge von R. Ilgner und K.-H. Potthast), das sich nur in seiner äußeren Gestalt, nicht in seinem Kern ändert.

- Die Hinführung an moderne Informationstechniken in allen Bildungsbereichen wirkt entlastend und eröffnet daher die Möglichkeit, kulturell-ästhetischen Bildungsangeboten größeren Raum zu geben. Diese Chance entspricht dem steigenden Interesse großer Bevölkerungskreise zu aktiver Teilhabe an kulturellen Gestaltungsformen (s. den Beitrag von R. Weiß).
- Die deutsche Einheit stellt uns vor neue Aufgaben, bietet aber auch neue Perspektiven. Sie eröffnet für die Vermittlung von Geschichte, Kultur und Tradition der Deutschen in Europa neue Horizonte. Trotz unabtragbarer Hypotheken der jüngsten Vergangenheit: Belastungen auch geistiger Art und Probleme der Identitätsfindung, die durch den Zustand der Teilung der Nation bedingt waren, treten mittelfristig zurück. Daher wird Deutschland in neue Aufgaben und Verantwortlichkeiten hineinwachsen, die durch Bildungsmaßnahmen vorbereitet und begleitet werden müssen. Zudem sind die unterschiedlichen Mentalitätsstrukturen, die sich im freien Teil Deutschlands ausgeprägt haben, mit denen zusammenzuführen, die durch 40, genauer 60 Jahre totalitärer Diktatur geprägt wurden. Auch das verlangt bildungspolitisches Handeln (s. die Beiträge von J. Kraus und H. Reul), denn wir sollten uns nicht darüber hinwegtäuschen, daß das jetzt entstehende geistige Vakuum, die kritiklose Übernahme „westlicher" Lebensstile oder innerer Rückzug und Resignation auch gefährliche Folgen für die innere Stabilität unseres Gemeinwesens haben können.

Vor diesem Hintergrund darf Bildungspolitik nicht mehr nur als Politik sui generis, sondern muß zugleich als eminent wichtige gesellschafts-, staats- und europapolitische Aufgabe begriffen werden. Durch Bildung werden nicht nur Positionen innerhalb der Gesellschaft zugeteilt, wird nicht nur wissenschaftlicher, technischer, kultureller und humaner Fortschritt möglich; Bildung trägt nicht nur insgesamt zum kulturellen Klima unserer Gesellschaft ganz entscheidend bei. Sondern Bildungsmaßnahmen sind auch unabdingbar für den Erhalt und die Fortentwicklung unserer freiheitlichen Staats- und Gesellschaftsordnung. Das bedeutet *grundsätzliche Anerkennung des Pluralismus* bei gleichzeitiger Zugrundelegung eines diesen Ordnungsprinzipien *verpflichteten Grundkonsens,* der in Bildungsmaßnahmen eingebracht werden muß (siehe auch die Beiträge von B. Vogel, W. Brezinka und B. Sutor), soweit sie staatlichen Einflüssen unterliegen. Daraus folgt die entsprechende Fassung der Richtlinien, Curricula und Lehrbücher ebenso wie eine Bewertung der Lehrerrolle und der Rolle des Hochschullehrers bzw. des Weiterbildners im Sinne einer (kritischen) vorgängigen Loyalität und Sympathie mit den Prinzipien dieser Ordnung. Es wird sich künftig niemand mehr darauf berufen können, es gebe ein funktionierendes und humanes Gegenmodell in Form sozialistischer Systeme. Dieser Einwurf ist diskreditiert.

Europa als Bildungsgemeinschaft

Eine bildungspolitische Aufgabe ersten Ranges wird es sein, in unserer Bevölkerung mehr europäisches Bewußtsein zu schaffen aus der Erkenntnis heraus, daß Europa mehr ist als eine Wirtschaftsgemeinschaft, daß Europa sich sehr viel stärker durch das Band von Geschichte, Kultur und Bildung bestimmt. Bildungsgemeinschaft Europa lautet das Stichwort (s. den Beitrag von B. Mohr), wobei die eigene kulturelle Tradition und Realität ihre Eigentümlichkeit und ihre Konturen in Spannung und Ausgleich zu fremden Kulturrealitäten und ihrer Anerkennung gewinnt. Europa als Bildungsgemeinschaft, das ist daher: Griechentum und Aufklärung, Latinität und Abendland, Judentum und Christentum.

Daher ist der Blick auf Europa in allen Bildungsbereichen zur Geltung zu bringen, und zwar nicht nur unter dem vordergründigen Aspekt der Anerkennung von Abschlüssen oder dem der Freizügigkeit der Berufsausübung. Hier werden wir uns dem Wettbewerb der Qualifikationen zu stellen haben, und es ist schon jetzt absehbar, daß der Arbeitsmarkt in Europa in Bewegung gerät, auch der Lehrerarbeitsmarkt. Es geht aber zugleich um die Fragestellung, wie wir durch gezielte Bildungsmaßnahmen Europa als zukünftigen politischen, wirtschaftlichen und kulturellen Bezugsrahmen stärker in den schulischen Unterricht einbringen. In diesem Zusammenhang ist an möglichst frühe Begegnung mit Fremdsprachen (s. den Beitrag von G. Gölter) schon in der Grundschule, an intensiveren Spracherwerb an Haupt- und Realschulen oder an bilinguale Gymnasien ebenso zu denken wie an die Einführung eines europäischen Lese- bzw. Geschichtsbuches und an die Intensivierung von Sprachförderungs- und Austauschprogrammen, Schulpartnerschaften, Anrechnung von Auslandsaufenthalten usf. Schon Schüler müssen sich an Mobilität innerlich gewöhnen. In den Austauschprogrammen sind auch in immer stärkerem Maße Auszubildende und junge Arbeitnehmer zu berücksichtigen, um Begegnung und Austausch miteinander auf allen Ebenen zu fördern und das Kennenlernen anderer Kulturrealitäten möglichst früh zu ermöglichen. Die stärkere Akzentuierung der europäischen Dimension im Bildungsbereich (die im übrigen auch den Alten Sprachen einen neuen Stellenwert verleiht) muß zugleich Anlaß sein, genau zu überprüfen, welche Modelle und Überlegungen unserer europäischen Nachbarn in unser Bildungswesen zu überführen sein könnten. Dabei ist allerdings vor allzu kurzschlüssiger Übertragung und vordergründiger Argumentation zu warnen (s. den Beitrag von K. Westphalen).

Denn 1. ist nach allen uns vorliegenden Erfahrungen nicht davon auszugehen, daß unser Bildungswesen dem europäischen Vergleich nicht gewachsen wäre; das Gegenteil ist der Fall, und das betrifft nicht nur den beruflichen, sondern auch den allgemeinbildenden Sektor. Diese Qualität beruht 2. nicht zuletzt darauf, daß wir dem Leitgedanken des vielgliedrigen Schulwesens verbunden sind: darin bleibt ein Gegensatz zum Schulwesen aller anderen europäischen Länder und auch dem der ehemaligen DDR. Und 3. wenden wir uns entschieden dagegen, vom bewährten föderalistischen Strukturprinzip in der Kulturhoheit abzugehen, auch wenn es in Zukunft mit einem Wort des Bonner Staatsrechtlers Fritz Ossenbühl weniger um „Kompetenz-", denn um „Beteiligungsföderalismus" gehen wird (s. die Beiträge von B. Mohr, G. Gölter und K. Westphalen).

Allgemeinbildung statt zu frühe Spezialisierung

Lebensbegleitendes Lernen als Grundprinzip der zukünftigen Bildungslandschaft bringt einen anderen Stellenwert für die in Kindheit und Jugend zu erwerbenden Bildungsbestände mit sich. Dort ist nicht frühzeitige Spezialisierung am Platze, sondern ein möglichst breitgefächertes systematisches Wissen und die ebenfalls möglichst breit angelegte Verarbeitung von Bildungsbeständen, die als grundlegend und exemplarisch zugleich gelten können und nicht nur funktionalen Charakter haben. Eine Neubestimmung des Stellenwertes von Schule im Kontext verzahnter Bildungsprozesse setzt die Besinnung darauf voraus, inwieweit „zeitgemäß" gerade „unzeitgemäß" bedeuten muß. Das bedeutet eine Revision unserer Lehrpläne und eine Durchforstung unserer Stundentafeln zugunsten einer Reduktion auf das wirklich Wesentliche bei ausgewogenem Verhältnis von Tradition und Gegenwartsbezug. Hier muß die didaktische Diskussion insbesondere unter der Perspektive möglichst einheitlich-verpflichtender und breit abzuprüfender Fächerfestlegung auch unter dem Aspekt der Vergleichbarkeit der Abschlüsse neu geführt werden. Es kann einerseits nicht das Ziel sein, immer wieder neue Inhalte additiv in bestehende Stundentafeln einzuschieben oder Ansprüche auf neue Themenbereiche zu erheben, die nicht realisierbar sind und die Schule völlig überfordern. Wir können andererseits die notwendige Einsicht nicht weiter verdrängen, daß man über den Begriff eines verpflichtenden „Kanons" von

Fächern wieder ernsthaft nachzudenken hat, daß es – schulformbezogen abgestuft – so etwas geben muß wie „allgemeinverbindliche Inhalte" (s. auch den Beitrag von W. Brezinka), an denen sich ein „geordneter Gedankenkreis" (W. Herbart) ausbilden kann. Im übrigen hat es diese Verbindlichkeit vor ca. 25 Jahren noch gegeben. Dabei müssen anthropologisch-bildungstheoretische und wissenschaftstheoretisch-didaktische Überlegungen zusammengehen (s. den Beitrag von W. Heldmann).

Unbestreitbar sind jedenfalls die anthropologisch begründeten Dimensionen, die einen sinnvollen Allgemeinbildungsbegriff ausmachen: die historische Dimension, die damit eng verbundene politisch-soziale (s. den Beitrag von B. Sutor) und auf die Wirtschaftsordnung bezogene Orientierung (das schließt Kenntnis der Institutionen ein!), die Beherrschung der Muttersprache (s. den Beitrag von B. Lermen), die Dimension der Weltorientierung (Fremdsprachen/geographisch-landeskundliche Kenntnisse), der mathematisch-naturwissenschaftliche, der musisch-ästhetische und der ethisch-religiöse Bereich (s. den Beitrag von B. Vogel). Jeder dieser Dimensionen lassen sich entsprechende Fächer bzw. Lernfelder zuordnen.

Spätere Spezialisierung setzt ein *breites Grundlagenwissen* voraus, auf dem aufgebaut werden kann. Dieses Grundlagenwissen muß primär durch systematisches, angeleitetes Lernen erworben werden. Daher ist über das anteilige Verhältnis zwischen freier, „offener" Betätigung und angeleitetem Lernen in den Schulen ebenfalls neu nachzudenken. Zwar muß es letztendlich darum gehen, im Sinne von „Schlüsselqualifikationen" das Lernen selbst zu lernen. Aber es wäre ein Rückfall in ein rein formales Verständnis des Bildungserwerbs, bliebe es nachrangig, an welchen Inhalten dies geschieht. Die Austauschbarkeit von Bildungsgütern ist nicht beliebig, weil die normative Wertung des kulturellen Bestandes einer Gesellschaft nicht beliebig ist. Daher kann es für *die Schule* keine Gleichwertigkeit der Inhalte geben. Das Problem allgemeinbildender Inhalte verschärft sich noch, wenn man die derzeit intensiv geführte Diskussion um die Verkürzung der Schulzeit im Gymnasium hinzunimmt (s. den Beitrag von G. Gölter). Der Beitritt fünf neuer Länder mit derzeit 12jähriger Schulzeit bis zum Abitur gibt dieser Diskussion eine neue Richtung, denn den europäischen Vergleich sollte man nicht überstrapazieren. Aber es wäre unrealistisch, darauf zu insistieren, dort jetzt ebenfalls ein 13. Schuljahr einzuführen. Im übrigen sei an den entsprechenden Parteitagsbeschluß der *CDU* von 1981 erinnert. Wir sind mithin gefordert (darauf scheint sich auch die politische Diskussion langsam hinzubewegen), im Sinne der oben angemahnten Reduktion und Konzentration auf das „Wesentliche" Schulzeitverkürzung anzugehen, zumindest eine 8jährige Gymnasialzeit als Angebot (Baden-Württemberg) zu ermöglichen, allerdings mit der unvermeidbaren Konsequenz, daß die Freizügigkeit der Fächerwahl in der Oberstufe ebenso vermindert wird, wie es bei vorzeitigem Schulabgang aus 8jährigen Bildungsgängen Probleme mit dem derzeit nivellierten Sek. I-Abschluß geben dürfte, sofern man auch in der gymnasialen Sek. I an Verkürzungen denkt und dabei einrechnet, daß der mittlere Sek. I-Abschluß an den anderen Schulformen eine 10jährige Schulzeit voraussetzt. Jedenfalls wäre es sinnlos, gymnasiale Schulzeitverkürzung nicht mit der Frage zu verknüpfen, wie die Leistungsansprüche des Gymnasiums wenigstens zu erhalten, wenn nicht wieder zu steigern wären. Die sächsische Linie wird daher aufmerksam zu verfolgen sein.

Schärfung der Schulprofile

Vor einer *Ghettoisierung der Grundschule* im Sinne einer Schonraumpädagogik muß in diesem Zusammenhang entschieden gewarnt werden. Vielmehr ist die Grundschule *auch* als Lernschule wieder stärker auf die weiterführenden Schulen hin auszurichten. Das gegliederte Schulwesen, dem wir aufgrund unterschiedlicher Begabungstypen, unterschiedlichen Lerntempos und natürlicher Neigungen (zum Begabungsbegriff s. die Beiträge von K. Heller und R. Lassahn) erste Priorität einräumen, kann sich freilich nur dann sinnvoll gestalten lassen, wenn die einzelnen Schulformen – das betrifft v. a. die Haupt- und Realschule – *ihre Abschlüsse profilieren* (s. den Beitrag von G. Gölter) und dieses besondere Profil – das heißt ihre spezifische Leistung – für die Nachfrage- und Abnehmerseite gegenüber gymnasialen Abschlüssen herausarbeiten. Für die Gesamtschule gilt die Maxime, sie dort, wo sie eingerichtet wurde (und das ist statistisch derzeit nur ein Anteil von 2 %), im Sinne der Leistungssteigerung zu verbessern, ohne die anderen Schulformen zu benachteiligen. Nur so wird auch sie in den Wettbewerb der Schulformen chancengerecht eingebunden. Unsere besondere Aufmerksamkeit gilt heute der Hauptschule. Es ist kein Zweifel, daß sie ihren hergebrachten Namen angesichts der Verteilung der Schülerpopulation nicht mehr generell zu Recht trägt, daß Gesamtschulen dort, wo sie eingerichtet werden, v. a. zu Lasten der Hauptschulen gehen (was sich wiederum auf die Schülerpopulation der Gesamtschule auswirkt). Aber über eine Bezeichnung kann man sich verständigen, wenn nur daran festgehalten wird, daß diese Schulform für eine bestimmte Gruppe von Schülern (etwa 20–30 %) das optimale Angebot darstellt und die Alternative der Zweigliedrigkeit weder pädagogisch noch politisch wünschenswert ist. Daher ist auch in den neuen Ländern unter Berücksichtigung der Abbrecherquote im ehemaligen Einheitsschulsystem die Einrichtung von spezifischen Hauptschulgängen zu begrüßen. Denn es ist auch kein Zweifel, daß sie in vielen Regionen Westdeutschlands funktionstüchtig ist, v. a. im ländlichen Bereich, und dort von Eltern ausreichend nachgefragt wird (s. den Beitrag von G. Gölter). Vielleicht sollte man bei der Bestimmung ihres Schulprofils an verschiedene Hauptschultypen je nach regionaler Gegebenheit unter Beibehaltung von Essentials von Hauptschulbildung denken; wobei auch integrative Formen nicht auszuschließen sind.

Leistungsbereitschaft durch Leistungsforderung

Der Begriff der Leistung und ihre Messung (s. den Beitrag von J. Krämer insbes. zur Grundschule) muß zwar nach Bildungsabschnitten differenziert und jeweils spezifisch formuliert werden. Aber sicher ist, daß heute insgesamt eine gewisse Zurückhaltung besteht, Leistung adäquat abzuprüfen und auf diese Weise auch Differenzierungs- und Selektionsprozesse einzuleiten. Man schreckt aus verschiedenen Gründen davor zurück, dem Bildungswesen „Selektion" abzufordern. Dahinter verbirgt sich jedoch ein falsches Verständnis von „sozial" und „human". Denn Durchlässigkeit heißt auch Durchlässigkeit nach unten! „Leistungsentzug ist Freiheitsentzug" (H. Schiedermair). Und daß Schule ein Schonraum sein soll nur zur Gewinnung persönlicher Lebensfreude, würde ihrer gesellschaftlichen Funktion zweifellos nicht gerecht. Schule ist immer auch „Zwangsanstalt"! Wer jedenfalls darauf setzt, durch Bildung Wettbewerbsfähigkeit zu erhalten und *Transparenz und Vergleichbarkeit* zu schaffen, kommt nicht umhin, Kriterien der Leistungsbemessung festzulegen und in die Praxis umzusetzen. Das gilt insbesondere dann, wenn es um die Vergabe von Noten oder Examina geht. Reelle, nachvollziehbare Abforderung von Leistung schafft nicht nur Erfolgserlebnisse, sondern ist zur Lebensbewältigung unabdingbar. Auswahl und Bewährung auf immer spätere Lebensphasen zu verschieben, verschärft letztendlich nur das Problem und ist daher „inhumaner" und „unsozialer".

Fordern heißt aber zugleich fördern. Ein Bekenntnis zu unterschiedlichen Begabungsformen und -typen setzt ein differenziertes und vielgliedriges Schulwesen voraus, das jeder Begabung die entsprechenden Förderungsmöglichkeiten bietet und zugleich durch *Durchlässigkeit* mit anderen Schulformen verbunden wird (s. die Beiträge von K. Aurin und P. Heesen). Schon daraus folgt ein klares Bekenntnis zum vielgliedrigen Schulwesen einschließlich des Sonderschulwesens (die Bedeutung und die Möglichkeiten der Regelschulintegration behinderter Kinder werden in der Öffentlichkeit deutlich überschätzt) und die grundsätzliche Ablehnung von Schultypen, die möglichst viel und möglichst lange vereinheitlichen und möglichst wenig differenzieren. Das gilt in besonderer Weise für den Umbau des Schulwesens in den neuen Ländern. Frühe Differenzierung ist nicht zuletzt entwicklungspsychologisch begründet (H. Roth: mit dem 10. Lebensjahr). Aber nicht nur der Begabungsbegriff und die geschichtlich gewachsene und bewährte Tradition, auch die *Achtung des Elternwillens* ist Begründung, ein differenziertes, vielfältiges und pluralistisches Schulwesen anzubieten (s. den Beitrag von I.-M. Oppermann) und hat zugleich die Stärkung von Schulformen in freier Trägerschaft zur Konsequenz, soweit ein Bedürfnis der Eltern danach besteht. Den Elternwillen achten bedeutet ordnungspolitisch: Voraussetzungen und Rahmenbedingungen für Wahlfreiheit schaffen. Hier gilt daher der Leitgedanke, das Staatshandeln im Sinne des Subsidiaritätsprinzips zurückzunehmen zugunsten der Stärkung funktionsfähiger privater Initiativen im Sinne ergänzender Vielfalt.

Den Elternwillen achten heißt zugleich, das Schulwesen so einzurichten, daß den Elternbedürfnissen Rechnung getragen wird, was freilich nur Freiheit des Zugangs, nicht auch Garantie des erwünschten Abschlusses meinen kann. Wir müssen akzeptieren, daß wir heute eine deutliche Verlagerung des Elternwahlverhaltens zugunsten des Gymnasiums erleben und daß andere Schulformen demgegenüber zurückbleiben, ja da und dort existentiell bedroht scheinen, ein Eindruck, der durch „totreden" zusätzlich noch befördert wird. Die Quote von derzeit im Durchschnitt (!) über 35 % Gymnasialanteil wird jedenfalls weiter ansteigen. Daher ist sinnvoller Wettbewerb auch innerhalb des Gymnasialbereichs zu fördern. Ob sich angesichts *dieser* Entwicklung das Abitur als alleinige Zugangsberechtigung für *viele* Hochschuldisziplinen halten läßt, ist zumindest diskussionswürdig. Wichtig ist in diesem Zusammenhang jedoch vor allem, daß die *Möglichkeit zu objektiver Information* über die Vor- und Nachteile der verschiedenen Bildungswege gegeben ist. Den Elternwillen achten heißt auch: die Eltern korrekt und umfassend informieren. Das betrifft insbesondere die Bedeutung einer beruflichen Erstausbildung und die Leistung berufsorientierter Schulformen und Bildungsgänge.

Neue gesellschaftliche Entwicklungen erfordern freilich auch neue Formen der Betreuung von Kindern und Jugendlichen. Der veränderte Stellenwert der Familie, die steigende Berufstätigkeit der Frau, damit verbunden die Wiedereingliederung in den Beruf und schließlich der steigende Anteil von Alleinerziehenden erfordern den *Ausbau ganztägiger Betreuungsformen* als Angebot in größerem Umfang, um Entlastungsmöglichkeiten zu schaffen, die Vereinbarkeit von Familie und Beruf zu gewährleisten und der als Folge der Ein-Kind-Familie entstehenden „Verinselung" der Kinder vorzubeugen (s. den Beitrag von G. Gölter). Dazu gehört nicht nur der Ausbau von Kindergartenplätzen, dazu gehören auch bedürfnisorientierte *flexible und vielfältige Betreuungsformen* in Kindergarten und Schule; Ganztagsangebote dürfen nicht nur auf Gesamtschulen beschränkt sein; die „Ganztagsschule" ist nur eine, überdies sehr kostenintensive Möglichkeit, wobei nicht erwünscht sein kann, Kinder ganztägig mit „Schule" zu konfrontieren. Der Begriff ist jedenfalls unglücklich gewählt: Ganztägige Betreuungsformen ersetzen nicht den Erziehungsauftrag der Familie nach Art. 6, Abs. 2 GG. Er muß weiterhin Priorität haben. Das betrifft auch die derzeit noch geführte Diskussion um die „Errungenschaften" des früheren SED-Regimes im Bereich ganztägiger Kinderbetreuung. Bildungspolitik kann Familienpolitik ergänzen, aber nicht ersetzen.

Elternverantwortung fordern heißt aber auch, den Eltern deutlich zu machen, daß sie nicht immer nur die Nehmenden, sondern auch die Gebenden sein müssen, und zwar nicht nur bei Schulfesten, Wandertagen etc. Erziehungsaufgaben, die Eltern primär wahrzunehmen hätten, dürfen nicht immer weiter in die Schule hinein verlagert werden, zu Ungunsten des Fachunterrichts, denn sie wird durch primäre Erziehungsdefizite noch weiter überfordert. Das bedeutet zugleich, ein gesellschaftliches Klima zu fördern, in dem sich kulturelle Aufgeschlossenheit mit erzieherischer Zuwendung *im Eltern-*

haus verbindet ohne funktionale Überforderung der Kinder durch elternbestimmte Aktivitäten. Das bezieht sich z. B. auf Leseverhalten, Umgang mit Medien, Umgangsformen, Rücksicht auf Mitmensch und Umwelt, Ernährungs- und Gesundheitsbewußtsein usf. Daher sind im Rahmen der Weiterbildung familienbildende Maßnahmen weiter auszubauen, um *verantwortungsbewußtes Elternhandeln* zu unterstützen.

Die pädagogische und fachliche Verantwortung des Lehrers

Mit dem gut ausgebildeten, pädagogisch, erzieherisch und fachlich kompetenten Lehrer steht und fällt die Qualität von Schule und Unterricht. Die Vorbildrolle der Lehrerpersönlichkeit prägt das Unterrichtsgeschehen und ist entscheidend für das, was „rüberkommt“. Daher ist die *Lehreraus- und -fortbildung* von höchster Bedeutung. Insbesondere gilt es, zugunsten des Abbaus übertriebener bürokratischer Regelungen größeren Freiraum für die eigentlichen Aufgaben zu schaffen. Die *Verrechtlichung und Verbürokratisierung von Schule* mag teilweise ihre Berechtigung haben; aber sie darf nicht zu Lasten der im Zentrum stehenden pädagogischen Aufgaben gehen. Mehr langfristiges Denken ist insbesondere für die *Lehrerausbildung* vonnöten. Es ist aus Gründen der Qualität des Lehrernachwuchses nicht verantwortbar, eine Einstellungs- (und damit Ausbildungspolitik) der unkalkulierbaren Schübe zu betreiben, statt auf Kontinuität und damit Qualitätssicherung zu achten. Diese Unkalkulierbarkeit schreckt einerseits vom Lehrerberuf ab (Naturwissenschaften) und schafft andererseits Demotivierung und Frustration (Geisteswissenschaften). Außerdem sollten alle „Sonderwege“, die eine länderübergreifende Einstellung erschweren, vermieden werden.

Mehr Leistung durch Wettbewerb

Wettbewerbselemente, die zu Leistungssteigerung und Profilierung der einzelnen Bildungsinstitution und der Schulformen untereinander beitragen, sind zu verstärken. Der heute infolge rückgängiger Schülerzahl teilweise negativ zu beurteilende Wettbewerb um Schüler und die damit einhergehende Verzerrung des Schulsystems zugunsten des Gymnasiums mit entsprechenden Leistungsabstrichen muß gemildert werden auf dem Wege der Schärfung der einzelnen Schulprofile, der korrekten Elterninformation, des Abbaus unlauterer Wettbewerbsvorteile (Gesamtschule!) und durch Förderung des Schulwesens in freier Trägerschaft. Der Wettbewerb innerhalb des gegliederten Schulwesens kann noch dadurch erhöht werden, daß besondere Formen der Hochbegabtenförderung auch institutionell stärker verankert werden. In diesem Zusammenhang ist die Einrichtung besonderer *Begabtenzweige* weiter zu intensivieren und mit Angeboten der Schulzeitverkürzung zu koppeln.

„Besondere Schüler"

Hochbegabte Kinder als eine besondere Schülergruppe bedürfen besonderer Betreuung; ein politischer Konsens über den pädagogischen und gemeinschaftsbezogenen Sinn von „Eliteförderung" stößt freilich immer auf ideologische Reserven (s. den Beitrag von H. Günther). Zur Gruppe der „besonderen Schüler" gehören neben Hochbegabten und Behinderten (s. den Beitrag von G. Gölter) auch Aussiedler und Ausländer (s. den Beitrag von U. Sandfuchs).

Die *Aussiedlerintegration* verlangt neben sprachfördernden Maßnahmen besondere kulturelle und staatsbürgerliche Angebote. Die bisherigen Betreuungsformen sind noch zu wenig erprobt und nicht auf zu erwartende höhere Zahlen ausgelegt. Daher sollten auch Aussiedler stärker herangezogen werden, die bereits einige Zeit bei uns leben. Eine stärkere länderübergreifende Koordinierungsarbeit ist dabei gefordert. Die Überprüfung der Abschlüsse auf Vergleichbarkeit sollte ebenfalls zügig erfolgen. Bei der Integration jugendlicher Aussiedler dürfte der Hauptschule eine besondere integrative Funktion zufallen.

Die *Ausländerintegration* – sofern sie die Schule betrifft – ist zugunsten gesellschaftlicher und politischer Eingliederung in die Ordnung der Bundesrepublik Deutschland durch organisierbare Maßnahmen weiter zu fördern, soweit dieser Personenkreis sich dafür öffnen läßt. Die Entstehung ethnischer und/oder religiöser Subkulturen mit Abschottungstendenzen wäre auf Dauer schädlich.

Schülerbedrohungen

Der ansteigende *Drogenkonsum* (s. den Beitrag von F. und U. Petermann), zweifellos eine Reaktion auf Sinndefizite der Wohlstandsgesellschaft, ist eine sich verstärkende Herausforderung an Eltern, Lehrer, Strafverfolgungsbehörden und Politik. Dabei ist nicht außer acht zu lassen, daß im Sinne des Gewöhnungseffekts ein gewisser Zusammenhang zwischen der sehr frühen Einnahme beruhigender Medikamente und der permissiven Annäherung an Drogen besteht. Die entsprechenden Forschungsergebnisse sind daher im Sinne von Prävention auszuwerten und besonders geschulte Beratungslehrer zur Unterstützung der Eltern auszubilden.

Verstärkte Maßnahmen des *Jugenschutzes* betreffen den Konsum von Gewaltdarstellungen (s. den Beitrag von P. Winterhoff-Spurk), die allerdings immer nur auslösenden Faktor, nicht Ursache abweichenden Verhaltens darstellen. Hier müßten innerverbandliche Kontrollen der Fachverbände besser greifen, ebenso strafrechtliche Regelungen.

Die Bedeutung der Medien als Erfahrungsersatz für die Weltbildformierung der heranwachsenden Generation kann nicht überschätzt werden; daher sind pädagogische Maßnahmen zum verantwortungsvollen Umgang mit Medien zu forcieren. Hier müssen u. a. elternbildende Maßnahmen ansetzen, wobei es um einen distanziert-kritischen Umgang insbesondere mit visuellen Medien gehen sollte.

Mißbrauch und Gewalt gegen Kinder sind mit allen zur Verfügung stehenden Mitteln zu unterbinden und zu verfolgen, Verjährungsfristen zu verlängern. Erwerb, Besitz und Konsum von Kinderpornographie sind unter Strafe zu stellen, Beratungsstellen auszubauen, Aufklärung an den Schulen und gezielte Informationskampagnen durchzuführen. Die steigende Neigung zu *Aggression und Gewalttätigkeit* unter Schülern sind freilich nicht nur Konsequenzen gesellschaftlicher Fehlentwicklung. Schon kleine, überschaubare und wohnortnahe Schulen können entscheidend zur Minderung solcher Erscheinungen beitragen (s. den Beitrag von E. Sander).

Bildung und Erziehung auf der Tagesordnung der Zukunft

Die Zukunft Deutschlands hängt von Faktoren ab, die unmittelbar mit dem Bildungswesen verknüpft sind. Ein Kulturvolk wie das deutsche darf sich nicht in seinen Möglichkeiten beschneiden, sein kulturelles Erbe in den Kulturraum Europa einzubringen. Wir dürfen uns als Kulturvolk nicht selbst verabschieden. Gerade darin liegt die Bedeutung geisteswissenschaftlich angebundener Fächer im Unterrichtsgefüge. Unsere ökonomische Leistungsfähigkeit beruht auf einem wettbewerbsfähig ausgebildeten, flexiblen und für lebensbegleitende Weiterqualifikation offenen Reservoir von Fachkräften auf allen Qualifikationsebenen, die ständig komplexer werden. Nur diese Leistungsfähigkeit ermöglicht es, unseren Beitrag für die Stabilität Europas und zur Angleichung der Lebensverhältnisse in den fünf neuen Ländern ebenso zu leisten wie Mitverantwortung zu übernehmen für die Völker Mittel- und Osteuropas und Mitverantwortung zu tragen für die Länder des Südens. Dabei ist für uns ein Menschenbild verpflichtend, das an die Stelle des betreuten Menschen die zur Freiheit und Selbstbestimmung fähige Person setzt. Daraus folgt für unser Bildungswesen und den damit in engster Verbindung stehenden Bereich kultureller Entfaltung und Selbstdarstellung, daß Rahmenbedingungen erhalten oder geschaffen werden müssen, die Freiheit der Wahl, flexible Strukturen, Wettbewerb und Leistung, Subsidiarität und soziale Verpflichtung ausgewogen miteinander verbinden lassen.

Als wir am 30. Oktober 1989 unsere Konferenz zur „Tagesordnung der Zukunft“ im Reichstag zu Berlin unter dem Thema „Bildung und Erziehung – Grundlage humaner Zukunftsgestaltung“ beendeten, konnte niemand wissen, daß neun Tage später die Mauer fiel. Wir stellen daher die Beiträge dieses Kongresses in aktualisierter, überarbeiteter und erweiterter Form der Öffentlichkeit vor.

Wesseling-Eichholz im Oktober 1991 Jörg-Dieter Gauger

I.

Grundlinien

Bernhard Vogel

Bildung als Zukunftsinvestition

Im Gegensatz zu den 60er und 70er Jahren, in denen Bildungs- und Gesellschaftspolitik eine enge, aber nicht immer fruchtbare Verbindung eingingen, waren Bildung und Erziehung im vergangenen Jahrzehnt keine Modethemen der politischen Diskussion. Das könnte sich jetzt ändern. Die damit verbundenen Fragen und Probleme erhalten einen neuen Stellenwert, denn es stellt sich die gemeinsame Aufgabe, in den fünf neuen Ländern Schulstrukturen zu schaffen, die inhaltlich und organisatorisch einem freiheitlich-demokratischen Verständnis von Schule entsprechen und von denen wir annehmen können, daß sie im europäischen Wettbewerb bestehen werden. Es wächst die Einsicht, daß es nicht nur darum gehen kann, das Wohlstandsgefälle zu beseitigen und soziale Härten zu mildern, sondern es ebenso wichtig sein wird, Menschen, die in völlig unterschiedlichen Gesellschaftsordnungen gelebt haben, geistig und kulturell zusammenzuführen. 40, genauer 57 Jahre totalitärer Herrschaft haben Mentalitäten geprägt, haben geistige Wunden hinterlassen, die heilen müssen. Das betrifft im Bildungsbereich erst in zweiter Linie Lehrbücher, Curricula, technische Ausstattung; das betrifft primär die Lehrerschaft, die pauschal über einen Kamm zu scheren allerdings inhuman und unrealistisch wäre. Wir müssen uns begegnen, uns im Dialog öffnen und gemeinsam das künftige Deutschland schaffen, das wohl kaum eine nur territorial erweiterte Bundesrepublik darstellen wird. Wir erhoffen uns dabei natürlich auch neue Impulse für hierzulande festgefahrene Diskussionen aufgrund der Erfahrungen, die uns zuwachsen. Aber es gibt, wenn man den Blick nach vorne richtet, nicht nur die vielfältigen Probleme der Anpassung und des Zusammenwachsens. Unsere Ressourcen liegen in den Köpfen unserer Menschen; von ihrem Wissen und Können hängt die Zukunft nicht nur des Wirtschafts-, sondern auch des Kultur- und Wissenschaftsstandorts Deutschland ab. Daher müssen wir uns der Tatsache stellen, daß neue Herausforderungen auf unsere jetzt gemeinsame Gesellschaft zugekommen sind, auf die Wissenschaft und Politik im Bildungsbereich Antworten geben müssen, um der pädagogischen Praxis die Richtung zu weisen.

Die überkommene Industriegesellschaft hat sich in kurzer Zeit zur Informations- und Dienstleistungsgesellschaft weiterentwickelt. Mehr als die Hälfte der Erwerbstätigen mit steigender Tendenz ist heute in „Informationsberufen" tätig, viele kommen täglich mit dem Computer in Berührung; für viele ist die Informatik aus der Arbeitswelt nicht mehr wegzudenken.

Die neuen Informations- und Kommunikationstechniken greifen über das Fernsehen weit in Lebensbereiche außerhalb der Arbeitswelt ein. Schon im Vorschulalter wird vielen Kindern die Realität mehr über dieses Medium als durch Primärerfahrungen in der Gemeinschaft und in der Natur vermittelt.

Die Reduzierung der Arbeitszeiten läßt den Freiraum für eigene Gestaltung immer mehr anwachsen. Aber die längere Freizeit erfordert auch, diesen Freiraum aktiv, selbstbewußt und ohne Fremdbestimmung auszugestalten.

Die entstandenen Freiräume kommen immer weniger dem Dienst an der Gemeinschaft zugute; der Wertwandel im Westen Deutschlands, der sich zweifellos auch auf die neuen Länder auswirken wird, ist auf Schritt und Tritt zu merken. Die vielgerühmten deutschen Tugenden Leistung, Fleiß, Pflichterfüllung, Ordnung werden von vielen nicht mehr als lebenswichtig angesehen. Die Phantasie kreist um Lebensgenuß, Freizeit, Unabhängigkeit und Selbstverwirklichung. Die Distanz nicht nur zu den Parteien, sondern auch zu anderen Institutionen wie Staat, Kirche und Gewerkschaften nimmt zu. Traditionelle Autoritäten haben an Einfluß eingebüßt, das Bewußtsein, in einer Gemeinschaft zu leben, deren Wohl ein solidarisches Denken und Handeln notwendig macht auch für die nachfolgenden Generationen, hat drastisch nachgelassen. Die unlängst vieldiskutierte Krise der Volksparteien, die das Engagement vor allem der jungen Generation immer weniger zu fesseln vermögen, ist wohl nur die Spitze eines Eisberges. Und diese Diskussion ist derzeit nur unterbrochen, sie ist nicht zu Ende.

Der verbreitete Rückzug ins Private ist um so bedenklicher, als die politische Perspektive des europäischen Binnenmarktes 1993 eine bedeutsame Herausforderung darstellt; Europa bietet Chancen nur dann, wenn wir uns mutig neuen Aufgaben zuwenden. Ein Problem, das die Wettbewerbschancen unserer Jungendakademiker mindert, sind die langen Schulzeiten und die überlangen Studienzeiten in Deutschland. Beides bewirkt, daß der deutsche Hochschulabsolvent drei bis fünf Jahre später auf den Arbeitsmarkt kommt als der Durchschnitt der Mitbewerber aus den anderen Ländern der Europäischen Gemeinschaft.

Diese wenigen Hinweise auf aktuelle Herausforderungen verdeutlichen, weshalb Bildung und Erziehung nicht nur Gegenstand fachlicher, sondern auch politischer Diskussion sein müssen. Mein Interesse gilt von jeher Fragen der Bildung, der Erziehung und der Kultur als Herausforderung für die politische Gestaltung. Dies kommt nicht nur zum Ausdruck in meiner nahezu zehnjährigen Amtszeit als rheinland-pfälzischer Kultusminister, sondern auch in zahlreichen anderen Funktionen im Bildungsbereich, so als Vorsitzender des Bundeskulturausschusses der CDU und im Vorsitz der Bund-Länder-Kommission für Bildungsplanung Ende der sechziger Jahre bis 1976, bevor ich Ministerpräsident von Rheinland-Pfalz wurde.

Für die Bildungspolitik waren das bewegte Zeiten. Bildungsreform stand an der Spitze des innenpolitischen Interesses. Gelegentlich habe ich den Eindruck, daß von jenen entscheidenden Jahren nur noch die Expansion des Bildungssektors in Erinnerung ist. Viel zu leicht wird übersehen, daß damals in allen Ländern der Bundesrepublik Deutschland viele vernünftige Strukturentscheidungen getroffen worden sind, die sich auch im langfristigen Rückblick bewährt haben. In meine Amtszeit als Kultusminister fielen grundlegende Reformen wie der Übergang von der Konfessionsschule zur christlichen Gemeinschaftsschule, die Modernisierung der bestehenden Schulformen des dreigegliederten Schulwesens mit dem energischen Ausbau der Hauptschulen und Realschulen und mit der Einführung der Orientierungsstufe, um jeder Begabung in unserem Lande die ihr gemäße Entfaltungsmöglichkeit zu bieten.

Grundgedanke unserer Reformen war es, die dringend erforderliche Modernisierung des Bildungswesens in pädagogisch verantwortlicher Weise zu gestalten und zugleich innerhalb unseres föderalen Systems ein Mindestmaß an bildungspolitischer Einheitlichkeit zu wahren. Die „Deidesheimer Leitsätze“, die die Bildungspolitiker der beiden Unionsparteien vor zwanzig Jahren formuliert haben, waren von diesem Gedanken getragen. In diesem Sinne haben wir auch die Gesamtschule nur als einen Schulversuch zugelassen, ohne die ideologische Zielsetzung anderer Parteien zu teilen.

Zu diesen sinnvollen Reformen zähle ich auch den Bildungsgesamtplan, bei dem wir frühzeitig den Versuch unternommen haben, Bildungssystem und Beschäftigungssystem miteinander zu verbinden, um Arbeitslosigkeit der Absolventen soweit möglich zu verhindern.

Der Ausbau des Hochschulbereichs und die Studentenunruhen der späten sechziger Jahre sind ebenfalls deutlich in Erinnerung geblieben. Aber ich sollte doch daran erinnern, daß dieser Ausbau quantitativ wie qualitativ notwendig war, um die aus den fünfziger Jahren überkommenen Strukturen an die erheblich veränderten Bedingungen und Herausforderungen der damaligen Zukunft anzupassen. Meine Mitstreiter Hans Maier und Wilhelm Hahn stehen für eine Politik konservativer Reformen in der Bildungspolitik, bei denen die Union oftmals eine Pionierrolle gespielt hat. Nicht jede Übertreibung der Bildungspolitik, wie sie namentlich von sozialdemokratisch regierten Ländern und unter der sozialliberalen Koalition vorgekommen ist, läßt sich daher den Bildungsreformen der Union anlasten.

Auch wenn in der Bildungspolitik inzwischen Ernüchterung eingetreten ist und eher negative Schlagzeilen von der Akademikerarbeitslosigkeit im Vordergrund stehen, bleibt der Stellenwert der Bildung und Erziehung in unserer Gesellschaft hoch. Daher müssen wir heute Antworten auf die Frage finden, welche der früheren Reformen sich bewährt haben und als Fundamente dienen können, um zeitgemäße Antworten auf neue Probleme zu formulieren, die sich bei näherem Hinsehen oft als die alten Fragen der Bildungspolitik entpuppen. Mir kommt es daher hier darauf an, den historischen Rahmen und die politischen Perspektiven für die Bildungspolitik im ganzen zu skizzieren.

„Bildung und Wissenschaft sind Säulen der Zukunftssicherung unseres Landes". Dieser Satz, der bereits der Ära Adenauer nicht fremd war, könnte als Leitmotiv über der gegenwärtigen Bildungspolitik stehen. Unter dem etwas futuristischen Titel „Zukünftige Bildungspolitik – Bildung 2000" befaßte sich 1990 eine Enquetekommission des Deutschen Bundestages mit den Grundherausforderungen durch die Zukunft, mit Bildung und Erwerbsarbeit, mit den Problemfeldern Weiterbildung und lebensbegleitendes Lernen, mit der Entwicklung der Hochschulen und nicht zuletzt mit der Bildung in und für Europa. Damit ist ein Horizont aktueller Herausforderungen vorgegeben. Wir müssen Antworten finden auf die demographische Entwicklung, die sich auch in der Beteiligung am Bildungssystem niederschlägt. Ein besonderer Aspekt ist dabei die Integration der Aussiedler, die wenig vorbereitet mit einer modernen Industriegesellschaft konfrontiert werden und oft mehr als die deutsche Sprache lernen müssen, und der Ausländer, auch aus fremden Kulturen. Denn wir dürfen uns der Tatsache nicht verschließen, daß infolge des steigenden Nord-Süd-Gefälles Migrationsbewegungen zunehmen, daß aber geschlossene ethnisch-kulturelle Subkulturen die Stabilität unseres Gemeinwesens gefährden können. Wir müssen ferner die zunehmende Bedeutung der Weiterbildung besprechen und Konsequenzen für die zugrunde liegende Erstausbildung ziehen, wir müssen die künftige Rolle „fachübergreifender Qualifikationen" erörtern – das Stichwort lautet Allgemeinbildung –, wir müssen die Auswirkungen der weiter ansteigenden Studierneigung unserer Jugend in der Hochschulpolitik umsetzen, wir müssen vor allem die Perspektive der europäischen Einigung, zunächst des Binnenmarktes 1993, aber auch des Brückenschlages zu den Ländern in Osteuropa, als bildungspolitische Herausforderung annehmen.

Für diese Herausforderungen bringt unser Bildungssystem im internationalen Vergleich keine schlechten Voraussetzungen mit. Unser Schulwesen ist differenziert, und diese Vielfalt erweist sich den gesamtschulähnlichen Modellen anderer Länder überlegen. Unser duales System von Betrieb und Berufsschule hat sich bewährt, und die Möglichkeiten der Weiterbildung sind in unserem Lande ebenfalls gut ausgebaut. Selbst im umstrittenen Hochschulbereich schneidet die Bundesrepublik nicht schlecht ab, obgleich hier noch viele Aufgaben bewältigt werden müssen. An erster Stelle steht die Aufgabe, die überlangen Studienzeiten zu verkürzen. Voraussetzung hierfür ist, die Lehrpläne der einzelnen Fächer zu entlasten. Um im schärfer werdenden Wettbewerb in Europa bestehen zu können, sollten wir uns nicht darauf beschränken, die Fremdsprachenkenntnisse zu verbessern und die Abschlußzeugnisse zu harmonisieren. Europa fordert auch unser föderales System heraus, angemessene Antworten zu entwickeln, ohne die regionale Vielfalt aufs Spiel zu setzen, die den Charme Europas ausmacht.

„Bildung als Zukunftsinvestition“ – diese Formulierung trägt auf den ersten Blick einen ökonomischen Akzent. Aber die Formulierung „Grundlage humaner Zukunftsgestaltung“ weist darauf hin, daß die eigentlichen Fragen tiefer liegen. Auf eine bloß funktionale Anpassung an die Gesellschaft der Zukunft darf sich die Bildungspolitik nicht einlassen.

Von Konrad Adenauer stammt die Einsicht: „Jede Beschäftigung mit geistigen Dingen trägt bei zur Ausbildung der Persönlichkeit, aber vor allem gilt das von der Beschäftigung mit metaphysischen Dingen, mit metaphysischen Fragen. Unter gar keinen Umständen darf die Beschäftigung mit der metaphysischen Seite des menschlichen Seins vernachlässigt werden. Hier liegt die Wurzel der Persönlichkeitsbildung, und hier liegen in Wahrheit die unerschütterlichen Fundamente der Persönlichkeit“ (30. Juni 1952, Universität Frankfurt).

In der Tat müssen wir darauf achten, daß alle Veränderungen im Bildungsbereich zur Wahrung des Humanen beizutragen haben. Lernen setzt die Bereitschaft voraus, etwas erfahren zu wollen, sich das Wissen anderer zunutze zu machen. Es setzt die Fähigkeit des Zuhörens voraus. Aufgeschlossenheit für die Worte, das Wissen anderer ist eine Forderung, die nicht nur für Kinder, Schüler, Lehrlinge und Studenten gilt. Es ist auch ein Zeichen der Reife, der Menschlichkeit und der Erfahrung eines Erwachsenen. Diese Einsicht ist Ausdruck des Menschenbildes, von dem die christliche Demokratie getragen ist. „Bildung, die zu personaler Verantwortung führen soll, muß danach mehr vermitteln als Anpassungsfähigkeit, berufliches Rüstzeug und das Verstehen von Zusammenhängen. Sie soll dem Menschen helfen, sein Leben und seine Umwelt selbst zu gestalten" (CDU-Grundsatzprogramm, Ziffer 45).

Daher müssen Bildung und Erziehung darauf gerichtet sein, in der Prägung der Persönlichkeit die Grundlagen zu legen, um im technisch-wissenschaftlichen Zeitalter vor ethischen Entscheidungen bestehen zu können.

Die Anforderungen der einzelnen Fachbereiche lassen heute bereits in der Schule eine gewisse Spezialisierung unausweichlich erscheinen. Um so wichtiger ist es, ein festes Fundament an Allgemeinbildung zu vermitteln. Hier liegt eine zentrale Aufgabe der Geisteswissenschaften und der entsprechenden Fächer auch an der Schule.

Zur Gestaltung unserer Zukunft ist der Beitrag der Naturwissenschaften und der Geisteswissenschaften gleichermaßen notwendig. Es ist daher kein Zufall, daß nach Auffassung der unionsregierten Länder die geisteswissenschaftlichen Fächer einen festen Platz in der gymnasialen Oberstufe haben müssen. Neben der Muttersprache Deutsch gilt dies vor allem für das Fach Geschichte, umfassender formuliert: für die Wahrung der historischen Dimensionen im Bewußtsein der jungen Bürger. Gerade die Geschichte kann helfen, unseren Standort zu vergegenwärtigen und Perspektiven für die Zukunft zu entwickeln. Erst die Kenntnis der nationalsozialistischen Diktatur – um nur ein Beispiel zu nennen – läßt vielen den Wert der Freiheit richtig bewußt werden. Und sie zeigt die Notwendigkeit, diese Freiheit im Innern wie nach außen zuverlässig zu schützen. „Nur wer seine Herkunft kennt, hat einen Kompaß für die Zukunft“ (Helmut Kohl am 4. Oktober 1990)

Die Fortentwicklung der Technik in unserem Zeitalter erfordert vom einzelnen ein hohes Maß an Wandlungsfähigkeit. Niemand kann darauf vertrauen, sein Leben lang mit den Kenntnissen auszukommen, die er in der Schulzeit erworben hat. Ständige Fortbildung ist zu einem Lebensprinzip geworden. Um so wichtiger ist es, im steten Wandel das Bleibende zu wahren, eine eigene Identität zu entwickeln, eigenständige Ziele zu formulieren.

Dies gilt nicht nur im Umgang mit der geradezu unbegrenzten Flut an Informationen, die über den Computer abrufbar ist. Daß wir mit der Stoffülle nicht zurechtkommen, zeigen auch die Lehrpläne, die wir an Schulen und Universitäten für die junge Generation bereithalten. Sie sind alles andere als ein Erfolgsnachweis dafür, daß wir selbst die Aufgabe einer zielbewußten Auswahl zureichend gelöst hätten.

Die bewußte Bildung zur Persönlichkeit ist darüber hinaus für den Fortbestand unserer freiheitlichen Demokratie von existentieller Bedeutung. Die Wertordnung unserer Verfassung, die politischen Grundwerte Freiheit, Gerechtigkeit und Solidarität, die zugleich christliche Grundwerte sind, und das, was ich Tugenden der Verfassung nennen möchte, verknüpfen sich in unserer parlamentarischen Demokratie zu einem Grundwertebestand. An ihm muß sich unser Handeln tagtäglich neu bewähren. Es kommt darauf an, diesen Bestand immer wieder zu verdeutlichen und sich selbst bewußt zu machen, um die nachfolgende Generation von ihrer Bedeutung überzeugen zu können. Dies stellt hohe Anforderungen auch an die Persönlichkeit des Lehrers, der für seinen pädagogischen Auftrag Vertrauen und Autorität verbinden muß.

Zur Integration der jungen Menschen in die Werte unserer Verfassung bedarf es mehr als einer bloßen Vermittlung von Kenntnissen über unser Rechts- und Gesellschaftssystem.

Mehr als zuvor müssen wir darauf achten, daß aus dem Kontakt mit anderen Ländern und Kulturen Toleranz erwächst – bei den zahlreichen Begegnungen im Ausland selbst wie beim Zusammentreffen mit den vielen Vertretern anderer Kulturen und Länder in unserem eigenen Land. Die erfreulichen Erfolge der europäischen Einigung würden durch eine Provinzialisierung im Innern zu teuer bezahlt.

Die Perspektive Europa weist auf den Wert des europäischen Erbes hin, das es in Bildung und Erziehung zu vermitteln gilt. Die europäische Idee, die der Einigung zugrunde liegt, läßt sich nur im Zusammenhang mit dem für uns gültigen Wertesystem verstehen. Das Bewußtsein von der Einzigartigkeit des Menschen, die Achtung der Menschenrechte und der persönlichen Freiheitsrechte sind Zeichen dieses gemeinsamen kulturellen Erbes Europas. Hierfür müssen wir das Bewußtsein deutlicher schärfen. Nur auf der Brücke der gemeinsamen Kultur werden wir die Einigung West- und Osteuropas erreichen. Wir sollten das Modell der deutsch-französischen Zusammenarbeit für unser Verhältnis zu den osteuropäischen Nachbarn und ihrer Jugend fortentwickeln. In der schulischen Erziehung muß dies dazu führen, das Angebot an Fremdsprachen zu erweitern, ebenso zu mehr Austausch mit Jugendlichen aus diesen Ländern.

Der humane Kern des kulturellen Erbes Europas ist ohne das Christentum nicht vorstellbar. Das von ihm geprägte Menschenbild gibt uns Gewißheit, auch vor den Herausforderungen der Zukunft bestehen zu können, das Humanum in den vorwärtsdrängenden gesellschaftlichen und technologischen Veränderungen bewahren zu können, ein Ja zur Zukunft sprechen zu können.

Ich habe den Horizont dieser Perspektiven bewußt weit gezogen. Wir beschäftigen uns in diesem Sammelband zwar vor allem mit Problemen aus dem schulischen Bereich. Bei allen Erörterungen möge aber bewußt bleiben, daß es sich nur um Teile eines größeren Zusammenhangs handelt.

Viele der vorgesehenen Fragen im Detail lassen sich nur mit übergeordneten Perspektiven und Wertvorstellungen lösen. Ein Beispiel dazu: Die Organisation der Schule steht in einer inneren Affinität zum Menschenbild. Wenn wir jedem, dem Schwachen wie dem Starken, die ihm gemäße Förderung bieten wollen, dann sprechen mehr Argumente für eine Gliederung des Schulwesens als für eine pauschale Integration der Schulformen. Eine utopische Perspektive ist mit unserem Menschenbild nicht vereinbar. Daher gilt es auch, in der jetzt erneut aufflammenden Diskussion um die Gesamtschule diese Schulform, soweit bereits eingeführt, vernünftig auszugestalten und gleichzeitig zu verhindern, daß die Struktur unseres Schul- und Bildungswesens bei jedem Regierungswechsel von Grund auf zum Schaden der Schüler und Eltern in Frage gestellt wird.

Der Rückbezug auf die uns wesentlichen Wertvorstellungen der Bildung und Erziehung läßt uns auch leichter Maßstäbe entwickeln, mit denen unsere Gesellschaft und namentlich die junge Generation mit der Überfülle an Informationen, mit dem überreichlichen Medienangebot, mit der wachsenden Freizeit und mit den scheinbar unbegrenzten Möglichkeiten an materiellen Gütern zurechtkommt. Bildung und Erziehung haben die verantwortungsvolle Aufgabe, im Sinne einer freiheitlichen Demokratie Werte zu setzen und Auswahlkriterien zu begründen.

Daß bei der Weiterentwicklung des Bildungs- und Erziehungswesens Werte und Ziele der christlichen Demokratie nicht überhört werden, ist eines unserer wichtigsten Anliegen. Die Konrad-Adenauer-Stiftung hat den Auftrag und die Absicht, daran in der Öffentlichkeit mitzuwirken.

Georg Gölter

Leitthemen konkreter Schulpolitik

Nachdem Bernhard Vogel seinen Beitrag „Bildung als Zukunftsinvestition“ besonders der Vorgabe inhaltlicher Leitlinien für Bildung und Erziehung gewidmet hat, möchte ich mich auf Themen beschränken, die uns jetzt und in den kommenden Jahren konkret und „vor Ort“ beschäftigen müssen.

Folgende drei Problemfelder bezogen auf das allgemeinbildende Schulwesen erweisen sich als zukunftsrelevant, und auf sie müssen wir daher Antworten geben:

1. Das Problem ganztägiger Betreuungsformen und das der Ganztagsschule.
2. Neue Aufgaben für die Schule durch: Begabtenförderung, Schulzeitverkürzung, Lernen für Europa, intensiveren Fremdsprachenerwerb.
3. Weiterentwicklung der Schulstrukturen.

1. Ganztagsschulen: familienfördernd – familienfeindlich

Es ist schon oft gesagt worden, aber es muß wiederholt werden:

Unsere Gesellschaft hat sich verändert. Die Bundesrepublik Deutschland geht in allen Zukunftsperspektiven und Zukunftsprognosen von einem wachsenden Anteil berufstätiger Frauen aus, unter denen viele gerne Familie und Beruf miteinander verknüpfen möchten, unter denen viele aber auch darauf angewiesen sind, Familie und Beruf in Einklang zu bringen.

Die Zahl alleinerziehender Elternteile ist in den letzten Jahren sprunghaft gewachsen. Immer mehr alleinstehende Mütter und Väter sind darauf angewiesen, daß ihnen die Schule bei der Bewältigung ihrer Alltagsprobleme unter die Arme greift.

Wer daher an das Thema „Ganztagsschule“ oder „Ganztagsangebote“ nach der Devise herangeht, das sei im Grunde nichts anderes als der alte sozialistische Pferdefuß der Betreuung von der Wiege bis zur Bahre, der liegt meilenweit neben der Vorstellung einer freiheitlichen Gesellschaft, in der Frauen und Männer ihre Lebensplanungen nach ihren Vorstellungen verwirklichen können.

Wir haben keine Vorschriften zu machen. Und wir haben deshalb auch offensiv zu vertreten, daß Frauen das Recht haben, Familie und Beruf miteinander zu verbinden, wenn sie das wollen und wenn ihnen das Spaß macht.

Wir setzen auf Freiheit und Wahlmöglichkeit, und gerade aus diesem Grund lehnen wir eine verpflichtende Ganztagsschule nach französischem Vorbild ab. Wir wollen und werden niemanden zwingen, Ganztagsangebote anzunehmen, wenn er das nicht will. Es geht also darum, in den nächsten Jahren ein System schrittweise umzusetzen (anders als schrittweise wird dies nicht möglich sein), das verschiedene Ansatzpunkte miteinander verbindet:

– Überall, wo Eltern in ausreichendem Umfang nachfragen, müssen in der Grundschule in der Zeit von 7.30 bis 13.00 Uhr Betreuungsangebote gesichert sein. Von besonderer Bedeutung ist dabei, daß wir in keinem Punkt irgendwelche verbindlichen Vorschriften machen wollen, sondern auf Entscheidungsfähigkeit und Entscheidungsfreude vor Ort setzen. Das Betreuungsangebot kann vom Schulträger, einer Kommune, einem Elternverein oder einem freien Träger eingerichtet werden. Daß man dabei vor Ort zu einer ganz engen Zusammenarbeit kommen muß, liegt auf der Hand.

  Auf das Argument, das uns vorgehalten wird, man entzöge sich von staatlicher Seite besonderer Verantwortung, antworte ich mit allem Freimut: Wir sind überfordert, wenn wir alles, was über den Unterricht hinausgeht, seitens des Landes im Detail vorschreiben und seitens des Landes bis zum letzten finanzieren wollen. An dieser Erkenntnis führt kein Weg vorbei.
– Das Konzept der „Betreuenden Grundschule“, also das

Konzept für Betreuung am Vormittag bis 13.00 Uhr, muß in den nächsten Jahren durch ein ausreichendes Hortangebot ergänzt werden.

- In der Sekundarstufe I geht es – ich wiederhole es – nicht um die Einführung einer durchgehenden Ganztagsschule in verpflichtender Form für alle Schülerinnen und Schüler. Mir schwebt ein Schulsystem vor, in dem – möglicherweise unterschiedlich von Schule zu Schule – an einzelnen Nachmittagen in der Woche Pflichtunterricht und wahlfreie Unterrichtsveranstaltungen angeboten werden. Das ist ja heute bereits an vielen Schulen der Fall. Hinzu kommt, daß sich in den nächsten Jahren in Rheinland-Pfalz immer mehr Schulen für die 5-Tage-Woche entscheiden werden (auch in den anderen Bundesländern wird die Entwicklung in die gleiche Richtung weisen). Die 5-Tage-Woche bedeutet, wenn man die Stundentafel nicht wesentlich kürzt, daß in einer gewissen Größenordnung auch Pflichtunterricht am Nachmittag stattfinden muß. Jedenfalls müssen wir endgültig Abschied nehmen von der Schule, die im Normal- und Regelfall um 8.00 Uhr beginnt und in der um 13.00 Uhr die Türen verschlossen werden. Ausweitung in den Nachmittag ist im übrigen – seien wir auch da ehrlich – die einzige Möglichkeit, um den musischen und den sportlichen Bereich im Vergleich zum heutigen Schulalltag in stärkerem Umfang anzubieten.
- Und damit bin ich an einem entscheidenden Punkt: Soweit Pflichtunterricht am Nachmittag angeboten wird, haben ihn alle Kinder und Jugendliche zu besuchen. Soweit Arbeitsgemeinschaften angeboten werden, vollzieht sich das auf freiwilliger Grundlage. Das dritte Stichwort ist dann eine durchgehende Ganztagsbetreuung, zumindest an vier Tagen in der Woche, die auf freiwilliger Grundlage erfolgt. Ein solches Konzept, eine durchgehende Ganztagsbetreuung, muß nicht an jeder Schule umgesetzt werden. Aber die Eltern müssen die Chance haben, in einer für sie erreichbaren Entfernung eine Schule wählen zu können, in der ihre Kinder auch eine Ganztagsbetreuung erfahren können.

Meine Bitte an alle Verantwortlichen in der Schulpolitik besteht darin, die damit zusammenhängenden Fragen v. a. unter dem Aspekt realistischer Umsetzung offen zu diskutieren. Der rheinland-pfälzische Landtag hat das Schulgesetz in dem Sinne verändert, daß die Schulträger bei der Realisierung von Ganztagsangeboten stärker in die Mitverantwortung und in die Kostenträgerschaft einbezogen werden. Solange ein Kultusminister wie der rheinland-pfälzische mit der Frage der Unterrichtsversorgung in den nächsten Jahren zu kämpfen hat, ist es völlig utopisch, ein Konzept zu verfolgen, nach dem alles, was ganztäglich in der Schule passiert, nur durch Lehrerinnen und Lehrer passieren kann und passieren muß.
Der Unterricht als solcher ist Sache des Landes und muß von ihm gewährleistet werden, auch dann, wenn er nachmittags durchgeführt wird. Das gilt für Pflichtunterricht wie für Arbeitsgemeinschaften gleichermaßen. Was aber darüber hinaus an Betreuungsangeboten oder Aktivitäten (bis hin zur Hausaufgabenhilfe) erfolgt, ist seitens des Landes beim besten Willen nicht finanzierbar. Das gilt für alle Bundesländer. Hier müssen wir die Schulträger in die Verantwortung mit einbeziehen; was in diesem Bereich in der Schule angeboten wird, muß in der Letztverantwortung des Schulträgers mit Schulleitung und Schulelternbeirat abgesprochen, organisiert und auch finanziert werden. Ich weiß, daß das Kritik und Diskussion auslösen wird. Aber dahinter steht letztlich auch ein in Teilen verändertes Konzept von Schule, die schrittweise über die Lernstätte hinaus zum Lebensraum wird und sich als Lebensraum in sehr unterschiedlichen, vor Ort zu gestaltenden und zu entscheidenden Formen entfaltet. Damit wächst die Verantwortung der Schulleiterinnen und Schulleiter, damit wächst die Verantwortung und Mitwirkung der Lehrerinnen und Lehrer, des Schulelternbeirates, der Klassenelternbeiräte, aller Eltern, die am Schulleben aktiv Anteil nehmen wollen. Und damit wächst auch die Verantwortung der Schülerinnen und Schüler, sicher in altersgemäßen Formen. Was die Belastung der Schulleite-

rinnen und Schulleiter betrifft, so ist aus meiner Sicht eine stärkere Entlastung unvermeidbar, vor allem in der Grundschule, der Hauptschule, den Sonderschulen und den Realschulen. Überdies hat die daraus erwachsende stärkere finanzielle Belastung der Schulträger zur Konsequenz, daß solche Entwicklungen bei der Bewertung der finanziellen Leistungsfähigkeit der Kommunen in den kommunalen Finanzausgleich einbezogen werden müssen. Ich sehe jedenfalls neue Möglichkeiten pädagogisch wertvoller Kooperation zwischen Schule und nichtschulischen Einrichtungen.
Eine Schule, die sich stärker in den Nachmittag hinein öffnet, eröffnet z. B. neue Chancen der Zusammenarbeit mit der städtischen oder mit der Kreismusikschule. Warum soll die Kreismusikschule nicht stärker in die Schule hineingehen? Und warum sollen nicht auch Sportvereine intensiver die Möglichkeit der Zusammenarbeit mit der Schule (auch in der Schule) praktizieren?
Daß damit viele konkrete Fragen verbunden sind, weiß ich sehr wohl. Daß in vielen Schulen nicht in ausreichendem Umfang Instrumente zur Verfügung stehen, ist mir ebenfalls durchaus bekannt. Die Fragen, die es gibt, dürfen uns aber doch nicht daran hindern, ein solches Konzept einer Schule in Angriff zu nehmen, die über die Lernstätte hinaus in stärkerem Umfang auch Lebensraum ist, der musisch, künstlerisch, sportlich angefüllt wird. Das hat nichts mit Konzepten zu tun, die eine „Öffnung der Schule“ aus primär politisch-ideologischem Interesse verfolgen.

2. Neue Aufgaben für die Schule durch: Begabtenförderung, Schulzeitverkürzung, Lernen für Europa, intensiveren Fremdsprachenerwerb

Diese Form von Schule, die ich eben darzustellen versucht habe, erleichtert es auch, eine Reihe von neuen Anforderungen und Aufgaben zu bewältigen:

- Individuelle Förderung muß auch in dünner besiedelten Gebieten eines Landes durchgehalten werden,
- noch gezielter als bisher sollen Begabungen und Neigungen entdeckt und entfaltet werden,
- ständig sind neue Schülergruppen aus ganz unterschiedlichen Herkunftsländern und mit ganz unterschiedlichen Voraussetzungen einzugliedern und zu fördern.

Schule wird hierdurch natürlich personalintensiver und aufwendiger.

2.1 Begabtenförderung als Förderung individueller Begabung

Begabtenförderung ist für mich nicht in erster Linie „Förderung der Hochbegabten", wie das Stichwort immer wieder verstanden wird. Begabtenförderung ist zuallererst Förderung der individuellen Begabung jedes einzelnen Kindes. Jedes Kind hat starke Seiten – sie zu entwickeln, ist die wichtige Aufgabe der Schule. Äußere Differenzierung ist immer zugleich ein Stück Begabtenförderung, da durch äußere Differenzierung homogene Arbeits- und Leistungsgruppen entstehen, in denen zielgerichtete Begabungsförderung besser anknüpfen kann. Darüber hinaus gilt: Die Durchlässigkeit im gegliederten System ist eine in das System eingepflanzte Form der Begabtenförderung. Begabtenförderung betrifft daher grundsätzlich alle Schularten. Deshalb zunächst einige Bemerkungen, die für alle allgemeinbildenden Schulen Geltung haben:

- Bessere Nutzung des pädagogischen Freiraums:
  Der pädagogische Freiraum, der durch die Beschränkung der Lernplaninhalte etwa in Rheinland-Pfalz gewonnen wurde, bietet eine zusätzliche Möglichkeit, Begabungsrichtungen und Stärken der Schülerinnen und Schüler zu berücksichtigen. Dieser Freiraum könnte sicherlich noch mehr von Lehrerinnen und Lehrern genutzt werden.
- Die Teilnahme an Schülerwettbewerben:
  Allein an rheinland-pfälzischen Schulen werden über

20 Schülerwettbewerbe durchgeführt. Sowohl künstlerisch Begabte als auch handwerklich und praktisch Interessierte wie auch Schülerinnen und Schüler, die sich für wissenschaftliche Aufgaben begeistern, können hier ihre Fähigkeiten entdecken, testen, vergleichen, aber auch weiterentwickeln. Wettbewerbe wie z. B. „Jugend musiziert“, „Jugend trainiert für Olympia“, „Jugend forscht“ und „Schüler experimentieren“ sind allgemein bekannt.

- Angebot an Fremdsprachen:
  Begabtenförderung bedeutet selbstverständlich auch, mehr Kindern und Jugendlichen als heute eine intensivere Begegnung mit Fremdsprachen zu ermöglichen. Das betrifft nicht nur die allgemein-, sondern auch die berufsbildenden Schulen.
- Bilingualer Unterricht als Chance:
  Im Zuge der europäischen Integration wird der zweisprachige Unterricht immer mehr an Bedeutung gewinnen. Rheinland-Pfalz bietet derzeit an 2 Hauptschulen, an 5 Realschulen und 21 Gymnasien zweisprachigen Unterricht in den Fächern Sozialkunde, Erdkunde oder Geschichte an. Hierbei wird besonders sprachbegabten Schülerinnen und Schülern die Möglichkeit gegeben, über das normale Unterrichtsziel hinaus Fremdsprachenkenntnisse zu erwerben.
  Im Interesse der Effizienz werden aber auch schulartspezifische Bedingungen im Hinblick auf Begabtenförderung angemessen berücksichtigt. Dazu einige grundsätzliche Bemerkungen:

2.2 Begabtenförderung in der Hauptschule.

In der Hauptschule bietet vor allem der Unterricht in der Klasse Gelegenheit zur schrittweisen Entfaltung von Begabungen. Innere Differenzierung bietet die Chance, Unter- und Überforderung abzufangen und dadurch die Kinder gezielt zu fördern. Innere Differenzierung setzt auf methodische Vielfalt und berücksichtigt dabei Lernanspruch und individuelle Lernzeit der Schülerinnen und Schüler.

Ergänzt wird diese Form der Förderung mit Beginn der 6. Klasse durch die äußere Leistungsdifferenzierung in den Fächern Mathematik und Englisch.

Als dritte Form der Differenzierung bietet die Hauptschule im Fach Arbeitslehre eine Neigungsdifferenzierung mit den Lernbereichen Technik/Wirtschaftslehre/Berufskunde und Haushalt/Wirtschaftslehre/Berufskunde an. Ab dem Schuljahr 1990/91 soll das Fach Arbeitslehre auf einen dritten Lernschwerpunkt ausgeweitet werden und ein Bereich Verwaltung hinzukommen.

Im Gegensatz zu anderen Schularten wird der Hauptschule innerhalb der verpflichtenden Wochenstundenzahl ein Freiraum von zwei Stunden für Arbeitsgemeinschaften zur Verfügung gestellt. Die Schwerpunkte liegen dabei sowohl im musisch-kulturellen Bereich, im sportlichen, im naturwissenschaftlichen, im technischen als auch im fremdsprachlichen Bereich. Mit diesem zusätzlichen Angebot werden jugendliche Kreativität geweckt und ausgeprägte Begabungen gefördert.

Begabtenförderung bedeutet auch – ich habe es eben bereits kurz erwähnt – die Förderung des Fremdsprachenunterrichts. Dies bedeutet für die Hauptschule, daß möglichst vielen Kindern über den Pflichtunterricht im Englischen hinaus eine intensivere Begegnung mit dem Französischen ermöglicht werden soll.

2.3 Begabtenförderung in der Realschule:

Einen besonderen Beitrag zur Begabtenförderung leisten die Wahlpflichtfächer der Realschulen. Sie ermöglichen den Schülerinnen und Schülern nach Begabungen und Interessen, ggf. auch schon mit Blick auf die spätere Berufsentscheidung, Lernschwerpunkte zu wählen. In der Realschule gibt es derzeit vier Möglichkeiten der Wahlpflichtdifferenzierung. Angeboten werden: Ein fremdsprachlicher Lernschwerpunkt, ein mathematisch-naturwissenschaftlich-technischer Schwerpunkt, ein wirtschafts- und sozialkundlicher und ein noch sehr junger, aber sehr gut angenommener sozialpädagogischer Schwerpunkt.

Ein Markenzeichen gerade der rheinland-pfälzischen Realschule, bundesweit anerkannt, ist der hohe Prozentsatz von Jungen und Mädchen, die sich mit der zweiten Fremdsprache beschäftigen (und dies auf einer Basis von 4 Stunden pro Woche). In der Realschule werden Englisch und Französisch auch künftig die Grundpfeiler der Fremdsprachenarbeit bleiben. Französisch soll aber in Fortsetzung der jetzt schon erfreulichen Entwicklung, insbesondere im Grenzbereich zu Frankreich und Luxemburg, an weiteren Realschulen als erste Fremdsprache angeboten werden.

2.4 Begabtenförderung im Gymnasium:

Ich bin der festen Überzeugung, daß wir für viele Kinder mit der zweiten und der dritten Fremdsprache zu spät einsetzen. Mit Blick auf motivierte und leistungsfähige Kinder verlieren wir in der Orientierungsstufe zuviel Zeit. Die Fremdsprachenfolge müßte 5., 6. und 8. Klasse heißen.

Begabungsförderung am Gymnasium heißt, daß über die Kenntnisse in der ersten und zweiten Fremdsprache hinaus hinreichende Kenntnisse einer dritten Fremdsprache vermittelt werden und daß die Chance eröffnet wird, auch in einer vierten Fremdsprache erste Kontakte zu knüpfen.

Das ist vor allem dann einfacher, wenn im 5., bzw. im 7. (oder nach meinen Vorstellungen im 6. Jahr) Latein als erste oder zweite Fremdsprache erarbeitet wird. Spanisch (die zweite Weltsprache!) und Italienisch lassen sich darauf sehr leicht aufbauen. Begabtenförderung heißt auch im Gymnasium – wie in jeder Schulart –, individuelle Fähigkeiten des Kindes auf dem musischen oder sportlichen Bereich sich entwickeln zu lassen.

Begabtenförderung heißt vor allem aber, und damit bin ich beim nächsten Stichwort, motivierten und begabten Kindern eine kürzere Schulzeit zu ermöglichen. Wir haben uns darauf einzustellen – und ich sehe darin kein Unglück –, daß es in den fünf neuen Ländern der Bundesrepublik Deutschland auf Dauer bei einer 12-jährigen Schulzeit, was den Gymnasialabschluß betrifft, bleiben wird.

Wie ist demgegenüber die Lage in den „alten" Bundesländern? Die Meinungen gehen quer durch die Parteien, gehen auch quer durch die Kultusministerkonferenz. Nur eine Minderheit der an der Diskussion Beteiligten hält eine durchgehend 8jährige Gymnasialzeit vor dem derzeitigen Hintergrund für denkbar. Die Mehrheit der Kultur- und Bildungspolitiker in der Bundesrepublik zeigt sich neuen Herausforderungen gegenüber offen und zieht unterschiedliche zeitliche Wege in Betracht, zum Abitur zu gelangen – ein Ansatz für den ich seit Jahren werbe. Ich halte diesen Gedanken unterschiedlicher Wege in den einzelnen Bundesländern für durchaus mehrheitsfähig.

Warum muß in Deutschland immer alles einheitlich geregelt sein? Warum gibt es nicht die Möglichkeit, für motivierte Kinder und Jugendliche (das sind beileibe nicht nur die berühmten sog. „Einser-Schüler") Verkürzungen der Schulzeit zu eröffnen, wenn die Betroffenen das wollen? Dazu gehören zuallererst die Entscheidung des Kindes, das Ja der Eltern und Strukturen, die jederzeit die Integration in einen langsamer laufenden Kurs in der einzelnen Schule eröffnen.

Damit habe ich ein weiteres Stichwort meines Konzeptes genannt: Ich halte es nicht für ideal, wenn das eine Gymnasium in 9 Jahren, das benachbarte Gymnasium in 8 Jahren abgewickelt wird. Unsere Erfahrungen in Ludwigshafen und Bernkastel-Kues – der beste Schulversuch in der Bundesrepublik Deutschland zur Verkürzung der Gymnasialzeit überhaupt, wie alle Experten bestätigen – zeigen, daß es durchaus möglich ist, unter einem Dach ohne nennenswerte Probleme unterschiedlich schnell laufende Bildungsgänge anzubieten. Wenn ich Ludwigshafen und Bernkastel-Kues nenne, dann muß ich der Vollständigkeit halber auch auf die Schulversuche in Prüm, Koblenz (Asterstein) und Neuwied verweisen. Wir leisten damit einen wichtigen Beitrag zur Entscheidungsfindung in Westdeutschland.

Andererseits können wir das Thema nicht unbegrenzt vor

uns herschieben. Die Kultusministerkonferenz wird bereits im Laufe der nächsten Monate ein klares Votum treffen müssen, daß die 12 Jahre der ehemaligen DDR auf Dauer anerkannt werden. Und von dieser Entscheidung muß es Rückkopplungen auf die Diskussion und die Entscheidungsprozesse im Westen geben.

Eine letzte Bemerkung in diesem Komplex: Die Dauer der Ausbildungszeit ist auch eine Frage der Nutzung des human capital einer Gesellschaft (ich gebrauche den englischen Begriff, weil es für ihn in der deutschen Sprache und von unserem Verständnis her keinen gleichwertigen Begriff gibt). Die Dauer der Ausbildungszeit ist auch eine Frage des internationalen Vergleichs. Aber die Verkürzung der Ausbildungszeit ist für mich zuerst die Erfüllung eines Rechtsanspruchs junger Leute. Junge Leute, die mehr leisten oder schneller arbeiten wollen als andere, haben einen Anspruch darauf, daß sich Politiker etwas einfallen lassen, wobei Lösungen gesichert sind, die den humanen und sozialen Aspekt menschlicher Entwicklung in dieser Lebensphase nicht belasten.

Ich habe das Stichwort „Schulzeitverkürzung" näher aufgegriffen und mich deshalb nicht zu der Frage der Verkürzung der Gesamtausbildungsdauer, zur Verkürzung der Studienzeiten geäußert. Nur soviel: Daß mit Blick auf die Ausbildungsdauer von Hochschulabsolventinnen und -absolventen das größte Problem in den Universitäten liegt, sei der Vollständigkeit halber erwähnt. Das ist ein schwieriges, mühsames und weites Feld.

2.5 Lernen für Europa.

Wir haben eine gemeinsame Geschichte und Kultur – diese Gemeinsamkeit ist der entscheidende Baustein für das europäische Curriculum.

> „In uns allen überwiegt der Europäer bei weitem den Deutschen, den Spanier, den Franzosen . . .; vier Fünftel

unserer inneren Habe sind europäisches Gemeingut" (Ortega y Gasset 1929).

Es ist zwar richtig, daß die europäische Kultur von der Vielfalt ihrer Mentalitäten, Traditionen und Sprachen lebt. Europa ist im Laufe seiner vielhundertjährigen Geschichte nicht zum „Meltingpot" der Kulturen geworden. Dort, wo der Versuch gemacht wurde, die regionalen und nationalen Kulturen zugunsten einer einheitlichen Kultur und Sprache zu verdrängen, wie in der Sowjetunion, scheiterte er: Der Zwangsrussifizierung folgte die Kulturrevolution der Balten, der Ukrainer, Moldauer, Georgier, Armenier.

Aber dennoch: Die Vielfalt erwächst aus gemeinsamen Wurzeln. Im Laufe der Geschichte haben sich die Nationen des Kontinentes immer wieder gegenseitig geistig befruchtet. Keine Nation in Europa hat sich isoliert entwickelt, keine Kultur ist eine „Reinkultur", sondern immer eine „Mischkultur".

Die Behandlung des Themas „Europa" im Schulunterricht darf sich deshalb nicht auf europäische Institutionenkunde im Sozialkundeunterricht beschränken und das Thema „Europa" erst im 20. Jahrhundert mit der beginnenden paneuropäischen Bewegung ansiedeln.

Deutsch, alte und neue Sprachen, Religion, Geschichte, Geographie, aber auch die Naturwissenschaften können – fächerübergreifend – dieses gemeinsame Erbe aufzeigen.

3. Weiterentwicklung der Schulstrukturen zwischen Ideologie und notwendigen Maßnahmen

Die Diskussion um die richtige Schulstruktur hat sich neu belebt, und zwar von ganz unterschiedlichen Situationen und Fragen aus:

- In der ehemaligen DDR wollen Eltern und Lehrerinnen und Lehrer aus der sozialistischen Einheitsschule heraus; nicht nur weil diese Einheitsschule eine ideologische Zwangsveranstaltung war. Sie ist auch eine undifferenzierte Schule, die nur minimale Möglichkeiten der individuellen Förderung kennt. Und man fragt in den neuen Ländern oder in Lehrerfortbildungsveranstaltungen, wie wir sie für Lehrerinnen und Lehrer von dort in Speyer durchführen, sehr interessiert nach unserem Weg eines gegliederten Schulwesens. Erste Schritte der Differenzierung sind durch die Vorlage entsprechender Schulgesetze eingeleitet. Wie es weitergeht, muß man abwarten. Auch wenn die Entwicklung in den einzelnen Ländern nicht überall auf die Dreizügigkeit nach dem Vorbild der süddeutschen Länder hinausläuft, so ist doch festzuhalten: In Zukunft werden Differenzierung und Gliederung das Schulsystem in den neuen Ländern beherrschen, die integrierte Gesamtschule wird sich als Regel- und Normalschule nicht durchsetzen.

- In der Bundesrepublik hat sich das Bildungsinteresse von Eltern und Schülern in Richtung Realschule, vor allem aber in Richtung Gymnasium verlagert. Der Zuzug zum Gymnasium erreicht in manchen Städten Größenordnungen, die das Profil des Gymnasiums verändern, seine besondere, auf Hochschulreife hinführende Aufgabe abflachen werden. Und viele Gymnasien machen diese Entwicklung mit, weil man Schüler „an Land ziehen" und seine Existenz sichern will.
- Der Zugewinn von Realschule und Gymnasium schwächt die Hauptschule. Das ist bei uns in Rheinland-Pfalz kein flächendeckendes und, verglichen mit anderen Ländern, noch kein alarmierendes Problem. Wir haben immer noch weitaus die meisten Schülerinnen und Schüler in der Hauptschule – bezogen auf die 8. Jahrgangsstufe sind dies z. Zt. 44,7 %. Hier wirkt sich aus, daß wir die Hauptschule in ihren Inhalten und gestuften Abschlüssen nach der 9. und 10. Jahrgangsstufe gestärkt und attraktiv gemacht haben.

Vor allem: Die Hauptschule ist die Sekundarstufe, die am dichtesten in die Fläche hinein vorgeschoben ist. Und Wohnortnähe der Schule ist heute für alle Schülerinnen und Schüler sowie für Eltern ein ganz wichtiges Kriterium. So gibt es Fälle, wo an einer einzügigen Hauptschule von den Eltern und von den Schulträgern im Ort festgehalten wird, obwohl in geringer Entfernung als Alternative eine mehrzügige Hauptschule zur Verfügung stünde.

Trotzdem haben wir Sorgen:

- In dünner besiedelten Gebieten hat der Rückgang der Schülerzahlen und die geschilderte Veränderung der Bildungsströme zu mehr einzügigen Hauptschulen geführt. Das macht differenzierte Förderung nicht unmöglich, aber kostenaufwendiger.
- In den Städten gibt es Hauptschulen, in denen sich schwierige Aufgaben häufen: Durch eine große Zahl von Aussiedler- oder Ausländerkindern, durch viele Schülerinnen und Schüler mit Lernschwierigkeiten.
  Genau solche Schulen sind es, die das Bild der Hauptschule in der Öffentlichkeit prägen. Die Hauptschule ist am Ende, heißt es dann – und das verdeckt die tatsächliche Situation und diskriminiert die Arbeit der Hauptschullehrerinnen und Hauptschullehrer.
  Dieses „Tot-Reden" der Hauptschule schadet ihrem Ruf. Noch schlimmer: Es hat dann Methode, wenn es für andere Schulkonzepte, für die Integrierte Haupt- und Realschule (also die Regionale Schule) oder für die Integrierte Gesamtschule werben soll. Eines der großen Probleme der Hauptschule – nicht nur in Rheinland-Pfalz – besteht darin, daß kein Lehrerverband mehr bereit ist, für die Hauptschule in der Öffentlichkeit offensiv einzutreten. Da tun sich Realschule, Gymnasium und Berufsbildendes Schulwesen wesentlich leichter.

Fest steht aber:

- Die Hauptschule ist mit ihrem Programm: Anschaulichkeit, Praxisnähe, Lernen durch „Selbermachen", die richtige Schule für viele Jugendliche.
- Wenn der pädagogische Weg der Hauptschule produktiv und sinnvoll ist, dann müssen wir die Hauptschule stärken, besonders die Hauptschulen in sozialen Brennpunkten. Sie brauchen bessere Bedingungen, ihre pädagogischen Möglichkeiten auszuschöpfen.

– In dem Zusammenhang muß darauf hingewiesen werden, daß die Lehrerinnen und Lehrer an der Hauptschule die höchste Arbeitszeit haben, daß es außer der Funktionsstelle des Konrektors und des Rektors keine Beförderungsmöglichkeit gibt. Deshalb hoffe ich sehr, daß es in absehbarer Zeit gelingt, über den Bundesrat (und dazu brauchen wir dann eine breite Mehrheit) die Möglichkeit zu eröffnen, daß in der Hauptschule (im übrigen auch in der Realschule) eine weitere Beförderungsmöglichkeit ohne Funktionsstelle eingerichtet wird.

Jetzt gibt es den Vorschlag der „Regionalen Schule", der etwa in Rheinland-Pfalz von einem Lehrerverband, dem VBE, nachdrücklich propagiert wird. Meine These lautet: Die Regionale Schule als Integration von Haupt- und Realschule wird den Drang ins Gymnasium weiter fördern, sie ist daher ein bildungspolitisches Konzept, das auf eine Zweigliedrigkeit hinausläuft: die Schülerströme werden sich alles in allem wie 50:50 verteilen. Eine solche Entwicklung hat nebenbei gesagt – aber das ist ja auch nicht unwichtig – für das Gymnasium verheerende Auswirkungen. Ein Gymnasium, in dem die Frage der Studierfähigkeit immer weniger zum entscheidenden Kriterium der inhaltlichen Gestaltung wird, kann auf Dauer die Allgemeine Hochschulreife nicht mehr verleihen. Wir enden dann bei dem Konzept, daß die Hochschulen über die Frage der Studierfähigkeit entscheiden müssen.

Was die integrierte Gesamtschule betrifft, so sei wiederholt, was an vielen Stellen bereits gesagt worden ist: Ein gegliedertes, differenziertes System arbeitet erfolgreicher, es arbeitet mit homogeneren Schülergruppen, Bildungsziele und Niveausicherung lassen sich erfahrungsgemäß leichter miteinander verbinden. Diese Formulierungen sind keine Absage gegen den Gedanken, integrierte Gesamtschulen an der einen oder anderen Stelle als Alternative anzubieten. Wir haben das in Rheinland-Pfalz in der Vergangenheit getan. Zur Zeit sind integrierte Gesamtschulen in zwei Räumen im Gespräch (Trier einerseits und Mainz-Bingen andererseits).

In jedem Fall gilt: Wir müssen uns davor hüten, Schulentwicklung mit Schlagworten oder vom Reißbrett her betreiben zu wollen. Das funktioniert nicht. Die Wirklichkeit vor Ort ist viel zu unterschiedlich und braucht individuelle Lösungen: Hier die Erhaltung einer einklassigen, wohnortnahen Hauptschule – aber so ausgestattet, daß eine differenzierte Förderung umgesetzt werden kann. Dort die enge Abstimmung einer Zusammenarbeit zwischen einer Hauptschule und einer Realschule, ohne die Gliederung nach Schularten aufzuheben. Und an anderen Stellen auch das Angebot einer Integrierten Gesamtschule, wenn die Eltern es wünschen und das Angebot des gegliederten Systems in erreichbarer Nähe bleibt.

Aber: Diese integrierte Gesamtschule muß eine hohe Differenzierung aufweisen, um an die Möglichkeiten individueller Förderung, wie sie im gegliederten Schulwesen bestehen, annähernd heranzukommen. Man vergißt immer wieder – und vernachlässigt in der öffentlichen Diskussion –, welche individuelle Förderung im gegliederten System möglich ist: nicht nur durch die Gliederung in Hauptschule, Realschule und Gymnasium, sondern auch durch Leistungs- und Neigungsgruppen in den einzelnen Schularten wie auch verstärkt durch die im Gymnasium neuen „schneller laufenden" Klassen, die besonders motivierte Schülerinnen und Schüler in besonderem Maße herausfordern.

Noch eine grundsätzliche Bemerkung: Ein gegliedertes System ist nur dann zu verantworten, wenn es ein durchlässiges System ist. Dies haben wir in Rheinland-Pfalz in vollem Umfang seit vielen Jahren erreicht. Jeder Schulabschluß ist zugleich die Grundlage für weiterführende Abschlüsse.

Wir sprechen von Gliederung und Durchlässigkeit. Teil dieses Systems ist die große Zahl von Schulen, die behinderte Kinder differenziert und individuell fördern. In den 60er und in den frühen 70er Jahren ist von allen an der Diskussion Beteiligten darauf hingewiesen worden, daß behinderte Kinder in der Regelschule nicht das Maß an Förderung erfahren können, das sie brauchen. Diesen Ausgangspunkt für den großen Ausbau des Sonderschulwesens in der Bundesrepublik Deutschland sollte man nicht aus dem Auge verlieren. Die

Chance der Förderung auch in der Regelschule haben wir in den letzten Jahren neu zu sehen gelernt. Deshalb gilt für uns: „Soviel Integration wie möglich, soviel differenzierte Förderung wie nötig“.

Wir müssen dieses Thema in den nächsten Jahren emotionsfreier diskutieren, als es in den letzten Jahren der Fall gewesen ist. Es ist zu schwierig und zu sensibel, als daß es sich für ideologische Auseinandersetzungen eignet. Und deshalb können jetzt auch keine Entscheidungen übers Knie gebrochen werden.

Die Schulen, die in der Bundesrepublik Deutschland als Beweise für die unbegrenzten Chancen der Integration genannt werden, rechtfertigen diese These nicht. Wir wollen noch mehr Erfahrungen gewinnen, deshalb unsere beiden großen Schulversuche in der Stadt Worms und im Landkreis Daun, die unter ganz unterschiedlichen strukturellen Voraussetzungen laufen.

Ich bin der Überzeugung: Ein nennenswerter Prozentsatz behinderter Kinder braucht auch in Zukunft die speziellen und intensiven Fördermöglichkeiten der „Sonderschule“, die nach unseren Vorstellungen zu einem neuen, umfassenderen Konzept der Förderschule weiterentwickelt werden soll.

Die hier geäußerten Vorschläge zu konkreten Problemen der Schulpolitik sind natürlich nicht umsonst zu haben. Aber wenn wir den immer wieder geäußerten Satz wirklich ernst nehmen, daß unsere Ressourcen in den Köpfen der Menschen liegen, dann dürfen wir gerade nicht zulassen, daß bildungspolitische Notwendigkeiten zur konjunkturabhängigen finanzpolitischen Spielmasse werden. Bildung zum Null-Tarif gibt es nicht.

Erich E. Geißler

Zwischen Tradition, Politik, Wissenschaft und gesellschaftlichen Ansprüchen – Bildung und Erziehung in der Legitimationskrise?

„Ende der Erziehung"? ...

Der Einbruch des sogenannten postmodernen Denkens hat seit ein paar Jahren dazu geführt, daß verstärkt von einem „Ende der Erziehung" gesprochen worden ist (Dollase, Kupffer, Giesecke).[1] Denn wenn gilt, was im postmodernen Lager verkündet wird, daß mit jeder Form von Allgemeinheit ein Anspruch von Totalitarismus verbunden sei, das Allgemeine – in welcher Form es sich auch immer darstellen möge – folglich gegenüber der Einzigartigkeit der Individualität kein besonderes Recht, schon gar keine Vorrangigkeit beanspruchen dürfe, dann gibt es keinen Rechtfertigungsgrund mehr, um auf die „informationsdichte Monade" Heranwachsender einwirken zu dürfen. Unweigerlich tritt dann Entfaltung vor Erziehung.

Neuere Ergebnisse aus der Problemlöseforschung gehen noch erheblich weiter. Sie stellen menschliche Erkenntnis- und damit Bildungsfähigkeit sowohl im Umgang mit Wachstumskurven (Exponentialfunktionen)[2] wie auch gegenüber interdependenter und folglich rückgekoppelter Komplexität (systemische Strukturen mit auf sich selber rückwirkenden Nebeneffekten)[3] deutlich in Frage. In Konsequenz wird der Mensch grundsätzlich in die Position des „ewigen Zauberlehrlings" gerückt, wie das in der Technikkritik ja schon seit geraumer Zeit geschehen ist[4] und seit Hans Jonas eine ausgebreitete moralische Komponente erhalten hat[5] (vgl. Technikfolgenabschätzung): Seien Nebeneffekte nicht eindeutig zu lokalisieren, bestehe die moralische Pflicht (Verantwortung) zur Abstinenz. Damit stirbt dann ein Gutteil der auf Bildung gesetzten Hoffnung, sobald diese einen mehr unmittelbar pragmatischen oder ästhetischen Charakter übersteigt.

Illustrativ für diese Situation ist das mittlerweile bekanntgewordene Beispiel einer Computersimulation aus der Bamberger Psychologie-Schule Dörners, das den Namen „Moro-Szenario“[6] trägt: Ein ostafrikanischer Volksstamm, in stabilen Verhältnissen, aber mehr erbärmlich als kümmerlich lebend, soll von Entwicklungshelfern (den Probanden) satt und glücklich gemacht werden. Obwohl den Probanden alle Informationen auf Abruf zur Verfügung stehen und sie sich außerdem, so oft sie nur wollen, des Rates von Experten bedienen können, gelingt es nur 7 %, mit ihren gutgemeinten Eingriffen das völlige Chaos, das heißt die Ausrottung des ganzen Stammes, zu vermeiden. Viele der Probanden sind erklärte Ökologen. Das hindert sie nicht daran, während ihrer „Entwicklungshilfe“ im Bereich der Fauna wie der Flora ganze Populationen zu vernichten.

Man könnte von da aus auf einen – dazu noch wissenschaftlich belegten – Bildungspessimismus schließen, der zu dem ungebrochenen Optimismus der auf Entfaltung Hoffenden in einem merkwürdigen Gegensatz steht. Trotz dieses Gegensatzes wäre aus beiden Denksträngen eine in der Tendenz übereinstimmende Folgerung zu ziehen: Einerseits sollen wir nicht erziehen, weil dies Heranwachsenden nichts nützen, sondern schaden würde, andererseits kommen wir aber auch mit unseren Bildungszielen sehr rasch an eine Grenze, sofern unter Bildung mehr als eine gewisse alltagsbezogene pragmatische und ästhetische Formation verstanden wird.

. . . versus „Life-long-learning-Society“

Beide kritischen Positionen treffen auf eine historisch-gesellschaftliche Situation, die mehr als je zuvor darauf gerichtete Bildung nötig macht:

a) Der fortschreitende Informationszuwachs gleicht einer

steil aufsteigenden Exponentialfunktion.[7] Es kommt immer weniger darauf an, umfangreiche Faktenmengen zu wissen, als vielmehr, mit einer ständig expandierenden Informationsmenge umgehen zu können. Was heißt, daß hier eine auf äußerst abstrakte Themata ausgerichtete Bildung mit sehr hohem Anspruchsniveau gefordert wird.

b) Der ansteigende Informationswechsel führt vor allem im beruflichen Bereich zu weitreichenden Konsequenzen: Verwendungsorientiertes Wissen veraltet sehr rasch, und die Schnelligkeit dieses Veralterungsprozesses nimmt offensichtlich zu. Deshalb wird in einer immer schnelleren Abfolge Weiter- und Fortbildung notwendig, denn wir stehen – es dürfte dies das erste Mal im Verlauf menschlicher Geschichte der Fall sein – vor der Situation, daß infolge rascher Veränderungen für viele auch nach einer quantitativ umfang- und qualitativ erfolgreichen Grundbildung (Schulpflicht) ständig erneuter Rückfall in eine Art neuen Analphabetismus droht.[8]

c) Die vergrößerte Langlebigkeit macht Kompetenzerhalt im Alter zu einer der wichtigsten Bildungsaufgaben der Zukunft, denn verlängertes Leben kann ja nur unter der Bedingung als „Chance“ angesehen werden, daß die Älteren es in einer möglichst ungeschmälerten Selbständigkeit zu führen imstande sind. Es kommt hinzu, daß die demographische Entwicklung „Vom Kegel zum Pilz“ die Gesellschaft sicherlich in unabsehbare Verteilungskämpfe stürzen würde, wenn Alter, wie die herkömmliche Meinung lautet, vorwiegend Unselbständigkeit und damit Pflegebedürftigkeit bedeutete.[9]

d) Aus den genannten mehrfachen Gründen gehen wir folglich offensichtlich unaufhaltsam einer „Life-long-learning-Society“ entgegen. Soll diese Entwicklung nicht zu einer Dauerbelastung werden, bedarf es bestimmter Kompetenzen, die durch eine entsprechende Bildung zu vermitteln und sodann auch entsprechend stabil zu halten wären.

Zum Problem der „Schlüsselqualifikation“

Im Zusammenhang mit allen diesen Problemen wird neuerdings der zuerst 1972 von D. Mertens in die Diskussion gebrachte Begriff „Schlüsselqualifikation“ immer häufiger verwendet.[10] Saul Robinson[11] hatte 1967 zuerst von „Qualifikationen“ gesprochen und damit während des Umgangs mit Lehrinhalten zu erwerbende Fähigkeiten/Fertigkeiten gemeint. Mertens Vorstellung war, daß es in der beruflichen Bildung angesichts der rasch expandierenden Spezialisierungen immer weniger möglich sei, entsprechend differenzierte Bildungsgänge aufzubauen, daß dies aber auch dann gar nicht notwendig wäre, wenn es gelänge, für ganze Berufsfelder brauchbare, ja möglicherweise sogar auf mehrere Berufsfelder gleichmäßig anwendbare „Schlüsselqualifikationen“ zu vermitteln. Diese würden nicht nur simultan (zur selben Zeit mit Blick auf unterschiedliche Berufssituationen), sondern auch sukzessiv (im Hinblick auf technische Entwicklungen und im Zeitfortgang auftretende Innovationen) kompetentes Handeln ohne langwierige Fort- und Weiterbildung möglich machen. Freilich, so interessant die Idee sein mag: bislang ist es noch nicht gelungen, die damit zusammenhängenden lernpsychologischen Probleme, vor allem die des dabei ja immer nötigen weitreichenden Transfers, zufriedenstellend zu lösen.

Politische Bildung und Allgemeinbildung

Gerade der auf individuelle Freiheit im Staat ausgerichtete Pluralismus macht logisch zwingend im Bereich des Rechtsbewußtseins der Bürger extensive Bildung (Kenntnis gegebener institutioneller und rechtlicher Zusammenhänge) und vermehrte Erziehung (Bereitschaft zu einem am Recht orientierten Handeln) nötig.[12] Der von den Grundrechten der Verfassung her definierte Freiheitsraum des einzelnen wird ja nicht nur vom Staate bedroht, wie dies bei der Formulierung des Grundgesetzes durch den Parlamentarischen Rat vornehmlich im Blick stand, sondern weitaus mehr im Handlungsgefüge des Alltags. Sollen solche Konflikte nicht auf engmaschige gesetzliche Regulationen hinauslaufen, die dann wirklich Außensteuerung wären, müssen die den einzelnen Bürger schützenden Grundrechte von ihm zugleich als verpflichtende Grundwerte interpretiert werden, die nicht ins Beliebige gesetzt werden dürfen, die er auch nicht respektiert, weil er sie unter äußerem Druck befolgen muß – wäre dies der Fall, höbe sich die freie Rechtsgesellschaft rasch auf –, sondern weil er die Bedeutung eines solchen Grundkonsenses eingesehen hat und dessen Anforderungen von sich aus respektiert. Wir stoßen damit auf den wichtigen Anteil der Politischen Bildung an der Allgemeinbildung, denn solchermaßen verstandene Politische Bildung ist für am Recht orientierte Entscheidung und das angeschlossene Handeln fundamental, und sie ist – der damit unabweisbar gegebenen moralischen Orientierung wegen – von moralischer Erziehung nicht zu trennen.[13]

Widersprüchlichkeiten der Industriegesellschaft

Wir – das heißt die westlichen Industrienationen – leben heutzutage in einer eigenartigen Widersprüchlichkeit. Wir erleben einerseits eine Wiederkehr einer Art von Polytheismus (praktisch in der zunehmenden Sektiererei, theoretisch im Individualitätskult) mit hohen Toleranzansprüchen. Gleichzeitig zeigt sich aber auch ein Manichäismus durchaus militanter Art. Man vergleiche dazu nur eine noch immer weitverbreitete Gesellschaftskritik mit dem dort zu findenden Vorwurf „halbierter Vernunft“ und dem unverhohlenen Anspruch, daß nur Vertreter der eigenen Position moralisch legitimiert seien, Wirtschaftler vor allem, aber auch große Gruppen der Naturwissenschaftler dagegen weithin sich als nicht verhandlungsfähig erwiesen. Unter dem Deckmantel ökologischer Argumente tritt dann, als weitere Variante eines solchen manichäistischen Denkens, auch heute noch, trotz gänzlich gegenläufiger Erfahrungen, die Behauptung auf, nur Sozialismus und die von ihm favorisierte staatliche Planwirtschaft könne einer drohenden Apokalypse Einhalt gebieten. Deshalb sei die „Macht der Ökonomie“ zu brechen und strikt unter „politische Verantwortung“ zu stellen.[14]

Eine daran orientierte Bildung müsse sich deshalb von der herkömmlichen „wissenschaftlichen Distanz“ (Objektivität) weg- und auf erlebnisträchtige Aktionen hinbewegen. Schulorganisatorisch nennt man das dann verharmlosend „Öffnung der Schule“. Schultheoretisch bedeutet dies eine Bildungskonzeption, bei der Erkenntnis dem Interesse nachzufolgen habe und dieses wiederum mit der Unmittelbarkeit möglichst direkt gegebener Erfahrungen gekoppelt wird. In diesem Denk- und Argumentationszusammenhang hört man dann oft Floskeln wie: „notwendige Überwindung der Trennung von Subjekt und Objekt“ durch Erzeugung einer „neuen Betroffenheit“.[15]

Eine höchst wichtige Variante eines besonderen zeitgenössischen Aufklärungsanspruchs – aus einseitig interpretierter Kantischer Philosophie entlehnt und vor allem durch Argumente der deutschen idealistischen Philosophie (Fichte) fundiert – ist die eben zitierte Rede von der angeblich „halbierten“ weil „instrumentalisierten Vernunft“, die man im Verhältnis von Wissenschaft, Wirtschaft und Technik zur Politik glaubt feststellen zu können. Die Argumentation sieht folgendermaßen aus:

Entgegen der (für naiv erklärten) Annahme einfach gegebener Objektivität wird behauptet, daß die entgegenstehende Wirklichkeit nichts Endgültiges sei, sondern historisches Produkt vorausgegangener Handlungen. Deshalb könne es nicht angehen, Handlungsabsichten an die Erkenntnis vorgegebener Wirklichkeit binden zu wollen, diese müßten sich vielmehr davon ableiten, was sein soll (Utopie) und nicht von dem, was ist. Denn an die Stelle der vorhandenen Welt solle eine bessere, mit der moralischen Dignität der Gerechtigkeit ausgestattete, treten. Bildung müsse sich vor allem an dieser „kopernikanischen Wendung“ beweisen, die gegebene als Unrecht konstatierte Wirklichkeit als „schmuddelig“ zu denunzieren und konsequent an ihrer Veränderung zu arbeiten (vgl. dazu das verbreitete Vokabular von der „kalten“, „wettbewerbsverzerrten“, „leistungsorientierten Gesellschaft“, die den Menschen „egoistisch verfremde“). Dagegen sei die zu errichtende „solidarische Gesellschaft“ als moralisch legitimierte zu setzen (vgl. dazu auch die dauernde Rede vom angeblich nötigen „Umbau der Gesellschaft“). Für solches Denken stellen die gegebenen Tatbestände der Gesellschaft (ganz besonders ihr erreichter Wohlstand) nur Verblendungen dar.[16]

Wiederum anders denken jene, die sich mit den mit postmodernem Denken zwar eng verwandten, indes nicht deckungsgleichen Konzepten der „neuen Theorien selbstregulierender Prozesse“ beschäftigen.[17] Diese Konzepte sind zunächst im Bereich der Biologie (zum Teil auch Physik) entwickelt worden und behandeln die systemischen Strukturen von Organismen: selbstregulierend und selbststeuernd, dadurch selbsterhaltend und selbsterzeugend; wobei diesem Prozeß der Autopoiesis Selbstreferentialität zukomme: Die Gesetze der Entwicklung eines Organismus können nicht von außen her kausal in den Organismus hineingebracht werden; dieses System sei „informationsdicht“; man erinnere sich an Leibnizens Definition der Monade, daß diese „keine Fenster“ habe.

In einer „organologischen Analogie“ wird dieses Konzept von Systemtheoretikern auf Individualität insgesamt (der Mensch als Organismus) und außerdem (was in diesem Zusammenhang jetzt nur zu erwähnen ist) auch auf Gesellschaft (gewissermaßen als Organismus höherer Art) übertragen.

Gilt diese Analogie, wäre also das Individuum ausschließlich „selbstreferentiell“ und folglich „informationsdicht“, gäbe es keine Möglichkeit und vor allem kein Recht mehr auf organisierte, absichtliche, zielorientierte Erziehung und Bildung. Es könnten dann allenfalls noch „freie Bildungsangebote“ in „freien Schulen“ anhand von „selbstbestimmten Curricula“ akzeptiert werden. Schule herkömmlicher Art dagegen, genauso wie die Form traditioneller familiärer Erziehung, wäre dann nichts anderes als „strukturelle Gewalt“ (man vgl. dazu den bewußten Verzicht vieler junger Eltern auf die Anrede „Vater“ oder „Mutter“).

Reduktion auf wissenschaftsorientierten Fachunterricht?

Angesichts dieses Hickhack von einerseits ins Riesige gestiegenen Forderungen an Bildung und Erziehung bei gleichzeitig totaler Infragestellung andererseits ist es gut, daß es schulorganisatorisch etwas gibt, was bildungstheoretisch betrachtet nicht ausreicht. Oder anders: uns hilft heute schulpolitisch ein Reduktionismus, den wir prinzipiell betrachtet beklagen müßten.

Das ist der Reduktionismus auf einen streng wissenschaftlich orientierten Fachunterricht, von Lehrern erteilt, die dazu in Fachdisziplinen während ihres Studiums als Wissenschaftler ausgebildet worden sind.[18] Damit die folgende Kritik nicht falsch verstanden wird: Es ist nicht gesagt worden, daß dieses falsch sei. Es wurde vielmehr von Reduktionismus gesprochen, und das heißt: die Bedingung, ohne die es nicht geht, ist nicht auch schon zugleich der zureichende Grund. Etwas weiter ausgeführt: Zwar ist Bildung immer wissenschaftsorientiert, sowohl dem Inhalt wie der Methode nach. Aber sie ist dies nicht nur. Ist Bildung, nach einem glücklichen Worte Adornos, „Kultur nach der Seite ihrer subjektiven Zueignung“, dann stellt sie immer mehr als nur Wissenschaftsorientierung dar, denn Wissenschaft erfaßt Kultur lediglich unter einem partiellen Aspekt. Ein Literaturunterricht, der nur ausgekämmte Wiedergabe wissenschaftlicher Analysen wäre, bliebe arm; ein Politikunterricht, der sich auf die wissenschaftliche Seite der Politologie beschränkte, sicherlich recht ergebnislos.

Es kommt hinzu, daß Wissenschaft zwar nicht nur mit Analysen arbeitet, es aber doch weithin dabei beläßt. Dadurch werden Zusammenhänge zerrissen, die, wenn sie nicht wiederhergestellt werden, zu ausgesprochener Halbbildung führen müssen, selbst wenn die wissenschaftliche Qualität des damit befaßten Unterrichtes untadelig sein mag.

Besonders wichtig ist aber, daß Wissenschaftsorientierung den Blick dafür verstellen kann, wonach jeder Unterricht in einer vom Inhalt unabhängigen Art „sozialisiert“ (ungewollt und unbeabsichtigt), daß diese Vorgänge aber unter angemessene pädagogische Aufmerksamkeit gebracht werden müssen, damit nicht der als Nebeneffekt auftretende Sozialisationsertrag des Unterrichtes beliebig bleibt, vielleicht sogar gegenläufig wirkt, sondern als qualifizierter „erziehender Unterricht“ verantwortet werden kann. In der heute verbreiteten fachspezifischen Lehrerbildung wird diese wichtige Aufgabe, wenn überhaupt, allenfalls am Rande bemerkt.[19]

Aber, um auf den diesen Abschnitt einleitenden Gedanken zurückzukommen: Diese insgesamt betrachtet unbefriedigende Situation bietet der Schule derzeit eine Art von Schutz, nämlich die Möglichkeit öffentlicher Überprüfung der Curricula, gleichfalls (zumindest teilweiser) Überprüfbarkeit des Zusammenhanges von erbrachter Leistung und damit gekoppelter Berechtigung, außerdem Überprüfbarkeit der in den Schulen ablaufenden Unterrichtsprozesse.

Bildung als existentielle Bedingung menschlicher Lebensfähigkeit

Das menschliche Individuum kann nicht nur biologisch betrachtet und gedeutet werden. „Informationsdicht“ ist es nur als biologischer Organismus. Als geistiges Wesen ist es geschichtlich bedingt, nicht durch Entfaltung, sondern nur durch Lernen zu begreifen und insofern von vorgegebener Information abhängig.[20]

Aber selbst biologisch betrachtet stimmt die These von der Autopoiesis nur eingeschränkt; denn „Selbstreferentialität“, von der „Selbsterhaltung“ und „Selbstherstellung“ abhängen, ist beim Menschen kein Eingangsbestand, sondern Lernprodukt. Sprechen wir vom Menschen als einem ens sociale, meinen wir nicht nur, daß er nicht als großer Einzelgänger existieren kann, sondern daß er selbst in seiner biologischen Existenz von geistigen Komponenten überlegter Lebensführung abhängig bleibt, die außerhalb des „geschlossenen Funktionskreises“ liegen.[21]

Deshalb ist Bildung nicht nur ästhetische Verbrämung einer durch sich selber stattfindenden Entfaltung (Autopoiesis), sondern existentielle Bedingung menschlicher Lebensfähigkeit („Das Leben als Aufgabe").

Und da Bildung (auf den Aspekt „der Mensch als Wissender und Urteilender" ausgerichtet) nicht ohne Erziehung („der Mensch als Wollender und Handelnder" betrachtet) auskommt, muß man den eben formulierten Satz – Bildung und Erziehung seien existentielle Bedingungen menschlichen Lebens – zu dem zweiten ausweiten, der sinngemäß bei Pestalozzi zu lesen steht: Der Mensch wird nur durch den Menschen Mensch.

Für eine rechtsstaatliche Gesellschaft freier Bürger gilt das eben Dargestellte noch in einem weiteren Verhältnis: So wie ein freier Rechtsstaat eine unveräußerliche Bedingung freier Bürger ist, so stellen die auf die Bedingungen eines Grundkonsenses hin gebildeten Bürger die Voraussetzung eines freien Rechtsstaates dar. Pluralismus unterliegt, eindimensional betrachtet, nämlich immer der Gefahr der Selbstauflösung: „Nichts ist wahr, alles ist erlaubt", heißt es deshalb im Zarathustra des hellsichtigen Nietzsche. Sollen die von der Sozialität her nötigen Einschränkungen nicht Zwang sein, müssen sie aus der Erkenntnis verpflichtender Grundwerte hervorgehen, von denen her das Ich seine Freiheit begreift und sie zugleich in seinem auf andere hin gerichteten Tun als verpflichtend ansieht (soziale Verantwortung).[22]

Soviel zu den Grundlagen. Nunmehr zu den Konsequenzen, die sich aus der Analyse zeitgenössischer Bedingungen ergeben:

Hohe Komplexität als besonderes Problem zukünftiger Bildung ist sicherlich noch nicht genügend erforscht. Hier sind offensichtlich noch zahlreiche Untersuchungen nötig und möglicherweise angeschlossene Bildungs- und auch Schulreformen geboten. Darauf ausgerichtete Forschungen dürfen aber nicht von der Voraussetzung geleugneter Objektivität und behaupteter Subjektivität und von daher abgeleiteten speziellen (politischen, ideologischen) Interessen ausgehen.

Damit zusammenhängende Erkenntniskritik darf nicht nur Konsequenzen im Hinblick auf technologische Entwicklungen haben, sondern muß gleichermaßen auch bei politischen

Ansprüchen berücksichtigt werden. Die Gefahr „halbierter Vernunft" macht schließlich nicht vor Politikern halt. Wenn diese die „Gesellschaft umbauen" möchten, ohne genügend detaillierte Folgenabschätzung und unter Mißachtung von ihnen gern ironisierter Sachgesetze, handeln sie nicht minder naiv und leichtfertig, als sie dies den gerne kritisierten Technikern vorwerfen.

Man kann nicht sagen, die Wissenschaft wäre zu weit gegangen und deshalb seien Wissenschaft und Technik einer politischen Kontrolle zu unterstellen.[23] Gerade wenn die Gefahr besteht, daß menschliche Erkenntnisfähigkeit sich nach der Art des „Zauberlehrlings" als begrenzt erweist, gilt, daß viele mehr sehen als einzelne. Politiker, die sich zu utopie-orientierten Vordenkern qualifiziert dünken, unterliegen der Gefahr „instrumentalisierter Vernunft" zumindest genauso wie diejenigen, gegen die sie sich mit ihren Reformansprüchen wenden (ganz gleich, ob sie den Grünen, der *SPD* oder aber der *CDU* angehören mögen). Politik hat zu koordinieren und vornehmlich subsidiär zu fungieren. Die Bereiche, in denen sie Führungsfunktionen zu übernehmen hat, sollte man dagegen sehr sorgfältig begrenzen. Das kann freilich nur geschehen, wenn die Bürger jene notwendige Selbständigkeit (Kompetenz) vorzuweisen imstande sind, die ohne vorausgegangene solide Bildung undenkbar ist.

Und schließlich noch eine abschließende, mehr hoffnungsvolle Bemerkung zum vorhin von mir kritisch dargestellten Reduktionismus. Obwohl im einzelnen schwer nachweisbar, gibt es doch insgesamt betrachtet bei aller auch sehr fachspezifischen Bildung einen weitreichenden Transfereffekt. Sofern Schüler wissenschaftlich arbeiten, lernen sie Verfahrensweisen, deren analoge Übertragung auf andere Verhältnisse auch dort zustandekommt, wo dies gar nicht beabsichtigt ist. Wir erleben ja gerade in unserer Zeit die Wahrheit des auch auf diesen Sachverhalt zu beziehenden Wortes „Ubi spiritus ibi libertas". Man kann mit wissenschaftlich ausgerichteter Bildung nie nur begrenzte, ausdrücklich geplante Effekte vermitteln. Vielmehr bildet man dabei immer den Geist an sich und als solchen. Deshalb bleibt ein Gebildeter – GottseiDank – nicht nur in der vorgegebenen Bildungsabsicht des Lehrenden hängen, ja er überspringt sogar den partiellen Bereich der Fachbildung. Damit verbindet sich zweifellos für uns viel Hoffnung. Denn auch dort, wo Bildung bewußt als ideologische Formation und damit als Indoktrination betrieben wird, geschieht unweigerlich auch Öffnung, wenngleich diese mitunter auch einige Zeit auf sich warten lassen mag.

Möglicherweise braucht man solche Hoffnung nicht nur auf das Politische zu konzentrieren, sondern kann sie auch auf die noch ungelösten Probleme menschlicher Daseinsbewältigung im Informations- und Technikzeitalter allgemein übertragen. Dann ließe sich das eher resignative „Prinzip Verantwortung" von Hans Jonas mit dem (jetzt nur vom Wortverständnis her zitierten und deshalb entsprechend zu modifizierenden) „Prinzip Hoffnung" Ernst Blochs zu einem qualifizierten Bildungskonzept der Zukunft verbinden.

Was aber solche Entwicklungen insgesamt betrifft, so gilt von ihnen erst recht, was längst bereits von seiten der beruflichen Ausbildung her gefordert wird: Immer mehr rangiert heute der „Generalist" vor dem „Spezialisten", oder, in andere Begriffe übertragen: die beste Schlüsselqualifikation, die wir unseren Schülern im Hinblick auf die von uns nicht antizipierbaren Situationen ihres späteren Lebens mitgeben können, ist eine gute Allgemeinbildung.

Anmerkungen

1 R. Dollase: Grenzen der Erziehung (1984); H. Kupffer: Erziehung, Angriff auf die Freiheit (1980); H. Giesecke: Das Ende der Erziehung. Neue Chancen für Familie und Schule (1985).

2 H. von Ditfurth: Ökologische Herausforderung – Gefährdet Wirtschaftswachstum die natürlichen Voraussetzungen der Zivilisation?, in: C.- A. Andreae (Hrsg.): Quellen des Wachstums (1985) 151 ff.

3 D. Dörner: Die Logik des Mißlingens (1989).

4 E. E. Geißler: Welche Farbe hat die Zukunft? Über politische Kultur im technischen Zeitalter (1986).

5 H. Jonas: Das Prinzip Verantwortung. Versuch einer Ethik für die technologische Zivilisation (1979).

6 D. Dörner: a. a. O.; vgl. außerdem: R. Ellermann/U. Opalke (Hrsg.):

Was bringen uns die Theorien selbstorganisierter Prozesse? Natur- und Sozialwissenschaftler im Gespräch. Tagung d. Theodor-Heuss-Akad. vom 20.–22. September 1985/Friedrich-Naumann-Stiftung (1987).

7 E. E. Geißler: Analyse des Unterrichtes ([5]1982) 85.

8 E. E. Geißler: Life-long-learning-Society. Fortschritt oder Bedrohung? Druck des Instituts für Erziehungswissenschaft der Universität Bonn (nicht im Buchhandel erhältlich).

9 E. E. Geißler/H. W. Wollersheim: Altern – pädagogische Aspekte, in: Bericht der Kommission „Altern als Chance und Herausforderung". Erstellt im Auftrag der Landesregierung von Baden-Württemberg (1988) 133 ff.

10 D. Mertens: Das Qualifikationsparadox. Bildung und Beschäftigung bei kritischer Arbeitsmarktperspektive. Zeitschrift für Pädagogik 30 (1984) 439 ff.; Ders.: Schlüsselqualifikation. Thesen zur Schulung für eine moderne Gesellschaft. MittAB 4 (1979) 36 ff.

11 S. Robinson: Bildungsreform als Revision des Curriculums (1967).

12 E. E. Geißler: Welche Zukunft haben wir? Grundwerte allgemeiner und politischer Bildung, in: Landeszentrale für politische Bildung Schleswig-Holstein (Hrsg.): Kieler Symposion 1987.

13 E. E. Geißler: Den demokratischen Grundkonsens festigen, in: B. Heck (Hrsg.): Verantwortung für die Jugend. Erziehung im demokratischen Staat. Studien zur politischen Bildung 10 (1987) 181 ff.; Ders.: Die politische Verantwortung des Erziehers, in: K. Weigelt (Hrsg.): Werte, Leitbilder, Tugenden. Zur Erneuerung politischer Kultur. Studien zur politischen Bildung 8 (1985) 329 ff.

14 M. Baethge: Die Herausforderung der gesellschaftlichen und ökonomischen Entwicklung für die politische Bildung. Materialien zur Politischen Bildung. Sonderheft „Politische Bildung 2000" (1989) 8 ff.

15 Vgl. R. Lassahn, in: K. Weigelt (Hrsg.): Anstöße zur Schulpolitik. Vorträge und Beiträge der Politischen Akademie der Konrad-Adenauer-Stiftung 12 (1989) 49 ff.

16 Vgl. E. E. Geißler: Welche Farbe hat die Zukunft? (Anm. 4).

17 R. Ellermann/U. Opalka: Was bringen uns die Theorien selbstorganisierter Prozesse? (Anm. 6).

18 Deutscher Bildungsrat: Strukturplan für das Bildungswesen (1970).

19 E. E. Geißler: Allgemeine Didaktik. Grundlegung eines erziehenden Unterrichts ([2]1982).

20 E. E. Geißler: Allgemeinbildung in einer freien Gesellschaft (1977).

21 E. E. Geißler: Allgemeinbildung. – Grundausstattung des mündigen Bürgers, in: BMBW (Hrsg.): Allgemeinbildung im Computerzeitalter (1986) 34 ff.

22 Landeszentrale für politische Bildung Schleswig-Holstein (Hrsg.): Politische Bildung als Allgemeinbildung (1987).

23 Gilde Katholischer Ingenieure Deutschlands (GKID): Technik, Bedrohung oder Hoffnung (1982); außerdem: Predigten und Ansprachen von Papst Johannes Paul II. nach seinem Pastoralbesuch in Deutschland, hrsg. vom Sekretariat der Deutschen Bischofskonferenz, Bonn (1980).

II.
Vielfalt im Schulwesen als Leitbild

Kurt Aurin

Freier Elternwille und die Entwicklung des Schulwesens – Thesen und Forderungen

Das Thema betrifft einen Brennpunkt bildungspolitischer Auseinandersetzungen. Es wird auch künftig für die Diskussion über notwendige Weiterentwicklungen des Schulwesens von Bedeutung sein. Die Ausführungen folgen einer bildungspolitischen Argumentationslinie, die durch pädagogische Gründe gestützt, durch schulplanerische Sachverhalte unterbaut und schulpolitische Vorhaben und Tatsachen belegt wird. Sie schließt Grundsätze für die Weiterentwicklung des Schulsystems unserer freiheitlichen demokratischen Gesellschaft ein; die Darlegung eines entsprechenden Konzepts hierfür würde jedoch den Rahmen des Themas übersteigen. Auch kann hier nicht auf die rechtliche Seite eingegangen werden, da sie einer gesonderten Erörterung bedarf.

Wahlfreiheit der Eltern als Grundsatz

Auszugehen ist von dem Grundsatz, daß die Gestaltung des Schulwesens der Vielgegliedertheit der Lebens-, Arbeits- und Berufswelt moderner Industriegesellschaften entsprechen sollte. Dieses Prinzip ist z. B. auch in der Landesverfassung von Nordrhein-Westfalen enthalten (Art. 10). Es kommt dem Interesse der Eltern an einer den Begabungen, Neigungen und Fähigkeiten ihrer Kinder gerecht werdenden Förderung und ihrem Willen entgegen, hierfür einen entsprechenden Bildungsgang für ihr Kind frei wählen zu können und dafür auch Alternativen zu haben.

Die Wahlfreiheit der Eltern ist dort eingeschränkt, wo keine überzeugenden Alternativen mehr angeboten werden und regional im Bereich weiterführender allgemeinbildender Schulen (Sekundarbereich I und II) und beruflicher Schulen (Sekundarbereich II) nur eine Schulform angeboten wird. Das haben vor allem die bildungspolitisch problematischen Unternehmungen der generellen Einführung der Orientierungsstufe (Niedersachsen und Hessen) gezeigt und ebenso die Versuche sogenannter flächendeckender Einführung integrierter Gesamtschulen, da diese für die Mehrzahl der Eltern keine pädagogisch ausreichend tragfähige Alternative zum weiterentwickelten gegliederten Schulsystem darstellen. Die Erfahrungen, die mit den gegenwärtigen Bestrebungen um regionalen Ausbau integrierter Gesamtschulen vor allem in Nordrhein-Westfalen und auch im Saarland gemacht werden, bestätigen das.

Aus all den angesprochenen Erfahrungen ergibt sich, daß bei der Organisation des Schulwesens und seiner Weiterentwicklung an den entscheidenden Übergangsstellen zwischen zwei größeren Bildungsabschnitten immer wieder Wahlmöglichkeiten für das Einschlagen unterschiedlicher Bildungsgänge anzubieten sind. Hierdurch wird dem Willen der Eltern Rechnung getragen und es ihnen ermöglicht, den Bildungsgang entsprechend den im vorangegangenen Bildungsabschnitt erzielten Unterrichtserfolgen und Entwicklungsfortschritten ihres Kindes zu verändern und sinnvoll weiterzugestalten.

Offenhalten der Abschlußmöglichkeiten

Das bedeutet: nach Absolvierung eines Bildungsabschlusses, auch einer beruflichen Ausbildungsstufe, sollten stets mehrere Anschlußmöglichkeiten gegeben sein, die über neue Bildungsabschnitte zu weiteren in unterschiedlicher Form qualifizierenden Abschlüssen hinführen. Damit haben Eltern an entscheidenden Gelenkstellen des Schulsystems die Chance, erneut den für ihr Kind als wünschenswert angesehenen und von ihm auch erreichbaren Abschluß anzuzielen.

Das Offenhalten von Abschlußmöglichkeiten ist keineswegs nur Kennzeichen integrierter Schulformen. Das gilt auch für das gegliederte Schulsystem: so bereits für den Eingangs- und Orientierungsbereich von Haupt-, Realschulen und Gymnasien und auch noch später (u. a. auf der Basis bilateraler Versetzungsordnungen); ferner sind bei allen drei Schularten für ihre Schüler bei erfolgreichem Abschluß Ende des 9. bzw. des 10. Schuljahres alternative Anschlußmöglichkeiten an weiterführende Bildungsgänge gegeben – für die Hauptschule zur Berufsfachschule, Berufsaufbauschule oder Fachoberschule/gymnasiale Oberstufe und den Berufsschulen (duales System) mit der Chance zum Erlangen des mittleren Abschlusses und in der Folge zum Einschlagen studienbezogener Bildungsgänge, – für Realschule und Gymnasium vor allem zur Oberstufe des Gymnasiums, zu den beruflichen Gymnasien, zu den Fachoberschulen/Fachgymnasien, zu den Fachschulen und auch anderen beruflichen Schulen. Dabei bestehen innerhalb einzelner Länder für alle drei Schularten weitere spezifische Anschlußmöglichkeiten.

Vom Wert nichtakademischer Bildungsgänge

Für Eltern hängt die Tragfähigkeit von Bildungsgangalternativen nicht nur von ihrer Qualität und Förderfunktion ab, sondern auch von den Berufs- und Lebensaussichten, die durch sie eröffnet werden. Diese sind in unserer großindustriellen Gesellschaft keineswegs nur an akademische Abschlüsse gebunden.

Hier gilt es zunächst generell, in unseren Schulen pädagogisch problematischen Formen der „Verwissenschaftlichung" des Unterrichts entgegenzuwirken.

Das bedeutet nicht, daß Schülern der Hauptschule der Zugang zu wissenschaftlichen Erkenntnissen, zu den Formen und Methoden wissenschaftlich bestimmten Denkens und Arbeitens vorenthalten werden sollte; vielmehr sollte ihnen der Weg hierzu in einer Form erschlossen werden, der ihrer Denkausrichtung und Motivationslage, ihren Aufnahme-, Verarbeitungs- und Leistungsmöglichkeiten entspricht und

bei der der Handlungs- und Praxisbezug nicht vernachlässigt wird.
Ferner kommt es darauf an, Eltern den Wert nicht-studien- und -hochschulbezogener Bildungsgänge zu verdeutlichen. Eltern sollte durch sachgerechte, differenzierte Information über die beruflichen Perspektiven dieser Bildungsgänge – über die Berufsfelder und Aufgabenbereiche, die sie eröffnen – und ebenso über die damit verbundenen Aufstiegsmöglichkeiten Aufklärung und Hilfestellung zur Wahl des jeweils neu für ihr Kind ins Auge zu fassenden Bildungsabschnitts gegeben werden. Hierdurch ist es zugleich möglich, einer Überbewertung akademischer Ausbildung entgegenzuwirken. – Nicht zuletzt bleibt die Gesellschaft im ganzen aufgefordert, nichtakademische Berufe differenzierter zu sehen, gerechter zu bewerten und berufliche Einstellungsbedingungen und -praxen zugunsten insbesondere von Schülern mit Hauptschulabschlüssen zu korrigieren.

Im Verlauf der letzten fünfzehn Jahre ist in der Mehrzahl der Länder – was die Beratung von Schülern und Eltern betrifft – vieles neu geschaffen und erreicht worden. Es kommt jedoch weiterhin darauf an, Beratung in Fragen der individuellen Gestaltung des Bildungsganges und der damit verbundenen Probleme der Berufsorientierung und Berufsfindung auszubauen und zu verbessern.

Orientierung am Wohl des Kindes

Verantwortlich geübter Elternwille orientiert sich nicht nur an den Bildungsgang- und Fördermöglichkeiten des Schulsystems. Er sollte gleichfalls vom psycho-physischen Wohl des Kindes bestimmt sein, sich von seiner Freude am Lernen und seinem Sichwohlfühlen in der Schulklasse und Jahrgangsstufe leiten lassen.

Es ist das gute Recht von Eltern, für ihr Kind und seine Entwicklung das Beste anzustreben. „Der wahre christliche Geist des Liberalismus liegt“, wie Rosenstock-Huessy es ausdrückte, „in der Bereitschaft ganzer Generationen, ... die nächste Generation in eine Zukunft gehen zu lassen, von der die Eltern selbst ausgeschlossen waren". – Woran aber wird geprüft, was das jeweils Beste für das einzelne Kind ist? Welches ist der Maßstab dafür? – Werden Eltern nicht manchmal in ihren Vorstellungen über das Beste für ihr Kind davon geleitet, was sie sich an beruflicher Zukunft für ihr Kind erhoffen und weniger davon, wie das Kind einmal sein Leben gestalten und welchen Beruf es von sich aus gern ergreifen möchte? Und fließen nicht gelegentlich in die Vorstellungen über Schulbesuch und künftigen Beruf ihres Kindes die eigenen unerfüllt gebliebenen Wünsche der Eltern ein, die Kinder auch belasten und unfrei machen können?

Kindern sollten erhöhte Belastungen und Überforderungen, die stets mit nachteiligen Auswirkungen auf ihr Selbstvertrauen und ihre Lernmotivation verbunden sind, möglichst erspart bleiben. Daher werden Eltern immer wieder prüfen müssen, was Kinder aus eigener Kraft und Anstrengung zu leisten und über einen längeren Zeitraum an Bildungsweg ohne große zusätzliche Hilfe erfolgreich zu bewältigen vermögen. Ein mit viel Mühe und ständiger Nachhilfe verbundenes Mitgezogenwerden, das mit Erfahrungen des Nicht-ganz-Gewachsenseins und des ständigen Sich-Befindens unter den „Klassenletzten" verbunden ist, wirkt sich auf die innerpsychische Entwicklung nachteilig aus. Dort, wo Kinder aus eigener Kraft und ohne allzu große Hilfe in selbstverständlicher Weise im Klassenverband mithalten können, fördert das ihr Selbstvertrauen, ihre innere Sicherheit und auch ihre Lernbereitschaft.

Selbstverständlich streben Eltern für ihr Kind das nach ihrer Ansicht Beste an. Der „akademische Weg" ist keineswegs die einzige Möglichkeit für Lebenserfolg und Lebensglück, und schon gar nicht kann beides durch ihn garantiert werden. Es gibt tragfähige Alternativen zu den studienbezogenen Bildungswegen und Berufskarrieren, und im Verlauf des weiteren Lebens treten durch Praxisbewährung und Tüchtigkeit bei vielen jungen Menschen wichtige Entwicklungen ein. Nicht zuletzt: Sozialer Aufstieg ist kein absoluter Wert. Ein Umdenken im Interesse des Wohls und einer psychisch gesunden Persönlichkeitsentwicklung der Kinder wäre hier vielerorts angezeigt.

Elternwahl und vielgliedriges Schulwesen

Dem Willen der Eltern nach freier Wahl der Schule kann durch planerisch flexible Handhabung der Schulformen des gegliederten Schulsystems ebenso, zum Teil sogar besser, entsprochen werden als durch Errichtung integrierter Gesamtschulen.

Diese These wird zum Beispiel durch die Schulplanungspraxis der Länder Rheinland-Pfalz und Baden-Württemberg belegt. Es ist unzutreffend, daß angesichts der zurückgegangenen Zahl an Schülern die Sicherung eines ausreichend differenzierten Schulangebotes in ländlichen und auch anderen Regionen einzig mit Hilfe des Gesamtschulsystems möglich sei.

Wenn allerdings schulplanerisch die Zweizügigkeit von Hauptschulen als Norm gesetzt wird (Beispiel Nordrhein-Westfalen) und einzügige Hauptschulen nur im Ausnahmeverfahren und mit erheblichen Schwierigkeiten durchzusetzen sind, dann werden die Möglichkeiten zur Aufrechterhaltung dieser Schulen bei dem nach wie vor geringen Schüleraufkommen von vornherein begrenzt, das infolge des Schülerrückgangs vor allem in weniger dicht besiedelten Gebieten auch weiterhin anzutreffen sein wird.

Dort, wo der Forderung nach Wahlmöglichkeiten im Schulsystem und wo den sozialen Aufstiegsintentionen der Bevölkerung nicht angemessen entsprochen wird – z. B. durch eine eher uniforme und egalitäre Ausrichtung des Schulsystems und dessen einlinigen Aufbau –, suchen Eltern nach anderen Möglichkeiten, etwa durch Ausweichen in andere Landkreise, Städte oder Länder, und „stimmen“ entsprechend „mit den Füßen ab“ (Beispiel: 1986/87 aufgrund der schulpolitischen Lage in Hessen).

Oder – wenn dies nicht möglich ist – erfolgt durch die Gesellschaft selbst eine Bewertung und Unterscheidung formal gleicher Schulen nach Qualität und Leistungsfähigkeit. Von Eltern werden dort, wo nur öffentliche Schulen ein und desselben Typs bestehen, diejenigen Schulen bevorzugt für ihre Kinder ausgewählt, die nachweislich die besten Fördererfolge haben und im Rufe stehen, eine „gute Schule" zu sein (Beispiel: Japan, Südkorea, aber auch die USA). Anstelle der Wahl der Schulform (oder des Bildungsganges) tritt dann, viel stärker als dies bei uns der Fall ist, die Wahl der einzelnen Schule, denn alternative Schulformen oder Bildungsgänge sind kaum gegeben. – Eine andere Reaktion besteht im Ausweichen auf Privatschulen, das gilt nicht nur für die USA, England und Frankreich, sondern auch für das Nachbarland Dänemark, wo ja die achtjährige Grundschule im Sinne eines integrierten Systems besteht.

Schließlich gibt es noch eine weitere Reaktion der Bevölkerung; dafür können vor allem die Länder Japan und Südkorea angeführt werden. Weil dort in das staatliche Schulsystem und in dessen Qualität nur begrenzt Vertrauen gesetzt wird, schicken Eltern ihre Kinder – und zwar teilweise von der Grundschule an – zusätzlich in sogenannte Ergänzungsschulen, die überwiegend den Charakter von Nachhilfeschulen haben und besonders intensiv auf schulische und universitäre Aufnahmeprüfungen vorbereiten.

In den beiden letztgenannten Fällen findet eine Benachteiligung der einkommensschwächeren Bevölkerungsgruppen statt. Das integrierte, staatliche Einheitsschulsystem, das gleiche Chancen für alle realisieren wollte, hat aufgrund seiner egalisierenden Tendenzen und unzureichenden pädagogischen Förderqualität die Nebenwirkung, daß soziale Ungleichheit in anderer Weise entsteht.

Die Erhaltung und Weiterentwicklung des Schulsystems und seiner verschiedenen Schulformen und Bildungsgänge sollte im Interesse aller gesellschaftlichen Gruppen und unserer politischen Kultur vom Prinzip des fairen Wettbewerbs bestimmt sein. Dort, wo bei Schulplanungen durch unterschiedliche Planungsvorgaben (z. B. für die Größe einer Schule, Anzahl der Schüler pro Jahrgang) sowie durch unterschiedliche finanzielle Zuwendung, Vorteile der Raumausstattung und andere Vergünstigungen Schulformen mit vergleichbaren Aufgaben im einen Fall bevorzugt und im anderen Fall benachteiligt werden, wird der Elternwille politisch unterlaufen.

Dies geschieht – wie am Beispiel der Länder Nordrhein-Westfalen und Saarland gezeigt werden kann – unter anderem durch unterschiedliche Planungswerte für die Schulen des gegliederten Schulsystems einerseits und des integrierten Gesamtschulsystems andererseits: Während für Haupt-, Realschulen, Gymnasien die Zweizügigkeit bei einer Mindestzahl von 28 Schülern pro Klasse gefordert wird, also insgesamt 168 Schüler zur Aufrechterhaltung des gegliederten Systems notwendig sind, genügen für die Errichtung einer Gesamtschule bei Drei- bis Vierzügigkeit 84 bis 112 Schüler; im Saarland sind bei einer Mindestzahl von 20 Schülern pro Klasse bei Haupt- und Realschulen, von 25 Schülern bei Gymnasien, 130 Schüler pro Jahrgang zur Aufrechterhaltung des gegliederten Systems, zur Einrichtung von Gesamtschulen nur 60–80 Schüler pro Jahrgang erforderlich (s. Aurin 1989).

Unparteiische Informationspolitik und partnerschaftliche Abstimmung

In einer freiheitlichen, pluralen Gesellschaft ist eine unparteiische Informationspolitik über alle Schulformen und Bildungsgänge unerläßlich. Sie ermöglicht es den Eltern, die Fördermöglichkeiten von Schulformen sowie die Schwerpunkte und Perspektiven angebotener Bildungsgänge angemessen einzuschätzen, abzuwägen und von ihrem Willen verantwortlich Gebrauch zu machen.

Angesichts einseitiger Informationspraktiken von Schulverwaltungen sowie beschönigender Darstellungen des integrierten Schulsystems, dessen Förderwirkungen nach allen bisherigen Erfahrungen im Bereich der Fachleistungen im Schnitt geringer sind als die der Schularten des gegliederten Systems (siehe dazu die zusammenfassenden Darstellungen von Aurin im Kap. 1, Kap. 5 in Aurin, 1987 a und in Aurin, 1987 b), gewinnt die Forderung nach unparteiischer Information der Eltern politisch besonderes Gewicht.

In Wertfragen, die in die Privatsphäre der Familie eingreifen und elterliche Wertvorstellungen und Erziehungsauffassungen unmittelbar betreffen, sollten die Möglichkeiten des gegenseitigen Abstimmens besser und rechtzeitig genutzt werden.

Das betrifft insbesondere Fragen und Problembereiche, die sich auf die Persönlichkeit des einzelnen erstrecken und ihren Intimbereich berühren, so des Ethikunterrichts, der Sexualkunde, des Drogenmißbrauchs, der Aids-Aufklärung und des Umgangs mit den Aids-Problemen. Aber auch scheinbar zunächst weniger verfängliche Anlässe und Unternehmungen, die inhaltlich mit den aufgeführten oder ähnlichen Themen im Zusammenhang stehen, wie z. B. Theaterbesuche und die Gestaltung von Studienfahrten, bedürfen der Abstimmung mit den Eltern und des gegenseitigen Einvernehmens von Schule und Elternhaus. Daß in dieser Hinsicht Probleme bestehen, zeigen entsprechende Berichte, z. B. aus Nordrhein-Westfalen, wo die Eltern sich nicht nur wegen des rüden Jargons, des teilweise „obszönen und menschenverachtenden Tons und Umgangs mit der Sexualität" gegen eine offiziell genehmigte, in Schulen durchgeführte musikalische Revue („Aids mich nicht an . . .") wehrten, sondern auch wegen der einseitigen Sicht der Sexualität und der permissiven Einstellung der Autoren (M. van Heeremann, 1988). Für die in dieser Hinsicht bestehenden berechtigten Anliegen und Sorgen der Eltern gilt es, Lehrerkollegien zu gewinnen und sich Lehrerinnen und Lehrer zu Partnern zu machen. Elternmitwirkung und Berücksichtigung des Elternwillens können sich nicht nur auf die Pflichtelternabende und auf bloße Formalien beschränken.

Die Erziehungs- und Bildungswirksamkeit der Schule steht und fällt mit der elterlichen Unterstützung und Kooperation. In dem Grade, wie es gelingt, die drei Welten, in denen Kinder hauptsächlich leben – Schule, Elternhaus, Gleichaltrigen- und Freundesgruppen –, miteinander zu verbinden, kann die Erziehungswirksamkeit der Schule verbessert werden. Hierzu bedarf es der stärkeren Einbeziehung der Eltern und auch ihrer Mitwirkung als Mit-Erzieher im Schulalltag und im gemeinsamen Leben der Schule.

Die Qualität der Schule kann durch Mitwirkung sachkompetenter, lebenserfahrener Eltern – z. B. bei Arbeitsgemeinschaften, außerunterrichtlichen Aktivitäten wie Studientagen, Betriebserkundigungen – gefördert und mit ihrer Hilfe eine lebendigere Schulgemeinschaft und anregende Schulkultur entwickelt werden. Die Schule und ihre Gestaltung sind nicht nur ausschließliche Aufgaben der Lehrerschaft, und Schule ist auch nicht „Besitzstand" von Schulleitungen. Eltern als die zuvörderst für die Pflege und Erziehung der Kinder Verantwortlichen (Art. 6 GG) sind die Partner der Schule. Sie können ihre Erfahrungen, Lebens- und Berufskompetenzen als Mit-Erzieher in unsere Schule in unterschiedlicher Weise einbringen (s. Aurin, 1990 a).

Neue Vorhaben wie „Gestaltung des Schullebens und Öffnung der Schule . . ." (Nordrhein-Westfalen), „Offene Schule . . ." (Schleswig-Holstein) sind pädagogisch dann sinnvoll, wenn sie die Lern- und Entwicklungsprozesse von Kindern unterstützen, dem besseren Erreichen der Unterrichtsziele zugute kommen, durch andersgeartete Anregungen die Kreativität der Schüler fördern und auch dem besseren Verständnis des eigenen Gemeinwesens und dessen Berufs- und Arbeitswelt dienen und verantwortliche Teilnahme am politischen Leben vorbereiten und fördern helfen. Sie sollten aber nicht zur pädagogischen Verbrämung problematischer, ideologisch bestimmter Intentionen mißbraucht werden und die Schule nicht zu deren Instrument werden lassen. Daß Befürchtungen in dieser Richtung bestehen, darauf weisen unter anderem Aussagen eines Kommunalpolitikers hin, die dieser im Rahmen einer Anhörung zu dieser Thematik in Nordrhein-Westfalen gemacht hat (Landtag NW, Ausschuß für Schule und Weiterbildung, Protokoll 10/1222, insbes. 25–39, 31. 5. 1989).

Den dargelegten Thesen und den an sie geknüpften Forderungen liegt, wie aus ihnen unschwer zu erschließen ist, die

Intention zugrunde, dem Willen der Eltern entsprechend der ihnen „zuvörderst“ obliegenden Erziehungsverantwortung (Art. 6 GG) gerecht zu werden, sie als die Partner der Schule zu sehen, sich mit ihnen in allen entscheidenden, ihre Wert- und Erziehungsvorstellungen betreffenden Fragen schulischer Erziehung abzustimmen und sie in ihrer Lebens- und Berufskompetenz als indirekte und direkte Mit-Erzieher ernst zu nehmen. Eltern sind – wie Helmut Schelsky es einmal eindrucksvoll formulierte – für ihr Kind nicht nur „Milieu“ oder „Begegnung“; Eltern identifizieren sich mit ihrem Kind. Das Kind „ist mit mir (als Vater oder Mutter) identisch, was seinen Willen als soziales Wesen betrifft“ . . . und „als soziales Wesen und sozialer Wille gehe ich jeden Tag mit meinem Kind zur Schule, und der Lehrer hat diese soziale Subjekthaftigkeit des Kindes grundsätzlich anzuerkennen; das ist – jenseits aller juristischen Verfügungsregelungen – der Kern des Elternrechts“ (Schelsky, 1961, 51). – Sicherlich kann dazu beitragen, dem Willen der Eltern besser als bisher zu entsprechen, daß Schulen nicht mit Aufgaben überbürdet und nicht durch ein Zuviel an Verwaltungsregelungen im Handeln eingeengt werden. Grundsätzlich wird es aber auf die Einnahme einer solchen Grundeinstellung gegenüber Eltern – wie dargelegt – ankommen, wenn unsere Schulen, ihre Schulleitungen und Lehrer und ebenso die Schulverwaltung dem Elternwillen gerecht werden wollen.

Literatur

K. Aurin: Mehr Verständnis für Kinder – mehr Verständnis für die Schule. Aspekte einer humanen Erziehung (1980); Ders.: Die wissenschaftliche Diskussion über Schulvergleichsuntersuchungen in der Bundesrepublik Deutschland, Kap. 1, in: Schulvergleich in der Diskussion (1987 a) 11–23; Ders.: Wichtigste Ergebnistendenzen der neuesten Schulvergleichsuntersuchungen – Ende 1981 bis 1986, Kap. 5, in: K. Aurin (1987 a) a. a. O.; Ders.: Gegliedertes Schulsystem oder Gesamtschule – Anmerkungen zur laufenden Diskussion. EichholzBrief 4/1987 b, 1–12; Ders.: Kleine Schulen – Planungsvorstellungen, Erfahrungen und Erfordernisse. Die Realschule 95 (1987 c) 424–429; Ders.: Eltern als Partner und Mit-Erzieher in der Schule – Legitimation und Begründung, in: Eltern als Partner und Mit-Erzieher in der Schule, hrsg. von G. Hepp (1990 a) 8–17.

M. v. Heeremann: Aids mich nicht an. Elternverein Nordrhein-Westfalen e. V., Nr. 61, 16 (Dez. 1988).
Landtag Nordrhein-Westfalen: 10. Wahlperiode, Drucksache 10/3726, Antwort der Landesregierung auf die kleine Anfrage 1372 der Abg. M. Röbels, CDU, zum Theaterprojekt „Aids mich nicht an . . ."
Landtag Nordrhein-Westfalen: 10. Wahlperiode, Protokoll 10/1222 der 58. Sitzung des Ausschusses für Schule und Weiterbildung vom 31. 5. 1989.
E. Rosenstock-Huessy: Des Christen Zukunft (1965).
H. Schelsky: Anpassung oder Widerstand (1961).

Peter Heesen

Dreigliedriges Schulwesen oder neue Organisationsformen?

Das derzeit wieder vorhandene große Interesse an schulorganisatorischen Fragestellungen verwundert insbesondere deshalb, weil in der Bundesrepublik Deutschland mehr als 20 Jahre hitzigsten Streits hinter uns liegen um die Organisationsstrukturen von Schule, konkret um die Frage „Einheitsschule oder gegliedertes Schulwesen?". Und dieses Streites sind viele Menschen überdrüssig geworden und haben nicht zuletzt deshalb von der Bildungspolitik Abstand genommen. Vor allem aus Kreisen der bürgerlichen Mitte konnte man in den letzten Jahren immer wieder den kernigen Satz hören: Schluß mit den Organisationsdebatten, auf die Inhalte kommt es an!

Vom Rang schulorganisatorischer Diskussionen

Ich bin aber sehr froh, daß so viele wieder Interesse gewonnen haben an der Diskussion um die Organisationsstruktur von Schule. Denn diese Organisationsdiskussion ist in der Tat notwendig, weil Inhalte und Strukturen nicht voneinander getrennt werden können. Die Vermittlung von Inhalten in Schule und durch Schule setzt vernünftige Strukturen voraus. Es war und ist die bildungspolitische Linke in unserem Lande, die seit je her ganz besonderes Gewicht auf die Organisation von Schule legt. Noch vor kurzem beschloß eine bildungspolitische Konferenz der *SPD* in Nordrhein-Westfalen ein Papier, in dem es wörtlich heißt:

> „Auch darf nicht verkannt werden, daß Strukturreform immer auch Gesellschaftspolitik ist. Sie verteilt Chancen

und Angebote, Ausstattungen und Erreichbarkeiten, Inhalte und Beziehungen aller Art. Gerade deshalb ist sie so umstritten, und gerade deshalb ist es für eine Partei so wichtig, sie zu betreiben, andernfalls würde sie jeden Gestaltungswillen aufgeben. Die Folge wäre eine heimliche oder schleichende Strukturreform, die ja längst stattfindet, oder aber eine Einladung an die Konservativen, die Schulpolitik allein zu gestalten."

Deutlicher kann man wohl nicht formulieren, daß die Gestaltung der Organisation von Schule nicht nur Bildungs-, sondern umfassende Gesellschaftspolitik ist. An einem nicht das Thema Schulform primär betreffenden Beispiel soll der Zusammenhang von Organisationsstruktur und inhaltlicher Schulkonzeption veranschaulicht werden:

Wer die Ganztagsschule – auch ein Organisationsprinzip – als *Angebots*schule bereitstellen will, kann mit Hilfe dieser Organisationsstruktur den ebenso rasanten wie gravierenden familienpolitischen Entwicklungen begegnen wollen. Wer die Ganztagsschule dagegen zum *alleingültigen Prinzip* von Schule erhebt, schafft damit die organisatorischen Voraussetzungen für eine ganztägige schulische Berieselung zu dem Zwecke, *durch* die Schule und *mit* der Schule die Erziehung des Elternhauses und damit das elterliche Erziehungsrecht mehr und mehr zu verdrängen. Da entsteht dann der gewollte Freiraum für Konzepte einer „Community education", wie sie mit dem neuerdings in *SPD*-regierten Ländern propagierten Konzept einer „Öffnung von Schule" auch in der Bundesrepublik hoffähig gemacht werden sollen.

Unverhohlen liest man etwa in einem Antragspapier der Arbeitsgemeinschaft für Sozialdemokraten im Bildungsbereich zum neuen *SPD*-Bundesparteiprogramm, die Schulen müßten „zur Arbeitswelt geöffnet und in das kommunale Leben eingebunden werden". „Mit politischer Bildung als Unterrichtsprinzip in allen Bildungseinrichtungen wollen wir sowohl das Verständnis für soziale, geschichtliche und kulturelle Zusammenhänge verstärken als auch Handlungskompetenz für eine soziale Demokratie vermitteln", heißt es in dem

Änderungsantrag wörtlich. Die organisatorische Forderung nach Ganztagsschule für möglichst alle steht für die SPD primär im Zeichen inhaltlicher Veränderung in Schule und durch Schule, d. h. im Zeichen einer Gesellschaftsveränderung.

Es scheint mir deshalb angebracht, daß auch die bürgerliche Mitte, wenn sie denn verlorengegangenes Terrain in der Bildungspolitik zurückerobern will, sich wieder stärker und intensiver mit Strukturfragen beschäftigt und zugleich die Verbindung von Schulorganisationsstruktur und der Vermittlung von Inhalten zu knüpfen versucht.

In den zurückliegenden Jahren haben wir meines Erachtens die Organisationsdiskussion um der bloßen Organisation willen geführt. Mehr und mehr Bürger, insbesondere Eltern, haben uns immer weniger verstanden in unserem Kampf um den Erhalt eines differenzierten, gegliederten Schulwesens, weil wir den inhaltlichen Kontext zu sehr vernachlässigt haben. So konnte zumindest in einer Reihe von Ländern die Gesamtschule als Einheitsschule mehr und mehr Fuß fassen, weil sie den Eltern als zusätzliches Angebot vorgestellt wird; und im Bereich der Sekundarstufe II liegen die neuen Pläne mit sogenannten Oberstufenzentren bzw. der schulorganisatorischen Zusammenfassung von allgemeiner Bildung der gymnasialen Oberstufe und beruflicher Ausbildung des beruflichen Schulwesens in der Form der Kollegschule vor. Die Bildungspolitik der *SPD* ist nach wie vor auf Integration und Verstufung und nicht auf Profilierung verschiedener Bildungswege ausgerichtet.

Verstärkt wird diese faktische Entwicklung durch das Schulwahlverhalten von Eltern. Wir müssen bundesweit feststellen, daß die Übertrittsquoten auf die Hauptschule abnehmen, daß auf der anderen Seite eine rasante Zunahme der Übertrittsquoten insbesondere bei der Schulform Gymnasium, aber auch bei der Realschule festzustellen ist. Bundesweit liegt die Zahl der Schüler, die am Ende der 4. Grundschulklasse auf ein Gymnasium überwechseln, inzwischen bereits bei 35 %. Die Folge ist ein Ausbluten der Hauptschule und, auch das muß offen ausgesprochen werden, eine durch die Schülerpopulation bedingte Niveausenkung vor allem des Gymnasiums. Diese Feststellung gilt interessanterweise auch für Bundesländer, die Gesamtschulen nicht oder nur in wenigen Einzelexemplaren kennen. Daraus folgt, daß die Änderung des Schulwahlverhaltens der Eltern mit der Errichtung von Gesamtschulen als zusätzlicher Schulform offensichtlich nur sehr bedingt zu tun hat.

So problematisch einerseits das Sinken der Übertrittsquoten auf die Hauptschule ist, weil damit ein bedeutender Eckpfeiler des gegliederten Schulwesens geschwächt wird, so problematisch ist andererseits auch die hohe Übertrittsquote auf das Gymnasium. Die verschiedenen Schulformen verlieren damit an schulformspezifischem Profil. Es kommt zu einer Einebnung der Differenzierungen und damit zu Niveauverlust an allen Schulformen. Wir sollten den Vorwurf von links sehr ernst nehmen, der da lautet: Das Gymnasium wird durch die steigenden Übertrittsquoten von innen her zur Gesamtschule, die Hauptschule wird zur Restschule, weil die Eltern bei der Schulwahl für ihr Kind mehr und mehr von der Hauptschule Abstand nehmen.

Manche auch aus unseren Reihen sehen die Entwicklung deshalb bereits klar vorgezeichnet von der Dreigliedrigkeit hin zu einer Zweigliedrigkeit und schauen dieser Entwicklung resigniert zu. Zweigliedrigkeit aber ist keine Lösung, sondern ein Schritt in die falsche Richtung, weil in einer Verteilung der Schülerströme des weiterführenden Schulwesens von 50:50 oder 60:40 auf eine Haupt-Realschule einerseits (als mindere integrierte Gesamtschule) und das Gymnasium andererseits eine begabungsgerechte Differenzierung schon nicht mehr möglich ist. Der Weg in die Einheitsschule ist damit vorgezeichnet. Zweigliedrigkeit ist damit bildungspolitische Resignation. Die aber brauchen wir gerade nicht.

Fehlentwicklungen in den Schulstrukturen

Wir brauchen vielmehr eine offensive Vertretung eines Systems der Vielgliedrigkeit. Dazu aber ist ein Konzept Voraussetzung, das die Fehlentwicklungen in den Schulstrukturen beseitigt. Zu diesen Fehlentwicklungen gehören

1. die weitgehende oder gar vollständige Profilaufgabe des weiterführenden Schulsystems in den Klassen 5 und 6 mit der schulformunabhängigen Förder- und Orientierungsstufe,
2. die inhaltliche Annäherung der Schulformen in den Stundentafeln sowie Richtlinien und Lehrplänen, die eine Verwischung der Schulformprofile in Richtung „gemeinsame Grundbildung" bewirkt hat,
3. die bildungsgangfremden Ausuferungen von Übergangsmöglichkeiten zwischen den Schulformen außerhalb der sinnvoll institutionalisierten Übergänge, bei denen nicht selten Regelungen für Ausnahmen Systemcharakter bekamen,
4. die unsinnige Vergabe schulformspezifischer Abschlüsse auch durch dafür nicht kompetente Schulformen,
5. eine falsche Bildungswerbung, die zur Steigerung der Übertrittsquoten auf das Gymnasium und damit zur zwangsläufigen Niveausenkung geführt hat,
6. eine Inflation guter und bester Noten und damit die Vergabe von Berechtigungen, hinter denen nicht mehr immer die entsprechende Qualifikation steht, so daß die wirklich Guten von den vermeintlich Guten nicht mehr unterschieden werden können,
7. die Unterstützung der irrigen These, sog. höhere Abschlüsse brächten bessere berufliche Einkommensperspektiven,
8. der fehlende Mut auch und gerade der Politik, Leistung in Schule und Hochschule zu verlangen und diejenigen, die Leistung nach wie vor fordern, zu unterstützen.

Diese Fehlentwicklungen gingen einher mit der von uns faktisch vorgenommenen Beschränkung der Strukturdebatte auf die Bekämpfung der Gesamtschule. Dies aber war und ist zu wenig. Niemand will von uns wissen, *wogegen* wir sind; die Menschen wollen wissen, *wofür* wir eintreten und *warum* wir für eine Sache streiten.

Wir haben das gegliederte Schulwesen immer nur verteidigt, nicht mehr. Dies war und ist unser Kardinalfehler. Wer immer nur verteidigt, der kann nicht gewinnen. Die SPD hat statt dessen immer wieder neue Konzepte vorgelegt, um zu ihrem Ziel der Einheitsschule zu kommen. Sie hat, wenn ein Weg nicht zum Erfolg führte, nach anderen Wegen gesucht, um das differenzierte Schulwesen durch die Einheitsschule zu ersetzen. Dieses andere, Neue beeindruckt die Menschen. Wer neue Wege beschreitet, agiert. Wir aber haben immer nur reagiert. Für die Zukunft wird es entscheidend darauf ankommen, daß wir selber die Agierenden werden und die anderen zur Reaktion zwingen.

Das heißt auch: Wir brauchen endlich ein *offensives Konzept* von Schule für eine offensive Schulpolitik der bürgerlichen Mitte.

Vielgliedrigkeit als Leitbild

Ich setze dabei voraus, daß unsere Grundposition in Sachen Schulorganisation dafür nach wie vor das Prinzip der Vielgliedrigkeit ist. Die Vielgliedrigkeit im Schulwesen ist ein Kompromiß zwischen den Extremforderungen „Jedem Schüler seine Schule!“ und „Eine Schule für alle Schüler!“. Vielgliedrigkeit im Bildungswesen versucht eine vernünftige Mitte zu halten zwischen diesen beiden Extrempositionen, eine Mitte, die für den Staat als Träger schulischer Bildung und Ausbildung gerade noch organisierbar und finanzierbar ist, die aber andererseits der Vielfalt der Begabungen und Neigungen der Kinder Rechnung trägt und das Individuum größtmöglich fördert. Wir betrachten auch unter diesen Gesichtspunkten die Vielgliedrigkeit des Schulwesens als Kernbestandteil einer ordnenden Strukturpolitik und setzen uns mit dieser Vielfalt entschieden ab von integrierter Einfalt.

Unser Ja zur Vielgliedrigkeit im Schulwesen hat vielfältige Begründungen, d. h. sowohl rechtliche als auch inhaltliche Legitimationen:

1. Aus *anthropologischer* Sicht leiten uns das Recht des Individuums auf volle Entfaltung seiner Persönlichkeit

ebenso wie die Erkenntnis der Vielfalt unterschiedlicher Begabungen und Neigungen. Wenn Schule die Menschen mit ihren unterschiedlichen Begabungen und Neigungen fördern will, dann muß Schule diese vielfältig verschiedenen Menschen in möglichst differenzierter Weise fördern. So sprechen denn auch die Verfassungen in den Ländern der Bundesrepublik Deutschland immer wieder, wenn auch in unterschiedlicher Wortwahl, von den verschiedenartigen Begabungen und Neigungen, die die Vielfalt unseres Schulwesens bestimmen.Nur über diese Vielfalt des Schulangebotes läßt sich eine möglichst individuelle Persönlichkeitsentfaltung sicherstellen und damit individuelle Freiheit in der Gestaltung von Lebenswegen ermöglichen.

2. Aus *erziehungsrechtlicher* Sicht macht unser Grundgesetz uns für die Gestaltung des Schulwesens auch in organisatorischer Hinsicht klare Vorgaben. Die Erziehung der Kinder ist nicht nur elterliches Recht, sondern auch eine zuvörderst den Eltern obliegende Pflicht (Art. 6 Abs. 2 GG). Bildung und Erziehung durch Schule greift damit in gewisser Weise in die Rechte und Pflichten der Eltern ein, weil Schule die Eltern Zug um Zug in Erziehungs- und Bildungsaufgaben ergänzt. Daraus aber ist abzuleiten, daß zum elterlichen Erziehungsrecht unabdingbar die Freiheit der elterlichen Schulwahl gehört. Schulwahlfreiheit kann jedoch nur dort verwirklicht werden, wo Eltern faktisch zwischen unterschiedlichen Bildungswegen und damit Organisationsformen und auch unterschiedlichen weltanschaulichen Erziehungsstätten wählen können.
3. Unter *teleologischen* Aspekten hat Bildung sich auch immer auszurichten auf die Mannigfaltigkeit der Lebens- und Berufsaufgaben, denen die Menschen im Anschluß an ihre schulische Bildung und Ausbildung begegnen. Unsere Gesellschaft funktioniert nur dann, wenn wir für die verschiedenen Aufgaben, die erwachsen, auch die entsprechend vor- und ausgebildeten Menschen bereitstellen. Diese Mannigfaltigkeit der Lebens- und Berufsaufgaben korrespondiert mit den unterschiedlichen Begabungen

und Neigungen der Menschen. Insofern besteht ein unauflösbarer Zusammenhang zwischen der Vielfalt der Begabungen und der Mannigfaltigkeit der Lebens- und Berufsaufgaben.

Diese drei Aspekte sind die Grundlage für unsere Vorstellungen von Vielgliedrigkeit und Wahlfreiheit im Schulwesen. Wir halten sie zu Recht für so selbstverständlich, daß wir sie in den öffentlichen Auseinandersetzungen ebenso wie in den nichtöffentlichen Zirkeln schon gar nicht mehr thematisieren, – leider, denn nur so konnten sie auch in unseren Reihen in Vergessenheit geraten. Ein Blick allein auf das Schulsystem der früheren DDR lehrt uns jedoch die hohe Aktualität dieser Grundlagen für ein freiheitliches Schulwesen, in dem individuelle Förderung, Elternrecht und Schulvielfalt für Persönlichkeitsentfaltung und Lebens- und Berufsvielfalt unverzichtbar sind. Wir tun also gut daran, diese Grundsätze wieder stärker zu vertreten, d. h. in das Bewußtsein der Menschen zu rufen.

Doch für eine neue Schulkonzeption, die uns in die Offensive bringt, mit der wir agieren können, statt nur zu reagieren, reicht das allein nicht. Neben die individuelle Dimension, die das Recht des Kindes, das Recht der Eltern, die Chancen des einzelnen zum Gegenstand hat, muß stärker die *gesellschaftliche Dimension* von Schule in einem völlig vernachlässigten Aspekt treten. Schule ist weder eine Veranstaltung von Lehrern für Lehrer noch eine Veranstaltung von Politikern für Wähler. Schule ist vielmehr allgemeine Institution zur Sicherung und zum Ausbau der kulturellen, wissenschaftlichen, wirtschaftlichen und technischen Standards der Gesellschaft. Sie hat damit auch eine der Gesamtgesellschaft dienende Funktion. *Dieser gesellschaftliche Ansatz* muß in eine Schulkonzeption der bürgerlichen Mitte einfließen und den individualistischen Ansatz ergänzen. Erst das Zusammenwirken beider Ansätze führt zu einer solchen neuen Schulkonzeption, die im Blick auf die großen Herausforderungen der Zukunft auch für Schule Bestand haben wird.

Die politischen Realitäten unserer Tage rufen geradezu nach einem solchen neuen Ansatz:

Ist es denn nicht überraschend, daß trotz der vielen objektiven Verbesserungen unseres Bildungswesens in den letzten Jahrzehnten die Zahl der Aussteiger und Protestler, die durch eben dieses verbesserte Bildungswesen gegangen sind, gestiegen ist? Wie konnte es geschehen, daß sich eine größer gewordene Zahl junger Menschen mit der sog. No-future-Mentalität zurückgezogen hat, ausgestiegen ist und teilweise keine Skrupel mehr hat, unseren sozialen Leistungsstaat mit allen Mitteln zu bekämpfen, während dieselben gleichzeitig keine Hemmungen haben, die Segnungen dieses sozialen Leistungsstaates in Anspruch zu nehmen? Liegt da nicht der Gedanke nahe, daß bei allem Respekt vor anderen gesellschaftlichen Einflüssen auch die Schule als eine der Ursachen für diese Entwicklung genannt werden muß, – eine Schule, in der mehr und mehr Wertung und damit Werte aufgegeben worden sind und kritikloses Vorstellen von Modellen an die Stelle getreten ist?

War es andererseits nicht ebenso überraschend, daß trotz des total sozialistisch ausgerichteten Schulwesens in der ehem. DDR gerade viele junge Menschen dort unter Inkaufnahme vieler Gefahren diesem Staat den Rücken kehrten? Offensichtlich hat die Erziehung zum sozialistischen Menschen zumindest bei vielen, wenn nicht gar bei einer breiten Mehrheit nicht die Wirkung hinterlassen, die ihre Erfinder von ihr erwartet haben. Ist das nicht die offene Erkenntnis des Scheiterns der sozialistischen Einheitsschule sowohl in der Struktur als auch in ihren Zielen und Inhalten?

Diese unterschiedliche Entwicklung ist ein markantes Beispiel dafür, daß wir uns vor einer Schulkonzeption hüten sollten, die nur der einen oder der anderen Dimension entspringt. Schule der Zukunft muß die Persönlichkeitsbildung des einzelnen ebenso wie die großen Fragen der Gesellschaft in ihre Konzeption einbeziehen. Neben die größtmögliche Förderung des einzelnen zum Zwecke seiner individuellen

Entfaltung muß deshalb die gesellschaftliche Dimension von Bildung treten.

„Soziale Leistungsschule"

Wenn denn unbestritten das gemeinsame Ja aller Demokraten zu unserem sozialen Leistungsstaat ist, so muß Schule als staatliche Bildungseinrichtung ihren Beitrag zum Erhalt und zum Ausbau unseres sozialen Leistungsstaates leisten. Dieser Auftrag umfaßt mehr, als das Wort Staatsbürgerkunde, das sich in den Länderverfassungen findet, wiedergibt. Es umschließt eine Schule, die den Schülern eine begründete Einsicht in ein Ja zu unserem freiheitlichen Rechts- und Sozialstaat ermöglicht. Denn die Zukunft unseres Staates setzt ein immer wieder neues Ja der jungen Generation zu dieser freiheitlich-demokratischen Grundordnung voraus. Wer das Sozialstaatsprinzip auf Dauer verwirklicht wissen will, der muß sich dazu bekennen, daß die Schule die Bereitschaft zu wecken hat, zu diesem sozialen Leistungsstaat Ja zu sagen, ihn mitzutragen und weiterzuentwickeln.

Das Prinzip *„Soziale Leistungsschule"* muß das bestimmende Prinzip für die organisatorische Gestaltung unseres Bildungswesens sein. Dieses Konzept umfaßt eine kindgerechte Bildung und humane Erziehung, liberalere und flexiblere Einschulungsmöglichkeiten, um Begabungen individueller zu fördern, die Konzentration auf das Wesentliche und die Verzahnung der verschiedenen Wissensbereiche miteinander, eine den unterschiedlichen Begabungen und Neigungen entsprechende klare Konzeption von Bildungswegen in ihrer Ganzheitlichkeit, ein an Leistung statt an Herkunft oder sozialer Stellung orientiertes Beurteilungswesen als Ausdruck des Gerechtigkeitsprinzips, und zwar mit der Maßgabe, daß die tatsächlichen Leistungen den Berechtigungsscheinen entsprechen, sowie ein System von Abschlüssen, das die Grundlage für Anschlüsse in der Bildungslaufbahn bietet.

Wenn wir Ja sagen zum sozialen Leistungsstaat, dann brauchen wir als *Vorbereitung auf diesen sozialen Leistungsstaat die soziale Leistungsschule.* Unsere Schülerinnen und Schüler müssen schon in der Schule erfahren und internalisieren, daß Sozialstaat ohne Leistung nicht möglich ist. Im Gegenteil: *Sozialstaat ist Leistung auf Gegenseitigkeit.* Bildung hat eine soziale Bindung, und die soziale Bindung bedeutet, daß die, die mehr leisten können, auch mehr leisten müssen, damit sie für diejenigen mitleisten, die nicht in der entsprechenden Weise leisten können.

Eine solche soziale Leistungsschule ist alles andere als die Vorbereitung auf eine Ellenbogengesellschaft. Der Leistungsbegriff ist vielmehr ein überaus sozialer Begriff, dessen sich ein Bildungssystem nicht zu schämen braucht.

Ja zu Leistung und Differenzierung

Wer aber Leistung will, wer durch Fördern Qualität herausfordern will, der muß auch Ja sagen zu vielfältiger Differenzierung in Anforderung und Leistung. Die verschiedenen Schulformen müssen neue, eigenständige, voneinander unterschiedliche Profile bekommen. Und dazu müssen auch die Organisationsstrukturen der einzelnen Schulformen neu überdacht werden. Dies gilt primär im Blick auf die inhaltliche Gestaltung der Bildungsgänge und hat sekundär auch Auswirkungen auf ihre Dauer. Schulen dürfen keine Warenhäuser sein, in denen jeder alles erwerben kann, sondern sie müssen zugeschnitten sein auf bestimmte Begabungsrichtungen, um junge Menschen möglichst individuell, d. h. entsprechend ihren Fähigkeiten, auf die Bewältigung der großen Aufgaben der Zukunft der Gesellschaft, die auch ihre Zukunft ist, vorzubereiten.

Das Konzept der sozialen Leistungsschule beinhaltet eine Förderung aller verschiedenartigen Begabungen, d. h. auch eine Förderung der besonderen Begabungen, wozu die Bildungspolitik auch der bürgerlichen Mitte bislang nicht immer den rechten Mut gehabt hat. Wenn wir aber die Leistungsfähigkeit unseres sozialen Leistungsstaates erhalten wollen, dann müssen wir auch die besonders Leistungsfähigen fördern, damit ihre Leistungsfähigkeit der ganzen Gesellschaft zugute kommen kann.

Wie aber soll dies gemacht werden, wenn die dafür ursprünglich vorgesehene Schule, das Gymnasium, aufgrund der steigenden Übertrittsquoten sich immer weniger dieser Aufgabe widmen kann? Je heterogener die Lerngruppen am Gymnasium in ihrem Begabungsspektrum werden, desto länger brauchen sie zum Erreichen des spezifischen Bildungsziels. Homogene Lerngruppen erreichen dasselbe Bildungsziel schneller als heterogene Lerngruppen.

Könnte diese einfache Erkenntnis nicht neue solide Grundlage werden für die Differenzierung unseres Schulwesens nach Schulformen? Ich meine, daß man gerade unter diesem Aspekt die gegenwärtig in der Bundesrepublik geführte Schulzeitdiskussion betrachten muß. Die Festlegung der Dauer von Bildungsgängen ist kein Glaubenssatz. Die Bestimmung der Dauer eines Bildungsweges ist vielmehr von drei Faktoren abhängig, vom Bildungsziel, von der inhaltlichen Gestaltung des Bildungsgangs und von der Schülerpopulation, mit der das Bildungsziel erreicht werden soll.

Wenn die Praxis zeigt, daß die notwendige Gliederung des Schulwesens durch eine immer größere Fehlentwicklung der Schülerströme faktisch ausgehöhlt wird, ist es dann nicht das Gebot der Stunde, die Vielgliedrigkeit durch eine neue Konzeption der verschiedenen Bildungswege neu zu fundieren, ggfs. sogar zu erweitern?

Bemerkungen zur Schulzeitverkürzung

Dazu gibt es freilich verschiedene Wege, wie die Diskussion um die Schulzeitverkürzung ebenfalls zeigt.

- Das Land Rheinland-Pfalz erprobt in unterschiedlichen Konzepten die Einrichtung schnellerer Klassen für besondere Begabungen. Es schafft damit faktisch innerhalb des neunjährigen Gymnasiums einen 8jährigen Zweig. Damit entstehen innerhalb des Gymnasiums zwei differenzierte Bildungsgänge. Auch Bayern plant Konzepte in diese Richtung.

- In Baden-Württemberg wird das Modell eines Elite-Gymnasiums favorisiert, das für eine bestimmte Schülerpopulation ebenfalls in acht Jahren die allgemeine Hochschulreife vermitteln soll. Damit wird faktisch eine neue Schulform geschaffen, d.h. das gegliederte Schulwesen erweitert.
- In Hessen dagegen sollte in einem Schulversuch zur generellen Verkürzung der 9jährigen Gymnasialzeit auf acht Jahre das Konzept einer inhaltlichen Konzentration und Straffung ohne Niveauverlust erprobt werden. Faktisch wird ein 8jähriges Gymnasium auf der Basis einer Konzentration der Inhalte die Niveauverluste des Gymnasiums wieder ausgleichen und zu Korrekturen, zumindest aber zur Verhinderung eines weiteren Anstiegs bei den Übertrittsquoten führen.

Alle diese Modelle haben Vorteile und Nachteile, über deren Gewicht man trefflich streiten kann. Welche sich bewähren, können letztlich nur Versuche ergeben. Gemeinsam ist den Modellen jedoch der Ansatz, über den Weg einer Verkürzung der Schulzeit durch Konzentration und Straffung der Inhalte und damit eine Neukonzeption des Gymnasiums die Lerngruppen neu zu ordnen und damit ein höheres Leistungsniveau für die einzelnen Schulformen sicherzustellen, als dies im Rahmen der derzeitigen durch das Schulwahlverhalten hervorgerufenen inneren Umwälzungen gehalten werden kann.

Insofern sind alle Versuche bereits auf das Konzept einer sozialen Leistungsschule ausgerichtet, denn sie führen im Ergebnis zu der notwendigen Vielfalt von Schulformen, die die Förderung des einzelnen durch entsprechendes Fordern seiner individuellen Begabungen besser ermöglicht. Damit wird dem einzelnen jungen Menschen in seinem beruflichen und gesellschaftlichen Fortkommen ebenso geholfen wie der Gesamtgesellschaft beim Erhalt und Ausbau unseres sozialen Leistungsstaates.

Es bleibt in diesem Zusammenhang die Frage, ob nicht auch der seit Jahren schwelende tiefgreifende Glaubenskrieg zwischen differenzierten Schulformen auf der einen Seite und der Gesamtschule auf der anderen Seite über das Konzept der sozialen Leistungsschule zu den Akten gelegt werden könnte. Wäre es nicht denkbar, daß auch eine Gesamtschule nach den Prinzipien von Qualität, Leistung und Gerechtigkeit konzipiert wird, die sich nicht versteht als eine Einheitsschule für alle, die die anderen Schulformen ersetzen will, sondern die konstruiert ist als eine Schulform für diejenigen Schülerinnen und Schüler, bei denen am Ende der Grundschule keine Schullaufbahnprognose ausgesprochen werden kann und die damit einer Schulform des traditionellen Schulwesens nur schwer zuzuweisen sind? Man mag streiten über den Anteil solcher Schülerinnen und Schüler an der Gesamtheit eines Jahrgangs; die einen schätzen ihn auf 2 %, andere auf 8 oder gar 12 %. Unabhängig von solchen Quantitäten sollten wir mit Ernst diese Frage angehen. Wäre eine solche Gesamtschule nicht denkbar als eine dem Prinzip der sozialen Leistungsschule verhaftete Einrichtung, die sich zum Ziele setzt, diese heterogen zusammengesetzten Lerngruppen in zunächst integriertem Unterricht mit zunehmend ausgeprägterer äußerer Fachleistungsdifferenzierung zu Abschlüssen zu führen, die denen des gegliederten Schulwesens in jeder Hinsicht vergleichbar und gleichwertig sind? Dabei versteht es sich, daß eine integrierte Schule aufgrund ihrer heterogen zusammengesetzten Lerngruppe dasselbe Ergebnis nicht in derselben Zeit erreichen kann wie die Schulen des gegliederten Schulwesens.

Es hätte der Sache sicher gut getan, wenn wir im Rahmen der bundesweiten Diskussion über die Anerkennung von Gesamtschulabschlüssen die Frage der Dauer der Bildungsgänge in das Blickfeld genommen hätten. Hätten wir nicht über diese Frage das Problem der Anerkennung von Abschlüssen an integrierten Gesamtschulen leichter lösen können? Wäre es nicht einleuchtend gewesen, einer Schulform mit heterogenen Lerngruppen für das Erreichen desselben Bildungsziels einen längeren Weg einzuräumen? Ich meine, daß die Diskussion um die bundesweite Anerkennung von Kollegschulabschlüssen, d. h. von Abschlüssen in sog. doppeltqualifizierenden Bildungsgängen, in dieser Hinsicht den richtigen Weg gewiesen hat.

Ähnlich läßt sich die Frage nach den bildungspolitischen Folgerungen der Verwirklichung des europäischen Binnenmarkts im Blick auf die Schulsysteme stellen. Ist nicht in der Dauer der Bildungsgänge die richtige Antwort zu finden auf die Frage, ob gerade Europa aus Gründen einer Harmonisierung die generelle Einführung integrierter Bildungsgänge erforderlich mache? Die SPD verweist darauf, daß in den Ländern der europäischen Gemeinschaft integrierte Schulsysteme vorherrschen. Sie sieht deshalb für uns die Notwendigkeit einer Anpassung in Richtung Integration. Wäre nicht die Dauer der Bildungsgänge ein wirkungsvolles Argument im Blick auf diese Gefahren einer möglichen falschen Harmonisierung? Das Schulwesen gliedern heißt: homogene Lerngruppen schaffen. Diese aber können ihr jeweiliges Bildungsziel in kürzerer Zeit erreichen. Dies macht die Überlegenheit unseres Systems aus.

Das Fazit unserer Überlegungen sollte sein: Die Vielgliedrigkeit des Schulwesens ist Grundlage der Ausübung des elterlichen Erziehungsrechts und entspricht sowohl den individuellen Begabungen und Neigungen als auch der Mannigfaltigkeit der Lebens- und Berufsaufgaben. Differenzierung nach Abschlüssen schließt auch ein die Differenzierung von Bildungswegen, die sich hinsichtlich ihrer Inhalte und damit auch hinsichtlich ihrer Dauer unterscheiden müssen. Inhalte, Dauer und Schülerpopulation der einzelnen Bildungswege stehen in einem unmittelbaren Zusammenhang.

Wer das gegliederte Schulwesen erhalten will, wer Vielfalt und damit Wahlfreiheit der Eltern sichern will, der muß alles tun, die Vielfalt des Schulwesens nicht nur auf dem Papier, d. h. in der Bezeichnung von Schulformen zu erhalten, sondern auch in der faktischen Unterschiedlichkeit der Bildungsziele und Bildungswege. Und der muß damit auch die notwendigen Konsequenzen ziehen für die Entwicklung der Schülerströme.

Die soziale Leistungsschule ist das inhaltliche Prinzip, aus dem heraus eine solche Neuorientierung eines gegliederten Schulwesens erfolgen könnte. In dieses Konzept könnte die Gesamtschule als eine Schulform des gegliederten Schulwesens einbezogen werden, wenn die entsprechenden Voraussetzungen und Rahmenbedingungen geschaffen werden.

Soziale Leistungsschule ist allerdings nicht zum Nulltarif zu haben. Die Verwirklichung eines Konzepts der sozialen Leistungsschule, die Leistung von Lehrer und Schüler verlangt, nimmt auch den Staat in die Verantwortung, für diese Schule die entsprechenden Leistungen zu erbringen, d. h.:

Der Staat

- muß die notwendigen Lehrer zur Verfügung stellen für kleine Klassen und Kurse, die einen konzentrierten Unterricht ermöglichen,
- muß die notwendige Arbeitsentlastung für Lehrer gewähren, damit die neuen pädagogischen und wissenschaftlich-didaktischen Aufgaben, die aus einer Konzentration und Straffung des Unterrichts erwachsen, erfüllt werden können,
- muß auch die entsprechenden Aufstiegsperspektiven schaffen, damit auch Lehrer entdecken, daß Leistung sich lohnt.

Soziale Leistungsschule auch für die neuen Länder

Es ist an der Zeit, daß sich die Vertreter der bildungspolitischen Mitte auf ein solches Konzept zum Ausbau eines differenzierten Schulwesens verständigen, um die Bildungs- und Ausbildungssituation zu verbessern, um dem einzelnen jungen Menschen stärker gerecht zu werden, um unsere soziale Leistungsgesellschaft langfristig zu sichern und um gegenüber den Herausforderungen der Zukunft bestehen zu können.

Die Entwicklung in der ehem. DDR nach dem 9. November 1989 erfordert zumindest ein kurzes Wort über die Tauglichkeit des Konzepts der sozialen Leistungsschule für die nun begonnene Umgestaltung des dortigen Schulwesens.

Die Einsicht, daß die sozialistische Einheitsschule gescheitert ist und Vielfalt und Differenzierung an deren Stelle treten muß, ist überwältigend weit verbreitet. Die fünf neuen Länder, die auf dem Weg sind, die soziale Marktwirtschaft zum Strukturprinzip zu machen, die Freiheit und Wohlstand in einer sozialen Leistungsgesellschaft erringen wollen, brauchen ebenso wie die alten Länder eine soziale Leistungsschule, also ein Schulwesen, das zu Freiheit und Leistung in sozialer Verantwortung führt. Insofern gelten die zuvor gemachten Ausführungen ebenso für das zusammengeführte gemeinsame Staatswesen über die Kulturhoheit der Länder hinaus. Schließlich kommen alle großen Herausforderungen der Zukunft auf uns gemeinsam zu.

Schulorganisatorisch besteht deshalb dringender Handlungsbedarf, wenn die inhaltliche Gestaltung von Schule möglichst rasch Auswirkungen auf Individuum und Gesellschaft nehmen soll. Die Aufgliederung der Einheitsschule in unterschiedliche Schulformen muß nach der nun vorläufig abgeschlossenen Schulgesetzgebung rasch durchgesetzt werden, d.h., es bedarf einer umfassend neuen Schulentwicklung vor Ort.
Andererseits sind die neuen Länder mit ihrer nur zwölfjährigen Schuldauer bis zum Abitur uns bereits einen Schritt voraus, da – abgesehen von Brandenburg –schon ab Klasse 5 differenziert wird, d.h. zumindest ein differenzierter Mittelschul-Weg sowie ein Gymnasialweg ab dieser Klasse eröffnet werden.

Soweit Gesamtschulen vorgesehen sind, sollten sie nur in der oben beschriebenen Form eingerichtet werden, d. h. als Schule, die den integrierten Unterricht der Grundschule für die Schüler fortsetzt, für die eine Schullaufbahnprognose noch nicht getroffen werden kann. Diese Gesamtschulen müssen ab Klasse 7 durch eine sehr breite äußere Fachleistungsdifferenzierung zu den verschiedenen Abschlüssen entsprechend den Regelungen des Hamburger Abkommens der Bundesrepublik führten. Die Mehrzahl der bisherigen Schulen wird ab Klasse 5 in Schulen des gegliederten Schulwesens umgewandelt werden. Dabei ist auch eine Schule bereitzustellen für jene praktischen Begabungen, die nicht mehr als einen Hauptschulabschluß erwerben können. Immerhin sind dies rund 25 % eines Schülerjahrgangs. Die soziale Leistungsgesellschaft hat allen Grund, diese Schülergruppe durch eine eigene Schulform optimal zu fördern, damit diese Schülerinnen und Schüler nicht ohne Abschluß bleiben.

Inhaltlich ist insbesondere die Frage der Vermittlung westlicher Fremdsprachen zu lösen sowie ein den Prinzipien der freiheitlichen Demokratie verpflichteter Geschichts- und Gesellschaftskundeunterricht sicherzustellen. Für beide Probleme ist zunächst ein umfassendes Fort- und Weiterbildungskonzept der Lehrer bereitzustellen, zu dessen Durchführung sich die Kultusminister der elf westdeutschen Bundesländer nicht verschließen dürfen. Gleichzeitig ist die Lehrerausbildung entsprechend den vorgegebenen Schulformen neu zu konzipieren, um möglichst rasch neu ausgebildeten Lehrernachwuchs an die Schulen zu bringen. Hier kann und sollte auf Kapazitäten der Lehrerausbildung von Universität und Seminar in den alten Bundesländern zurückgegriffen werden.

Vor allem aber bedarf es der Geduld bei der Umsetzung dieser Veränderungen. Was in der Bundesrepublik in gut vierzig Jahren gewachsen ist, braucht auch in den neuen Ländern seine Zeit. Entscheidend ist nicht die Dauer der Umsetzung eines Konzepts der sozialen Leistungsschule, sondern allein die richtige Weichenstellung, sei es bei der Erarbeitung eines länderübergreifenden Schulrahmenkonzeptes, sei es in der Ausgestaltung der Schulartikel der einzelnen Länderverfassungen sowie den daraus resultierenden Schulgesetzen oder sei es in der strukturell-organisatorischen wie inhaltlichen Ausgestaltung von Schule vor Ort.

Insofern bleibt die Entwicklung in Deutschland eine große Chance, zu einer vernünftigen Neugestaltung des Bildungswesens zu kommen, – zu einer Neugestaltung, die im Sinne der Betroffenen jenseits aller Ideologien allein an den Bedürfnissen der Menschen ausgerichtet ist, – eine Konzeption, die das Glück des Individuums ebenso zum Ziel hat wie den Erfolg und die Wohlfahrt unserer Gesellschaft.

Anmerkung

Die vielen Aspekte und Details eines Konzepts der sozialen Leistungsschule können im Rahmen dieses Beitrags nicht dargelegt werden. Sie sind zusammengefaßt in einer Programm-Schrift, die der Philologen-Verband Nordrhein-Westfalen unter dem Titel „Die soziale Leistungsschule“, Düsseldorf 1990, herausgegeben hat.

Ilse-Maria Oppermann

„Ohne Eltern geht die Schule nicht“ Elternwünsche an die Schule – Formen der Kooperation.

Zwei Vorbemerkungen zu dem Oberthema „Ohne Eltern geht die Schule nicht“:

a) Gäbe es keine Eltern, gäbe es keine Kinder und somit keinen Grund, sich über die Schule Gedanken zu machen.
b) Die Erfahrung zeigt, daß ohne Einbeziehung der Eltern Erziehung nicht gelingen kann. Den Beweis trete ich in meinen folgenden Ausführungen an.

These 1: Schule als Experimentierfeld? – Steht das Elternrecht in Spannung zur Aufsichtspflicht des Staates?

Schule ist eine Einrichtung für den Schüler, eine Einrichtung im Dienste der Schüler – nicht im Dienst von Gruppeninteressen. Schule kann und darf keine Spielwiese zur Verwirklichung von Ideologien sein oder um Arbeitsplätze für Erwachsene zu schaffen. Schule ist die Stätte, in denen die grundgesetzkonforme Persönlichkeitsentfaltung der Kinder und deren bestmögliche Lebensvorbereitung stattfindet (Art. 2 GG).

Wir Eltern kennen alle die spöttische Frage: „Geht es Ihnen gut – oder haben Sie Kinder auf der Schule?“ Wir lachen über den Witz, der in dieser Frage steckt und nicken doch auch zustimmend: Ja, genau das ist es – die Schule kann für ein Kind zum Stolperpfad werden! Und wir fragen weiter: warum ist es oft so schwierig, Eltern und Schule zu einem Gespräch zusammenzubringen, das frei von Vorurteilen oder Mißtrauen ist, damit der Bildungsweg des Kindes in gemeinsamer erzieherischer Verantwortung gelingen kann? Seit 37 Jahren vertritt der Bundeselternrat die Eltern von zur Zeit 9,3 Mio. bundesdeutschen Schülerinnen und Schüler. Was erwarten Eltern nun von der Schule? Einige Eltern erwarten nichts; sie haben schon viele negative Erfahrungen in ihrem eigenen und dem Schulleben ihrer Kinder gemacht, daß das Null-Bock-Syndrom auch sie ergriffen hat. Diese Eltern meinen, daß die Schule ihrem Bildungsauftrag im Schulalltag nicht gerecht wird, sie verurteilen den Dissens über Erziehungsziele und bemerken, daß das Sparen im Bildungswesen Schule zum monetären Steinbruch macht.

Viele Eltern erwarten alles von der Schule! Sie rechnen mit der Vermittlung von sozialer Kompetenz, von Allgemeinbildung, von Lebenstüchtigkeit, sie erwarten Gesundheits- und Verkehrserziehung, informationstechnische Grundbildung und Freizeiterziehung.

In diesem Spannungsbogen von „alles" bis „nichts" bewegen sich also Elternerwartungen. Nach der Wiederherstellung der demokratischen Ordnung nach dem 2. Weltkrieg war es geradezu selbstverständlich, daß auch das Elternrecht eine gesetzliche Verankerung fand. Dies geschah sowohl in der Verfassung der Bundesrepublik als auch in den Verfassungen der einzelnen Bundesländer. In Artikel 6,2 GG heißt es: „Pflege und Erziehung der Kinder sind das natürliche Recht der Eltern und die ihnen zuvörderst obliegende Pflicht." Auf diesem Grundgesetzartikel basieren letztlich die Schulverfassungs- und Schulmitwirkungsgesetze aller Bundesländer.

In den bildungspolitischen Auseinandersetzungen der letzten 40 Jahre gab es immer wieder Versuche, die Aufsichtspflicht des Staates über das Bildungswesen (Art. 7 GG) gegen das Elternrecht auszuspielen, bis dann das 1972 gefällte Urteil des Bundesverfassungsgerichtes in einem Rechtsstreit um die hessische Förderstufe zum Maßstab für die Zusammenarbeit von Elternhaus und Schule wurde. Es heißt in dem Urteil: „Der staatliche Erziehungsauftrag der Schule, von dem Artikel 7,1 GG ausgeht, ist in seinem Bereich dem elterlichen Erziehungsrecht nicht nach-, sondern gleichgeordnet.

Diese gemeinsame Erziehungsaufgabe von Eltern und Schule, welche die Bildung der einen Persönlichkeit des Kindes zum Ziel hat, läßt sich nicht in einzelne Komponenten zerlegen. Sie ist in einem sinnvoll aufeinander bezogenen Zusammenwirken zu erfüllen.“ Eltern und Lehrer sind also in der Erziehung gleichgeordnete Partner. Elternmitwirkung in der Schule ist nicht Gnade – sondern Recht!

These 2: Erziehung: eine gemeinsame Aufgabe von Schule und Elternhaus? Gibt es in einer politisch und weltanschaulich pluralen Gesellschaft einen Grundkonsens über Erziehungsziele und die Vermittlung von Werten und Normen?

Der Erziehungs- und Bildungsauftrag der Schule ist für Gegenwart und Zukunft gleichlautend: ihr Auftrag ist immer, junge Menschen zu selbständigen, urteilsfähigen, verantwortungsvoll handelnden, mündigen Bürgern zu erziehen.

Über diesen Auftrag ist sicherlich Einigkeit zu erzielen. Im Schulalltag sieht das schon anders aus, wenn es um die Wertvorstellungen z. B. in der Sexualerziehung, in Schulbüchern oder Rahmenrichtlinien geht. Die prägende Kraft von Familie, Konfession, sozialem Milieu und Gemeinde wird geringer, der Freiraum hingegen und die Möglichkeiten für junge Menschen, diesen im Guten wie im Bösen zu nutzen, wächst.

Der Wertepluralismus in unserer Gesellschaft führt oft in den Werteverfall und damit in Orientierungslosigkeit. Zahlen drücken dies aus:

- 80 000 rauschgiftabhängige Jugendliche,
- 200 000 jugendliche Alkoholiker,
- ca. 24 000 Jugendliche geraten in die Kriminalität,
- ca. 18 000 Jugendliche versuchen, Selbstmord zu begehen,
- über 100 000 Jugendliche suchen ihr Heil in den neuen Jugendreligionen,
- das Selbstverständnis der Familien ist gestört.

Fehlen unseren Kindern und Jugendlichen die rechten Erzieher? Es ist nicht zufällig, sondern mit großem Bedacht geschehen, daß im Grundgesetz nicht der Schule, sondern „zuvörderst" den Eltern das Recht und die Pflicht zur Erziehung der Kinder eingeräumt wird. Doch kommen wir Eltern unserer vornehmsten Aufgabe, unsere Kinder zu erziehen, in rechter Weise nach?

Rücksichtnahme, Selbstdisziplin, Wißbegier, Ausdauer, Nächstenliebe – alle diese Tugenden müssen in der Familie erzeugt und gefördert und dann in der Schule weiterentwickelt werden. Elternhaus und Schule sind die beiden Pole, zwischen denen sich das Leben der Kinder und ihr Erwachsenwerden abspielt. Es gibt daneben viele „Miterzieher": die Massenmedien, insbesondere das Fernsehen, die Gleichaltrigengruppe. In Elternhaus und Schule finden die Kinder ihre ersten Vorbilder: durch die Persönlichkeit der Mutter, des Vaters, durch ihre Werthaltungen, ihr Vor-Leben, ihren Einsatz, aber auch durch ihre Gleichgültigkeit werden die Kinder geprägt – und ganz sicher auch durch die Lehrerpersönlichkeit in der Schule. Denn: Erziehung ist gelebtes Beispiel.

Thomas spielt mit seinem Vater – beide Hände hat er dabei tief in den Taschen vergraben, und den Kaugummi schiebt er von einem Mundwinkel in den anderen ... Der Vater rügt dies als flegelhaftes Benehmen, aber Thomas erklärt: „Bei unserem Lehrer dürfen wir das!" Und der Vater antwortet: „Hier zu Hause hast du dich anständig zu benehmen!"

Ist der Vater zu streng? Sieht er nur auf äußere Formen? Ist der Lehrer zu lasch? Welchen Wert haben Umgangsformen im Zusammenleben? Hat Thomas den Lehrer richtig wiedergegeben? Können in erzieherischen Fragen Schule und Elternhaus, jeder für sich, tun, was sie für richtig halten? Wenn die Erziehungsziele weit auseinanderklaffen, sind die Kinder die Leidtragenden. Sie werden einem Wechselbad verschiedener Erziehungsansprüche ausgesetzt und sollen in ihren unerfahrenen Köpfen das integrieren, worüber Erwachsene sich eigentlich einigen müßten.

So sind Elternhaus und Schule zu vertrauensvoller, partnerschaftlicher Zusammenarbeit zum Wohl der Schülerinnen und Schüler geradezu verpflichtet.

Diesem grundgesetzlichen Auftrag tragen manche Lehrer, manche Lehrerin, Schulverwaltung und Kultusministerien oftmals viel zu wenig Rechnung. Sie betrachten Elternvertretungen als notwendiges Übel, schließen sie von Planungen, Entwicklungsprozessen und Bildungskommission aus und bedienen sich ihrer nur, wenn sie hoffen können, daß die Eltern gegenüber der Öffentlichkeit mehr Einfluß ausüben können als sie selbst.

Oftmals habe ich das Gefühl, daß Elternmitwirkungsgesetze „Schönwetter-Gesetze" sind, d. h. bei Übereinstimmung zwischen Landeselternvertretung und Kultusminister gilt der Elternwille, bei Dissens wird der Elternwille als „zu reaktionär" oder „zu progressiv" eingestuft. So werden bundesweit elterliche Erziehungsrechte – z. B. auf die freie Wahl der Schule oder des Kindergartens – durch schulstrukturelle Maßnahmen oder unter dem Deckmantel von Schulorganisation oder finanzieller Vorgaben beschnitten. Schon 1977 stellte der Bundeselternrat fest: „Elternrecht kann sich nur entfalten, wenn zwischen verschiedenen Bildungsangeboten eine Wahlmöglichkeit besteht."

These 3: Das Recht des Schülers auf Fördern und Fordern.

Jedes Kind und jeder Heranwachsende muß die Möglichkeit erhalten, seinen Neigungen, Interessen und Begabungen gemäß und unabhängig vom Einkommen seiner Eltern gefördert zu werden. Diese Förderung und Unterrichtung erfolgt in einem vielgliedrigen Schulsystem. Es muß der freien Entscheidung der Eltern vorbehalten bleiben, in welcher Schulform sie ihr Kind ausbilden lassen. Schulsysteme mit Ausschließlichkeitsanspruch lehnt der Bundeselternrat ab. Auch darf der Staat nicht durch schulstrukturelle oder schulorganisatorische Maßnahmen elterliche Erziehungs- und Entscheidungsrechte beschneiden. Im Gegenteil: das staatliche Schulwesen muß so differenziert sein, daß alle Talente und Begabungen entdeckt und gefördert werden können. Die Einrichtung von z. B. Real- oder Hauptschulen mit besonderer Schwerpunktsetzung im musischen, technischen oder sportlichen Bereich würde den Erwartungen der Eltern nach ganzheitlicher Bildung der Kinder und Jugendlichen entgegenkommen. Nicht nur die intellektuelle Leistung darf wichtig sein und gewertet werden; bedeutsam sind auch schöpferisches Tun, das Arbeiten mit der Hand, soziales Handeln. In einer Zeit, in der das Tempo des technischen Fortschritts die Spannung zwischen Erhöhung der Lebensqualität und Bedrohung des Lebens unaufhebbar erscheinen läßt, kommt der musisch-kulturellen Bildung – der Musik, der Kunst, der Literatur, der Architektur, dem darstellenden Spiel – ein hoher erzieherischer Wert zu. Der Bundeselternrat sieht mit großer Sorge, daß eine „seelische Unterernährung" und eine Nichtbeachtung emotionaler Bedürfnisse Jugendliche für Sekten, extremistische Gruppierungen und okkulte Praktiken anfällig macht.

Schule muß sich auch auf die veränderte Situation der Familie einstellen: jede dritte Ehe gelangt zur Scheidung.

Der Anteil der Kinder, die in Stieffamilien mit einer zweiten Mutter oder einem zweiten Vater aufwachsen, steigt. 12,8 % aller Kinder wuchsen 1987 in Einelternfamilien auf. Über die Hälfte der Alleinerziehenden – meist Mütter – ist aus Gründen der Existenzsicherung zu einer Vollerwerbstätigkeit gezwungen. Insgesamt hat sich die Erwerbstätigkeit von Müttern mit Kindern unter 15 Jahren zwischen 1950 und 1980 fast verdoppelt. Aus den beschriebenen Situationen heraus haben viele Kinder heute Identitätsprobleme, psychosomatische Erkrankungen, zeigen Verhaltensauffälligkeiten und Schulverdrossenheit.

Jedes Jahr wiederholen 250 000 Schülerinnen und Schüler in der Bundesrepublik ein Schuljahr, das entspricht 2,5 % der Gesamtschülerzahl. Alle diese Schülerinnen und Schüler bedürfen einer besonderen pädagogischen Betreuung und Zuwendung. Sie haben ein Recht auf Beratung und auf ein Schulklima, das Lernen fördert, zwischenmenschliche Beziehungen wachsen läßt und das soziale Handeln in der Klasse pflegt.

Die Erkenntnis – z. B. der Shell-Studie 1981 –, daß Jugendliche desto mehr zu Protestbewegungen neigen, je pessimistischer sie in ihrem familiären und schulischen Umfeld erzogen werden, sollte von Eltern und Lehrern mehr beachtet werden und diese veranlassen, getroster, zuversichtlicher und heiterer „ihr eigenes Leben in die Zukunft zu werfen" (Hans Heigert). Erziehen bedeutet auch, Leben als etwas Großartiges und Wunderbares aufzuzeigen.

Nicht nur die veränderte Familiensituation, sondern auch die Veränderungen in der Lebenswelt, der Umwelt der Kinder und Jugendlichen stellen eine Herausforderung für den Schulunterricht dar: vieles, was früher unmittelbar erlebt werden konnte, geht nur noch mittelbar. Die Technik hat uns vieles abgenommen: Geschirr spülen, Licht machen, Musik spielen, Fernsehen. Dies kann ein Leben aus zweiter Hand bewirken. Kinder unserer Zeit lernen anderes auf andere Weise, ihre Sinne werden anders geschult. Sie hören Musik in Stereo – seltener machen sie selbst welche. Sie schmecken Pommes und Ketchup – selten pflücken sie Brombeeren. Wo auch? Sie fahren mit frisierten Mofas – Wandern ist meist nicht ihre Leidenschaft. Der Anteil der Freizeit nimmt zu. Kann in der Schule gelernt werden, Freizeit sinnvoll zu nutzen? Kann die Schule die Lücke zwischen mittelbarer und unmittelbarer Erfahrung schließen?

Der Freizeit – Streß ist das neue Leiden der jungen Leute. Freizeit raubt der Jugend den Schlaf. Bei einer Befragung gaben 1989 von 1 000 Jugendlichen zwischen 14 und 19 Jahren 79 % an, nicht genügend Zeit zum Ausschlafen zu haben, weil sie sich in ihrer Freizeit mehr vornehmen, als sie schaffen können. Der Beruf – das Lebensideal von einst – hat seinen Mythos verloren. Heute geben drei „F" dem Leben einen Sinn – sagen die Jugendlichen –: Freizeit, Freunde und Familie. Im Zuge des Wertewandels zeichnet sich eine neue Balance materieller und immaterieller Wertorientierungen ab. Die klassische Formel „Arbeit und Kapital" ist beinahe überholungsbedürftig geworden. Zur Lebensqualität gehören: Arbeit, Geld und Freizeit.

These 4: Berufsethos des Lehrers: ein veralteter Begriff? Brauchen Schülerinnen und Schüler andere Lehrer?

Das Berufsethos des Lehrers ist kein veralteter Begriff. Schüler und Schülerinnen brauchen Lehrerinnen und Lehrer, die ihren Beruf gern ausüben. Sie brauchen fachinteressierte und fachkompetente Lehrpersonen, die nicht zur Unselbständigkeit verführen, sondern auf der Grundlage rationaler Information und Sachwissen Jugendliche befähigen, Entscheidungen zu fällen. Eltern wünschen sich entscheidungsfähige Kinder – nicht entschiedene. In einer Stellungnahme zur „Persönlichkeit des Lehrers" stellte der Bundeselternrat fest: „Lehrer handeln gegen ihren pädagogischen Auftrag, wenn sie Schüler verunsichern oder ängstigen oder zu ‚Über-Aktionen' verleiten. Ein Lehrer muß die Fähigkeit haben, strittig diskutierte Themen in ihrer Kontroverse darzustellen." Die Abforderung von Leistung mit Geduld und im Versuch, Schwächen auszugleichen, ist immer noch die sicherste Methode, Kindern und Jugendlichen den Weg in eine erfolgreiche Zukunft zu ebnen. Kinder wollen lernen, sie wollen keine begradigten Zeugnisse und auch nicht jahrelang immer nur über eine „1-Meter-Latte" springen. Der prägende Einfluß des Lehrers auf Schüler und Schülerinnen verpflichtet diesen zu verantwortungsvollem Handeln und vorbildhaftem Verhalten.

Der Pädagoge Diesterweg hat die Erwartungen der Eltern an den Lehrer folgendermaßen beschrieben: „Mit Recht wünscht man dem Lehrer die Kraft und die Gesundheit eines Germanen, den Scharfsinn eines Lessing, das Gemüt eines Hebel, die Begeisterung eines Pestalozzi, die Wahrheit eines Tillich, die Beredsamkeit eines Salzmann, die Kenntnisse eines Leibniz, die Weisheit eines Sokrates und die Liebe Jesu Christi."

These 5: Elternwünsche und Elternforderungen:

a) Technik und Ethik – zwei feindliche Schwestern? Informationstechnische Grundbildung: wann und wie? Getrennter Unterricht – für Mädchen eine Chance?

Technik ist Segen und Fluch – wir alle wissen dies. Technik ist von Menschen erdacht, erfunden und erbaut; Menschen müssen sie kontrollieren. Technik und Ethik sind Geschwister, keine feindlichen Schwestern. Sie gehören auch in der Schule zusammen. Die informationstechnische Grundbildung, die es leider noch längst nicht überall gibt, darf die Ethik nicht außer Acht lassen, denn die Bewältigung der Zukunftsaufgaben erfordert Wissen und Kreativität, Können, Weisheit und Bescheidenheit.

Schulen sollten auch auf die Arbeitswelt vorbereiten, deshalb ist eine Zusammenarbeit von Schule und Wirtschaft zu befürworten. Auf dem Hintergrund einer gewissen naturwissenschaftlich-technischen Abstinenz der Mädchen ist die Möglichkeit zu schaffen, immer da, wo Vorerfahrungen, Lernbarrieren oder rollenspezifisches Verhalten es erfordern, phasenweise getrennten Unterricht anzubieten. Gegen irrationale Verhaltensweisen und gegen die Ideologie des alles Machbaren, gegen Dämonisierung, aber auch gegen Verherrlichung der neuen Technologien muß die Schule sachgerechte Informationen und ethische Bewertungen setzen.

b) Stundenpläne, Unterrichtsgestaltung, Lehrerinteressen, Schülerbedürfnisse – wie sieht eine humane Schule aus?

Die Stundenpläne dürfen nicht nach dem Interesse der Lehrer erstellt werden, sondern müssen sich an den Bedürfnissen der Schüler orientieren: z. B. muß ein Wechsel zwischen kognitiven und affektiven Fächern stattfinden, außerdem muß die physiologische Tagesleistungskurve der Schüler berücksichtigt werden. So sind 7. und 8. Stunden ineffektiv, deshalb wird auch die 5-Tage-Woche als unpädagogisch und schülerschädigend vom Bundeselternrat abgelehnt.

c) Hausaufgaben: der lange Arm der Schule in das Elternhaus?

Hiermit spreche ich ein „kleines" Problem an, das Familien aber schwer belasten kann: die Hausaufgaben. Der Bundeselternrat hat im Jahre 1986 eine Tagung dazu durchgeführt und viel Unbehagen bei Eltern und Lehrern aufgespürt. Daher gilt folgende Stellungnahme zum langen Arm der Schule in die Familie: „Hausaufgaben gehören zur Unterrichts- und Erziehungsarbeit der Schule. Sie ergänzen die Arbeit des Lehrers in der Schule, sie ersetzen diese nicht. Hausaufgaben müssen aus dem Unterricht erwachsen und wieder in diesen einmünden. Sie sollen die Erziehung zum selbständigen Arbeiten unterstützen, die Kreativität fördern und helfen, Gelerntes zu vertiefen und zu festigen. Hausaufgaben müssen ohne Mithilfe der Eltern angefertigt werden können. Hausaufgaben dürfen nicht Maßnahmen zur Disziplinierung sein."

d) Heimliche Miterzieher: Medien – ein Problem für Schule und Elternhaus?

Auf die verstärkten Umweltreize durch Medien aller Art habe ich schon hingewiesen. In häufig unverständlicher Art werden die Neuen Medien einerseits als Bereicherung des Menschen – aber auch für den Untergang der Kultur verantwortlich gemacht. Was ist zu tun, damit Kinder einen sinnvollen Gebrauch der Medien lernen? Ich denke, Schule sollte sich nicht auf einen aussichtslosen Wettkampf bei Vermittlung von Spezialwissen mit den Medien ziehen lassen, und Eltern sollten vor allem Alternativen zu Medien anbieten wie Lesen, Wandern, selbst Musik machen, Filme selbst drehen. Ich habe vorhin schon von Freizeiterziehung gesprochen. Unsere Kinder werden – aus welchen Gründen auch immer – später viel Freizeit haben. Sie müssen lernen, diese sinnvoll zu nutzen. Nicht „Glotze und Glas" darf die Devise sein. Sinnvoll nutzen lernen heißt u. a., den musisch-kreativen Bereich in der Schule zu stärken. Die Problematik Familie – Schule – Medien kann von mir allerdings hier nur als möglicher Gefahrenpunkt apostrophiert werden. Eine Gefahr ist die Medieninflation und der damit verbundene Realitätsverlust, aber dagegen können Eltern und Lehrer etwas setzen: ihr eigenes Vorbild und die Vermittlung von Fähigkeiten und Qualifikationen, die es dem Menschen ermöglichen, seine Individualität zu wahren und seine Kreativität zu erhalten.

e) Unehrliche Lebenshelfer: Drogen und neue Jugendreligionen.

Warum erliegen Jugendliche dem Alkohol? Warum kreist der „Flachmann“ in der Pause? Warum sind ca. 100 000 Jugendliche im Umkreis der neuen Jugendreligionen zu finden? Esoterik ist das neue, massenverbindende Stichwort.

Können junge Menschen die Widersprüchlichkeiten unserer Gesellschaft nicht ertragen? Haben wir in der Familie, in der Schule, wir – Eltern und Lehrer – ihnen zu wenig Zuwendung zukommen lassen? Haben wir ihnen nicht vorgelebt und aufgezeigt, woran, an welchen Werten man sich orientieren sollte? Es erscheint mir notwendig, jene Wegweiser wieder aufzurichten, die im Zuge der überzogenen „Selbstverwirklichungswelle“ abgerissen wurden. Junge Menschen brauchen Vorbilder und Orientierungshilfen. Werden sie ihnen nicht mehr vermittelt, suchen sie sie bei den Rattenfängern der modernen Jugendsekten, bei politischen Fanatikern, im Alkohol, in der totalen Verweigerung.

Welche Aufschriften sollten diese Wegweiser haben? Welche Erziehungsziele müssen im Konsens zwischen Elternhaus und Schule vermittelt werden:

Ausdauer, Selbstdisziplin, Ertragen von Fehlschlägen, Hilfsbereitschaft, soziales Engagement, Bereitschaft zur Übernahme von Pflichten, Verantwortung, Nächstenliebe, Fähigkeit zur Kritik und Selbstkritik. Ich persönlich möchte hinzufügen: ohne Leben nach den 10 Geboten, ohne Ehrfurcht vor Gottes Schöpfung und ohne Wissen um die uns gesetzten Grenzen kann Erziehung und Bildung weder in der Familie noch in der Schule glücken.

These 6: Bildung ist Zukunft.

Wie heute unsere Kinder gebildet und erzogen werden, so wird morgen, wenn sie die Verantwortung übernommen haben, die Welt aussehen. Darum erwarten die Eltern optimale Bedingungen im Bildungswesen, wie u. a.

- freie Elternentscheidung auf Wahl der Schulform;
- Erhalt der wohnortnahen, überschaubaren Schule;
- eine verläßliche Halbtagsschule und – wenn notwendig – ganztägige Betreuung;
- mehr und kontinuierlichere Lehrereinstellungen;
- gestaltete Schulhöfe;
- Stundentafeln, die sich am Wohl und der physiologischen Leistungskurve der Schüler orientieren – und nicht an dem Interesse der Lehrer;
- Stundenpläne, die kognitive und musisch-kulturelle Unterrichtsfächer, Bewegungszeiten und Leistungszeiten im Wechsel vorsehen;
- ein positives, anregendes Schulklima;
- Drogenprävention als Teil der Gesundheitserziehung;
- Hausaufgaben, die aus dem Unterricht erwachsen;
- Intensivierung und Erweiterung des Fremdsprachenunterrichtes;
- informationstechnische Grundbildung in allen Schulformen;
- phasenweise getrennten Unterricht immer da, wo Lernbarrieren, Rollenklischees oder Vorerfahrungen dies notwendig machen;
- fach-, vermittlungs- und reflexionskompetente Lehrer und Lehrerinnen;
- Lehrerfort- und -weiterbildung;
- Zusammenarbeit von Lehrern und Eltern.

Eltern wissen, daß die Schule kein Reparaturbetrieb für die Defizite in Gesellschaft und Elternhaus sein kann. Eltern wissen, daß Schule nicht alles unterrichten, nicht alles vermitteln kann, was die Öffentlichkeit gern möchte. Kinder haben oft mit Unterrichtszeit, Schulweg und Hausaufgaben eine 50-Stunden-Woche, die Gewerkschaften reden von 35 Stunden. Doch Eltern können verlangen, daß Schule nicht der monetäre Steinbruch bleibt, daß Kultusminister und Finanzminister sich einigen und Wege finden, die Bildung unserer Kinder über den Nulltarif zu heben. Mehr Lehrereinstellungen, bessere Ausstattung der Schulen, Fortbildung der Lehrer – auch hinsichtlich neuer Technologien, Gesundheitserziehung, Medienpädagogik, Freizeit- und Umwelterziehung, neuer Arbeitsmethoden – sind wohl keine unbilligen Forderungen der Elternvertreter. Der rasche technische und ökonomische Wandel in unserer Gesellschaft macht auch ein Reagieren der Schule – aller Schulformen – notwendig.

Der Bundeselternrat, die Arbeitsgemeinschaft der gesetzlichen Elternvertretungen, hat seinen Platz auch in der europäischen Bildungspolitik gefunden. 1984 wurde die EPA (European Parents' Association) in Brüssel gegründet. Nun wird auch eine gesamtdeutsche Elternvertretung möglich.

Auf jeder Ebene – ob in Klasse, Schule, Kreis, Land oder Europa – ist Ziel der Bemühungen der Elternvertreter die partnerschaftliche, vertrauensvolle Zusammenarbeit von Elternhaus und Schule zum Wohle der Schülerinnen und Schüler.

„Die Schule soll die Kinder zu vernünftigen Menschen machen, dadurch der Stadt und eines Staates Gedeihen gefördert wird." (Martin Luther).

III.

Begabungsbegriff und Leistungsmessung

Rudolf Lassahn

Pädagogische Überlegungen zu einem konsensfähigen Begabungsbegriff unter dem Aspekt der Praxis

Seit sich Erwachsene Gedanken über Erziehung und Unterricht, Lernen und Entwicklung machen, beziehen sie einen „Faktor“ Begabung, Anlage, Talent, Eignung oder Fähigkeit in ihre Überlegungen ein. Zu Beginn der Aufklärung beflügelte ein schier grenzenloser Optimismus pädagogisches Denken. Körper, Geist und Seele schienen der Erziehung zugänglich und ausbildbar zu sein. Für Comenius stand die Bildbarkeit der Schüler so fest, daß er für den Ausbildungsweg nur noch die richtige Lehrkunst suchte. Er wagte es, eine große Didaktik zu verheißen, „d. h. eine allgemeine Kunst, alle alles zu lehren; und zwar zuverlässig zu lehren, so daß der Erfolg nicht ausbleiben kann; und rasch zu lehren, nämlich ohne Mühsal und Ekel für Lehrende und Lernende, vielmehr mit der größten Annehmlichkeit für beide Teile; und gründlich zu lehren, nicht oberflächlich und zum Schein, sondern so, daß die Schüler zu einer echten wissenschaftlichen Bildung (literatura), zu reinen Sitten, zu innerer Frömmigkeit gelangen“.[1]

Die Erziehungsfähigkeit wurde dabei in recht undifferenzierter Weise gesehen. John Locke drückte es sehr bildhaft aus: „Ich stelle mir vor, daß der kindliche Geist wie das Wasser ebenso leicht in diese oder jene Richtung gelenkt werden kann . . . und ich darf wohl sagen, daß von zehn Menschen, denen wir begegnen, neun das, was sie sind, gut oder böse, nützlich oder unnützlich, durch ihre Erziehung sind“.[2]

Zu Beginn des 19. Jahrhunderts nannte Herbart dieses Phänomen die *Bildsamkeit* des Zöglings, mit ihr als einheimischem Begriff habe die Wissenschaft von der Erziehung zu beginnen. „Der Grundbegriff der Pädagogik ist die Bildsamkeit des Zöglings."[3] Herbart faßte dabei die Bildsamkeit sehr weit, sie erstrecke sich bis in den Stoffwechsel im Körper, es gebe eine Bildsamkeit des Willens, diese sei in ersten Ansätzen selbst bei höheren Tieren zu beobachten, lediglich der Mensch verfüge über eine Bildsamkeit zur Sittlichkeit.

Gleichzeitig verwies Herbart darauf, daß zur Bestimmung der Bildsamkeit noch zahlreiche Beobachtungen erforderlich seien, eine genaue Fassung habe durch eine auf mathematischer Grundlage arbeitende exakte Psychologie zu erfolgen.

Erzieherischer Optimismus . . .

Auch wenn, mit Herbart beginnend, die Psychologie im 19. Jahrhundert sich den Phänomenen der Bildsamkeit und Lernfähigkeit zuwandte, teilte sie zu Beginn unseres Jahrhunderts noch den aufklärerischen Optimismus. Was Comenius durch eine Didaktik bewirken wollte, glaubte Watson durch eine richtige Lerntheorie erreichen zu können. Vollmundig behauptete er: „Gebt mir ein Dutzend Kinder und eine Welt, in der ich sie aufziehen kann. Dann garantiere ich, daß ich jedes von ihnen auf die Besonderheiten zu trainieren imstande bin, die ich möchte: Arzt, Rechtsanwalt, Künstler, Unternehmer oder auch Bettler und Dieb."[4]

Als Watsons Werk von 1925 im Jahre 1968 in deutscher Übersetzung vorlag, flankiert von weit überdehnten Ergebnissen kulturanthropologischer Forschung (Margret Mead), stimmten alle deutschen Epigonen in die flotte Weise von der Allmacht der Erziehung ein. Heinrich Roth definierte Begabung schlicht als die „Fähigkeit zu lernen".[5]

Die weiteste Auslegung in den politischen Schlußfolgerungen nahm an, man könne Kinder „begaben", wenn nur die Umstände stimmten, man könne aus allen alles machen.

. . . versus realistische Einschätzung

Dieser optimistischen Einschätzung von der Allmacht der Erziehung stand zu allen Zeiten eine erfahrungsabgeleitete realistische Einschätzung gegenüber. Danach verfüge jeder Mensch lediglich über ein begrenztes Potential an Möglichkeiten, ein jeder über ein spezifisches „Pfund", mit dem er nur wuchern könne. Kant faßte es in der These zusammen, es lasse sich nicht aus jedem Holz ein Werkzeug schnitzen, das ging hin bis zu Eysenck, der nachdrücklich trotz aller erzieherischen Maßnahmen und Umwelteinflüsse die Unterschiedlichkeit der Begabung und der intelligenten Leistung betonte. Noch vorsichtigere Vertreter, dazu gehörte schon im 19. Jahrhundert Schleiermacher, versuchten, auf die Unentschiedenheit der anthropologischen Voraussetzungen hinzuweisen. Schleiermacher war einer der ersten, die Aussagen über Allmacht und Ohnmacht der Erziehung denkend zu bewältigen versuchten, indem er darauf hinwies, daß es sich um anthropologische Annahmen handelte. Die Annahme von der Allmacht der Erziehung erwartet, „daß man aus jedem Menschen alles machen könne, was man wolle."[6] Das andere Extrem nimmt eine Beschränkung der Erziehung an, „so daß die Formel sich so gestaltet: man kann aus einem Menschen nichts anderes machen als das, was dem Verhältnis der Anlagen, wie sie ursprünglich in ihm sind, entspricht."[7] Welche Annahme richtig sei, könne von der Wissenschaft noch nicht mit Bestimmtheit entschieden werden, „wir müssen dabei auf das, was uns wirklich gegeben ist, zurückgehen; dies ist nichts anderes als die Unentschiedenheit der anthropologischen Voraussetzungen".[8]

Schleiermacher zog daraus den vorsichtigen Schluß: Wenn die faktischen Voraussetzungen als unentschieden angesehen werden müssen, wird es dann überhaupt möglich sein, eine *allgemeingültige* Pädagogik aufzustellen, d. h. eine für alle Zeiten und Räume gültige? „Diese Frage müssen wir verneinen."[9] Eine Theorie der Erziehung muß notwendigerweise von anderen ausmachbaren Gegebenheiten ausgehen. Bildsamkeit und Begabung verlieren zwar nicht ihre Bedeutung, sie sind aber nicht mehr allein entscheidende Faktoren für eine pädagogische Theorie.

Probleme der Intelligenzforschung

Die intensiven Bemühungen um eine wissenschaftliche Fassung der Phänomene Begabung, Intelligenz, Entwicklung, Umwelteinfluß und Intelligenzförderung erbrachten in unserem Jahrhundert im Detail eine Menge an Einzelfaktoren, aber keine einheitliche Position in der Begriffsbildung, den Forschungsansätzen und Methoden und entsprechend auch nicht in den Ergebnissen. Die Intelligenzforschung begann mit der Absicht, Intelligenz zu bestimmen und gemäß des Neokartesianismus zu messen und zu skalieren. Eine Skalierung gelang, eine Bestimmung nicht, von Heiß stammt der sarkastische Satz: „Eine beneidenswerte Situation: Sie wissen nicht, was es ist, aber sie können es messen.“[10] Alle Ergebnisse der detaillierten Forschung lassen sich auch nicht zu einer einheitlichen Theorie über Intelligenz und Begabung zusammenstellen.

Bei dem Versuch, die Faktoren zu bestimmen, die intelligentes Verhalten bestimmen (Spearman, Burt, Vernon, Meili), stieß man auf eine derartige Vielfalt, auf so heterogene Unterscheidungskriterien, daß sie sich nicht zu einer einheitlichen Theorie zusammenfassen lassen. Die Forschungsergebnisse über Intelligenzstrukturmerkmale, die Eigenschaften schöpferischer, kreativer oder hochbegabter Persönlichkeitsmerkmale lassen an Heterogenität nichts zu wünschen übrig.

Alle einzelnen Modelle zeigen sich inzwischen in ihren methodischen Instrumentarien, in den wissenschaftstheoretischen Voraussetzungen und der Auswertung so differenziert und alternativreich, daß sie in erster Linie Instrumentarien für Forschung abgeben. Die Darstellung der Phänomene in Forschungsmodellen läßt dabei den Charakter der Konstruktion in diesen Modellen nicht immer deutlich werden. Modelle sind keine Abbildungen der Wirklichkeit, sondern theoretische Konstrukte, die man benutzt, um die Wirklichkeit zu erfassen. Im Extremfall entstehen dabei Modelle von Lernen, Intelligenz und Begabung, von Persönlichkeitsstrukturen und Entwicklung, die mit den tatsächlich vorhandenen existierenden Menschen nichts mehr gemeinsam haben.

Allein die Darstellung der Vorgänge in einem Modell ist die notwendige methodologische Folge eines Rückschlusses aus dem Verhalten sehr komplexer Systeme auf eine allgemeine, zugrunde liegende oder angenommene *Struktur,* wobei der Ehrgeiz aufgegeben wird, das ganze System zu erkennen, und nur noch eine generalisierende Ablauffolge die Struktur des Systems anschaulich und überhaupt verstehbar macht. Inzwischen gibt es zahlreiche und sehr unterschiedliche Modelltheorien, die von der Annahme, bestimmte Bereiche der Wirklichkeit widerspruchsfrei zu beschreiben und darzustellen, bis zu Analogiekonstruktionen reichen, wobei ein Bezug zur Wirklichkeit nicht mehr unbedingt erforderlich ist. Da wird es dann nicht nur denkbar, sondern auch praktisch erwogen, den Menschen in einer Modellfolge zu approximieren. Intelligenz, Begabung, Anlage und Umwelt gehören jedenfalls alle zur Kategorie hypothetischer Konstruktbegriffe.

Ungeeignete Modelle und pädagogische Praxis

Für die Bewältigung pädagogischer Praxis erwiesen sich solche Modelle als ungeeignet. Dafür gibt es einen Evidenznachweis. Pädagogische Praxis, nicht nur in Deutschland, bildete sich aus der breiten Angebotspalette von Modellen aus, was gerade konvenierte und mit den eigenen pädagogischen oder politischen Absichten übereinstimmte. Davon lebten und leben die vielen Eintagsfliegen, von der programmierten Unterweisung, der kybernetischen Didaktik, bis hin zur kompensatorischen und antiautoritären Erziehung, und ebenso viele Lerntheorien.

Damit soll keineswegs einem wissenschaftlichen Agnostizismus das Wort geredet werden. Trotz der breiten Heterogenität der Ansätze und Ergebnisse liegt eine große Fülle kaum noch hintergehbarer Ergebnisse vor, die vielleicht noch in ihrer Quantität, nicht mehr in ihrem Vorhandensein umstritten sind. Dazu gehören auch die Ergebnisse aus dem Verlauf der Jensen-Debatte über den Anteil von Anlage und Umwelt bei der Begabungsentwicklung. Die Debatte trug weitgehend zur Überwindung einer dualistischen Anteilsforschung zugunsten eines *Interaktionsmodells* bei. Doch auch dabei wurden lediglich zwei in der Fragestellung unbeantwortbare oder untaugliche Modelle durch ein drittes, vorläufig erfolgversprechenderes ersetzt. Zu den differenzierenden Ergebnissen der Forschung aber gehört die Einsicht, Intelligenz und Begabung (häufig synonym gebraucht) sind keine konstanten Größen, die vorwiegend durch Anlage oder Umwelteinflüsse bedingt sind. Intelligenz meint eher eine unspezifische Disposition, Begabung richtet sich mehr auf bestimmte Tätigkeitsfelder. Die Forschungsergebnisse verbieten es, von *der* Intelligenz und *der* Begabung zu sprechen. Die zahlreichen in den Blick gekommenen Faktoren gestatten es lediglich, von Begabungs- und Intelligenzprofilen zu reden, zu denen intellektuelle Voraussetzungen und Leistungsdispositionen gehören.

„Anlagen" haben sich als ein flexibles Gefüge erwiesen, sie eröffnen Möglichkeiten, die durch Lernen und Umwelt realisiert werden können. Auch Bedürfnisse und Interessen werden genau wie Vorstellungen gelernt, dafür gibt es keine „einfachen" Methoden. Auch die nichtkognitiven Faktoren leisten einen erheblichen Beitrag zur intelligenten Leistung eines Menschen.

Das Zusammenwirken von Anlage und Umweltfaktoren erweist sich dabei als von außerordentlich komplexer Struktur, die keinen linearen Zusammenhang zuläßt. Die geistige Entwicklung oder die Herausbildung der Persönlichkeitsstruktur ist demnach als komplexes und vielschichtiges Zusammenwirken von Anlage, Reifung, Umwelt- und Erziehungsbedingungen zu definieren.

Beeinflußbarkeit der Persönlichkeitsstrukturen

Seit geraumer Zeit verschob sich damit das Schwergewicht der Diskussion von den Intelligenz-, Begabungs- und Umweltfaktoren zu dem Problem der *Beeinflußbarkeit* dieser Faktoren. Klauer forderte bereits 1975 eine Theorie der Beeinflußbarkeit von Persönlichkeitsmerkmalen. Verabschiedet sind damit die Annahmen überwiegender Bedingtheit des Menschen durch genetische Dispositionen (der vorprogrammierte Mensch), verabschiedet sind auch die Thesen des Sozialdeterminismus. Die Forschung wandte sich in erster Linie Einzelfragen zu. Welche Einwirkungen zeigen welche Effekte? Die Beeinflußbarkeitsforschung, soweit sie bisher überschaubar ist, leidet noch an einer Kinderkrankheit aus dem kartesianischen Wissenschaftsideal. Mit der Frage, welche Einwirkungen welchen Effekt erzielen, sucht sie linear nach Kausalzusammenhängen, auch nach solchen zwischen Erbinformation und Begabung. Dabei gerät die simple Tatsache aus dem Blick, daß im Bereich des Menschlichen eine Einwirkung unterschiedliche, auch entgegengesetzte Effekte hervorrufen kann.

Mit der Beeinflußbarkeitsforschung wurde aber auch die Ideologie der Normalverteilung verabschiedet. Es könne nicht, entgegen der Meinung von Bloom, jeder Schüler zum gleichen Lernziel geführt werden. In der Erziehungs- und Unterrichtswirklichkeit haben wir es mit einem sehr weiten Spektrum sehr unterschiedlicher Verhaltensweisen und Leistungen, mit großen intellektuellen Unterschieden, sehr differenzierten Leistungen in Konzentration, Schnelligkeit der Auffassung, Effektivität der Arbeit, Transformation der Ergebnisse, mit Verfügbarkeit von Wissen, Merkfähigkeit und Gedächtnis zu tun.

Die Situation in der Erziehungswirklichkeit

Ein Hauptproblem in der Schulwirklichkeit sehe ich in der Diagnose der Dispositionen. Der Fachlehrer wird in erster

Linie durch die didaktische Aufbereitung seines Unterrichtsgegenstandes absorbiert. Für valide und reliable Testverfahren fehlen ihm Ausbildung und Zeit. Die meisten bekannten Testverfahren stellen hohe Anforderungen an methodische Kenntnisse, sie wurden für die Forschung entwickelt und sind für den schulischen Alltag untauglich. Es erhebt sich zudem die Frage, ob der Lehrer z. B. oft testen soll. Jedenfalls bleibt die reale Situation, daß er in aller Regel nicht einmal den Intelligenzquotienten seiner Schüler kennt. Seine Vorstellungen von der intelligenten Leistung seiner Schüler und deren möglicher Begabung erweisen sich als weitgehend zufällige Beobachtungen aus seinem Fachunterricht, vielleicht noch gestützt auf Ergebnisse von Klassenarbeiten. Schon die vielen und für einen optimalen Lernprozeß erforderlichen Daten aus der Lebenswelt der Schüler kann der Lehrer in aller Regel nicht erheben. Einblick in diese Lebenswelt gewinnt er oft erst dann, wenn es Konflikte gibt, und auch dann nur punktuell.

Den Lehrern sind zu wenig Möglichkeiten für optimale Gestaltung von fördernden Lernverfahren bekannt. Bisherige Schulpädagogik richtete ihr Augenmerk auf eine gute Präsentation der Inhalte, auf die Lernergebnisse und die meßbaren Leistungen oder die richtige Lernstrategie, nicht auf alle zu berücksichtigenden Faktoren bei der Förderung, ja es gibt keine Schulpädagogik, die systematische Fördermaßnahmen entwickelt hat.

Fördermaßnahmen in der Schule richteten in den zurückliegenden 20 Jahren verstärkt die Aufmerksamkeit auf Förderung Benachteiligter und Behinderter und ließen die *Förderung Hochbegabter* außer acht oder diskreditierten sie gar. Es gibt zahlreiche Programme für behinderte, lern- und verhaltensgestörte Kinder, für diesen Problembereich gibt es Lehrstühle an den Universitäten und Hochschulen, es gibt aber kaum Programme für die Förderung ganz normaler Kinder und für die von Hochbegabten. Erst in den letzten Jahren wurde dieses Problem eher zaghaft aufgegriffen.

Die Befähigungsförderung *aller* Kinder erweist sich in der Praxis nicht ausschließlich als ein Strukturproblem der Schule und der Durchlässigkeit sowie der Gliederung in Schultypen oder Schulstufen. Trotz deklarierter Durchlässigkeit und vieler guter Absichtserklärungen absolvieren so gut wie keine Schüler die schulischen Curricula in kürzerer Zeit. Es sind Verwaltungsvorschriften, die individuelle Förderung behindern und einen schnelleren Aufstieg im Schulsystem verhindern. Das trifft in aller erster Linie die Hochbegabten. Es gibt keine rationalen Gründe mehr für das nachlässige Umgehen mit diesem Potential.

Die Schulwirklichkeit wird implizit von der Gleichverteilungsideologie bestimmt und der oft nicht ausgesprochenen Absicht, alle Schüler auf den gleichen Stand zu bringen. In dieser Hinsicht befinden wir uns auf dem Entwicklungsstand der Didaktik des 30jährigen Krieges, als Comenius alle alles zur gleichen Zeit und leicht lehren wollte. Soll die Absicht der Förderung aller Schüler mehr als ein Lippenbekenntnis sein, werden Differenzierung in Schulstufen und im Unterricht die unausbleibliche Folge sein. Ein Festhalten an der Vorstellung, über Chancengleichheit sei am Ende Ergebnisgleichheit zu erzielen, ist inhuman.

Diese Problematik wird in der Lehrerbildung bisher so gut wie nicht berücksichtigt. Das Hauptproblem, Intelligenz und Begabung bei allen Kindern zu diagnostizieren und mit geeigneten Unterrichtsverfahren auf die Möglichkeiten aller Schüler einzugehen, ist kaum ein Problem der Forschung, schon gar nicht der Ausbildungspraxis. Beim Zusammenwirken zwischen Schule und Elternhaus kommt es nicht in den Blick, die Förderung Hochbegabter wird häufig diskreditiert. Den Lehrern fehlen geeignete Mittel, die Verwaltungsvorschriften lassen ein flexibles Arbeiten nicht zu.

Bei der praktischen Arbeit in der Schule helfen dem Lehrer die komplizierten Ergebnisse der Begabungs-, Intelligenz- und Umweltforschung und ihre Darstellung in theoretischen Modellen kaum. Grundlage für sein Handeln bilden sein eigenes Wissen und Können und die Fähigkeiten zur Beobachtung in aktuellen Situationen und zur Abschätzung der Realisierbarkeit von Möglichkeiten. Er muß das differenzierte Gefüge von Anlage, Begabung und Umwelt als kombiniertes

Produkt ansehen und mit pädagogischem Takt ausloten, was geraten und möglich erscheint.

Die Beratung in der Schule durch den schulpsychologischen Dienst und durch die Wissenschaft hat sich auf dieses Problem nicht eingestellt. Lehrer und Eltern sind sich allein überlassen. Eine einseitige Politisierung von Schule und Unterricht ließ das pädagogische Hauptanliegen der Gegenwart aus dem Blick kommen.

Auch die Hochbegabung erweist sich als ein Konstrukt aus intellektuellen Fähigkeiten, sozialen Komponenten, motivationalen Faktoren, Umwelteinflüssen und Fördermaßnahmen, oft auch speziellen Fähigkeiten auf sprachlichem, musischem oder motorischem Gebiet.

Hochbegabung zeigt sich nicht allein in der intelligenten Leistung, mitbestimmend sind Persönlichkeitsmerkmale wie Initiative, Selbständigkeit, Unternehmungsgeist, Selbstvertrauen und Verantwortungsbewußtsein und -gefühl. Für die Förderung fast aller Faktoren im emotionalen Bereich fehlen Kenntnisse für Maßnahmen und Mittel.

Der Begriff der Förderung inflationierte in den letzten 20 Jahren wie kaum ein anderer, wir richteten gar Förderstufen als eigene Schulstufen ein. Die umfassende pädagogische Bedeutung der Förderung ist dabei noch nicht einmal in den Blick gekommen.

Anmerkungen

1 J. Comenius: Große Didaktik, hrsg. u. eingel. v. H. Ahrbeck (1957) 36.

2 J. Locke: Gedanken über Erziehung, hrsg. u. übers. v. H. Wohler (1962) 8.

3 J. F. Herbart: Umriß pädagogischer Vorlesungen (1835) in: J. F. Herbarts pädagogische Schriften, hrsg. v. O. Willmann/T. Fritsch (1914) 9.

4 J. B. Watson: Behaviorism (1925), deutsche Übers.: Behaviorismus (1968).

5 H. Roth: Pädagogische Psychologie des Lehrens und Lernens ([10]1967) 133.

6 F. D. E. Schleiermacher: Ausgewählte pädagogische Schriften, besorgt v. E. Lichtenstein ([2]1964) 48.

7 F. D. E. Schleiermacher: a. a. O. 48.
8 F. D. E. Schleiermacher: a. a. O. 48 u. 50.
9 F. D. E. Schleiermacher: a. a. O. 51.
10 R. Heiß: Zum Begriff der Intelligenz. Diagnostica 6 (1961) 6.

Kurt A. Heller

Zur Problematik eines konsensfähigen Begabungsbegriffs aus psychologischer Sicht

Begabung als Beschreibungs- und Erklärungsbegriff

In einem relativ weiten Begriffsverständnis läßt sich Begabung als das Insgesamt personaler (kognitiver, motivationaler) und sozio-kultureller Lern- und Leistungsvoraussetzungen definieren, wobei die Begabungsentwicklung als Interaktion (person)interner Anlagefaktoren und externer Sozialisationsfaktoren zu verstehen ist. Entwicklungspsychologisch stellt sich somit Begabung als jene Situation dar, die sich zu einem bestimmten Zeitpunkt der Ontogenese im Blick auf den Prozeß der Fähigkeits- und Interessenentwicklung darbietet, d. h. eine Merkmalskombination, die aus der Wechselwirkung von Lernbedingungen auf seiten der Person (des Individuums) sowie der (sozialen) Umwelt resultiert.

In der Psychologie findet Begabung sowohl als Beschreibungsbegriff (Fähigkeitskonzept) wie auch als Erklärungsbegriff (qualitative Kategorie) Verwendung. Diesem Begriffspaar entsprechen zwei unterschiedliche Forschungsparadigmen: a) nomothetisch orientierte psychometrische Untersuchungen, die quantitative inter- und intraindividuelle Fähigkeitsdifferenzen erfassen, b) idiographisch orientierte Informationsverarbeitungsansätze der modernen Problemlöseforschung, die vor allem qualitative Prozeßkomponenten (des Denkens) zu bestimmen versuchen. Von unmittelbar praktischer Bedeutung ist eine dritte Begriffsvariante: c) „Begabung“ im Sinne des psychologischen Eignungs- oder Anforderungsbegriffs. Begabung wird hier als Disposition bzw. Merkmalsprofil einer Person für bestimmte Lern- und Leistungsanforderungen (z. B. in der Schul-, Studien- oder Berufsqualifikation) aufgefaßt.

Während die psychometrische Bestimmung der Begabung auf allgemeine vs. differentielle (z. B. verbale, quantitative, technisch-konstruktive oder musische) Fähigkeitsfaktoren abzielt, sollen im kognitionspsychologischen Ansatz elementare Informationsprozeßeinheitan als mentale Bedingungskomponenten der Begabungsaktivitäten erfaßt werden. Obwohl in der neueren Begabungsforschung häufig kognitionspsychologische Ansätze – gegenüber psychometrischen – favorisiert werden, sollte man nicht übersehen, daß beide Forschungsparadigmen in jeweils spezifischer Weise zum Erkenntnisgewinn über Begabungsphänomene beitragen und somit nicht ohne weiteres austauschbar sind. So verspricht man sich von prozeßanalytischen Begabungsuntersuchungen wichtige Aufschlüsse über förderliche bzw. hemmende Bedingungsfaktoren der Begabungsentwicklung, während sog. statusdiagnostische (psychometrische) Befunde als nach wie vor unverzichtbare Grundlage für Leistungs- und Erfolgsprognosen jeglicher Art gelten. Begabungsdiagnosen (Heller, 1991a) erfüllen somit eine wichtige Funktion der Persönlichkeitsförderung, etwa in der individuellen Entwicklungsberatung, der Interventionshilfe oder auch im Sinne erzieherischer Präventionsmaßnahmen. Sowohl konzeptuelle als auch praktische Lösungen sind demnach nur in der Kombination von psychometrischen, kognitionspsychologischen Informationsverarbeitungs- bzw. experimentellen Denkprozeß- und Problemlöseansätzen zu erreichen. Analog wird in der modernen Lern- und Unterrichtspsychologie die Notwendigkeit differentieller Curricula und begabungsspezifischer schulischer Lernumwelten betont.

Begabung gehört zu den sog. hypothetischen Konstruktbegriffen, deren Definition vom jeweiligen theoretischen Bezugssystem abhängt. Dies gilt auch für verwandte Begriffe wie Intelligenz oder Kreativität. Solche Konstruktbegriffe sind in der Psychologie sehr beliebt, erhofft man sich doch hiervon Aufschlüsse über bestimmte Verhaltensleistungen der Persönlichkeit im Sinne von Kausalfaktoren. So wird etwa eine außergewöhnliche Leistung in Fremdsprachen oder Mathematik auf entsprechende gute verbale oder quantitative Fähigkeiten einer Person zurückgeführt, wobei motivationale und soziokulturelle Bedingungsfaktoren bei der Leistungsmanifestation von Begabungspotenzen mehr oder weniger stark beteiligt sein können. Daraus wird schon deutlich, daß sich jeder Begabungsbegriff auf relativ komplexe Verhaltensphänomene bezieht. (Ausführlicher vgl. Storfer, 1990 und Waldmann/Weinert, 1990).

Intelligenz und Begabung

Sofern in der Psychologie überhaupt zwischen Intelligenz und Begabung ein begrifflicher Unterschied gemacht wird, kommt der Begabungsbegriff dem psychologischen Eignungsbegriff sehr nahe, z. B. als Begabung für das Erlernen eines Musikinstruments, die Fähigkeit, Fremdsprachen (leicht) zu lernen, besondere Leistungen im musisch-künstlerischen bzw. mathematisch-naturwissenschaftlichen Bereich zu erbringen usw. Hinter solchen Aussagen steckt die Annahme, daß es unterschiedliche Begabungsformen gibt, denen jeweils bestimmte Verhaltens- und Leistungsbereiche zugeordnet werden können. Beispielhaft stehen hierfür die multiple Intelligenztheorie von Gardner (1983) oder das Münchner (Hoch-)Begabungsmodell (Heller, 1990, 1991b).

Gagné (1985), der ebenfalls ein multidimensionales Modell favorisiert, unterscheidet zwischen allgemeinen bzw. spezifischen Begabungen auf der Dispositionsseite und bereichsspezifischen Talentformen auf der Verhaltens- bzw. Leistungsebene. Interessant an diesem Modell ist ferner die Annahme vermittelnder Faktoren, die er Katalysatoren nennt (z. B. Motive, Interessen, Einstellungen als Persönlichkeitsfaktoren sowie familiale, schulische und andere Sozialisationsfaktoren). Ähnlich hatte bereits Mierke (1963) in seiner Begabungstheorie von Hilfs- und Stützfunktionen der Intelligenz gesprochen, die im neueren Moderatorenkonzept bestätigt werden konnten (Heller et. al., 1978).

Konsequenzen für die Begabungsdiagnostik und Begabtenförderung

Diese Erkenntnis erfordert Konsequenzen sowohl für die Konzeptualisierung als auch für die Begabungsdiagnose und die Begabtenförderung. Die wichtigsten Forderungen seien in sechs Thesen zusammengefaßt:

1. Das Begabungskonzept ist unter Berücksichtigung des jeweiligen Verwendungszweckes – seien es Forschungsfragestellungen oder pädagogische und ausbildungsspezifische Erfordernisse – zu bestimmen. Diese Forderung gilt auch im Hinblick auf Begabungsdiagnosen, die neben kognitiven und motivationalen Persönlichkeitsvoraussetzungen unter pädagogischen Aspekten immer auch die Erfassung relevanter Sozialisationsfaktoren einschließen. Diagnostisch abgesicherte Informationen über die Situation des Einzelfalles bilden eine unverzichtbare Ausgangsbasis für präventive Maßnahmen oder auch für die interventive Entwicklungsförderung und psychologische Beratung im Konfliktfall.
2. Wir halten nichts von der Verteufelung der sog. Statusdiagnostik. Diese muß allerdings durch Prozeßanalysen, z. B. im Rahmen der Lerntest- oder auch experimentellen Diagnostik, ergänzt werden. Eine solche Forderung gilt insbesondere dann, wenn Bedingungsanalysen erforderlich werden, etwa zu Präventions- oder Interventionszwecken in der Begabungsförderung bei Kindern und Jugendlichen.
3. Einigermaßen zuverlässige Prognosen über die Persönlichkeitsentwicklung begabter Kinder und Jugendlicher erfordern neben einem geeigneten Prädiktionsmodell und relevanten Entscheidungsstrategien (Klassifikation, Placierung, Selektion) empirisch abgesicherte Begabungsindikatoren und brauchbare Kriteriumsvariablen über das individuelle Leistungsverhalten sowie entsprechende Kontextbedingungen des sozialen Lernumfeldes.
4. Zu den sog. Risikogruppen, d. h. jenen Jugendlichen, deren Begabung leicht übersehen oder nicht rechtzeitig er-

kannt wird, gehören neben körperlich oder psychisch Behinderten vor allem begabte Mädchen (vgl. Beermann et. al., 1991) sowie die – nach Expertenschätzung nicht kleine Gruppe der – begabten Underachiever. Darunter werden jene Schüler/innen subsumiert, die im Hinblick auf ihre intellektuellen Fähigkeiten deutlich in den (Schul-)Leistungen zurückbleiben, also erwartungswidrig schlechter abschneiden; deren psychische und/oder soziale Situation erlaubt es offenbar nicht, ihre Begabungspotenz in adäquate Verhaltensleistungen umzusetzen. Experten schätzen, daß bis zu 50 % der sog. hochbegabten Schüler/innen als Underachiever unerkannt bleiben, somit also keine individuell angemessene Förderung erfahren. Das scheinbar unausrottbare Vorurteil, wonach hochbegabte Kinder und Jugendliche keiner besonderen Unterstützung oder Beratungshilfe bedürfen, gehört inzwischen zu den wissenschaftlich am besten widerlegten Annahmen.

5. Weitere Untersuchungen deuten darauf hin, daß Früherkennung und Frühförderung besonders befähigter Kinder vor allem im Hinblick auf die Ermöglichung angemessener Lernumwelten bzw. günstiger Sozialisationsbedingungen außerordentlich wichtig sind. Dabei muß man sich die Begabungsentwicklung von Anfang an als Interaktionsprozeß vorstellen. Gerade hochbegabte Kinder nehmen sehr früh aktiv und häufig sehr spontan Einfluß auf ihre soziale Umgebung, um ihr ausgeprägtes Lern- und Informationsbedürfnis zu stillen. Neugier, spielerische Kreativität und Wissensdurst (als Basismotive für Erkenntnisstreben) sind hier wichtige Begabungsindikatoren und Prädiktoren für spätere Leistungsexzellenz.

   Begabte Kinder und Jugendliche sind eine interessante gesellschaftliche Herausforderung, der sich Psychologen und Pädagogen, Lehrer und Eltern sowie nicht zuletzt die Bildungspolitiker stellen sollten.

6. Wissenschaftliche Evaluationsergebnisse zur Förderung besonders befähigter Schüler belegen den Nutzen der Begabtenförderung für alle Schüler. Begabtenförderung

geht nicht zu Lasten der Behindertenförderung, wie manche Kritiker argwöhnen. Sie ist vielmehr eine notwendige Ergänzung hierzu, wobei nicht selten nützliche Erkenntnisse für den Regelunterricht oder auch die Sonderpädagogik erwartet werden können. Der Rechtsanspruch auf begabungsgerechte Bildungschancen im Sinne individuell angemessener Sozialisationsbedingungen konveniert mit der entwicklungs- und erziehungspsychologischen Begründung der Begabtenförderung.

Folgerungen für die Schulpolitik

1. *Begabung* ist zunächst eine relativ unspezifische individuelle Anlagepotenz, die in ihrer Entwicklung von Anfang an interagiert, also in Wechselwirkung tritt mit der sozialen Lernumwelt, d. h. mit konkreten Erziehungs- und Sozialisationseinflüssen.

   Begabung stellt sich somit zu jedem Zeitpunkt der Ontogenese (individuellen Entwicklung) als Interaktionsprodukt dar.
2. Schon in den ersten Lebensmonaten und -jahren sind *Begabungsunterschiede* (zwischen Individuen) beobachtbar, die sich z. B. in der Spontaneität, in der Neugier und in der spielerischen Kreativität (als Basismotive) für das spätere Erkenntnisstreben, aber auch im Lern- und Informationsbedürfnis, in speziellen Gedächtnisleistungen u. ä. äußern.
3. Erkennt man die *Realität unterschiedlicher Begabungsformen* an und berücksichtigt man die inzwischen gesicherte Erkenntnis, wonach die meisten schulischen Lernprozesse nicht additiver, sondern kumulativer Art sind, dann stellt sich gleichermaßen die *pädagogische und bildungspolitische Forderung,* begabungsgerechte Erziehungs- und Sozialisationsbedingungen für jeden einzelnen zu ermöglichen. Konkret bedeutet dies u. a., differentielle – begabungsspezifische – schulische Lernumwelten und Curricula bereitzustellen. Egal wie die entsprechenden schuli-

schen und organisatorischen Rahmenbedingungen hierfür aussehen mögen, sie werden sich in jedem Fall an den vorgenannten Prinzipien individueller, d. h. begabungsgerechter Förderung der Persönlichkeitsentwicklung von Kindern und Jugendlichen orientieren müssen.

Literatur

L. Beermann/K. A. Heller/P. Menacher: Mädchen in Mathematik, Naturwissenschaft und Technik. Analyse geschlechtsspezifischer Begabungen (1991).

F. Gagné: Giftedness an talent: Reexamining a reexamination of the definitions. Gifted Child Quarterly 29 (1985) 103–112.

H. Gardner: Frames of Mind. The Theory of Multiple Intelligences (1983).

K. A. Heller: Zielsetzung, Methode und Ergebnisse der Münchner Längsschnittstudie zur Hochbegabung. Psychologie in Erziehung und Unterricht 37 (1990) 85–100.

K. A. Heller (Hrsg.): Begabungsdiagnostik in der Schul- und Erziehungsberatung (1991a).

K. A. Heller (Hrsg.): Formen der Hochbegabung im Kindes- und Jugendalter (1991b).

K. A. Heller/B. Rosemann/K. Steffens: Prognose des Schulerfolgs (1978).

K. Mierke: Begabung, Bildung und Bildsamkeit (1963).

M. D. Storfer: Intelligence and Giftedness. The Contribution of Heredity and Early Environment (1990).

M. Aldmann/F. E. Weinert: Intelligenz und Denken. Perspektiven der Hochbegabtenforschung (1990).

Julius Krämer

Formen sinnvoller Leistungsbeurteilung

In dem Maße, in dem in den vergangenen dreißig Jahren „Jugendzeit" „Schulzeit" geworden ist, hat sich die Beurteilungsproblematik verschärft.[1] Die demokratische Leistungsschule soll von den Schulleistungen her Schulkarrieren steuern und damit auch entscheidenden Einfluß darauf nehmen, welche Möglichkeiten der beruflichen Ausbildung jemandem später offenstehen.

Im Spannungsfeld von gesellschaftlichen Anforderungen und pädagogischer Notwendigkeit ist die Schule zwar nicht einfach den gesellschaftlichen Ansprüchen ausgeliefert, wie es eine monokausalpolitökonomische Richtung behauptet, die die Schule unausweichlich kapitalistischen Wirtschaftsstrukturen ausgeliefert sieht. Aber wir müssen uns auch hüten, unsere Funktionen als Lehrerinnen und Lehrer im Blick auf die gesellschaftlichen Ansprüche nur idealistisch zu bestimmen. Es reicht nicht aus, die Schule als einen Raum zu verstehen, für den wir als Pädagogen aus guten pädagogischen Überlegungen bestimmen, was an gesellschaftlichen Anforderungen hineingelangt oder – besser – was draußen vor bleiben muß. Die Formen der Leistungsbeurteilung kennzeichnen die Art, wie in der Schule gesellschaftliche und pädagogische Ansprüche miteinander in Verbindung gebracht werden. Alltäglich – treffender vielleicht sogar „allstündlich" – dokumentiert sie, wie sie diese Ansprüche aufeinander bezieht. Jedesmal ist damit der Kern des Schulverständnisses berührt – gerade auch aus der Sicht der Jugendlichen und ihrer Eltern. Wir fragen: Was von den heute gängigen Praktiken der Leistungsbeurteilung stammt aus Zeiten, in denen die Schule andere Funktionen hatte und bedarf bei dem Blick nach vorn deshalb vielleicht einer Veränderung? Wer dabei nur an eine Verringerung von Urteilstendenzen im Lehrerurteil denkt, um die Objektivität der urteilenden Aussage zu erhöhen, sieht das Problem zu eng. Objektivität ist nicht das einzige Ziel.

Gemeinhin gilt die Beurteilung von Aufsätzen als das unsicherste Geschäft – stellvertretend für alle Leistungen, bei denen nur schwer Kriterien für die Beurteilung festzulegen sind oder bei denen solche die Leistung im Kern nicht voll erfassen. Allerdings hält die Diskussion dieses Problem ständig bewußt; und sie hat dazu geführt, daß ganz unterschiedliche Aufgabenstellungen für den schriftlichen Ausdruck entwickelt wurden.

Im Vergleich dazu sind wir bei Leistungen, in denen (wie im Rechtschreiben), in der Mathematik, in den Sprachen und in der Grammatik vor allem) „richtig" und „falsch" zu unterscheiden sind, viel stärker begrenzt. Fast zwanghaft folgt hier aus dem Auszählen der Fehler und aus der Berechnung des Fehlerdurchschnitts die zensurenmäßige Einstufung, wobei wir im wesentlichen nur über die Zensurgrenzen und die Punktabstriche bei nur zum Teil richtig gelösten Aufgaben entscheiden können.

Wo Fehler eindeutig auszumachen sind, ist die Fehlerfreiheit das eigentliche Ziel. Es scheint weithin noch selbstverständlich, das „Sehr gut" nur einer in dieser Weise perfekten Lösung zu verleihen. Wo sonst wird beim Vorstoß in ein neues Symbolsystem (wie es der Erwerb der Schriftsprache, der Grammatik oder des Zahlensystems ist) von Anbeginn an die perfekte Lösung zum eigentlichen Ziel gemacht und Abweichungen nur in einem engen Umkreis sozial noch als Erfolg anerkannt? Der Erwerb der Muttersprache vor Schulbeginn verläuft jedenfalls ganz anders. Hier macht uns ein unbefangenes „Probehandeln" keine Sorgen, sondern sogar Freude.

Wie können wir in Anlehnung daran in der Schule individuellen Aneignungsprozessen gegenüber gelassener und damit gerechter werden – gerade in den Bereichen, in denen die Fehlerzahlen verhältnismäßig leicht eindeutige Unterscheidungen zulassen? Es geht uns dabei natürlich auch darum, neue Einsichten in Besonderheiten der Aneignungsvorgänge, über Folgen von häufigem Mißerfolg und die

Einsicht in die Notwendigkeit einer „optimalen Passung" zu berücksichtigen. Der Rahmen zu unseren Überlegungen ist aber – wie der Ausgang von neuen Funktionen der demokratischen Leistungsschule und neuen Bedingungen des Schülerseins heute erkennen ließ – schulpolitisch und schulpädagogisch umfassender gesteckt.

1. In welchem Zusammenhang steht die Suche nach sinnvollen Formen der Leistungsbeurteilung?

1.1 Niemand kann erwarten, die Probleme der Leistungsbeurteilung könnten in den Schulen allein technisch-administrativ – etwa nur durch die Einführung von Verbalzeugnissen, Entwicklungsberichten, Diagnosebögen, von lernzielorientierten oder standardisierten Tests – angemessen gelöst werden. Auch ein „Instrumenten-Mix" allein bringt nicht schon die Lösung. Grundlegend ist vielmehr die Aussage: *Neue, heute sinnvolle Formen der Leistungsbeurteilung sind nur im Zusammenhang mit der Verbesserung der „Leistungskultur" einer Schulform oder eines Faches zu bestimmen.*

Wenn Ilse Lichtenstein-Rother Formen der Leistungsbeurteilung für die Grundschule vorstellt, führt sie konkret vor Augen, wie Kinder individuell und eigentätig Aneignungsprozesse im Unterricht vollziehen können.[2] Die Unterrichtsgestaltung steht also im Mittelpunkt, wenn nach sinnvollen Formen der Leistungsbeurteilung gefragt wird. *Nur für sinnvolle Lernformen gibt es sinnvolle Beurteilungsverfahren.* Der Art des Lehrens und Lernens muß also die eigentliche Aufmerksamkeit gelten. Da diese aber auch wieder von der am Ende erwarteten Prüfung beeinflußt wird, können wir hier Überlegungen dazu anstellen, welche Formen der Leistungsbeurteilung eine angestrebte Unterrichtsgestaltung unterstützen.

In dem eng gesteckten Rahmen dieser Darstellung ist die Beziehung des „Beurteilens" zu den jeweiligen „Formen gemeinsamen Lebens und Lernens in der Schule" aber nicht zu entfalten – auch nicht in Ansätzen.[3]

1.2 *Alle Schulen haben heute im Zusammenhang mit der Leistungsproblematik zu qualifizieren, zu selektieren, zu sozialisieren und eine leistungszuversichtliche, sich ihrer wachsenden Möglichkeiten und zugleich auch ihrer Begrenzungen bewußter werdende Persönlichkeit zu entwickeln.* Diese verschiedenen Ausrichtungen ergänzen sich nicht einfach, einzelne stehen sogar – wie die Aufreihung sofort erkennen läßt – gegeneinander.

Der Versuch, in dieser Aufzählung „fördernde" von „bloß selektiven" Maßnahmen zu unterscheiden, um so die fördernden als die pädagogisch „sinnvolleren Formen" auszumachen, führt in die Irre. Auch die auslesenden Maßnahmen sind pädagogisch legitimiert. Unangemessen sind sie nur dann, wenn ihnen keine entsprechende Förderungsversuche vorausgegangen und sie vom Beurteilungsverfahren her unzuverlässig sind.[4] Eine – in diesem Sinne! – verläßliche Auslese ist natürlich auch ein Akt der „Förderung", weil durch sie z. B. Schüler und Eltern vor falschen Entscheidungen bewahrt und Beratungen durch sie überzeugender werden können.

1.3 Die einzelnen Schulstufen und -formen haben je eigene Ausprägungen ihrer Leistungskultur zu leisten. *Aber es ist nicht angemessen, deshalb die Frage nach den Formen der Leistungsbeurteilung strikt nach den verschiedenen Schulstufen und -formen gegeneinander abzugrenzen.* Auf jeden Fall ist die Gefahr zu sehen und zu vermeiden, daß die Grundschule im Blick auf die Leistungsbeurteilung in der Weise „gettoisiert" wird, daß nur sie „Freiheiten" und „Spielräume" für den Umgang mit Leistungen erhält – ein „Zugeständnis", von dem man dann leicht erwartet, daß es bald von einem „eigentlicheren" Leistungsverständnis abgelöst wird. Die Grundschule hatte im letzten Jahrzehnt eine relativ glückliche Zeit. Sie hat ihr Selbstverständnis auch nach außen hin allgemeiner verständlich machen können und durch kleinere Klassen vor allem Spielraum für neue Formen der Unterrichtsgestaltung und damit auch der Leistungskultur gewonnen (Sicher ist der noch nicht breit genug zu finden, außerdem wird er im Augenblick auch schon wieder deutlich eingeschränkt!). Von dieser Situation aus muß die Grundschulentwicklung in die weiterführenden Schulen hineinwirken – auch wenn deren vom „Fachlehrer" bestimmtes Konzept dem nicht entgegenkommt. Eine „Sonderstellung der Grundschule" als eine im Blick auf die Schulleistung unter ganz anderen Ansprüchen stehende „Vor-Schule" würde das nur behindern. Der Übergang in die Sekundarstufe könnte leicht noch abrupter ausfallen, bei dem doch (neben dem Neubeginn) vor allem die Kontinuität stärker ausgeprägt sein sollte.

Sicherlich ist für die Grundschule „als Raum grundlegender Bildung" die Leistungsproblematik schon besonders intensiv durchdacht, und die dabei gewonnenen Konzeptionen sind schon deutlich in neuere Richtlinien und Lehrpläne eingearbeitet.[5] (Vgl. z. B. den Abschnitt „Lernen und Leisten" in Richtlinien und Lehrpläne für die Grundschule in NW von 1985). Das legt die Überlegung nahe, welche dieser Erkenntnisse auch für andere Schuljahre von Bedeutung sein könnten. Die Situation des „Schulanfangs" z. B. wiederholt sich mit dem Übergang in die Sekundarstufe; und auch dann, wenn z. B. im 10. Schuljahr der Unterricht in einer neuen Fremdsprache beginnt, steckt darin auch ein Stück „Schulanfang". Jedesmal ist im Blick auf die unterschiedlichen Lernvoraussetzungen etwas von dem nötig, was sich im Schulanfang durchzusetzen beginnt: Es gibt hier schon Freiräume für längere Phasen des Kontaktfindens mit einer Sache und ein „Sich-Erproben-Können" im Neuen; Mißerfolge dürfen vorerst noch als ein „Noch-nicht-Können" aufgefaßt werden, und als Leistung sieht man stärker den Fortschritt, den der einzelne Schüler gemacht hat. Sach- und Gruppennormen bleiben demgegenüber zunächst mehr im Hintergrund.

Wir müssen – andersherum – aber auch in der Grundschule ernsthaft beachten, welche Leistungen im Blick auf festgelegte Lernziele und Sachnormen festzustellen sind. Schon in den Verbalzeugnissen der 1. Schuljahre sollte z. B. zu erkennen sein, wie weit ein Kind ein fixiertes Lernziel erreicht hat – wenn ein solches (noch) eindeutig angegeben ist.

1.4. Überlegungen zu sinnvollen Formen der Leistungsbeurteilung müssen auch berücksichtigen, daß die Schule die Aufgabe hat, sowohl für einen „Chancenausgleich" unter den jeweiligen Schülern zu sorgen als gleichzeitig auch alle Schülerinnen und Schüler in Prüfungen vor die gleichen Anforderungen zu stellen.[6] Unsere „demokratische Leistungsschule" gewinnt sicherlich ihre Legitimation dadurch, daß es ihr gelingt, von den in der Schule erbrachten Leistungen (und nicht von anderen, „unverdienten" Zuweisungskriterien) aus Schulkarrieren zu bestimmen. Beurteilungsformen allerdings, die in allen Abschnitten des Lernprozesses nur auf den Vergleich der Leistungsprodukte ausgerichtet sind (ohne die Ausgangslage, die Anstrengung und den individuellen Lernfortschritt mit ins Kalkül zu ziehen), können einen solchen Anspruch allein nicht erfüllen. *Es reicht nicht aus, anhand von Leistungsprodukten nur möglichst objektive Befunde für die Einteilung nach den Rangplätzen der Zensuren- und Punkteskalen anzustreben, ohne ein differenzierendes Angebot an Aufgabenstellungen und Lernwegen gemacht zu haben.*

In der Curriculum-Diskussion hat es Positionen gegeben, die eine verläßliche Prüfbarkeit des jeweiligen Inhalts mit zum Kriterium machte, ob er vor anderen auszuwählen sei. Die Leistungsfähigkeit jedes einzelnen Schülers sollte auf diese Weise am Ende möglichst eindeutig erkennbar sein. Das aber stellte das Verhältnis des Lernens zu dem des Prüfens auf den Kopf.

Festgesetzt hat sich weiter die unzutreffende Vorstellung, die Schule mache es wie die Arbeitswelt, wenn sie ihre Schüler danach einstufe, was diese unter gleichen Bedingungen an Leistungsprodukten brächten. In den industriellen Organisationen gelten aber noch andere Kriterien als Maßstab der Zuweisung von Lohn und Verdienst, auch solche, die man eigentlich längst für überwunden gehalten hat: Gruppenzugehörigkeit, politische Präferenzen, Anpassungsbereitschaft und Loyalität gegenüber den Betriebsinteressen, Verträglichkeit und Fähigkeit, Konflikte zu vermeiden.[7] Für die Schule kann das im Blick auf die Leistungsbeurteilung nur entkrampfend wirken, da es beckmesserischen Zügen im Leistungsverständnis der Schule ein wichtiges Stück ihrer „Legitimation" entzieht.

Wer nur möglichst objektiv festzustellen versucht, was Schüler im Blick auf die Sachnormen und auf die jeweiligen Gruppen können, muß damit rechnen, daß für die Schüler die erreichten Leistungen unter der Hand eher zu bloßen Berechtigungsmarken werden, die mehr einen Anspruch nach außen begründen, als daß sie zur Vertiefung des Sachbezugs und daraus zu einer weiteren, auf die Sache bezogenen Leistungsbereitschaft führen.

1.5. Von den Ergebnissen wissenschaftlicher Untersuchungen her können wir keine verläßliche Entscheidung gewinnen, welche Formen der Leistungsbeurteilung sinnvoll(er) sind. Die „Fragwürdigkeiten der Zensurengebung" konnten nicht ausgeräumt werden, und für die Frage, ob Lernentwicklungsberichte verläßlicher sind, liegen erst wenig Untersuchungen vor, die dazu einen solchen Nachweis nicht erbringen können.[8]

2. Über welche Ansätze sind Beurteilungsformen weiterzuentwickeln?

2.1. Wenn, wie eben gefordert, in der Leistungsbeurteilung (a) mehr als nur das Leistungsprodukt erfaßt, (b) die Einzelleistung nicht allein nur im Bezug auf die Gruppennormen gesehen und (c) zusätzlich dann auch noch eigentätigen Lernmöglichkeiten Raum gegeben werden soll, so bietet es sich an, Übungsformen auf ihre Möglichkeiten für die Beobachtung und auch Feststellung von Leistungsfortschritten, -eigenarten und -ständen hin zu untersuchen. *Überall da, wo die Schüler durch die Ausstattung und Organisation des Unterrichts (bzw. der Schule) Gelegenheit haben, Aufgaben nach ihrem Schwierigkeitsgrad auszuwählen, die Anzahl der Durchgänge zu bestimmen, ihre Ergebnisse allein oder mit Partnern zu überprüfen, dabei Hilfe heranzuziehen, zu geben und anzunehmen, kann der beobachtende Lehrer ein vielfältigeres Leistungsspektrum erfassen und rückmelden.*

Da diese – in der Rückbesinnung auf Ansätze der Reformpädagogik entwickelten – Unterrichtsformen mindestens ansatzweise auch in Fachlehrer-Systemen zu verwirklichen sind, setzen wir in das selbständige Üben im Zusammenhang mit der Beobachtung von Leistungsfortschritten eine besondere Hoffnung.

Auch wenn Leistungsnachweise aus Übungssituationen zunächst nur die amtlich vorgeschriebenen Klassenarbeiten ergänzen, so können die Schüler durch sie die Leistungsanforderungen doch als weniger starr, ja sogar als persönlich erfahren; Klassenarbeiten hinterlassen (trotz aller Vorbereitung durch die Schule) den Eindruck, daß man sich ihnen widerspruchslos ergeben muß, eine Einschätzung, die Leistungsmotive leicht von der Sache weg lenkt und schnell Überdruß am Fach oder gar an der Schule insgesamt entstehen läßt – vor allem auch deshalb, weil sich diese Situation für die jungen Menschen über Jahre hin ständig wiederholt. Hier hat die Schule, so muß es für sie scheinen, ihre eigentliche Mitte.

Wenn die Schüler und Schülerinnen die Leistungssituationen mitgestalten können, kann demgegenüber das Beurteiltwerden eher schon einmal sogar zum „Fest" werden, weil sie stolz sind, ihre Fortschritte zu zeigen und für die weitere Arbeit den Rat des Erfahrenen suchen.

2.2. Trotz aller Bereitschaft der Lehrerinnen und Lehrer, fehlerhaften Lösungsversuchen nachzugehen und die Stelle zu finden, an der der Fehler steckt, könnten die Ergebnisse dieser Recherchen noch weitergehender ausgenutzt werden. Natürlich erhält ein Schüler, der einen kleinen Rechenfehler gemacht hat, durch den dann aber die ganze Aufgabe falsch wurde, nur einen geringeren Punktabzug als der, der den ganzen Ansatz dieser Aufgabe verfehlt hat. Ungebräuchlich ist es aber immer noch, von den Fehlern und von den richtigen Lösungen zusammen nach den Besonderheiten des jeweiligen *„Aneignungsprozesses"* zu suchen. Zu stark steht trotz der Beschäftigung mit den Fehlerstellen noch das Abweichen von der gewünschten (möglichst perfekten, fehlerfreien) Lösung im Mittelpunkt. Wir sind in der Beurteilungspraxis durchweg noch auf „Defizite" ausgerichtet und können dadurch in Fehlern nur schwer z. B. auch Zeichen für die Erprobung neuer Lösungsstrategien erkennen.[9] Ein sehr einfaches Beispiel soll andeuten, welche andere Technik des Umgehens mit Fehlern und welche Haltung ihnen gegenüber verstärkt werden müssen (vgl. *Abb. 1)*. Für eine ausführlichere Diskussion anhand eines komplexeren Falles ist hier kein Raum.

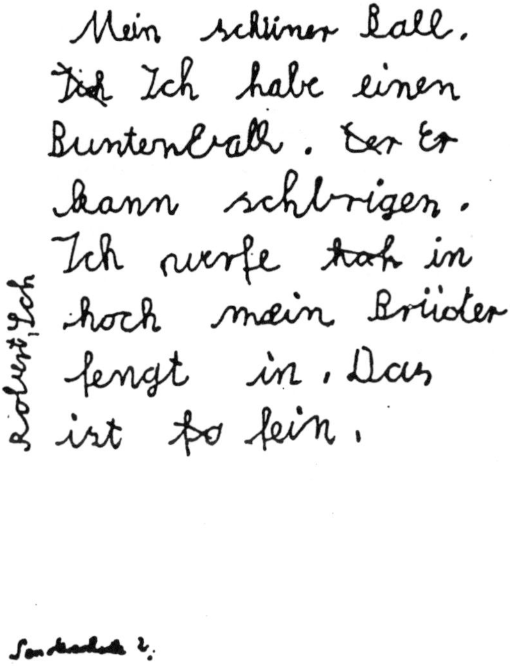

Abb. 1:
Robert hat diesen Text im 2. Schuljahr mit den Kindern seiner Tischgruppe ohne jede Vorübung geschrieben. Das Ergebnis verstärkt bei seiner Lehrerin den Verdacht, er müsse vielleicht zur Sonderschule für Behinderte. Das meint ihr Vermerk für mich unter der „Arbeit“. Die Kollegin ist durch ihre „Zentrierung“ auf die Fehler blind für Stärken, die Robert im Erwerb der Schriftsprache hier zeigt: Er setzt durchweg die Wortgrenzen richtig, bei „der Bunteball“ repräsentiert er schriftlich das, was er aus der Wirklichkeit weiß, daß nämlich ein Gegenstand und seine Eigenschaften untrennbar verbunden sind. Alle Satzanfänge schreibt er groß, und auch sonst erkennen wir keine Unsicherheit in der Groß- und Klein-

schreibung. Aus den Schreibungen „Eer“ und „Iich“, in denen er wohl zwei Lösungsschritte hintereinander vollzieht und festhält (Erst groß schreiben nach dem Punkt! und: So schreibt man „er“ und „ich“), kommt er aus eigener Kraft heraus. Ebenso löst er sich bei „fein“ von dem Ansatz, der wohl auf die „unbearbeitete“ Wiedergabe des Klangbildes „faein“ hinausgehen sollte. Ähnlich zieht er orthographische Elemente bei „mein“ (statt evtl. „maein“), bei „Brüder“ (statt evtl. „Brüda“) heran, und auch das „g“ in „fengt“ steht gegen den bloßen Klang.

Es ist sicher nicht sinnvoll, die Abweichungen von der Duden-Schreibung als das eigentliche Kriterium für eine Wertung dieser Leistung zu nehmen. Angemessener ist es, nach Indizien zu suchen, die etwas über den Stand des Aneignungsprozesses sagen.

2.3. Ganz ungebräuchlich ist es bisher in der Leistungsbeurteilung, *unterschiedliche Ebenen der Auffassungssicherheit* zu unterscheiden. Wir sprechen abfällig vom bloßen Prüfungswissen, wenn wir nur die zunächst vorläufig angeeigneten Inhalte meinen. Auch die verläßlichen, integrierten Wissens- und Könnensbestände aber sind über solche zunächst mehr punktuell und ad-hoc hinzugewonnenen Teile aufzubauen. Eine sinnvolle Leistungsbeurteilung wird deshalb das zunächst nur für die Prüfung Gelernte nicht abwerten. Sie muß aber weiter verfolgen, ob und wie dieses sich schrittweise in den Wissens- und Könnensbestand einordnet und damit fester und dauerhafter wird. Ein Beispiel aus dem Erwerb der Rechtschreibsicherheit kann das Gemeinte verdeutlichen. Hier wurde ein geübtes Diktat nach 6 Wochen völlig unvorbereitet ein zweites Mal geschrieben. Für Schüler, deren Rechtschreibleistungen näher erkundet werden sollten, gibt eine Auflistung darüber, welche Fehler im ersten und im zweiten „Durchgang“ gemacht wurden, ein Bild von Besonderheiten der „Verarbeitung“. Bei Schülern, die sich noch schwerer mit dem Rechtschreiben tun, entspannt uns schon die Erfahrung, wenn die Fehlerstellen bei beiden Durchgängen wenigstens einigermaßen konstant sind. Es hilft auch weiter, wenn wir für einzelne Wörter einen Teilfortschritt rückmelden können – selbst wenn in dem Wort beim zweiten Mal immer noch ein anderer Fehler bleibt und das „Endziel" der Fehlerfreiheit also noch nicht erreicht ist (Vgl. *Abb. 2*). Ob die

Spiele auf dem Schulhof — **Kezban**

Spiele auf dem Schulhof

Heute haben sich die Jungen besonders auf die große Pause gefreut, denn am
gefräut

Dienstag hat unsere Klasse das Fußballfeld für sich allein. Jeder wollte zu-
Jede
zu

erst auf dem Schulhof sein. Dort sind aber auch für uns noch Spiele auf
spiele
erst

dem Boden aufgemalt. Das haben Eltern und Lehrer gemeinsam gemacht. Auf den
aufgemalt — dem
aufgemalt

runden Plätzen unter den Bäumen stehen Spielgeräte aus Holz, auf denen kann
spiel gärete — demen kaman
Spiel Geräte — dennen kan

man klettern. An den Turnstangen hängen oder schaukeln wir. in einer Ecke
hengen — ecke
klättern — ecke

des Schulhofes ist eine Sprunggrube mit Sand. Dort üben wir manchmal Weitsprung.
weitsprung
weitsprung

Wir können uns auch auf Bänke setzen und mit Karten spielen. So machen unsere
wir

Pausen viel Spaß.

Abb. 2
Kezban (4. Schuljahr) hat das Diktat zweimal geschrieben: Einmal vorgeübt und sechs Wochen später noch einmal ohne jede weitere Vorübung. In der Übersicht findet man in der Reihe unmittelbar jeweils unter dem getippten Diktattext Kezbans Fehler aus dem ersten Durchgang, in der zweiten Reihe darunter jeweils die aus der Wiederholung.

Kezban hat im ersten Diktat nur ein „Mangelhaft" erreicht. Was läßt die Aufstellung über den Grad der Rechtschreib(un)sicherheit erkennen? Ist dieser mit einer Zensur (und gar mit „mangelhaft") auch nur im Ansatz erfaßt?

zweite Schreibung nun wirklich ein Ausweis für eine gesichertere Kenntnis des Schülers ist? Könnten beide Schreibungen nicht zufällig, ratend entstanden sein? Die Antwort heißt: Ja! Wer aber als Lehrer nüchtern sieht, in welcher Gefahr der beruflichen Deformation wir dadurch stecken, daß wir ein Berufsleben lang auf Fehler achten müssen, wird eine solche mögliche Selbsttäuschung getrost in Kauf nehmen. Eine positive Einstellung zu den Leistungsfähigkeiten eines Schülers ist die Grundlage für jede Förderung; einer so wichtigen Sache dürfen wir in der Schule deshalb schon einige „Opfer" bringen und im Zweifel die auch für uns auf die Dauer psychisch „gesündere" Deutung wählen!
Dieser Gedanke braucht noch mehr Aufmerksamkeit: Sinnvoll werden Formen der Leistungsbeurteilung auch dann, wenn sie uns in unserer Einstellung zu Schülerleistungen unverkrampft(er), optimimistisch(er), gelassen(er) bleiben lassen. Salzmann forderte, der Lehrer müsse „gesund" bleiben. Pestalozzi wählte das Wort „heiter" und meinte damit „einsichtig". Ein gutes Stück der nötigen psychischen Hygiene (um unseren so nüchternen Sprachgebrauch zu bemühen) ist in der Leistungsbeurteilung z. B. durch die Mehrarbeit zu gewinnen, wie sie in der Anfertigung von Fehlerübersichten steckt *(Abb. 2 und 4)*. Daß wir auch an uns selbst denken müssen, wenn wir nach sinnvollen Formen des Umgehens mit Schülerleistungen suchen, ist bisher zu wenig beachtet worden.

2.4. Die überaus einfachen Zensuren- oder Punkteskalen verführen vor allem Schüler und Eltern, daß sie von ihnen aus ihr Bild über Leistungsstände bestimmen lassen, obwohl sie daraus herzlich wenig erfahren. Diese Genügsamkeit mit den so „griffigen" Ziffern oder den Punktezahlen haben wir ihnen von der Schule viele Jahrzehnte lang vermittelt. Wir müssen also mehr anbieten, wenn wir diese Tradition überwinden wollen.

Auch für den Umgang der Schüler mit ihren Leistungsergebnissen geben Zensuren nur wenig her. Typisch ist es, wie sie mit Zensuren umgehen, die ihre eigenen Leistungsansprüche nicht erfüllen. Sind diese öfter nicht mehr ausreichend, wird mit der Einschätzung „meine Betonfünf" die Beziehung zu Ansprüchen des Faches „neutralisiert". Sonst hilft man sich damit, weitere Bezugsgrößen in die Einschätzung einzubringen: Wie ist die Arbeit ausgefallen, hat man Pech gehabt, oder war die Aufgabenstellung einfach „fies"?

Was wir im Blick auf neue Leistungsformen in den letzten drei Abschnitten angesprochen haben, kann helfen, eine verbreitete Fixierung auf die Endzensur etwas aufzulockern. Sensible Lehrkräfte stecken deshalb schon immer sehr viel Mühe in die mündlichen und schriftlichen Kommentare, in denen sie die Anstrengungsbereitschaft, die besondere Ausgangslage, die persönlichen Fortschritte und neben den Schwächen auch die Stärken im persönlichen Leistungsprofil ausdrücken – als Grundlage für beratende Gespräche.

Wo und wie könnte man dafür – gelegentlich – auch *mehrere Maßstäbe* heranziehen?

Das soll an einem Beispiel aus dem Rechtschreibunterricht der 3. und 4. Schuljahre verdeutlicht werden, das sich verhältnismäßig leicht auf Anfangsphasen im Sprachunterricht der Sekundarstufe I und II übertragen läßt, in dem es ja auch um längerfristige Vorgänge des Sich-Hineinfindens und Vertrautwerdens geht: Die zu schreibenden Texte werden – für einzelne Schüler unterschiedlich intensiv – so genau vorgeübt, daß möglichst alle Kinder Erfolg haben. Die Eltern wissen um diese Besonderheiten der Aufgabenstellung wie der Ergebnisse und auch darum, daß die Kinder nach längeren Abschnitten dann gelegentlich ein ungeübtes Diktat mit vielen der bisher geübten Wörter und dann auch eines mit einem nicht besonders auf die Vorarbeit der Klasse bezogenen Text schreiben. Aus den Leistungen bei diesen unterschiedlichen Leistungsanforderungen kann man deutlich in mehreren „Hinsichten" das Leistungsbild eines Kindes erkennen, weil dabei sowohl die Anstrengung (für die vorzuübenden Diktate) wie auch die allmählich größer werdende Sicherheit (wie sie sich vor allem in den ungeübten Texten zeigt) zu erkennen sind. Auf jeden Fall kommt die Endzensur nicht einfach als arithmetisches Mittel einer Zensurenreihe zustande. Wichtig ist hier: Bei den genau vorgeübten Diktaten erfahren die Kinder, daß Anstrengung sich lohnt, der Erfolg also durchaus zu einem Teil über Anstrengung verfügbar und nicht bloß Schicksal aus einer kaum zu beeinflussenden Begabung ist. (Auch die sog. Legastheniker und ausländische Kinder erhalten bei diesem Vorgehen Belohnung für ihre Mühe). Außerdem können wir – sehr wichtig im Blick auf eine entsprechende Leistungskultur – die Kinder bei den vorgeübten Diktaten auch an der Entscheidung mitbeteiligen, welche Schwierigkeit sie sich für die Probe zutrauen. Wir nehmen mit diesem Vorgehen zugleich dann noch darauf Rücksicht, daß Kinder unterschiedlich lange brauchen, um die grundlegenden (mindestens ausreichenden) Ziele zu erreichen.

Wo die Anzahl der Klassenarbeiten streng festgelegt ist (in NRW haben die Grundschulen keine solchen Vorschriften!), läßt das Regelement, das als Schutz für Schüler und zur Absicherung der Urteile gedacht ist, allerdings kaum Raum für solche Versuche, das Fortschreiten und den Leistungsstand mehrschichtiger zu erfassen. Für die Grundschulen ist es unnötig, ja schädlich, die Anzahl von Klassenarbeiten festzulegen. In den ersten (vier?) Klassen der Sekundarstufe sollten Schulen auf Antrag Gelegenheit für eigene Gestaltungen des Beurteilungsproblems gegeben werden.

Ähnlich mehrschichtig wird der Umgang mit Leistungen angelegt, wenn Kinder während des Diktatschreibens oder später angeben können, wo sie bei einer Schreibung unsicher waren und sich Hilfe (aus dem Wörterbuch oder vom Lehrer) gewünscht hätten. Wer hier als Schüler zu oft Unsicherheiten vermerkt (bei sonst vielleicht recht sicheren Leistungen), ist so nachdrücklich zu fördern, wie derjenige, der, gemessen an seinen Fähigkeiten, zu wenige solche Stellen markiert. Das Wissen darum, wie man unter den gegebenen Bedingungen (und auch der eigenen Vorbereitung!) „abgekommen“ ist, sollte stärker auch von der Schule aus mit in die Diskussion genommen werden – selbst wenn das zunächst nur „informell“, d. h. ohne Wirkungen auf die Zensur geschieht.

Schon unter den gegebenen rechtlichen Bedingungen lassen sich in Klassenarbeiten (vor allem der Mathematik) unterschiedlich anspruchsvolle Aufgaben stellen – und zwar nicht nur im Blick auf diejenigen, die sich mit dem Fach schwerer tun: *„Differenzierende Klassenarbeiten“*. Wer jeweils die einfachere Version wählt, muß damit ein Befriedigend erreichen können. Die „Einheitsarbeit“, die alle vor die gleichen Aufgaben stellt, sollte besonders dann nicht die einzige Form bleiben, wenn es nicht um Abschlüsse geht, sondern um die Begleitung und Unterstützung eines Lernweges. Und das ist über die längeren Abschnitte der Schulzeit der Fall. Eine Verringerung der Leistungsansprüche ist damit nicht verbunden. Eher lassen sich einzelne Ansprüche noch höher ansetzen, weil Rücksichtnahmen auf den schwächeren Teil einer Klasse weniger nötig sind.

Unser Ziel ist es, zu frühe Fixierungen auf einem bestimmten Niveau zu erschweren und Bewährungsmöglichkeiten länger offen zu halten. Herkömmliche Klassenarbeiten sind leicht zu starr (vgl. *Abb. 3)* Sie wurden in einer Zeit entwickelt, in der die Schule für den größten Teil der jungen Menschen mit 14 Jahren abgeschlossen war oder in der sie in „höheren Schulen“ eine „höhere“ Bildung betrieb, die ihre Ansprüche ohne besondere Reflexionen eines pädagogischen Leistungsverständnisses verbindlich setzen konnte. Beides stimmt so längst nicht mehr. In Japan z. B. besuchen heute schon 95 % aller Jugendlichen bis zum Abschluß der Sekundarstufe II zwölf Jahre die Schule. In Europa sind wir auf dem Wege zu einer solchen Entwicklung. Unter diesen veränderten Bedingungen reichen die Prüfungskonzepte der alten „höheren Schule“ nicht mehr aus. In Japan wird die Aufnahme in die begehrteren, auf die angeseheneren Universitäten führenden Grund- und dann Sekundarschulen von rigiden und darum höchst bedenklichen Aufnahmeprüfungen abhängig gemacht[10]. Während der eigentlichen Schulzeit gibt es dann

Diktat Nr.		1	2	3	4	5	6	7	8
Datum		30.8.83	30.9.83	15.11.83	9.12.83	18.1.84	8.2.84	9.3.84	31.3.84
Übungsstand		geübt	[illegible] geübt	geübt	un-geübt	geübt			
Nr. d. Wörter		98	104	108	106	106	96	120	147
DF / DN		6,1/3,0	4,3/2,8	5,6/2,9	5,1/3,2	4,1/2,9	3,9/2,7	3,0/2,5	
Michael	1.	4	3	3	3	4	3	3	5
Züleyka	2.	[illegible]	nicht bewertet	4+	nicht bew.	nicht bew.	4	4	nicht mehr anwesend
Tilman	3.	–	–	–	–	–	–	–	3
Corinna	4.	4	2	3-	3	4	4	3	4-
Leonie	5	2	1	1	1	2	1	1	1
Tomas	6.	–	–	–	4	4	4+	4	5
Jan	7.	3	1	2	1	2	2+	1	2
Thorsten	8.	2	2	3	4+	2	2+	1	3
Stefanie	9.	1	1	–	1	2	1	2	2
Selda	10.	1	2	2	2	2+	3	1	3
Marco	11.	4-	nicht bew.	4	nicht bew.	4	4	4	nicht bew.
Nina	12.	3	3	3	4+	2	1	1	2-
Gabriele	13.	3	2	2	3	1	2	3	2
Tanja	14.	–	–	–	–	–	–	–	4
Nina	15.	3	3	4	4	2	3	2+	2
Frank	16.	3	3	3	4+	3	4	4+	2

Abb. 3:
Eine Übersicht über alle Diktatnoten eines 4. Schuljahres. Bei welchen Kindern schwanken die Noten um mehr als eine Zensur? Lohnt es sich unter diesen Umständen überhaupt, mehr als zwei Diktate im Jahr zu zensieren?

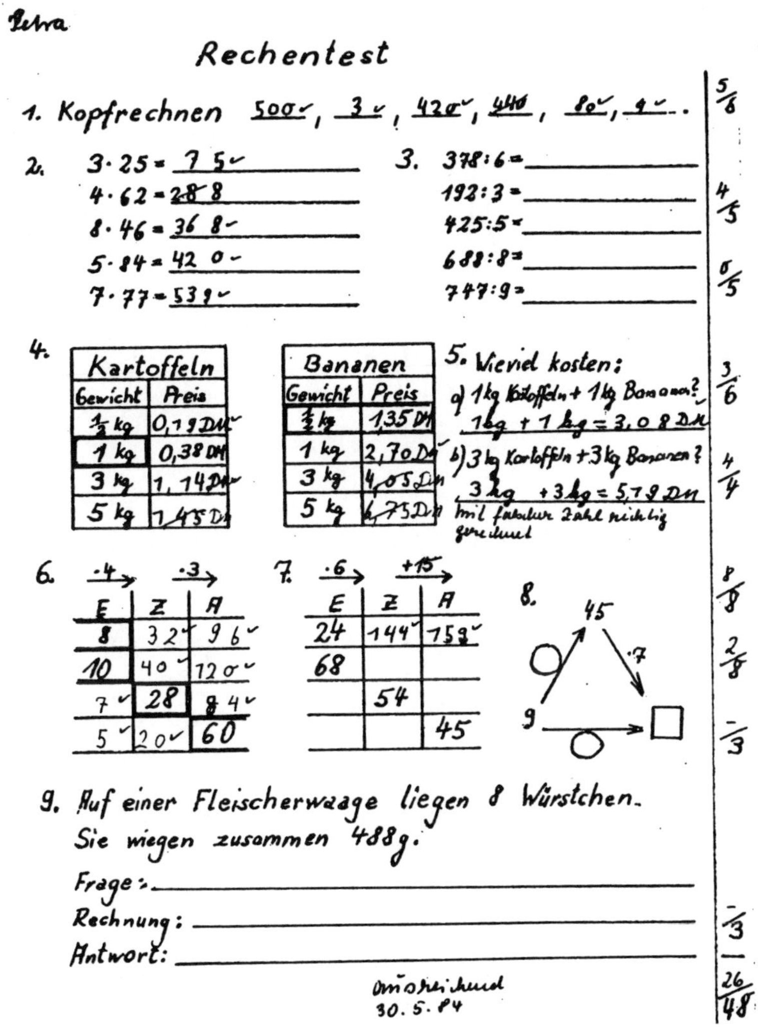

Petra

Rechentest

1. Kopfrechnen 500, 3, 420, 440, 80, 4. 5/6

2. 3 · 25 = 75
4 · 62 = 288
8 · 46 = 368
5 · 84 = 420
7 · 77 = 539

3. 378 : 6 =
192 : 3 =
425 : 5 =
688 : 8 =
747 : 9 =

4/5 0/5

4.

Kartoffeln	
Gewicht	Preis
½ kg	0,19 DM
1 kg	0,38 DM
3 kg	1,14 DM
5 kg	1,45 DM

Bananen	
Gewicht	Preis
½ kg	1,35 DM
1 kg	2,70 DM
3 kg	4,05 DM
5 kg	6,75 DM

5. Wieviel kosten:
a) 1 kg Kartoffeln + 1 kg Bananen?
1 kg + 1 kg = 3,08 DM
b) 3 kg Kartoffeln + 3 kg Bananen?
3 kg + 3 kg = 5,19 DM
mit falscher Zahl richtig gerechnet

3/6 4/4

6. ·4 ·3

E	Z	A
8	32	96
10	40	120
7	28	84
5	20	60

7. ·6 +15

E	Z	A
24	144	159
68		
	54	
		45

8. 45, ·7, 9

8/8 2/8 –/3

9. Auf einer Fleischerwaage liegen 8 Würstchen. Sie wiegen zusammen 488 g.

Frage:

Rechnung:

Antwort:

–/3

Unterschrift
30. 5. 84

26/48

Abb. 4:
Eine Grundlage, auf der eine Aufgabenanalyse aufbauen kann: Die Grafik zeigt, wieviele der einzelnen Aufgaben bei der Klassenarbeit, die links abgebildet ist, von der stärkeren und schwächeren Hälfte jeweils gelöst wurden.
Welche Fehlerhäufungen lassen sich aus der Art der Aufgabenstellung ableiten? Wie können wir den Abfall am Schluß in der Gruppe der schwächeren Hälfte erklären und für die einzelnen Schüler gewichten?

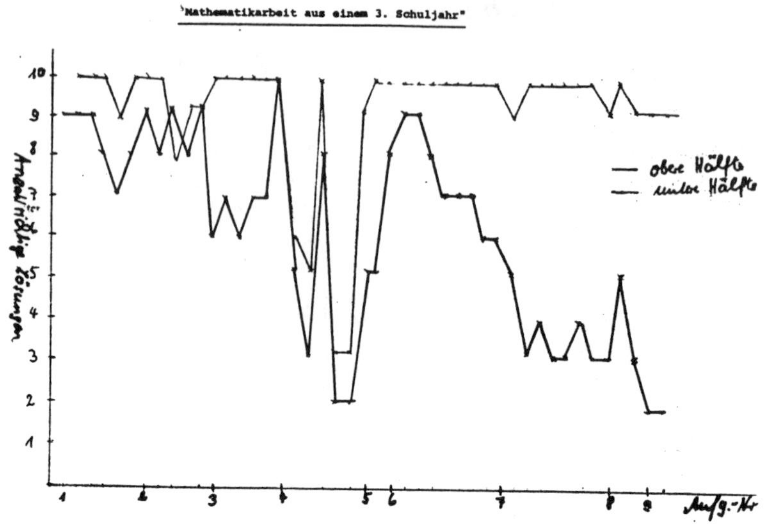

Abb. 4:
Bei diesem „Test“ sind die Arbeiten nach ihrer Fehlerzahl in zwei Gruppen eingeteilt:
Gruppe B = die besseren Arbeiten,
Gruppe s = die schwächeren Arbeiten.

Das Diagramm zeigt, wie viele Kinder der beiden Gruppen die einzelnen Aufgaben gelöst haben.

Wie kann man sich die Differenzen bei den Aufgaben 3 und 7 bis 9 erklären? Wie kommt es in beiden Gruppen zu dem Einbruch bei Aufgabe 4?

aber so gut wie kein Sitzenbleiben mehr! Wenn immer mehr Jugendliche länger zur Schule gehen, so heißt das für uns, müssen wir ihre Schulzeit auf das Leben und Lernen in der Schule zentrieren und nicht auf das Geprüftwerden in alten Formen der Klassenarbeit. Die alten höheren Schulen erreichten das für diejenigen, die ihren Anforderungen standhielten, mindestens in ihrer Mittel- und Oberstufe durchaus.

2.5 Wünschenswert ist es sicher, in den Schulen mehr „Räume“ zu schaffen, die (mindestens über längere Zeit) von

„amtlichen“ Leistungsbeurteilungen frei bleiben oder in denen nur auf Wunsch der Schüler eine Beurteilung stattfindet. In dem Maße, wie die Übergänge in die weiterführenden Schulen stärker vom Elternwillen abhängen und die Schule dabei deutlicher auf eine bloß beratende Funktion verwiesen wird, wäre für die Grundschule insgesamt die Entscheidung hilfreich, auf Zensurenzeugnisse zu verzichten. Die Beurteilungsproblematik fiele damit allerdings keineswegs weg, sie verlagerte sich vielmehr. Denn nun hätte die Grundschule ihre Analyse- und Beurteilungspflichten noch nachdrücklicher und differenzierter wahrzunehmen, um von ihnen aus die Eltern bei den Schulwahlen von den bisherigen Leistungsbesonderheiten und -möglichkeiten ihrer Kinder zu überzeugen.

2.6 Unerläßlich ist es, in dem so sensiblen Bereich der Leistungsbeurteilung im Blick auf die Aufgabenstellung, auf die Korrektur und auf die Zensierung jeden Eindruck zu vermeiden, in ihnen könnten willkürliche Einflüsse wirksam sein. Vor allem in Fächern, in denen eindeutig richtig-falsch Unterscheidungen gemacht oder Punktzahlen verteilt werden können, ist es nötig, die einzelnen Aufgaben auf Besonderheiten hin zu überprüfen, die in den Ergebnissen sichtbar werden: Wo könnten in ihnen Erschwernisse stecken, die sachlich nicht relevant sind? Welche Aufgaben sind vor allem auch für stärkere, anspruchsvollere Schüler schwieriger als für die sonst schwächeren? Oder: Hat ein sonst eher schwächerer Schüler eine schwierige Aufgabe vielleicht richtig gelöst? – Über eine *Aufgabenanalyse*, die von einer Auflistung der Ergebnissen ausgeht, wie Abb. 4 sie zeigt, gewinnen wir auch Indizien für Klippen, die aus dem Vermittlungsprozeß stammen oder aus der Formulierung der Aufgabe zu erklären sind – Einflüsse, die auf uns Lehrerinnen und Lehrer zurückgehen und mit dem eigentlichen Leistungsanspruch meist kaum etwas zu tun haben.

Wir müssen im Umgang mit Schulleistungen uns vor allem aber immer wieder vor Augen führen, daß urteilende Lehrerinnen und Lehrer für Schüler und Eltern in mehreren Hinsichten zum Modell für verantwortliches, rechtsstaatliches

Umgehen mit Normen, Menschen und Sachansprüchen werden. Die Sache des Urteilens und Einschätzens ist so ernst, wie die der Rechtsprechung sonst. Die „politische Dimension“ der Leistungsbeurteilung hat sich bisher wohl in der Besprechung von Zensuren mit den betroffenen Schülern und Klassen durchweg durchgesetzt. Die Allgemeine Schulordnung Nordrhein-Westfalens von 1978 verlangt in § 21(5): „Auf Wunsch ist der Schüler jederzeit über seinen Leistungsstand zu unterrichten.“ Wenn wir – wie oben angeregt – die Aneignungsprozesse (und nicht nur die Endprodukte einer Leistung) beachten, wenn wir mehrere Maßstäbe nebeneinander ins Spiel bringen, zensurenfreie „Räume“ schaffen und den Schülern Gelegenheit geben, durch selbständiges Üben stärker ihre Lernprozesse selbst zu organisieren, bekommen dialogische und selbstverantwortliche Elemente gegenüber den „von oben“ kommenden und feststellenden in der Schule mehr Gewicht.

Anmerkungen

1 Vgl. F. Schweitzer/H. Thiersch (Hrsg.): Jugendzeit – Schulzeit. Von den Schwierigkeiten, die Jugendliche und Schule miteinander haben (1983); K. Hurrelmann: Schulerfolg und Schulversagen im Jugendalter (1986); B. Rosewitz/Klaus Hurrelmann/H. K. Wolf: Schulversagen und gestörte Identitätsentwicklung – Ansatzpunkte für soziale Prävention und Intervention, in: H.-P. Frey/K. Haußer: Identität – Entwicklungspsychologische und soziologische Forschungen (1987) 232–243.

2 I. Lichtenstein-Rother/E. Röbe: Grundschule – Der pädagogische Raum für grundlegende Bildung (1984); I. Lichtenstein-Rother: Der Schulanfang (1969) (Dieses Buch hat in seiner 1. Auflage 1954 den neuen Ansatz grundlegend beschrieben und in Beispielen dokumentiert.); I. Lichtenstein-Rother (Hrsg.): Jedem Kind seine Chance – Individuelle Förderung in der Schule (1980). In anderen Praxisberichten (wie z. B. denen von U. Möller-Andresen, von B. Scheel oder M. Herbert, K. Meiers) werden ähnliche Zusammenhänge deutlich.

3 Vgl. die Hinweise unter der Anmerkung 2.

4 Dazu zuletzt vor allem K. Ingenkamp über Verbalzeugnisse, R. Olechowski/Elisabeth Persy (Hrsg.): Fördernde Leistungsbeurteilung. Ein Symposion (1987).

5 I. Lichtenstein-Rother/E. Röbe: Die Grundschule – Der pädagogische Raum für grundlegende Bildung (1984).

6 Das Problem der Chancengleichheit hat W. Brüggemann in „Lernziel Leistungsorientierung – Zur Pädagogik der Leistung“ (Paderborner Studien 1981, Heft 3/4, 37–44) gut zusammengefaßt und kritisch erörtert.

7 K. Offe: Leistungsprinzip und industrielle Arbeitswelt (1970).

8 Vgl. K. Ingenkamp, in R. Olechowski/E. Persy (Hrsg.): Fördernde Leistungsbeurteilung. Ein Symposion (1987).

9 Führend für die Versuche, über Fehleranalysen zu den Besonderheiten der Aneignungsprozesse zu kommen, sind H. Radatz: Fehleranalysen im Mathematikunterricht (1980) und J.-H. Lorenz: Lernschwierigkeiten und Einzelfallhilfe. Schritte im diagnostischen und therapeutischen Prozeß (1987).

Für den Prozeß des Schriftspracherwerbs haben z. B. G. Scheerer-Neumann und R. Valtin eine Reihe von wesentlichen Beiträgen vorgelegt.

Grundsätzlich und anhand von Beispielen ist unter dem Stichwort „Förderdiagnostik“ diskutiert, wie man durch Helfen die besonderen Leistungsmöglichkeiten eines Schülers schrittweise näher erfassen kann. Das in Anmerkung 9 genannte Buch von J.-H. Lorenz gehört in diesen Zusammenhang. Sonst nenne ich hier nur R. Kornmann/H. Meister/J. Schlee (Hrsg.): Förderdiagnostik. Konzepte und Realisierungsmöglichkeiten (1983); J. Schlee: Helfen verworrene Konzepte dem Denken und Handeln in der Sonderpädagogik? Eine Auseinandersetzung mit der Förderdiagnostik. Zeitschrift für Heilpädagogik 1985, 12; P. Barkey, Direkte Modelle päd. Diagnostik am Beispiel des Deutschunterrichts des 1. Schuljahres, in: H.-K. Garten (Hrsg.): Diagnose von Lernprozessen (1977) 26 ff.

10 K. Aurin/K. Westphalen: Schüler in zwei Schulsystemen? Die gegenwärtige Problematik des öffentlichen japanischen Bildungssystems und der supplementären Schulen. Päd. Rundschau 1990

IV.
Schülerbedrohungen

Peter Winterhoff-Spurk

Schülerbedrohung durch Medienkonsum?

Aggression und Selbstaggression – zwei Beispiele

Im „Mannheimer Morgen" vom 10. Dezember 1988 war unter der Überschrift „Nach der Mord-Welle auf Lehrerin eingestochen" folgendes zu lesen: „Bei der Mord-Welle, die im Schullandheim abgeschlossen wurde, ging es um 20 John-Sinclair-Groschenheftchen. Wenig später griff der 13jährige zum Buschmesser und stach mitten im Unterricht auf die Lehrerin ein. Eingeliefert in die Kinder- und Jugendpsychiatrie der Uniklinik Heidelberg stellte sich heraus, daß der Halbwüchsige sich mit Videofilmen aggressiven Inhalts und Gruselromanen identifizierte und von dort eine Bestärkung seines Verhaltens erfuhr."

Im Januar 1981 und im Oktober 1982 sendete das ZDF ein sechsteiliges Fernsehspiel „Tod eines Schülers", in dem aus je unterschiedlichen Perspektiven die Geschichte des 19jährigen Claus Wagner erzählt wird, der sich wegen zahlreicher persönlicher Probleme vor einen Zug wirft und getötet wird. Am Mannheimer „Zentralinstitut für Seelische Gesundheit" fanden Schmidtke und Häfner (1988) durch statistische Analysen des Zahlenmaterials der Deutschen Bundesbahn heraus, daß im Zusammenhang mit dieser Sendung in der Bundesrepublik insgesamt 41 junge Männer mehr (1981: 26, 1982: 15) durch Eisenbahn-Suizid gestorben sind, als dies nach dem langjährigen statistischen Durchschnitt – insgesamt etwa 1 200 bis 1 300 Kinder und Jugendliche jährlich (vgl. Wetzel, 1988) – zu erwarten gewesen wäre.

Während die Befunde zum „Werther-Effekt" auch durch neuere amerikanische Untersuchungen untermauert werden (vgl. Philipps, 1986), fand sich für den Zeitungsbericht eine unerwartete Erklärung: Der Medienreferent eines regionalen Jugendamtes hatte insofern eine Zeitungsente produziert, als er einen Jahre zurückliegenden Fall aktualisiert und an eine Redakteurin weitergegeben hatte. In einem erklärenden Brief schreibt er: „Bei der Darstellung in der Presse wurde die Problematik nur verkürzt und bedauerlicherweise etwas anreißerisch wiedergegeben. Unsere Intention, mit den Fallbeispielen evtl. mögliche Extremfolgen des Medienkonsums bei gleichzeitigem Vorliegen von anderen Einflußfaktoren aufzuzeigen, wurde so leider verfälscht."

Aggression und Angst – eine medienpsychologische Zwischenbilanz

Medienverursachte Schülerbedrohungen werden nicht eben selten zu Medienereignissen der vorgestellten Art aufgeblasen. Versuchen wir, an zwei Beispielen – Aggression und Angst – diesen Aufgeregtheiten eine nüchterne medienpsychologische Bilanz gegenüberzustellen.

1. Aggression

Der amerikanische Medienforscher George Gerbner untersucht seit 1976 die Häufigkeit von Gewaltdarstellungen im amerikanischen Fernsehen: Im Jahr 1979 beispielsweise fand er in der „prime-time" (von 20.00 Uhr bis 23.00 Uhr) bei 70 % aller Sendungen Gewaltdarstellungen mit einem Schnitt von rund 6 Gewalttätigkeiten pro Stunde. Bei den Kindersendungen des Wochenendes liegt die Rate – mit 92 % aller Sendungen und 17 aggressiven Handlungen pro Stunde – noch höher (vgl. Übersicht bei Winterhoff-Spurk, 1986, 1989). Auf die mittlere Sehzeit bezogen sieht ein amerikanisches Kind – vorsichtig geschätzt – pro Tag etwa 20, pro Jahr etwa 7 300 und bis zum 12. Lebensjahr etwa 80 000 Gewaltdarstellungen. Sieht es ausschließlich Kindersendungen, so erhöht sich die zuletztgenannte Zahl auf rund 250 000. Darin sind schätzungsweise 14 000 TV-Tote enthalten. Mit guten Gründen ist demnach die Frage nach medienverursachten Aggressionen auch heute noch das Hauptthema der Medienpsychologie, rund 60 % bis 70 % aller Arbeiten (vgl. Hearold, 1986) befassen sich damit.

Einer neueren Meta-Analyse von Untersuchungen der Jahre 1950 bis 1977 liegen die Daten zu pro- und antisozialem Verhalten von mehr als 100 000 Versuchspersonen zugrunde. Dabei zeigen sich über alle Studien hin mittlere Effekte von allerdings nur 3–4 % fernsehbedingter Verhaltensvarianz des aggressiven Verhaltens. Im Detail sind Zusammenhänge insbesondere dann zu finden, wenn häufig und kontinuierliche Sendungen mit realistischen Gewaltdarstellungen im Dienste einer guten Sache und mit gutem Ausgang gesehen werden. Verstärkend wirken Umweltfaktoren (z. B. Konflikte mit den Eltern, aggressive Konfliktlösungsmuster und häufiges delinquentes Verhalten in der unmittelbaren Lebensumwelt des Kindes) und individuelle Merkmale (z. B. Geschlecht, Lebensalter, aggressive Grundeinstellungen).

Ein Sonderfall stellt die seit einigen Jahren zu beobachtende Mischung von Sexualität und Gewalt in manchen Gewaltvideos dar. Zu diesem Punkt gibt es bisher nicht viele empirische Untersuchungen. Was man aber schon jetzt feststellen kann, ist eine größere Toleranz männlicher Pornographie-Seher gegenüber sexuell motivierter Gewaltanwendung bei Frauen (vgl. Malamuth/Billings, 1986).

2. Angst

Der erwähnte Gewaltindex von George Gerbner ist auch der Ausgangspunkt für neuere Forschungen zur Frage, ob so viel Gewalt auf dem Bildschirm weniger zur Nachahmung anregt als vielmehr ängstliche Einstellungen („beliefs“) gegenüber der sozialen Welt auslöst. Gerbner fand u. a. in mehreren Untersuchungen, daß US-amerikanische Vielseher sich stärker persönlich durch Kriminalität bedroht erleben als Wenigseher. Obwohl diese Arbeiten zur „angsterregenden Welt der Vielseher“ stark kritisiert wurden, zeigen zahlreiche Nachfolgeuntersuchungen (vgl. Übersichten bei Hawkins/Pingree,

1982, und Winterhoff-Spurk, 1989) immer wieder Zusammenhänge – jedoch auch nur im Bereich von 3 % bis 10 % Varianzaufklärung. So findet Schulz (1987) für die Bundesrepublik, daß Vielseher ängstlicher und unzufriedener sind als Wenigseher, Bonfadelli (1983) weist TV-beeinflußte Gewalteinschätzungen vor allem bei höheren Bildungsschichten und Mädchen in der Schweiz nach.

Heute wird bei diesen Untersuchungen zwischen sog. „first" und „second order beliefs" unterschieden. „First order beliefs" sind Annahmen über Häufigkeiten, mit denen bestimmte Ereignisse – Flugzeugentführungen, Banküberfälle etc. – tatsächlich auftreten, und „second order beliefs" sind generalisierte Einstellungen der Art „Die Politiker sind an den Interessen des Durchschnittsbürgers nicht interessiert", oder „Die Zukunft wird immer düsterer."

Zu den „first order beliefs" erhoben wir im Rahmen einer Begleituntersuchung zur ZDF-Nachrichtensendung für Kinder „LOGO" (s. unten) von neun- bis vierzehnjährigen Schülern verschiedener Schultypen Häufigkeitsschätzungen zu Gewaltverbrechen, Berufspolitikern, zur Jugendarbeitslosigkeit, zum Waldsterben und zu Aids – jeweils bezogen auf den eigenen Wohnort und die Bundesrepublik Deutschland im allgemeinen (vgl. *Tabelle 1* sowie Winterhoff-Spurk, 1988).

Tab. 1: „First-order beliefs" in % bei N = 672 Schülern

	BRD	Wohnort	(obj. Werte
Gewaltverbrechen	49	17	2
Berufspolitiker	26	9	?
Jugendarbeitslosigkeit	51	23	9
Waldsterben	58	28	52
Aids-Infizierte	24	7	0,2

Teilweise ergeben sich bizarre Fehlurteile, beispielsweise wird die Anzahl der tatsächlich mit Aids Infizierten in der Bundesrepublik nahezu um den Faktor 150 überschätzt.

Zu den „second-order beliefs“ finden wir in einer anderen Untersuchung (vgl. Winterhoff-Spurk, 1989), daß insbesondere unterprivilegierte, regelmäßig Informations- und Nachrichtensendungen sehende Schüler die Bundesrepublik Deutschland pessimistischer beurteilen als entsprechende Vergleichsgruppen. Bei dieser Gruppe können wir überraschende 37 % Varianzaufklärung nachweisen. Wie bei der Aggressionsfrage zeigt sich offenbar auch hier – zumindest in Ansätzen –, daß nicht allein das Medium einen bestimmten Effekt auslöst, sondern daß das Medium immer in ein komplexes Bedingungsgefüge sozio-kultureller und individueller Faktoren hineinwirkt.

Die ZDF-Sendung LOGO – Chancen statt Bedrohung

Diese Daten der angeführten LOGO-Begleituntersuchung belegen jedoch auch, daß der Medienkonsum nicht nur bedrohliche Folgen für Schüler haben muß, sondern daß das Medium auch konstruktiv genutzt werden kann.

Bei dieser Untersuchung ging es u. a. um die Frage, ob im Zusammenhang mit der Rezeption von LOGO, der ZDF-Nachrichtensendung für Kinder, Wissens- und Weltbildveränderungen auftreten würden. Wir befragten vor und nach der LOGO-Pilotphase 672 Schülerinnen und Schüler und fanden folgende unerwarteten Ergebnisse: Bei allen Wissensfragen – zum Bekanntheitsgrad von Politikern, zu Ämtern, zum geographischen Wissen und zu einigen Nachrichten-Begriffen – zeigt sich eine signifikante Verbesserung der Werte nach der LOGO-Testphase.

Bei den o. a. „first“ und „second order beliefs“ geht die Tendenz in eine ähnliche Richtung: Alle auf die Bundesrepublik Deutschland bezogenen „first order beliefs“ werden sozusagen optimistischer, bei den „second order beliefs“ ist der Trend ähnlich, wenngleich nicht ganz so deutlich. Auch hier finden wir wieder Differenzierungen: Realschüler, jüngere Schüler und Mädchen profitieren am stärksten von LOGO.

Befunde dieser Art finden wir in der Medienforschung etwa im Zusammenhang mit der Sendung Sesamstraße, aber auch anderen Sendungen, etwa zur Förderung der Lesefertigkeiten („The Electric Company", vgl. Bryant/Alexander/Brown, 1983, Winterhoff-Spurk, 1986, zur Verbreitung medizinischen Wissens [„Feeling Good"] oder zum Abbau von Geschlechterrollen-Stereotypen [„Freestyle"]).

Allgemein gilt für die Untersuchung solcher positiver, prosozialer Medieneffekte, daß sie weniger oft untersucht werden, obwohl die Effekte erheblich größer und nachhaltiger sind als bei antisozialem Verhalten (vgl. dazu Hearold, 1986 sowie Groebel/Winterhoff-Spurk, 1989).

Bedrohungen oder Chancen – Bemerkungen zu einem konstruktiven Mediengebrauch

Zurück zu den Eingangsbeispielen: Hat der Medienkonsum die Schülersuizide und den Angriff auf die Lehrerin verursacht und muß man insofern zu Recht von Schülerbedrohungen durch Medien sprechen?

(1) Die Suizidforschung (vgl. Wetzel, 1988) zeigt, daß Suizide immer aus einem komplexen Bedingungsgefüge heraus entstehen. Es gibt allgemeine Risikogruppen und -persönlichkeiten – junge Menschen gehören besonders dann dazu, wenn ihnen die sozialen Stützsysteme fehlen –, präsuizidale Bedingungen – Isolierung, gehemmte Aggression, suizidale Familien – und aktuelle Auslöser wie soziale Not, Beziehungskrisen, Trennungen. Wenn eine TV-Sendung einen positiv dargestellten, jugendlichen Protagonisten einen Suizid begehen läßt, der noch dazu insofern sozial „erfolgreich" ist, als er bei Familie und Freunden Betroffenheit und Schuldgefühle auslöst, dann kann dies – das eben skizzierte Suizidgefüge vorausgesetzt – durchaus zum auslösenden Moment werden. Ebenso kann dies aber auch eine ungerechte Schulnote, ein Krach mit der Freundin oder eine fehlgeschlagene Bewerbung um eine Lehrstelle sein. Mit anderen Worten: TV ist m. E. bei Suiziden so gut wie nie die Ursache, kann aber – wie vieles andere auch – zum Auslöser werden.

(2) Diese Überlegungen gelten in ähnlicher Weise auch für aggressives Verhalten (vgl. Groebel/Hinde, 1989, Lagerspetz, 1989, Wilson/Hunter, 1983): Ein aggressionsfördernder sozio-kultureller Hintergrund, eine entsprechende individuelle Sozialisation, möglicherweise überdauernde individuelle Dispositionen, aktuelle Verarbeitungsvorgänge beim Anschauen, spezifische Merkmale der Sendung sowie der Situationen, in denen sich das aggressive Verhalten zeigt, bilden komplexe Bedingungsgefüge, die wir noch nicht hinreichend erforscht haben. Sicher ist aber schon jetzt: „The viewing of violence is thus not a necessary nor a sufficient condition for aggression, but it leads to aggression only when other, specific conditions are also fulfilled" (Lagerspetz 1989, 171).

Schülerbedrohungen der genannten Art allein oder überwiegend dem Medienkonsum zuzuschreiben und sie allein durch Veränderungen oder Kontrolle der Medien begrenzen zu wollen, erscheint nach allem als der leichteste, aber zugleich als der am wenigsten erfolgversprechende Weg. Andere Faktoren der genannten Art sind nicht nur bedeutsamer, sie sind darüber hinaus auch leichter von den unmittelbar Betroffenen hier und jetzt zu beeinflussen: Das soziale Umfeld des Schülers, Erziehungsstile, kritische Lebensereignisse, aber auch seine Sehgewohnheiten können von Eltern und Erziehern sehr viel direkter und erfolgreicher beobachtet und – falls nötig – verändert werden.

Mit dieser Einschätzung sollen die Verantwortlichen in den Medien nicht bedingungslos freigesprochen werden: Positive Wirkungen sind von Sendungen mit hohen, realistischen und erfolgreichen Gewaltanteilen ganz gewiß nicht zu erwarten. Dies gilt ganz besonders für die Verbindung von Aggression und Sexualität in vielen Gewaltvideos. Bestenfalls richten Sendungen dieser Art keinen oder nur geringen Schaden an. Welches Risiko einer Gesellschaft bei der Abwägung (a) des offenbar vorhandenen Wunsches der Zuschauer nach „Action"-Sendungen und (b) des Wunsches nach Schutz vor antisozialem Verhalten erträglich erscheint, ist eine politische Entscheidung.

Nach allem darf die Frage der „Schülerbedrohung durch Medienkonsum?“ verhalten optimistisch beantwortet werden Wer seine Kinder nicht allein fernsehen läßt, die Sendungen mit ihnen bespricht oder nachspielt, wer selbst sein Programm gezielt aussucht und es als Anregung für Gespräche oder sonstige Aktivitäten nutzt und wer sich durch das Fernsehprogramm nicht von anderen Tätigkeiten abhalten läßt, wird keinen Schaden davon haben.

Literatur

H. Bonfadelli: Der Einfluß des Fernsehens auf die Konstruktion der sozialen Realität: Befunde aus der Schweiz zur Kultivierungshypothese. Rundfunk und Fernsehen 31 (1983) 415–430.

J. Bryant/A. Alexander/D. Brown: Learning from educational television programms, in: M. A. J. Howe (Hrsg.): Learning from television. Psychological and educational research (1983) 1–30.

S. H. Filipp: Kritische Lebensereignisse als Brennpunkte einer angewandten Entwicklungspsychologie des mittleren und höheren Erwachsenenalters, in: R. Oerter/L. Montada (Hrsg.): Entwicklungspsychologie (1982) 769–790.

J. Groebel/R. A. Hinde (Hrsg.): Aggression and war. Their biological and social bases (1989).

J. Groebel/P. Winterhoff-Spurk: Empirische Medienpsychologie (1989).

R. P. Hawinks/S. Pingree: Television's influence on social reality, in: NIMH (Hrsg.): Television and behavior: Ten years of scientific progress and implications for the eighties, Vol. II (1982) 224–247.

S. Hearold: A synthesis of 1 043 effects of television on social behavior, in: G. Comstock (Hrsg.): Public communication and behavior, Vol. I (1986) 65–133.

K. Lagerspetz: Media and the social environment, in: J. Groebel/R. A. Hinde (Hrsg.): Aggression and war. Their biological and social bases (1989) 164–172.

N. M. Malamuth/V. Billings: The functions and effects of pornography: Sexual communications versus the feminist models in light of research findings, in: J. Bryant/D. Zillmann (Hrsg.): Perspectives on media effects (1986) 83–108.

W. McGuire: The myth of massive media impact: Savagings and salvagings, in: G. Comstock (Hrsg.): Public communication and behavior, Vol. I (1986) 173–257.

A. Phillips: The found experiment: A new technique for assessing the impact of mass media violence on real-world aggressive behavior, in: G. Comstock (Hrsg.): Public communication and behavior, Vol. I (1986) 260–308.

A. Schmidtke/H. Häfner: The Werther effect after television films: New evidence for an old hypotheses. Psychological Medicine 18 (1988) 665–676.
W. Schulz: Determinanten und Folgen der Fernsehnutzung, in: M. Grewe-Partsch/J. Groebel (Hrsg.): Mensch und Medien. Zum Stand von Wissenschaft und Praxis in nationaler und internationaler Perspektive (1987) 9–32.
H. Wetzel: Suizid, in: R. Asanger/G. Wenninger (Hrsg.): Handwörterbuch Psychologie (1988) 758–762.
P. Winterhoff-Spurk: Fernsehen. Psychologische Befunde zur Medienwirkung (1986).
Ders.: Kinder und Nachrichten. Erste Ergebnisse einer Untersuchung zur ZDF-Sendung LOGO. Mainz: Unveröffentlichter Arbeitsbericht der ZDF-Medienforschung (1988).
Ders.: Fernsehen und Weltwissen. Der Einfluß von Medien auf Zeit-, Raum- und Personenschemata (1989).

Elisabeth Sander

Aggression und Konfliktbewältigung

Zur Definition von Aggression

Es gibt sehr viele verschiedene Definitionen von Aggression, je nach dem theoretischen Standpunkt, den ein Forscher zur Erklärung dieses Phänomens einnimmt. Allen Definitionen ist im Prinzip gemeinsam, daß mit dem Begriff Aggression ein Verhalten beschrieben wird, das darauf zielt, anderen Personen oder Sachen direkt oder indirekt Schaden zuzufügen.[1] Stellt man sich bestimmte Situationen im Alltagsleben, z. B. im Schulalltag vor, wird schnell klar – worauf vor allem handlungstheoretisch orientierte Aggressionsforscher hinweisen –, daß es *die* Aggression als genau bestimmtes Phänomen nicht gibt. Ob eine Handlung als aggressiv beurteilt wird oder nicht, hängt vom gewählten Bezugspunkt ab.[2] Nehmen wir an, ein Psychologe beobachtet zufällig in der Schule, auf dem Pausenhof, wie ein Lehrer einem Schüler eine Ohrfeige gibt. Es könnte nun sein, daß der Psychologe spontan diese Lehrerhandlung als aggressiv und schülerfeindlich interpretiert, der Lehrer dagegen sich selbst nicht als aggressiv einschätzt, weil er meint, in erzieherischer Absicht gehandelt zu haben. Der Psychologe hat unter Umständen diese Lehrerhandlung nur deshalb als aggressiv von seiten des Lehrers aufgefaßt, weil er nicht die gesamte Handlung, in der die Ohrfeige den Abschluß bildete, beobachten konnte. Hätte er z. B. auch beobachtet, daß der Schüler zuvor versucht hat, den Lehrer tätlich anzugreifen (z. B. Farbe an die Hose zu sprühen), würde er möglicherweise die Ohrfeige eher aus der Sicht des Lehrers beurteilen.

Denkt man an den Schüler, der die Ohrfeige bekommen hat, wird man zunächst davon ausgehen, daß dieser – in diesem Fall Opfer – die Ohrfeige als eine auf ihn gerichtete Aggression beurteilt. Je nach den Erfahrungen, die dieser Schüler aber in seiner sozialen Umwelt gemacht hat, könnte es auch sein, daß er eine solche Reaktion des Lehrers als angemessen beurteilt und diesen unter Umständen, hätte er nicht so reagiert, als Schwächling einschätzt. Das heißt, um eine – unter einem bestimmten Aspekt – sich als Aggression darstellende Handlung beurteilen und auf sie angemessen reagieren zu können, muß die Handlungsabsicht erfaßt werden. Um diese beurteilen zu können, muß aber auch die gesamte soziale Situation (einschließlich Vorgeschichte), in die diese Handlung eingebettet ist, berücksichtigt werden. Und es muß schließlich auch die ethische Norm des Kulturkreises oder der Subkultur, der „Täter“ und „Opfer“ angehören, berücksichtigt werden.

Ursachen, Ziele und Ausdrucksformen aggressiven Verhaltens

In der Zeit zwischen den Weltkriegen bis in die neuere Zeit wurde die wissenschaftliche Diskussion von zwei monokausalen Aggressionstheorien beherrscht. Die auf Freud[3] zurückgehende Triebtheorie – ein anderer bekannter Vertreter dieser Theorie war Lorenz[4] – erklärte die menschliche Aggressivität mit dem Hinweis auf einen ihr zugrundeliegenden angeborenen Trieb. Die Frustrations-Aggressions-Theorie dagegen, herausragende Vertreter dieser Theorie sind Dollard, Miller und Sears[5], Angehörige einer Forschergruppe an der Yale-Universität, ging von der These aus, daß Aggression immer eine Folge von Frustration sei (Versagenserlebnisse, Enttäuschung). Im allgemeinen sind sich die Forscher heute dagegen einig, daß es verschiedene Ursachen für aggressives Verhalten gibt. Gestützt wird diese Annahme auch durch neuere Ergebnisse der Verhaltensbiologie. Aus verhaltensbiologischer Sicht lassen sich z. B. (mindestens sechs) verschiedene Motive als Ursache für aggressives Handeln unterscheiden: Sexuelle Rivalität, soziale Gruppenverteidigung, Aggression aus Angst und Auswegslosigkeit, Aggression aus Frustration, aggressive soziale Exploration und Angriff auf den Gruppenfeind.[6]

Eine finale Sichtweise scheint demnach zur Erklärung aggressiven Verhaltens angemessener zu sein als eine reaktive. Das heißt, aggressive Handlungen sind nicht primär Reaktionen auf einen inneren Trieb oder ein äußeres Ereignis, sondern ein Mittel, um ein Ziel zu erreichen. Neben der brutalen Durchsetzung eigener Interessen ist als Motiv für Aggressionen bei Kindern und Jugendlichen, aber auch bei Erwachsenen, häufig der Versuch, eine erlebte Bedrohung zu reduzieren, anzunehmen. Vor allem Personen, die sich der Zuneigung ihrer Mitmenschen ungewiß und die in ihrem Verhalten unsicher sind, fühlen sich schnell bedroht und angegriffen. Durch Aggression, z. B. einen Wutausbruch, versuchen sie, die wahrgenommene Bedrohung abzuwehren. Aggressives Verhalten kann aber z. B. auch zum Ziel haben, auf sich aufmerksam zu machen oder die Anerkennung von Gleichaltrigen zu gewinnen.[7]

Daneben findet man vor allem bei hyperaktiven Kindern und Jugendlichen ein unabsichtliches, aggressives Verhalten. Aufgrund einer erworbenen oder angeborenen inneren Unruhe, oft gekoppelt mit motorischen Unsicherheiten und einem eingeschränkten Maß der Kontrolle über die eigenen Reaktionen, werden Sachen oder Personen geschädigt. Dieses Problem wird auch im Zusammenhang mit dem sogenannten psycho-organischen Syndrom oder der minimalen cerebralen Dysfunktion diskutiert.[8]

Aggressives Verhalten findet sich in vielerlei Gestalt: Es kann z. B. offen gezeigt werden, aber auch hinterhältig sein; man kann z. B. auch zwischen verbaler und körperlicher Aggression unterscheiden. Neben als illegitim eingestuften aggressiven Verhaltensweisen gibt es auch gesellschaftlich gebilligte Formen von Aggression; so wird im Kriegsfall das Töten von Menschen gebilligt. Außerdem wird die körperliche Bestrafung auch heute in manchen Kulturen oder auch in Subkulturen unserer Gesellschaft akzeptiert.

Aggression als gelerntes Verhalten

So übereinstimmend wie monokausale Aggressionstheorien abgelehnt werden, wird heute davon ausgegangen, daß aggressives Verhalten weitgehend auf Lernprozesse zurückgeht. Das Lernen und die Realisierung aggressiver Verhaltensweisen folgt dabei den gleichen Prinzipien wie das Lernen von Verhaltensweisen allgemein. Eine wesentliche Bedingung für das Lernen einer Verhaltensweise ist, daß sie zum Erfolg führt. Aggressionen lernt man leicht. Gerade in den ersten Lebensjahren, wenn wir die Grundschemata unseres Verhaltens erlernen, dürfte der Erwerb von Aggressionen sehr begünstigt sein:

„Ein Kleinkind, dem ein Gegenstand, den es in den Laufstall ziehen will, Widerstand entgegensetzt, versucht mit einer Intensitätssteigerung zum Erfolg zu kommen, d. h. es versucht es mit Gewalt! Oft hat es damit Erfolg, und so wird der Grundstein für intensives Verhalten gelegt, das uns leicht als Aggression erscheint. Das Kind könnte in der gleichen Situation aber auch scheitern; es würde sein Verhalten dann ändern und vielleicht zu schreien beginnen. Wiederum wird es nun oft genug dafür belohnt, daß es intensiv schreit. Denn auf leisere Äußerungen reagieren die Eltern seltener; erst wenn sie empfindlich in ihrer Ruhe gestört werden, eilen sie zum Kind – und bekräftigen mit dieser Aufmerksamkeitszuwendung das intensive Geschrei.“[9]

Auch im Umgang mit Geschwistern und Nachbarskindern lernt ein Kind schnell, daß man mit einem Hieb schneller ein Spielzeug ergattern kann als mit guten Worten. Es lernt auch leicht, daß man einen unangenehmen Zustand, z. B. daß der Fernseher abgeschaltet ist, durch einen Trotzanfall, schreiend um sich schlagend, beenden kann. Entnervte Eltern geben schnell auf und drehen die Kindersendung an (die einzige neutrale, nicht bekräftigende Reaktion der Eltern wäre das undramatische Nichtbeachten des trotzenden Kindes).

Besonders fatal dabei ist, daß ein gelerntes Verhalten gerade dann besonders „gut sitzt“, wenn es nicht regelmäßig zum Erfolg führt (intermittierende Bekräftigung).[10] So neigen wohl alle Eltern dazu, unangepaßte aggressive Verhaltensweisen ab und zu auch mal durchgehen zu lassen. Verhält sich der Erzieher zwischendurch „konsequent" und vereitelt er dadurch einen Erfolg des Kindes, dann betreibt er eine intermittierende Bekräftigung. Er muß künftig gegen eine Verhaltenstendenz ankämpfen, die durch seine uneinheitlichen inkonsequenten Erziehungsmaßnahmen gegen das Verlernen (Löschen) widerstandsfähiger geworden ist.

In diesem Zusammenhang ist auch zu erwähnen, daß Kinder, die sich leicht bedroht fühlen, durch einen Wutausbruch sehr effektiv ihre soziale Angst verringern, auch wenn sie dafür bestraft werden.

Kinder lernen Verhaltensweisen aber nicht nur durch die Konsequenzen, die auf ihr Verhalten folgen, sondern sie erwerben durch Beobachtung und Imitation Einstellungen, mit denen sie künftiges Verhalten steuern. So beobachten Kinder oft, wie ein älteres Kind sich durch Aggression gegen ein jüngeres durchsetzt. Im Fernsehen, zu dem in vielen Familien auch kleine Kinder ungehindert Zugang haben, wird der Faustschlag als erfolgreiches Mittel der Durchsetzung demonstriert.

Ein besonders wirksames Modell für aggressives Verhalten sind körperlich strafende Eltern: Das Kind erfährt am eigenen Leib, daß aggressives Verhalten – trotzdem es ihm selbst verboten ist – anwendbar und effektiv ist. Schläge bewirken nicht, daß das aggressive Verhalten aus dem Verhaltensrepertoire einer Person verschwindet. Es wird nur aus Angst, bei Anwesenheit der schlagenden Person, unterdrückt. Dagegen wird Aggression gegenüber schwächeren Personen, vor denen man sich nicht fürchtet, vermehrt eingesetzt.

Der Einfluß der Familie

Aus den Beispielen wird verständlich, daß jedes Kind in unserer Kultur ein bestimmtes Repertoire aggressiven Verhaltens erwerben wird. Der Umfang, und vor allem wie oft und unter welchen Bedingungen es eingesetzt wird, hängt in hohem Maße von den Lernerfahrungen ab, die ein Kind in seiner Familie macht.

Weder eine sehr behütende Erziehung, die dem Kind jede Frustration ersparen möchte (dieser Vorschlag wäre aus der Frustrations-Aggressionstheorie abzuleiten), noch harte Strafen (ich habe schon auf die Wirkung aggressiver Modelle hingewiesen) noch das „Dampfablassen“ (vor allem eine Empfehlung der Triebtheorie bei Lorenz), also z. B. Kampfsportarten, sind geeignete Erziehungsmaßnahmen, den Kindern den Erwerb von nicht aggressiven Handlungsalternativen zu ermöglichen. Sowohl aus handlungstheoretischer als auch aus verhaltenstheoretischer Sicht ist Aggression ein eingeschränktes Verhalten, das die Fähigkeit, Probleme zu bewältigen, behindert. Um zu konstruktiven Lösungen zu kommen, müssen Kinder sehr vielfältige Erfahrungen machen. Sie müssen z. B. lernen, eher gelassen als unruhig und gespannt an Probleme heranzugehen. Sie müssen lernen, Situationen in ihrer Bedrohlichkeit realitätsgerecht einzuschätzen und nicht jedes Wort, jede Handbewegung schon als feindlich wahrzunehmen. Sie müssen erfahren, daß auch andere als nicht aggressive Handlungen zum Erfolg führen, z. B. Kompromisse aushandeln, ablenken. Schließlich müssen sie auch lernen, aggressive Impulse oder aufsteigende Wut zu unterdrücken, indem sie lernen, die Folgen aggressiven Handelns im Vergleich zu der Bedrohung abzuschätzen und zu berücksichtigen. Dazu ist wiederum ein mehr oder weniger hohes Einfühlungsvermögen in die Situation des anderen nötig.[11]

Günstig für die soziale Entwicklung in diese Richtung ist ein Erziehungsstil, der in der Kontrolle ausgewogen, d. h. auf den Entwicklungsstand und die Eigenart eines Kindes abgestimmt ist (wenn z. B. Verbote für das Kind verständlich und einsichtig begründet werden). Ebenso wesentlich ist eine gute und vertrauensvolle Beziehung zwischen Eltern und Kind, die u. a. die Voraussetzung für die Entwicklung von Verantwortlichkeit (Kontrolle aggressiver Impulse) und Einfühlungsvermögen ist. Der Erziehungsstil der Eltern, ihr Kommunikationsstil und ihre Wertorientierungen (familiale Prozeßmerkmale) stehen in enger Beziehung mit strukturellen

Merkmalen der Familien sowie Bedingungen des sozialen Umfeldes, in das die Familie eingebettet ist. Beim Zusammentreffen einer desolaten Familienstruktur, geringem Bildungsstand, niedrigem Einkommen und schlechten Wohnverhältnissen in einem Umfeld, in dem der Aggressionspegel allgemein hoch ist, ist der beschriebene, nicht aggressives Verhalten fördernde Erziehungsstil nur mit geringer Wahrscheinlichkeit anzutreffen.[12]

Der Einfluß der Schule

Wenn man über Verhaltensstörungen in der Schule spricht, muß man immer bedenken, daß nicht nur die Schülerpersönlichkeit, geprägt durch ihre familialen Lernerfahrungen, sondern auch die Bedingungen im Schulbereich selbst mitverantwortlich für deren aktuelles Auftreten sind.

1984 wurden die Ergebnisse einer Befragung sämtlicher Schulen (Grund-, Haupt- und Sonderschulen für Lernbehinderte, Realschulen und Gymnasien, bis zur Klassenstufe 10 einschließlich, und integrierte Gesamtschulen) des Landes Rheinland-Pfalz publiziert.[13] Die Befragung zielte auf Art, Häufigkeit und Verteilung von Verhaltensauffälligkeiten, auf ausgewählte mögliche schulische Bedingungsvariablen von Verhaltensauffälligkeiten sowie auf Lehrervariablen, von denen eine Beziehung zu Verhaltensauffälligkeiten vermutet wurde. Nach diesen Ergebnissen wird das Gesamtbild von Verhaltensauffälligkeiten eher von alltäglichen Problemen des Schülerverhaltens bestimmt. Die am häufigsten genannten Standardsymptome sind Unkonzentriertheit, Ungenauigkeit, Faulheit, motorische Unruhe und mangelndes Interesse. Die Zahl verhaltensauffälliger Schüler wird in Bezug auf diese Symptome mit 22,4 bis 14,7 % angegeben. Verbale Aggression wird dagegen nur zu 9,1 % genannt, physische Aggression zu 5,6 %. Wutanfälle werden mit 2,7, Beschädigungen von Mitschülereigentum mit 2% und Gewalt gegen Schuleigentum mit 1,4 % angegeben.

Allerdings sind die genannten Aggressionssymptome in

den verschiedenen Schularten unterschiedlich verteilt. Während sie in der Grundschule relativ selten genannt werden, kumulieren sie in der Sonderschule, gefolgt von der Hauptschule, der Realschule und dem Gymnasium, in dem sie am wenigsten vorkommen. Ebenso unterschiedlich ist die Verteilung in den einzelnen Klassenstufen. So wird z. B. das Symptom „Gewalt gegen Schuleigentum“ in der 8. Schulstufe mit 4,9 % am häufigsten genannt.

Eine weitere situative Bedingung für die Beobachtung von Aggressionssymptomen ist die Größe der Schulorte, der Schulen und der Klassen selbst. Aggressionssymptome finden sich verstärkt in Schulorten über 100 000 Einwohnern, sowie in Schulen mit hohen Schülerzahlen (In Schulgrößen mit 800 bis 1 000 Schülern wird eine doppelt so hohe Zahl von Schülern benannt, die verbal aggressiv sind, und eine drei- bis viermal höhere Quote von „physischer Aggressivität“, „Wutausbrüchen“ und „Beschädigung von Mitschülereigentum“ als in Schulen mit kleineren Schülerzahlen). Hier dürfte das stärkere Erleben von Anonymität die Ursache sein, das dazu verführt, sich für „die Folgen“ seines Handelns nicht verantwortlich zu fühlen. Zu dieser Interpretation paßt auch das Ergebnis, daß Aggressionssymptome vermehrt in Klassen auftraten, in denen keine Gestaltungsmöglichkeiten für Schüler bestanden. Umgekehrt fanden sich vor allem in Sonderschulen vermehrt Aggressionssymptome, wenn der Klassenraum eher klein war. Möglicherweise führt das Gefühl der Enge eher zu der Wahrnehmung von Bedrohung. Ganz deutlich zeigt sich eine Massierung aggressiver Symptome in Schulen, in denen der Anteil der Schüler aus Wohnblocksiedlungen am Ortsrand überdurchschnittlich hoch ist; verstärkt gilt dies für Schulen, die im Einzugsgebiet von Obdachlosensiedlungen und sozialen Brennpunkten liegen. Ebenso zeigte sich vermehrt das Symptom „Gewalt gegen Sachen“ in Klassen mit höherem Reptentenanteil. Vermutlich versuchen diese Schüler mit Erfolg, durch aggressives Verhalten Führungspositionen oder zumindest Aufmerksamkeit zu gewinnen, bzw. sie versuchen auf diese Weise, ihre Frustration im Leistungsbereich zu kompensieren.

Erhöhte Aggressivität wurde auch in Klassen mit erhöhtem Ausländeranteil beobachtet. Als Erklärung dafür bietet sich das aus der Sozialpsychologie bekannte Phänomen an, daß die Anwesenheit von Außenseitern oder abgelehnten Minderheiten als Rechtfertigung für das eigene aggressive Handeln interpretiert wird.

Pädagogische Maßnahmen, die sich aus dieser Bedingungsanalyse ergeben, wären die Vermeidung von Schulen mit großer Schülerzahl, die Einrichtung genügend großer Klassenräume; didaktische Maßnahmen, die das Sitzenbleiberproblem auf ein Minimum reduzieren; die Konzentration pädagogischer Interventionen auf „schwierige" Schulen und Schulklassen. Und schließlich gesellschaftspolitische Maßnahmen, die die Massierung eines aggressiven Klimas in sozialen Brennpunkten und Gettosiedlungen minimieren.

Pädagogische Intervention und Prophylaxe

Auch wenn die Einbeziehung therapeutischer Trainingsprogramme als gezielte Intervention in den Unterricht vor allem bei jüngeren Kindern als präventive Maßnahme zu gewissen Erfolgen führen mag[14], kann der Lehrer keine Therapie im engeren Sinne durchführen. Er kann aber doch durch seinen Interaktionsstil entscheidend dazu beitragen, das Aggressionsniveau in einer Klasse niedrig zu halten.

Man kann auch in Klassen mit einem hohen Anteil latent aggressiver Schüler sehr deutlich erfolgreiche und nicht erfolgreiche Lehrer unterscheiden (Ich beziehe mich hier auf die Ergebnisse eines erst kürzlich abgeschlossenen Projekts, das an der Universität Konstanz durchgeführt wurde[15]: Auf der einen Seite stehen Lehrer, deren Unterricht durch ein schlechtes Klima, einen hohen Störungspegel und einen chaotischen Verlauf gekennzeichnet ist, auf der anderen Seite finden sich Lehrer mit gutem Unterrichtsklima, geringem Störungspegel und ohne Chaosbelastung).

Wodurch unterscheiden sich nun erfolgreiche und nicht erfolgreiche Lehrer?

Lehrer in Klassen mit hohem Störpegel leiten keine integrativen Maßnahmen ein. Sie schlagen also keine Kompromisse vor, fördern keine vermittelnden Eingriffe von Mitschülern, ermutigen nicht und zeigen sich nicht einfühlend. Dagegen brechen sie Auseinandersetzungen ohne Erklärung ab und drohen häufig Bestrafung an.

Ein schlechtes Unterrichtsklima ist durch bestrafende Lehrermaßnahmen und persönliche Herabsetzungen der Schüler gekennzeichnet.

Im chaotischen Unterricht setzen Lehrer sehr verschiedene Maßnahmen, bestrafende und auch integrierende, ein. Sie versuchen, durch Ausprobieren verschiedener Mittel die Unterrichtsprobleme in den Griff zu bekommen, wirken dadurch wenig gelassen, unsicher und hilflos.

Bei lautem und chaotischem Unterricht kehren die Schüler nicht zur Mitarbeit zurück, sie verhalten sich zwar nicht weiter aggressiv, zeigen aber auch kein unterrichtsadäquates Verhalten und verteidigen und rechtfertigen sich häufig. Gerade bei häufig strafenden Lehrern fällt auf, daß die Schüler sich häufig weiter aggressiv verhalten.

Erfolgreiche Lehrer dagegen zeichnen sich durch vorwiegend integrative Maßnahmen aus. Anstatt zu strafen verwenden sie eher neutrale Interventionen, wie z. B. einen Schüler anschauen, aus den Augenwinkeln verfolgen, innehalten als ob man lauscht etc . . . Und während sie gedanklich eine größere Breite möglicher Handlungsalternativen vor Augen haben als nicht erfolgreiche Lehrer, setzen sie nur eine wirklich ein, die eher erfolgreich ist. Dies spiegelt ihre Treffsicherheit beim Einsatz pädagogischer Maßnahmen in Konfliktsituationen. Ein erfolgreicher Eingriff, frühzeitig, kurz und unauffällig, provoziert keine weiteren störenden Diskussionen oder Reaktionen der Schüler.[16] Auf die Schüler wirken diese Lehrer konsequent, ihre Maßnahmen sind vorhersehbar, was ein Gefühl von Sicherheit vermittelt, und sie geben ein gutes Modell für erfolgreiches, nicht aggressives Verhalten ab.

In der psychologischen Therapie kann man heute unabhängig von der theoretischen Ausrichtung des Therapeuten eine verstärkte Einbeziehung der gesamten Familie feststellen.

Wegen des engen Zusammenhangs von kindlichen Aggressionen und elterlichen Erziehungspraktiken ist der Elternarbeit auch im schulischen Bereich in Bezug auf die Vorbeugung aggressiven Verhaltens eine wichtige Funktion zuzuschreiben.[17] Bei Beratungsgesprächen muß den Eltern vor allem der Zusammenhang zwischen Verhaltensauffälligkeiten und schulischen Lernschwierigkeiten einsichtig werden. Die Voraussetzung, daß durch Elternberatung aggressionsfördernde Bedingungen im Elternhaus vermindert werden können, ist einmal, daß es dem Lehrer gelingt, eine Vertrauensbeziehung zu den Eltern aufzubauen, und daß die Eltern an den Schulleistungen ihrer Kinder interessiert sind.

Elternarbeit stößt dort an ihre Grenzen, wo aufgrund chaotischer Familienverhältnisse oder starker materieller und/oder psychischer Belastung die Beratung keine Aufnahme findet oder Ratschläge trotz Einsicht und guten Willen von den Eltern nicht umgesetzt werden können.

Da die Lehrer, die mit Aggressivität in der Schule konfrontiert sind, ein persönliches Interesse an effektiven Hinweisen zur Eindämmung dieses Zustandes haben und ihr Verhalten – wie dargestellt – als ein ganz entscheidender Faktor in Bezug auf das Auftreten aggressiven Verhaltens von Schülern zu werten ist, sollte ein besonderes Gewicht auf die Lehrerfortbildung gelegt werden. Die Reaktion von Lehrern auf aggressives Verhalten von Schülern hängt von ihren persönlichen Überzeugungen über den Wirkungszusammenhang von Aggressivität und Erziehungsmaßnahmen ab. In diesem Zusammenhang ist wohl besonders bedeutsam, daß erfolgreiche Lehrer verstärkt external-variable Erklärungen für Schüleraggressionen in Betracht ziehen: Sie sehen aggressives Schülerverhalten eher davon abhängig, wie sie sich selbst im Unterricht verhalten, welche Beziehungen zu den Schülern sie selbst herstellen und wie sie den Unterricht gestalten; weniger erfolgreiche Lehrer tun dies in geringerem Maße. Erfolgreiche Lehrer beziehen sich also selbst als mögliche Ursachen für das Fehlverhalten ihrer Schüler mit ein. Dies kann bedeuten, daß sie sich deshalb sowohl eher verantwortlich fühlen als auch eher Einwirkungsmöglichkeiten sehen. Fortbildungsmaßnahmen müssen diese verschiedenen Einstellungen (subjektive Theorien) berücksichtigen und darauf eingehen, wenn tatsächlich die soziale Kompetenz von Lehrern im Umgang mit Aggressionsstörungen verbessert werden soll.[18] Rein akademische Belehrungen nützen dagegen wenig.

Abschließend möchte ich zu bedenken geben, daß Lehrerfortbildungsmaßnahmen auch nur in soweit greifen können, als sie von Maßnahmen begleitet werden, die auf den Abbau aggressionsfördernder situativer Bedingungen der Schule sowie außerschulischer Ursachen zielen.

Anmerkungen

1 G. Lischke: Aggression und Aggressionsbewältigung (1973); H. Selg: Menschliche Aggressivität (1974); R. Hilke/W. Kempf (Hrsg.): Aggression. Naturwissenschaftliche Perspektiven der Aggressionsforschung (1982); H. J. Kornadt: Aggressionsmotiv und Aggressionshemmung, Bd. 1 und 2 (1982).

2 F. Schott: Was ist Aggression? (Ein Beitrag zum Problem der begrifflichen Eingrenzung und Anwendung psychologischer Konzepte), in: H. Selg (Hrsg.): Zur Aggression verdammt? Ein Überblick über die Psychologie der Aggression (^{5}1978) 129–159.

3 S. Freud: Warum Krieg? Ges. Werke, Bd. XVI (1933).

4 K. Lorenz: Das sogenannte Böse (1963).

5 J. Dollard/L. W. Doob/N. E. Miller/O. H. Mowrer/R. R. Sears: Frustration and Aggression (1939).

6 B. Hassenstein: Instinkt, Lernen, Spielen, Einsicht. Einführung in die Verhaltensbiologie (1980).

7 F. Petermann/U. Petermann: Training mit aggressiven Kindern (1988) 6–8.

8 H. Grissemann: Hyperaktive Kinder (1986).

9 W. Belschner: Das Lernen aggressiven Verhaltens, in: H. Selg (Hrsg.): Zur Aggression verdammt? (Anm. 2) 37–53.

10 A. Bandura: Aggression. Eine sozial-lerntheoretische Analyse (1979).

11 F. Petermann/U. Petermann: Training mit aggressiven Kindern (Anm. 7).

12 E. Sander: Lernstörungen. Ursachen, Prophylaxe, Einzelfallhilfe (1981).

13 H. Bach/R. Knöbel/A. Arenz-Morch/A. Rosner: Verhaltensauffälligkeiten in der Schule (1984).

14 F. Petermann/U. Petermann: Training mit aggressiven Kindern (Anm. 7).

15 H. D. Dann/K. Ch. Tennstädt/W. Humpert/F. Krause: Subjektive Theorien und erfolgreiches Handeln von Lehrerinnen bei Unterrichtskonflikten. Unterrichtswissenschaft (1987) 306–320; W. Doyle: Classroom and management, in: M. C. Wittrock (Hrsg.): Handbook on research on teaching ([3]1986) 392–431.

16 J. Kounin: Techniken der Klassenführung (1976).

17 H. Bach/R. Knöbel/A. Arenz-Morch/A. Rosner: Verhaltensauffälligkeiten in der Schule (1984); F. Petermann/U. Petermann: Training mit aggressiven Kindern (Anm. 7).

18 K. Ch. Tennstädt/H. D. Dann: Das Konstanzer Trainingsmodell (KTM). Ein integratives Selbsthilfeprogramm für Lehrkräfte zur Bewältigung von Aggressionen und Störungen im Unterricht, Bd. 3: Evaluation des Trainingserfolgs im empirischen Vergleich (1987).

Franz Petermann/Ulrike Petermann

Drogen und Medikamente

Die folgenden Ausführungen geben eine Übersicht über das Ausmaß und die Formen der Abhängigkeit bei Kindern und Jugendlichen; darüber hinaus nehmen Überlegungen hinsichtlich der möglichen Ursachen einen besonderen Stellenwert ein. Es wird auf empirische Ergebnisse wie den Zeitpunkt des Drogenerstkonsums und die Verschreibungshäufigkeit von Medikamenten (Psychopharmaka) eingegangen. Die Ausführungen gliedern sich in eine Abhandlung über Drogen und Medikamente; abschließend wird auf Formen und Möglichkeiten der Prävention in diesem Bereich eingegangen.

Drogenabhängigkeit

Formen

Drogenabhängige Jugendliche präsentieren ein immer dringenderes Problem; knapp 1 400 Drogentote in der Gruppe der 15- bis 35jährigen in 1990 in der Bundesrepublik Deutschland geben einen dramatischen Tatbestand an, bilden jedoch lediglich die Spitze eines Eisberges. So betrug die geschätzte Zahl der heroinabhängigen Jugendlichen in der Europäischen Gemeinschaft im Jahre 1986 eine Million, und eine Infrateststudie aus dem Jahre 1987 ergab für Nordrhein-Westfalen, daß 11 % der 12- bis 24jährigen Drogenerfahrungen besaßen (Kirschner, 1987). Im einzelnen werden folgende Drogen eingenommen bzw. herangezogen:
- *Alkohol*
- *Nikotin*
- *Cannabis (Haschisch, Marihuana)*
- *Halluzinogene (z. B. Meskalin, LSD)*

– *Opiate (z. B. Heroin, Morphium)*
– *Kokain*
– *Schnüffelstoffe (Verdünnungsmittel).*

Vorerfahrungen mit Alkohol und Nikotin begünstigen über verschiedene weitere Schritte einen regelmäßigen Drogenkonsum (Segal, 1986). Es lassen sich mindestens sieben Schritte zur Drogenabhängigkeit unterscheiden:

1. Vorerfahrung mit Alkohol/Nikotin,
2. Kenntnis illegaler Drogen,
3. Wahrnehmung des Drogenkonsums bei Gleichaltrigen und Vermittlung eines Anreizwertes,
4. individuelle Erwartungen an den Drogenkonsum,
5. Probieren von Drogen,
6. gelegentlicher und
7. regelmäßiger Konsum.

Der regelmäßige Drogenkonsum wird dabei erheblich von den Gewohnheiten der Gleichaltrigengruppe und dem persönlich bevorzugten psychopharmakologischen Effekt bestimmt (Wanke, 1989). So kommen Mädchen durch ihre soziale Orientierung an gegengeschlechtlichen Freunden, die in der Regel ein bis zwei Jahre älter sind, entsprechend früher mit Drogen in Kontakt. Die Ergebnisse aus Abbildung 1 konnten deutsche und US-amerikanische Studien mehrfach empirisch bestätigen (vgl. Bailey, 1989; Silbereisen/Kastner, 1987).

Bedeutung und Ursachen

In einer Längsschnittstudie einer Forschergruppe an der Technischen Universität Berlin (Silbereisen/Kastner, 1987) zeigte es sich, daß die Bedeutung des Drogenkonsums für die über Jahre hinweg befragten Jugendlichen in folgenden sechs Bereichen lag:

(a) Der Drogenkonsum stellt ein Ersatzziel für den Jugendlichen dar, wenn er sich in seiner Entwicklung (z. B. durch die Eltern) blockiert sieht.

(b) In dem Gebrauch von Drogen wird eine gezielte Norm-

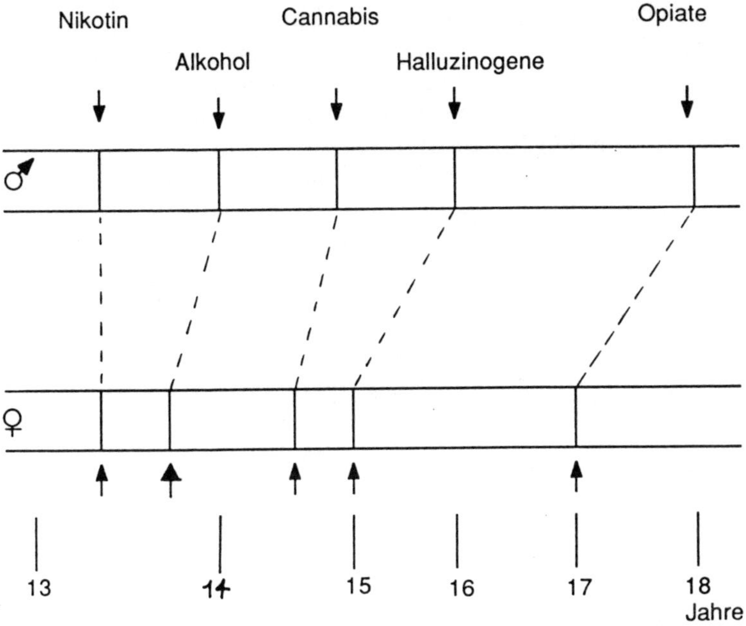

Abbildung 1: Erstkonsum von Drogen bei Jungen und Mädchen.

verletzung gesehen, mit der sich der Jugendliche gegen gesellschaftliche Werte auflehnt.

(c) Mit der Drogeneinnahme soll der Alltagsstreß reguliert und unterdrückt werden.

(d) Der Drogenkonsum wird als Zugang zu einer (bestimmten) Gleichaltrigengruppe begriffen, wobei Gleichaltrigen eine entscheidende Vorbildwirkung zukommt.

(e) Im Drogengebrauch wird ein persönlicher Stil (z. B. „Selbstbehauptung") gesehen.

(f) Mit dem Drogenkonsum unternehmen Jugendliche den Versuch, gegen das Erwachsensein zu demonstrieren.

Diese Befragungen geben aber nur Aufschluß über die subjektiven Beweggründe des Jugendlichen, die begrenzt mit den realen Ursachen des Drogenkonsums übereinstimmen. Dennoch geben die Aussagen der Jugendlichen einen Hinweis auf ungünstige Zukunftserwartungen und Lebenseinstellungen. Solche Sichtweisen sind Ausdruck der bisherigen sozial-emotionalen Entwicklung des Jugendlichen, die gepaart mit ungünstigen Verhaltensgewohnheiten (z. B. geringe Frustrationstoleranz, Aggression, Anstrengungsvermeidung, s. Petermann/Petermann, 1987) wesentliche Aspekte der objektiven Drogengefährdung bilden (vgl. *Abb. 2*).

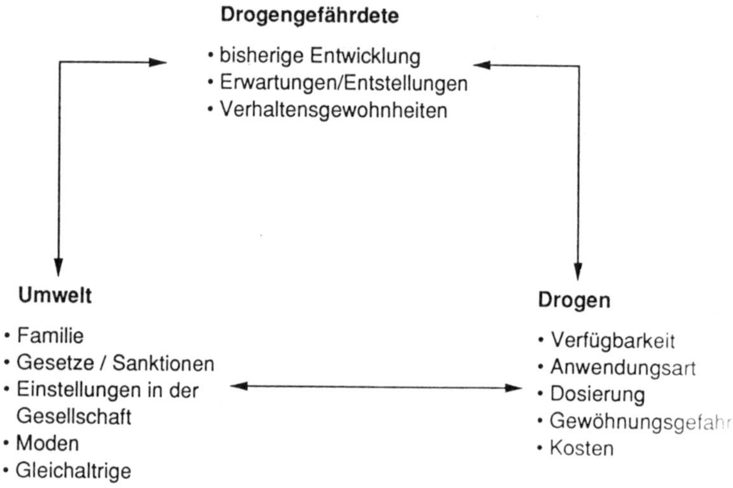

Abbildung 2: Ursachen des Drogenkonsums.

Eine weitere wichtige Ursache des Drogenkonsums, nämlich den Einfluß der Gleichaltrigengruppe, belegt die Berliner Befragungsstudie. Ebenso konnten in dieser Studie die mißlungene Auseinandersetzung mit der eigenen Familie, mit Gesetzen und Sanktionen sowie die Begünstigung durch Moden als Ursachen belegt werden. Alle diese Einflüsse werden in Abbildung 2 unter der Rubrik „Umwelt" zusammengefaßt; in diese Betrachtung fließen auch allgemeine Einstellungen der Gesellschaft mit ein, die sich entweder auf Sinn- und Zukunftsfragen oder die Einschätzung von Risiken des

Drogenkonsums beziehen (z. B. Gesundheitsgefährdung durch Rauchen).

Der dritte Ursachenbereich in Abbildung 2 bezieht sich auf die Art der Droge selbst, d. h. ihre Verfügbarkeit (öffentlich, illegal), Anwendungsart (oral, intravenös), Dosierung, Gewöhnungsgefahr und die Kosten. Jede der einleitend genannten Drogen läßt sich nach diesen fünf Kriterien einschätzen, und darüber sind Ursachen und aktuelle Risiken des Drogenkonsums abschätzbar.

Auswirkungen

Die Folgen des Drogenkonsums liegen in einer dreifachen Abhängigkeit, die sich auf den psychischen, körperlichen und den sozialen Bereich bezieht. Alle Bereiche beeinflussen sich dabei in negativer Weise (*Abb. 3*).

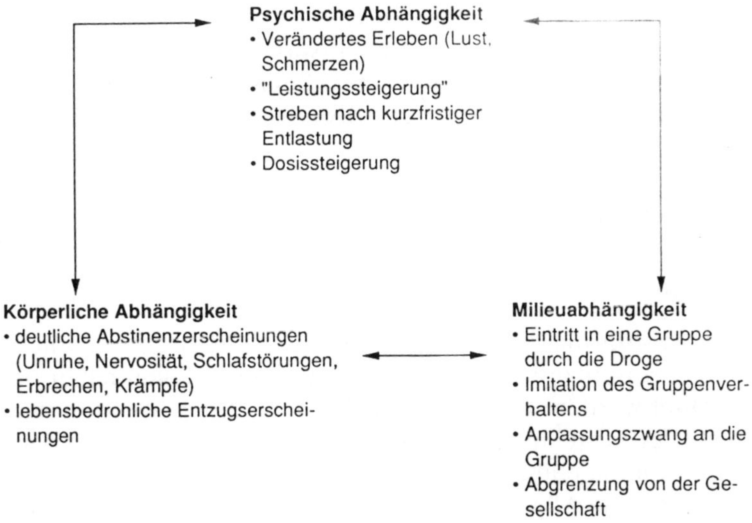

Abbildung 3: Auswirkungen des Drogenkonsums.

Die psychische Abhängigkeit bezieht sich mindestens auf vier Aspekte. Zentrale Bedeutung nimmt das veränderte Erleben von Lust und Schmerz ein. Vielfach wird der Konsument durch die angebliche oder zeitweise „Leistungssteigerung" (z. B. durch Halluzinogene) von der Droge abhängig. Kennzeichnend für psychische Abhängigkeit ist sowohl das Streben nach kurzfristiger Entlastung als auch die Tendenz, allmählich die Dosis der Droge zu steigern. Die Auswirkung dieser Erfahrungen für die psychische Entwicklung des Jugendlichen ist erst grob abschätzbar (vgl. Bailey, 1989; Wanke, 1989). Hingegen sind die Auswirkungen im körperlichen Bereich besser erforscht und zeigen sich einerseits in deutlichen Abstinenzerscheinungen (Unruhe, Nervosität, Schlafstörungen, Erbrechen, Krämpfen) und lebensbedrohlichen Entzugserscheinungen (vor allem im Herz-Kreislaufsystem).

Die soziale oder Milieuabhängigkeit bezieht sich im wesentlichen auf Regulationsprozesse in der Gruppe; die vier in Abbildung 3 genannten Aspekte beschreiben einen Prozeß, bei dem die Eintrittskarte in die Gruppe die Droge bildet, in der Gruppe das dort geforderte Verhalten imitiert wird, bei mangelnder Konformität ein entsprechender Anpassungszwang erfolgt und auf diese Weise allmählich eine schwer umkehrbare Abgrenzung von der Gesellschaft eintritt.

Medikamentenmißbrauch

Formen

Die Ausführungen sollen sich mit sogenannten „Psychopharmaka" auseinandersetzen, wobei nur einige davon näher betrachtet werden. In manchen Fällen sind die Anwendungsgebiete der Mittel nicht völlig geklärt. Eine repräsentative Auswahl von ungefähr 2 000 niedergelassenen Ärzten (vor allem Kinder- und Allgemeinärzte), die regelmäßig anonymisierte Kopien ihrer Arzneimittelverschreibungen mit Angabe der Diagnosen zur Verfügung stellen, ergab folgende Anwendungsgebiete von Psychopharmaka:

- Krampfende Kinder (z. B. Fieberkrämpfe im Kleinkindalter, Epilepsie),

– unruhige Kinder (z. B. aufgrund von Schlafstörungen, Schmerzen, Aggressionen),
– Bettnässer und
– hyperaktive Kinder.

Über die Spanne des Kindes- und Jugendalters werden folgende fünf Medikamentengruppen eingenommen:

1. *Tranquilizer* [= Benzodiazepinpräparate, die Angst und Streß reduzieren sollen],
2. *Schlafmittel* [= barbiturathaltige Mittel wie Vesparase und Medinose],
3. *Aufputschmittel* [z. B. Captagon, Reativan],
4. *Abmagerungsmittel* [Recatol, Mirapront],
5. *Kopfschmerzmittel* [z. B. Optalidon, Dolvivan].

Die angegebenen Mittel sind nach ihrer Verwendungshäufigkeit geordnet, wobei ein Großteil der Mittel ohne ärztliche Verordnung den Kindern und Jugendlichen (von den Eltern) zugänglich gemacht wird. Im Hinblick auf die ärztlichen Verschreibungen gibt die Studie von Meiner et al. (1989, 1469) eine Übersicht über die Häufigkeit aller Verordnungen.

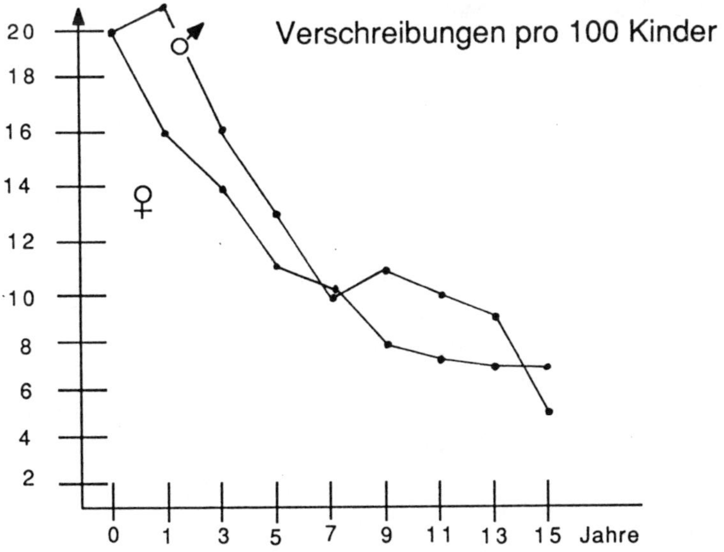

Abbildung 4: Verschreibungshäufigkeit von Psychopharmaka (Meiner et al., 1989, 1469).

Zur Interpretation der hohen Werte im Säuglings- und Kleinkindalter ist nachzutragen, daß es sich dabei in 70 % der Fälle um krampflindernde Mittel handelt. Klammert man diese Medikamente aus und bedenkt man, daß zum Beginn der Schulzeit immer mehr Psychopharmaka ohne ärztliche Verordnung verabreicht werden, dann kann man von einem Ansteigen von Psychopharmaka im Schulalter ausgehen. Dies belegen Studien von Hennicke (1985) und Übersichten von Bailey (1989) und Rhodes/Jason (1988). So kam Hennicke (1985) durch die Befragung von niedergelassenen Ärzten in einer ländlich-kleinstädtischen Region zu dem Ergebnis, daß 58 % der Ärzte Psychopharmaka verschreiben, davon 18 % lediglich auf fachärztliche Anordnung. Tabelle 1 gibt die Anwendungsgebiete von Psychopharmaka an, wie sie von Hennicke für das Schulalter gefunden wurden.

Tabelle 1: Ärztliche Verordnung von Psychopharmaka bei Schulkindern (modifiziert aus Hennicke, 1985, 346).

1.	Einnässen/Bettnässen	29 %
2.	Schlafstörungen	20 %
3.	Verhaltensstörungen	19 %
4.	Motorische Unruhe	15 %
5.	Ängste	7 %
6.	Schulschwierigkeiten	4 %
7.	andere Symptome	7 %

Die Verordnung in allen Bereichen ist unter Berücksichtigung psychologischer Forschungsbefunde fragwürdig und stellt massive Risiken dar (vgl. Rhodes/Jason, 1988). Besonders zu kritisieren ist die Anwendung bei Ängsten, Verhaltensstörungen und motorischer Unruhe, da in diesen Bereichen wirksamere und vor allem humanere Verfahren vorliegen (vgl. Petermann/Petermann, 1987; 1990).

Ursachen und Auswirkungen

Bei Medikamentenmißbrauch liegen vergleichbar komplexe Wechselwirkungen vor, wie sie für den Drogenkonsum skizziert wurden. Die Tatsache, daß es sich dabei um eine weitgehend akzeptierte Form der Abhängigkeit handelt, vereinfacht die Lage kaum. Auch hier kann man Einflüsse der Umwelt, Aspekte des Medikaments und die Person des durch den Medikamentenmißbrauch Gefährdeten unterscheiden. Bei dem Gefährdeten liegen oft – durch die Familie vermittelte – individuelle Gewöhnungsmuster im Umgang mit Medikamenten vor, die bei Selbstzweifel, dem Gefühl von Schwäche oder Überlastung, den Medikamentengebrauch begünstigen. Durch eine sich allmählich verringernde Belastungstoleranz besteht dann die Gefahr, daß man immer schneller zu Medikamenten greift. Eine bestehende Tendenz zur Selbstmedikation begünstigt die Neigung zum Medikamentenmißbrauch.

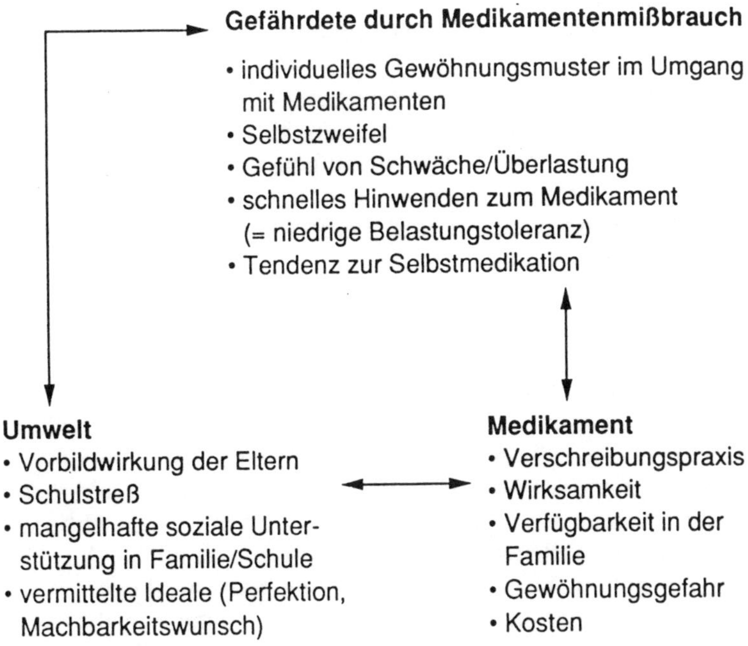

Abbildung 5: Ursachen des Medikamentenmißbrauchs.

In Abbildung 5 sind vier wichtige Umwelteinflüsse aufgeführt: Erstens die Vorbildwirkung der Eltern; Kinder, denen Eltern demonstrieren, wie einfach man Probleme durch Medikamente lösen kann, werden auch solche Lösungen praktizieren. Zweitens begünstigen Überforderungen und Belastungen (Streß) in der Schule den Medikamentengebrauch. Drittens neigen Kinder dazu, auf die mangelhafte soziale Unterstützung in Familie und Schule mit Ablenkung, Flucht oder Resignation zu reagieren; Medikamente und Drogen spielen dabei vielfach eine Rolle. Viertens tragen durch Familie und Gesellschaft vermittelte Ideale, wie der Wunsch nach Perfektion oder Machbarkeit, dazu bei, daß Versagensgefühle häufig auftreten. Solche unrealistischen Ideale begünstigen Drogen- und Medikamentenkonsum. Oft begünstigt die leichte Verfügbarkeit von Medikamenten in der Familie, ihre (kurzfristig erfahrbare) Wirksamkeit und die Verschreibungspraxis vieler Ärzte die Gewöhnungsgefahr.

Die Auswirkungen von Psychopharmaka sind prinzipiell so zu bewerten wie die von Drogen. Da Jugendliche vielfach Psychopharmaka kombiniert mit Alkohol einnehmen, können sich die aus der pharmakologischen Forschung bekannten Wirkungen und Nebenwirkungen vervielfachen. Dosissteigerungen führen auch ohne den genannten Mißbrauch schnell zur psychischen und längerfristig zur körperlichen Abhängigkeit.

Prävention

Eine effektive Prävention basiert auf dem frühzeitigen Erkennen besonders gefährdeter Kinder und Jugendlicher; hierfür müssen die Motive für den Drogen-/Medikamentenkonsum genauer bestimmt werden. Drogen und Medikamente sind insgesamt zu betrachten, da sie oft auf vergleichbaren chemischen Wirksubstanzen basieren und ähnliche Auswirkungen haben. Drogen und Medikamente unterliegen in ihrem Wahlverhalten Modetrends, für die man sensibel sein sollte. Präventionsbemühungen müssen solche Entwicklungen abschätzen und auf sie frühzeitig reagieren.

Eine Präventionsstrategie sollte sowohl verschiedene Zielgruppen (Kinder, Eltern, Lehrer) spezifisch aufklären als auch Alternativverhalten in belastenden Situationen aufzeigen, um von dem Mißbrauch abzuhalten. Für eine langfristige Prävention sind flexible Konzepte erforderlich, da sich der Drogen- und Medikamentenmarkt ständig verändert. Risikogruppen bedürfen einer persönlichen Aufklärung, um den Übergang vom Mißbrauch zur Abhängigkeit zu verhindern. Eine solche Aufklärung wäre eine Beratungsaufgabe der Schule, die z. B. von Beratungslehrern, Schulsozialarbeitern oder Schulpsychologen durchgeführt werden könnte.

Literatur

G. W. Bailey: Current perspectives on substance abuse in youth. Journal of American Academy of Child and Adolescent Psychiatry 28 (1989) 151–162.

K. Hennickel: „Kinderpsychiatrisches Klientel" und die Behandlung mit Psychopharmaka bei niedergelassenen Ärzten in einer ländlich-kleinstädtischen Region. Zeitschrift für Kinder- und Jugendpsychiatrie 13 (1985) 342–353.

W. Kirschner: Konsum und Mißbrauch von Alkohol, illegalen Drogen und Tabakwaren durch junge Menschen. Bericht Nordrhein-Westfalen. München: Infratest Gesundheitsforschung (1987).

E. Meiner/T. Elliger/W. Forth: Verschreibung von Psychopharmaka im Kindesalter. Deutsches Ärzteblatt 86 (1989) 1469–1471.

F. Petermann/U. Petermann: Training mit Jugendlichen (1987).

F. Petermann/U. Petermann: Training mit aggressiven Kindern ([4]1990).

I. E. Rhodes/L. A. Jason: Preventing substance abuse among children and adolescents (1988).

B. Segal: Age and first experience with psychoactive drugs. The International Journal of the Addictions 21 (1986) 1285–1306.

R. K. Silbereisen/P. Kastner: Jugend und Problemverhalten. Entwicklungspsychologische Perspektiven, in: R. Oerter/L. Montada (Hrsg.): Entwicklungspsychologie ([2]1987).

K. Wanke: Drogen und Alkohol. Ihre Bedeutung für die psychische Entwicklung bei Jugendlichen. Zeitschrift für Allgemeinmedizin 65 (1989) 93–97.

V.
Besondere Schüler

Uwe Sandfuchs

Zur Problematik der schulischen Integration der Kinder von Ausländern und Aussiedlern

Ausländer und Aussiedler – einige Unterschiede und einige Gemeinsamkeiten ihrer Lebenssituation

Das Thema erweckt den Eindruck, es würden Aus*länder* und Aus*siedler* gleichsam „in einen Topf geworfen". Da es aber in den Migrationsmotiven, im rechtlichen Status und im Selbstverständnis Unterschiede zwischen beiden Gruppen gibt, ist es *erstens* nötig, diese Unterschiede zu benennen. *Zweitens* sind weder die Ausländer noch die Aussiedler in diesem Sinne homogene Gruppen. Über diese Differenzierungen hinaus, gibt es *drittens* verblüffende Übereinstimmungen in der Problemlage von Ausländern und Aussiedlern.

Bei den *Ausländern* müssen wir drei Gruppen herausheben:

1. Arbeitsmigranten aus *EG-Ländern,* die Freizügigkeit aufgrund der EG genießen, also das Recht auf einen Arbeitsplatz in der Bundesrepublik Deutschland haben. Das Recht der Kinder dieser Arbeitsmigranten auf Chancengleichheit im schulischen Bildungserwerb ist durch die EG-Vereinbarung von 1977 über die Beschulung der Kinder von Wanderarbeitern garantiert.
2. Arbeitsmigranten aus „*Nicht*-EG-Ländern", für die eigene arbeits- und aufenthaltsrechtliche Bedingungen gelten. Für deren Kinder gilt Schulpflicht. Die Schulpflicht impliziert die staatliche Pflicht zur besonderen Förderung dieser Kinder, damit schulische Integration gelingen kann. Es wäre ja grundsätzlich denkbar, den Herkunftsländern die Möglichkeit zur Installierung eines türkischen, griechischen usw. Privatschulwesens zu geben. Davon ist aus

wohlerwogenen Gründen abgesehen worden. Zum einen würde ein Privatschulwesen mit den Abschlüssen des Herkunftslandes alle bleibewilligen Jugendlichen in eine Sackgasse führen, zum anderen wirft ein der deutschen Schulaufsicht entzogenes Privatschulwesen grundsätzliche Probleme auf, weil es Inhalte vermitteln könnte, die dem Grundgesetz widersprechen.

3. Asyl*bewerber* haben kein Recht auf Arbeit und auch kein Recht auf integrative Maßnahmen, z. B. Deutschkurse. Mithin haben ihre Kinder grundsätzlich kein Recht auf schulische Integration. Genaue Zahlen sind nicht bekannt, es gibt aber in der Bundesrepublik Deutschland Tausende von Kindern im Schulalter, in einem höchst lernsensiblen Alter also, die keine Schule besuchen. Das widerspricht elementar jeder Vorstellung von Menschenrecht. Daher gibt es vernünftigerweise in mehreren Bundesländern (z. B. Niedersachsen, Bayern, Bremen) Schulpflicht auch für diese Kinder.

Die Aus*siedler* unterscheiden sich von den Ausländern allgemein in folgenden Hinsichten:

1. Sie sind deutschstämmig und/oder fühlen sich als Deutsche.
2. Sie wollen auf Dauer in der Bundesrepublik bleiben, sehen sie als ihre neue Heimat an.
3. Sie haben die deutsche Staatsbürgerschaft oder streben sie an.
4. Deutsch ist ihre z. T. über viele Generationen gepflegte Muttersprache oder soll es werden.
5. Sie wollen ihre polnische, russische oder sonstige Herkunftskultur i. d. R. nicht bewahren, sondern sind bereit – mehr oder minder –, eine deutsche Identität anzunehmen.
6. Es ist erklärtes Ziel der deutschen Politik seit Jahrzehnten, jeden Aussiedler aufzunehmen. Für Aus*länder* gibt es seit 1974 einen Anwerbestopp und Programme zur Förderung der Rückkehrbereitschaft (Gesetz von 1983). Integration ist daneben nur ein weiteres Ziel der Ausländerpolitik.

In diesen sechs Punkten sind *Unterschiede zwischen den Aussiedlern* bereits angedeutet:

1. Nicht alle Aussiedler sind deutsche Staatsbürger. Die meisten Aussiedler aus Polen z. B. müssen ihre Deutschstämmigkeit erst noch belegen. Das Prüfverfahren ist sehr langwierig, dauert meist Jahre. Da Mißbrauch vermutet wird, ist es auch recht streng. Für die Zwischenzeit ist ihr Status unbestimmt, und sie können keine Eingliederungshilfen in Anspruch nehmen. Die für die Situation von Ausländern charakteristische Unsicherheit der Lebensperspektiven gilt auch für sie.
2. Die deutschen Sprachkenntnisse sind oft gering oder gar nicht vorhanden. Dafür gibt es drei Gründe: 1. Keine deutschen Schulen im Herkunftsland, 2. Unterdrückung der deutschen Sprache im öffentlichen und privaten Leben, 3. veralteter und auf private Kommunikation eingeschränkter deutscher Sprachgebrauch.
3. Die Aussiedlung war eine Entscheidung der Eltern. Ein Teil der Kinder und Jugendlichen trägt sie nicht mit. Immer wieder berichten daher Lehrer, daß ein Teil ihrer Schüler keine Bereitschaft zum Erlernen der deutschen Sprache zeigt. Andere sind hochmotiviert, lernen schnell, z. T. auch, weil sie gemeinsam mit ihren Eltern lernen.

Ich komme damit zu den *Gemeinsamkeiten* in der Situation von Ausländern und Aussiedlern in der Bundesrepublik:

1. Die Angehörigen beider Gruppen kommen aus anderen Kulturen in eine ihnen fremde Kultur. Die bisherigen Normen und Werte gelten nicht mehr. Das Leben in unserer hochtechnisierten Welt mit ihren scheinbar unbegrenzten Informations- und Konsummöglichkeiten, mit seiner scheinbar uneingeschränkten Freizügigkeit, verwirrt und überfordert sie vielfach.
   Viele Aussiedler kommen aus ländlichen Regionen, sind durch patriarchalische Traditionen und traditionelle religiöse Vorstellungen geprägt. Sie kommen weder mit der Anonymität und den versachlichten Sozialbeziehungen noch mit unseren Demokratievorstellungen zurecht. Das zieht Tendenzen zum Autoritatismus, zum Konsumismus,

soziale Schwierigkeiten und familiale Konflikte nach sich, wie wir sie bei Ausländern auch kennen – u. a. bewegen sich die Einstellungen von Eltern und Jugendlichen auseinander.

2. Aussiedler werden, wie Ausländer auch, diskriminiert wegen ihrer mangelhaften Deutschkenntnisse und werden als Konkurrenten auf dem Arbeitsmarkt und Wohnungsmarkt angesehen.
3. Auch viele Aussiedler unterliegen dem Prozeß der „Unterschichtung", d. h. sie müssen Arbeiten verrichten, die unter der im Herkunftsland erworbenen beruflichen Qualifikation liegen.
4. Auch Aussiedler praktizieren den Rückzug auf die Familie bzw. die eigene Herkunftsgruppe.
5. Auch die jungen Aussiedler verzichten oft auf eine Ausbildung. Das steht im Zusammenhang sowohl mit Verlockungen der Konsumwelt als auch mit Sprach- und Schulschwierigkeiten.

Die Komplexität des Themas hoffe ich mit diesen Ausführungen wenigstens angedeutet zu haben und komme nun zu den Konsequenzen für die schulische Integration. Diese Konsequenzen gelten, wie sich zeigen wird, meist für beide Gruppen.

Zielsetzung und Schwerpunkte der schulischen Integration

Zunächst einige Zahlen:

Im allgemeinbildenden Schulwesen haben wir derzeit über 700 000 ausländische Schüler, das sind knapp 11 % der Gesamtschülerzahl, dieser Anteil dürfte in den nächsten Jahren in etwa konstant bleiben. Sie sind an Haupt- und Sonderschulen überrepräsentiert, an Realschulen unterrepräsentiert. Die Schulerfolgsquote differiert nach nationaler Zugehörigkeit, von höher qualifizierenden Bildungswegen sind vor allem Türken noch weitgehend ausgeschlossen. Es differieren auch die regionale Verteilung der Schüler sowie die regionalen Schulerfolgsquoten.

Für die Jahre 1989 bis 1991 wird mit mindestens 1 Million Aussiedlern gerechnet, von denen etwa 25 % schulpflichtig sein dürften. Bei den Aussiedlern stellt sich also vor allem das bekannte Problem des „Seiteneinstiegs" in das Schulsystem. Die deutschen Sprachkenntnisse differieren erheblich nach Herkunftsgebiet, so daß die Vermittlung von Sprachkenntnissen zunächst Priorität hat. Im übrigen gilt ähnliches für die Situation, vor allem auch für die unterschiedliche regionale Verteilung.

Ich muß vorab noch eine Vorbemerkung zum Auftrag der Schule machen.

In einer demokratischen Gesellschaft hat Schule grundsätzlich den Auftrag der Integration. Sie soll allen Schulpflichtigen eine gemeinsame Bildung (d.h. Allgemeinbildung) vermitteln – unabhängig von sozialem Status, Herkunft, Konfession, sozial oder anthropologisch bedingten Lernvoraussetzungen. Dazu gehört neben gemeinsamer Sozialerziehung und politischer Bildung eine *ausgleichende* Erziehung, die nach dem ethischen Prinzip ausgleichender Gerechtigkeit bessere Startchancen für alle in ihrem Bildungsstreben benachteiligten Schüler zu schaffen sucht. Dadurch ist Schule nach innen eine Institution der Differenzierung. Differenzierung meint aber nicht Segregation (Absonderung), sondern Stützung mit dem Ziel der Integration. Dieser Auftrag gilt überzeitlich, unabhängig von konkreter Klientel wie Ausländern oder Aussiedlern.

Was heißt nun *schulische Integration?* Meine These lautet: *Ausländer- und Aussiedlerkinder sind schulisch integriert, wenn sie sich in ihren Schulleistungen und Schulabschlüssen nicht von ihren Mitschülern unterscheiden.* Die Erhöhung der Hauptschulabschlußquote ist nur ein erster Schritt.

Ich betone die herausragende Bedeutung von Schulabschlüssen, weil sie den Weg öffnen in das Berufsausbildungssystem und der Beruf wiederum den sozialen Status bestimmt. Darüber hinaus ist der Beruf wesentlicher Bestandteil einer erfüllten Lebensgestaltung. Nicht umsonst steht „abweichendes Verhalten" – ob es sich als Rowdytum von sogenannten „Hooligans", als Rechtsradikalismus oder als

Jugendkriminalität äußert – in engem Zusammenhang mit Schulschwierigkeiten und fehlenden Schulabschlüssen. Das Fehlen von Schulabschlüssen führt fast zwangsläufig in Arbeitslosigkeit und damit in das gesellschaftliche Abseits.

Noch immer erreicht ein Drittel der ausländischen Schüler nicht einmal den Hauptschulabschluß, bei Aussiedlern deutet sich eine ähnliche Tendenz an.

Leitlinie der Arbeit ist die *interkulturelle Erziehung:* Schulische Integration setzt ein Konzept *inter*kultureller Erziehung voraus, das die multikulturelle Situation unserer Gesellschaft akzeptiert, die Herkunftskultur von Ausländern und Aussiedlern gleichberechtigt einbezieht und bei ihrer Lebenssituation ansetzt. Das gilt für alle Schulformen und Schulstufen sowie alle Ebenen der Schularbeit – von den Lehrplaninhalten über die Schulbücher bis hin zu situationsangemessenen Fördermaßnahmen.

Dieses Konzept heißt nicht Ausländer- oder Aussiedlerpädagogik, weil es sich zugleich an Deutsche richtet – an deutsche Schüler, Eltern und Lehrer –, die Verständnis von und Achtung für Menschen anderer Herkunft und Sprache lernen müssen; die auch lernen müssen, daß Integration nicht schnelle, umstandslose Anpassung sein kann, sondern ein über Generationen sich erstreckender mühevoller Prozeß ist.

Integration gelingt, wenn Schule die Schüler „abholt, wo sie stehen", wenn sie Mängel in ihren Lernvoraussetzungen (Sprachentwicklung, Arbeitstechniken, Möglichkeiten der Förderung im Elternhaus z. B.) einrechnet. Das verlangt vorschulische Förderung, neue Formen von Förderunterricht, intensive Elternarbeit.

Das heißt unter anderem:

Schulische Integration verlangt eine Aufgabe des Konzepts gleichschritten Unterrichts für alle zur gleichen Zeit. Eine Vielzahl von Fördermaßnahmen ist nötig, die situationsgerecht individuell anzupassen sind – bis hin zum *Einzelunterricht.* Es gibt nicht *das* Fördermodell, das alle Wunden heilt, jedes Modell hat seine Vorzüge und Nachteile. Entscheidungen sind jeweils vor Ort unter Einrechnung der konkreten Situation zu treffen.

Dazu sind einige Erläuterungen nötig, in die ich sowohl meine Hinweise auf sehr unterschiedliche regionale Verteilung der Schülerzahlen und auf Erfolgsquoten als auch die oft gestellte Frage einbeziehe, wie groß denn der Prozentsatz nicht deutschsprachiger Schüler in einer Klasse sein dürfe.

Soviel ist bekannt: In manchen Städten, Gemeinden und Schulen ist der Anteil an Ausländern und Aussiedlern sehr hoch, in anderen sehr gering. Die Annahme, ein hoher Anteil sei von vornherein nachteilig, ist falsch. Zum einen werden sinnvolle Förderkonzepte vorwiegend dort entwickelt und praktiziert, wo Problemdruck besteht. In vielen Landschulen hingegen, ich formuliere es einmal überspitzt, „versauern" Ausländer- und Aussiedlerkinder. Die Lehrer sind zu spezieller sachgerechter Förderung z. T. nicht qualifiziert oder nicht bereit; sie geben sich oft zufrieden, wenn diese Kinder keine Disziplinschwierigkeiten machen. Zum zweiten gibt es interessante Befunde darüber, daß bei gleichem Anteil die Schulerfolgsquote ausländischer Schüler erheblich differiert. Die entscheidende Ursache ist wohl in der Qualität und Intensität der Fördermaßnahmen zu suchen. Wenn je nach Erfordernis Förderunterricht in Kleingruppen oder für Einzelschüler erteilt wird oder ein Teil des Unterrichts als Parallelunterricht (Team Teaching) gestaltet ist, wird die Frage nach dem Anteil in einer Klasse sekundär. Ich kenne Schulen, die mit einem Anteil von 50 bis 60 % ausländischer Kinder sehr erfolgreich arbeiten und, wohlgemerkt, die deutschen Kinder nicht vernachlässigen. Ich kenne aber auch Schulen, in denen Kinder ohne deutsche Sprachkenntnisse nicht eine Stunde Förderunterricht erhalten. Im Kampf um Einstellung zusätzlicher Lehrer für solche Aufgaben sehe ich daher eine wichtige bildungspolitische Aufgabe.

Integrationsschwierigkeiten werden an den Nahtstellen des Schulsystems sichtbar; bei Schuleintritt; zwischen zweitem und drittem Schuljahr, wenn der Sachunterricht erhöhte Anforderungen z. B. an den Wortschatz stellt; beim Übergang auf weiterführende Schulen, wenn der Fachunterricht weiter differenziert wird und obendrein die Gewöhnung an andere Lehrer mit anderem Lehrstil schwerfällt.

Um bei der nötigen Differenzierung das Ziel der Integration nicht aus dem Auge zu verlieren, ist das bisherige Nebeneinander von Regelunterricht, Fördermaßnahmen, Muttersprachunterricht, Hausaufgabenhilfe usw. durch *Kooperation* der Beteiligten zu überwinden. Hier weiß vielfach keiner vom anderen, viele Lehrer sind entschieden zu sehr auf den Regelunterricht fixiert.

Schulerfolg ist zentral abhängig von der *mündlichen und schriftlichen Sprachkompetenz*. Hier dürfen wir uns nicht mit oberflächlichen Erfolgen zufrieden geben. Flüssiges, akzentfreies Sprechen im Alltag genügt nicht, sinnentnehmendes Lesen und normgetreue Verschriftlichung fachlicher Zusammenhänge sind für schulische Integration erforderlich.

Mündliche Kommunikationsfähigkeit schien für ausländische Schüler lange Zeit hinreichendes Ziel, dieser Fehler wird sich bei Aussiedlerkindern sicher nicht wiederholen. Ein anderer Fehlschluß scheint mir langfristig gravierender: Auch hier geborene oder aufgewachsene Aussiedlerkinder werden bald akzentfrei sprechen. Das kann aber nicht heißen, daß sie keine Förderung mehr bräuchten. Für flüssige Alltagskommunikation genügt ein Wortschatz von wenigen hundert Wörtern, Schulerfolg braucht ein Vielfaches. Zudem werden auch viele Eltern von Aussiedlerkindern nicht zu hinreichender Sprachförderung in der Familie imstande sein.

Ein wichtiges Moment im Zweitspracherwerb ist der *Zusammenhang von Muttersprache und Zweitsprache*. Die Muttersprache ist Voraussetzung sowohl zur Identitätsentwicklung als auch zum Erwerb des Deutschen als Zweitsprache. Nur wer in der Muttersprache über Strukturen und Begriffe verfügt, kann eine Zweitsprache richtig lernen. Schulische Integration erfordert daher die sinnvolle Einbeziehung der Muttersprache.

Sollen z. B. Ausländerkinder lesen und schreiben erst auf deutsch oder in ihrer Muttersprache lernen? Sollte die Reihenfolge umgekehrt sein? Oder sollte die Alphabetisierung von vornherein koordiniert zweisprachig erfolgen?

Bei Aussiedlern stellt sich die Problematik nun ganz anders. Ihre Erstsprache ist nicht ohne weiteres ihre Muttersprache, wird vielleicht ganz bewußt als Relikt einer abgelebten Vergangenheit abgelegt, der Zusammenhang zum Zweitspracherwerb bleibt allerdings bestehen.

Ähnlich differenziert verhält es sich mit der *Einbeziehung der Herkunftskultur*. Wir haben am Beispiel ausländischer Eltern und ihrer Kinder eine alte Erkenntnis der Kultursoziologie und der Kulturanthropologie bestätigt gefunden, daß nämlich niemand seine Herkunftskultur ablegen kann wie einen alten Hut, das gilt vor allem für Sprache und Religion. Es gibt daher vielfältige Bemühungen um Einführung islamischen Religionsunterrichts, muttersprachlichen und landeskundlichen Unterricht, Anerkennung der Muttersprachen (genauer: der Amtssprachen der sechs traditionellen Anwerbeländer) als Schulfremdsprachen. Ähnliche Fragen werden sich – mit freilich anderer Akzentuierung – auch für Aussiedlerkinder stellen. Mit einem Problem wird man Aus*siedler*kinder nicht konfrontieren, nämlich mit der längst unrealistischen, aber de jure immer noch gültigen „Doppelstrategie" der KMK-Empfehlung von 1976, die für Aus*länder*kinder neben dem Ziel der Integration die gleichzeitige Förderung der „Rückkehrfähigkeit" verlangt. Die Schule kann schon die Integration kaum leisten, reintegrative Maßnahmen kann sie gar nicht leisten, dies ist längst als Aufgabe der Herkunftsländer anerkannt. Diese KMK-Empfehlung sollte also endlich außer Kraft gesetzt werden.

Schulische Integration von Aussiedler- und Ausländerkindern ist nicht nur eine innerschulische Aufgabe. Ihr Rahmen wird abgesteckt durch bildungspolitische Vorgaben: Lehrpläne und Richtlinien, Leitlinien der Genehmigung von Schulbüchern, Verankerung unterschiedlichster Fördermaßnahmen in Stundentafeln und Erlassen, Bereitstellung von Lehrerstunden, Veränderungen in der Lehrerbildung, Förderung einschlägiger Modellversuche und Forschungsvorhaben. Die politisch Verantwortlichen müssen lernen, daß der Schule eine schwierige *Langzeitaufgabe* von gesellschaftspolitischer Bedeutung erwachsen ist, bei der die Lehrerschaft das zutreffende Gefühl braucht, daß ihre Arbeit wirklich gewollt und ernsthaft unterstützt wird.

Literatur

Aus Platzmangel ist dieser Beitrag sehr knapp gehalten, vor allem auch wurde auf die zum besseren Verständnis nötigen Anmerkungen und Literaturverweise verzichtet. Wichtige Literatur zum Beleg und zur vertiefenden Beschäftigung ist:

G. Auernheimer: Zwischen Heimat Ost und West. päd. extra & demokratische Erziehung 10 (1989).

E. Branik: Psychische Störungen und soziale Probleme von Kindern und Jugendlichen aus Spätaussiedlerfamilien (1982).

E. Glumpler: Schullaufbahn und Schulerfolg türkischer Migrantenkinder (1985).

L. Götze: Muttersprachlicher Unterricht – Seine Bedeutung für den ausländischen Schüler, sein Stellenwert in der deutschen Schule. Zielsprache Deutsch (1987).

I. Gogolin: „Muttersprache“: Zweisprachigkeit. Pädagogische Beiträge 12 (1987).

K. Klemm: Die Bildungsbe(nach)teiligung ausländischer Schüler in der Bundesrepublik. Pädagogische Beiträge 12 (1987).

L. Kossolapow: Aussiedler – Jugendliche. Ein Beitrag zur Integration Deutscher aus dem Osten (1987).

G. Mahler: Eingliederung der Aussiedlerkinder. unterrichten/erziehen 1 (1990).

M. Nehr: Zweisprachige Erziehung in der Grundschule. Grundschule 10 (1989).

U. Sandfuchs: Umrisse einer Interkulturellen Erziehung. Die Neue Gesellschaft/Frankfurter Hefte 12 (1986).

Ders.: Ausländische Kinder in der Grundschule. Grundschule 10 (1989).

Ders.: Förderunterricht konkret. Materialien und Unterrichtsbeispiele für die Jahrgangsstufen 5–9 (1989).

Henning Günther

Förderung Hochbegabter als wichtige Aufgabe der Schule

Über Hochbegabung gibt es einen Standard überschaubaren Wissens, das sich in einigen Hypothesen formulieren läßt. Zum Beispiel wird die Anzahl Hochbegabter zwischen 2 und 8 % der Gesamtbevölkerung geschätzt. Das bedeutet, daß mehrere hunderttausend Schüler in der Bundesrepublik Adressaten einer Hochbegabtenförderung sein können. Eine weitere Hypothese ist die Unterteilung in einseitige Hochbegabungen und vielseitig Hochbegabte. In der Leistungsforschung gibt es den Hinweis, daß im Grundschulalter die Leistungsfähigkeit eines Schülers zwei Dimensionen enthält: eine Zusammenfassung der Rechen- und Sprachnote; das Lernverhalten mit den Akzenten Konzentration und Aufmerksamkeit. Der vielseitig Hochbegabte fällt in beiden Leistungsdimensionen auf. Als Hinweis gilt das frühe Lesen. In der Leistungsdiagnostik wirkt sich Hochbegabung z. B. als ein IQ von 125 und mehr aus. Der vielseitig Hochbegabte hat ein großes Lernbedürfnis, lernt schnell, hat ein überragendes Gedächtnis und gutes logisches Denkvermögen. Er lernt mit hoher Ausdauer und oft von Neugier angeleitet. Er hat Freude an dem Abstrahieren und Strukturieren von Lerninhalten. Der einseitig hochbegabte Schüler entwickelt früh eine Spezialisierung. Besonders auffällig sind hier Jungen, die sich auf naturwissenschaftliche Themen oder den Umgang mit dem Computer spezialisieren. Es läßt sich die Hypothese formulieren, daß vielseitig Hochbegabte in der Tendenz eher Mädchen sind, einseitig Hochbegabte eher Jungen.

In den letzten Jahren erfolgt in der Öffentlichkeit eine stärkere Hinwendung zu dem Problem der Hochbegabten. Sie sind ein Problem, weil sie in den Schulen häufig mit Lernstörungen und Verhaltensschwierigkeiten auffallen. Aus den schulpsychologischen Diensten erwachsen Initiativen, sich besonders diesen Kindern zu widmen. Es ist eben schmerzlich, daß Kinder Schulschwierigkeiten haben, weil sie hochbegabt sind. Zur Zeit beginnen Modellversuche in einigen Städten, unterstützt durch das Bundesministerium für Bildung und Wissenschaft. Es besteht eine Deutsche Gesellschaft für das hochbegabte Kind e. V. mit Sitz in Hamburg. Diese Gesellschaft ist Mitglied eines weltweiten Verbandes, der regelmäßig Weltkongresse abhält.

Konzepte zur Förderung Hochbegabter

Es gibt verschiedene Vorschläge zur Förderung Hochbegabter in unseren Schulen. Ein Vorschlag ist es, durch innere Differenzierung in den einzelnen Schulklassen für die Hochbegabten eigene Schullaufbahnen zu ermöglichen. Die Schwäche dieses Konzeptes ist, daß sich die Hochbegabten dann weitgehend ohne didaktische Hilfe selbst unterrichten müssen. Sie werden während ihres Lernens ständig gestört durch die Mitschüler. Sie werden in ihren Lernfortschritten und dann auch in ihrem Zusammenleben mit den Klassenkameraden zu Außenseitern. Es ist eher unwahrscheinlich, daß sich das Problem der Hochbegabten durch innere Differenzierung (Freiarbeit, offener Unterricht) lösen läßt. Ein anderes Modell wäre, jeweils in den Grundschulen eine Parallelklasse zu schaffen, in der Hochbegabte und Begabte bessere Lernchancen erhalten. Dieses Modell hätte die größten Vorteile für die Kinder. Es gibt Beispiele dafür, wie Hochbegabte menschlich und in ihrer Entwicklung aufblühen, wenn sie mit ihnen vergleichbaren Kindern zusammenkommen. Wenn man das Wohl dieser Kinder im Auge hat, erscheint dieser Vorschlag der äußeren Differenzierung am besten. Die Einwände dagegen sind ideologischer, sozialistischer Art. Entweder man hat überhaupt eine Abneigung dagegen, daß manche Menschen anders sind als andere, oder man verlangt von den Begünstigten, daß sie sich zurücknehmen zugunsten der Schwächsten und sich den Schwachen opfern. Es wird auch unterstellt, daß es für die Hochbegabten besonders förderlich sei, Lehrer und Helfer für die Schwachen zu werden. Dieser Hypothese wird allerdings von Fachkundigen widersprochen. Der Hochbegabte versteht nicht, warum das andere Kind nicht versteht. Sein Problemlösungsverhalten ist anders, so daß er besonders ungeeignet ist, den Verständnislosen zu informieren. Die Annahme, daß hochbegabte Kinder die besten Lehrer für andere Kinder sind, ist eigenartig, denn dann wäre die langjährige und intensive Lehrerausbildung ja unsinnig. Andere Vorschläge sind, die Hochbegabten zeitweise aus dem Klassenverbund herauszunehmen und sie in einer Stadt in Hochbegabtengruppen zusammenzuführen, um ihnen angemessene Lernmöglichkeiten und Lernfreuden zu geben. Das erscheint durchführbar und sinnvoll, könnte aber den Nachteil haben, daß sich die Langeweile des Absitzens des normalen Unterrichts verstärkt. Psychologisch betrachtet scheint das hochbegabte Kind deshalb ein Außenseiter zu sein, weil Kinder im Grundschulalter von ihrem Entwicklungsgang her es erstrebenswert finden, so zu sein wie die anderen. Erst in der Pubertät entsteht die Vorstellung, daß das Anderssein die Individualität ausmacht. Das Grundschulkind hat besondere Freude und fühlt sich geborgen, wenn es sich den andern ähnlich fühlt. Anderssein ist häufig für das Grundschulkind ein Makel. So sind die Hochbegabten nicht stolz und hochmütig, sondern fühlen sich ausgeschlossen und als Außenseiter. Das hochbegabte Kind neigt auch eher zu Selbstzweifel und Selbstkritik. Die Abneigung bei Sozialisten gegen Hochbegabte beruht darauf, daß sie sich das hochbegabte Kind als einen Yuppie vorstellen, der hochmütig zur Kenntnis nimmt, wie ihm alles zufällt, und der die anderen verachtet. Ein solches Bild hat mit dem hochbegabten Kind nichts zu tun. Es ist auch keineswegs so, daß Hochbegabung an bestimmte Elternhäuser gebunden ist. Bei einem Modellversuch in Hamburg zeigte sich, daß ein großer Teil der Hochbegabten aus bildungsfernen Elternhäusern kommt. Diese Kinder haben besondere Schwierigkeiten, weil es auch für die Eltern unverständlich ist, daß ihr Kind auffällt. Denn die Kinder werden häufig durch Lernverweigerung und Kontaktstörungen auffällig. Sie werden z. T. auch von den Lehrern überschätzt. Der Lehrer ärgert sich, wenn die Kinder nicht schon alles wissen, weil sie andererseits so viel wissen. Er führt dann punktuelles Nichtwissen auf Nichtwollen zurück. Hochbegabte ärgern sich auch über sich selbst, wenn sie einmal etwas nicht verstehen, weil der Anspruch an sie selbst zu hoch ist. Deshalb brauchen auch sie eine einfühlsame Führung durch den Lehrer. Vorgeschlagen werden als weitere Fördermaßnahmen Freizeiten für Hochbegabte, entweder an den Nachmittagen neben der Schulzeit oder in den Schulferien in Camps. Die Berichte über solche pädagogischen Möglichkeiten sind positiv. Aber auch sie lösen das Problem der mißglückten Schullaufbahn Hochbegabter nicht. Die Teilnahme an Wettbewerben und Preisausschreiben ermöglicht Hochbegabten Handlungsperspektiven und Ziele. Sie sind ein positives Element im Leben dieser Kinder und Jugendlichen. Die Hochbegabten dürfen aber auch dabei nicht allein gelassen werden, beim Lernen braucht jeder Mensch Gestaltungshilfen.

Besondere Unterrichtsmethoden

In den Schulen müßte durch die Unterrichtsmethoden auf besonders begabte Schüler Rücksicht genommen werden. Beobachtungen zeigen, daß Hochbegabte bestimmte Inhalte und Methoden bevorzugen. Sie bevorzugen abstrakte Inhalte, wobei abstrakte Strukturen auf verschiedene Sachthemen übertragbar sein sollen. Sie bevorzugen Komplexität und die Zusammenführung verschiedener Ideen. Ihre Neugier richtet sich auf vielfältige Inhalte. Hochbegabte beschäftigen sich gerne mit den Lebensläufen produktiver Menschen. Während des Lernens richtet sich ihr Interesse nicht nur auf den Inhalt, sondern auch auf die dabei zur Anwendung kommende wissenschaftliche Technik des Fragens und der Forschungsmethode. Bei der Unterrichtsmethode bevorzugen sie die Durchsichtigkeit und Offenlegung des Lernweges. Sie können bei Themen und Methoden mitwählen. Sie arbeiten gerne in Kooperation mit anderen Hochbegabten, wobei sie sich zu sich selbst kritisch und beobachtend verhalten. Sie streben ein relativ hohes Lerntempo an. Auffallend ist der Unterschied zwischen Hochbegabten und weniger Begabten in einer Hinsicht: Hochbegabte lernen schrittweise und erweitern ihre Fähigkeiten dort, wo sie Grundlagen geschaffen haben. Weniger Begabte neigen dazu, Aufgaben zu bearbeiten, bei denen ihnen die Voraussetzungen fehlen.

Wegen dieser Bevorzugungen ist auch das (empfehlenswerte) Überspringen von Jahrgangsklassen nur ein Behelf. Zwar werden vielfach die positiven Folgen betont, die sich beim Überspringen ergeben, weil die Herausforderung größer ist. Beim Abwägen der beiden Möglichkeiten, ein Kind in der altersgleichen Gruppe zu belassen und die intellektuelle Dumpfheit in Kauf zu nehmen oder der Möglichkeit, das Kind mit älteren Mitschülern lernen zu lassen und den Entwicklungsunterschied in Kauf zu nehmen, wird die zweite Möglichkeit als positiver gesehen. Man muß dann für das hochbegabte Kind angemessene Spielkameraden, die im Alter zu ihm passen, finden. Die beste Lösung ist sicherlich die gemeinsame Lerngruppe gleichaltriger Hochbegabter, weil dann der Unterschied zwischen intellektuellem Alter und allgemeiner Entwicklung nicht provoziert wird.

Ein prinzipieller Unterschied zwischen den Gehirnfunktionen besteht zwischen Hochbegabten und Normalbegabten nicht. Die Art, in der Hochbegabte von ihrem Lernorgan Gehirn Gebrauch machen, ist auch vorbildlich für alle Lernenden. Sie gebrauchen dieses Lernorgan nur sinnvoller, aber nicht anders. Grundbegriffe des Lernens sind Aufmerksamkeit und Anstrengung. Die linke Gehirnhälfte ist führend. Das menschliche Gedächtnis kodiert Lerninhalte sprachlich. Es ist bei den Hochbegabten wie bei allen Lernenden, daß man besser lernt, wenn man lernen will, während des Lernens eine Art Supervisor in Gang ist, der weiß, daß jetzt gelernt wird. Wenn das Gehirn weiß, was es tut, arbeitet es zweckmäßiger. Methoden, die sich bei weniger Begabten nicht bewährt haben, bewähren sich auch bei Hochbegabten nicht, z. B. Nebenherlernen, spielerisches Lernen, entdeckendes

Lernen, fragend entwickelnde Lehrmethoden, Erkundungslernen in der komplexen Wirklichkeit. Gerade Hochbegabte zeigen, daß Sinnstrukturen sprachlich zusammenhängend gelernt sein müssen, damit Wirklichkeiten gedeutet werden können. Sinnentnahme aus einer komplexen Wirklichkeit ist kein effektives Lernverfahren. Zuerst muß man lernen, Erwartungen zu haben und Fragen zu stellen, dann kann man Erfahrungen machen. Nicht zu allen Lerninhalten sind eigene Erfahrungen möglich und ökonomisch. Sehr vieles, das meiste, soll das Gehirn lernen durch Vorstellen. Denn Denken und Intelligenz ist Vorstellen. Nur die Wirklichkeiten, die als geistige sinnzusammenhängend vorgestellt werden, werden unser Besitz. Die Sinne selbst sind nur mäßig intelligent.

Das Schulsystem sollte sich flexibel auf begabte Schüler einstellen. Die Grundschule z. B. kann nicht als radikal, ideologisch gleichmacherische Schule für alle gesehen werden. Äußere Differenzierung hat große Vorteile. Daß die gestörten und lernschwachen Schüler die Leistungswilligen und -fähigen schikanieren dürfen bis zur Resignation und Verzweiflung, ist Wirklichkeit in vielen Grundschulklassen, aber ein Mißstand. Alle Kinder haben ein Recht auf eine Förderung durch die Schule, auch die Hochbegabten. Es sollten die Voraussetzungen für eine ungestörte Lernfreude geschaffen werden.

Literatur

B. Uszkurat: Fördermöglichkeiten für Hochbegabte in Regelschulen der Bundesrepublik Deutschland, in: Deutsche Gesellschaft für das Hochbegabte Kind e. V. (Hrsg.): Labyrinth 21 (1986).

F. E. Weinert/H. Wagner (Hrsg.): Die Förderung Hochbegabter in der Bundesrepublik Deutschland. Probleme, Positionen, Perspektiven (1987).

G. Prause: Genies in der Schule. Legende und Wahrheit über den Erfolg im Leben. Überarbeitete und ergänzte Neuausgabe (1987).

E. E. Geißler: Erziehung zu neuen Tugenden? – Ethik und dynamische Gesellschaft, in: Walter-Reymond-Stiftung (Hrsg.): Elite-Zukunftsorientierung in der Demokratie (1982).

U. Heitzer (Hrsg.): Hochbegabte in unserem Bildungssystem (1984).

U. H. Schmidt: Verhaltensstörungen bei Kindern mit sehr hoher Intelligenz (1977).
K. K. Urban (Hrsg.): Hochbegabte Kinder (1982).
W. Wieczerkowski/H. Wagner (Hrsg.): Das hochbegabte Kind (1981).
H. Günther; Effekte des offenen Unterrichts, in: Kuratorium Gemener Kongreß (Hrsg.): Gymnasiale Bildung. Düsseldorf 1989.

VI.

Brennpunkte schulischer Bildung und Erziehung

Werner Heldmann

Wodurch bilden und erziehen? Inhaltliche Anforderungen an einen zeitgemäßen Allgemeinbildungsbegriff

Aufgabe meiner Ausführungen ist es, eine kurze Einführung in das Thema „Konsens über Inhalte?" zu geben, das dann in den nachfolgenden Stellungnahmen von verschiedenen Dimensionen her weitergehend verdeutlicht wird. Die Themenstellung verlangt eine Aussage darüber, was unter einem „zeitgemäßen Allgemeinbildungsbegriff" zu verstehen ist. Diese Aussage lautet im Grundsatz wie folgt:

Nicht die Aktualität der Inhalte, sondern die Neustrukturierung der Inhalte setzt den Maßstab für das, was zeitgemäße Allgemeinbildung ist.

Wird „Zeitgemäßheit" einzig in der Aktualität der Inhalte gesehen, folgt man einem antiquierten Bildungsverständnis. Eine zeitgemäße und zukunftsorientierte Allgemeinbildung verlangt demgegenüber einen neuen Denkansatz, der auf die Strukturierung der Inhalte angelegt ist. Hierbei gilt es, vier Gesichtspunkte zu berücksichtigen:

1. Bildung ist weder mit einem Verfügen über beliebige Inhalte noch mit einem Überblick über den jeweils erreichten Stand wissenschaftlicher Erkenntnis gleichzusetzen. Geschieht dies, verliert die Bildung ihre Konturen und wird dem Zufall ausgeliefert, nämlich:
   - den Zufälligkeiten fachimmanenter und erkenntnisleitender Interessen,
   - den Zufälligkeiten der gerade in den Blick tretenden Gegenstände und Gegebenheiten und
   - den Zufälligkeiten subjektiver Einstellungen.
2. Bildung hat es mit dem Menschen als Person zu tun, der – um es mit Herder zu sagen – „der erste Freigelassene der Schöpfung" ist. Aufgabe der Bildung ist daher die

„Ordnung der Vorstellungswelt“ (Th. Wilhelm) und die „Aneignung von Welt“ (Humboldt). Menschliche Selbstverwirklichung ist nur im Kontext von Welt möglich. Die spezifischen Fähigkeiten und Möglichkeiten des Menschen gründen in diesem Tatbestand:

- Der Mensch ist durch Sprache ausgezeichnet,
- er lebt mit Bewußtsein in der Zeit und hat Geschichte,
- er ist ein soziales Wesen,
- er muß seinen Lebensraum und seine Daseinsmöglichkeiten durch Arbeit selbst herstellen und auch die Bedingungen dafür erst schaffen,
- er ist zu freiem, schöpferischem Gestalten und Handeln fähig,
- er ist schließlich das Wesen, das in der Anbetung verharren kann.

3. Die Auswahl und die Vermittlung der Inhalte der Bildung erfolgen von zwei strukturellen Vorgaben her, mit der Maßgabe der Konzentration auf die wichtigen und zentralen Inhalte:
   - Die Inhalte der Bildung haben zunächst ihren Ort in einem anthropologisch-bildungstheoretischen Bezugsrahmen.

     Anthropologisch-bildungstheoretisch heißt:

     Körperlichkeit (Leibeserziehung, Diätetik),
     Einbildungskraft (Gefühl, Empfinden, Gemüt),
     Geistesvermögen (Vernunft, Verstand, Wissen, Handeln).
   - Die Inhalte der Bildung sind sodann in einem wissenschaftstheoretisch-didaktischen Kontext eingebunden, in dem sie ihre konkrete fachliche Ausformung finden.

     Wissenschaftstheoretisch heißt:

     Hinsichten, die grundlegende Zugriffsweisen auf den Menschen und seine Welt umschreiben:

     Reflexion im Denken,
     Auslegen von Welt,
     Erfahren der Welt.

     Didaktisch und fachlich heißt:

Konkretisierung der Zugriffsweisen in den durch die Wissenschaften und die Lebenswelt aufbereiteten Inhalten:

Bindung der Inhalte an die Aussagesysteme der Geistes-, Sozial- und Naturwissenschaften.

Im Unterricht der einzelnen Fächer bilden die anthropologisch-bildungstheoretischen und die wissenschaftstheoretisch-didaktischen Strukturierungsvorgaben eine Einheit. Hier gibt es kein Neben- oder Nacheinander im Sinne einer positivistischen Segmentierung.

Weiterhin ist im Unterricht die Vermittlung der fachlichen Inhalte nicht ausschließlich abbild-didaktisch auf die jeweilige Bezugswissenschaft ausgerichtet. Statt dessen müssen im Blick auf die lebensweltliche Ganzheit auch die Aussagen anderer Wissenschaftsdisziplinen im Unterricht des Faches gegenwärtig sein. Der Grund hierfür liegt in folgendem:

Der ständigen Ausweitung des Wissens in allen Bereichen wie auch dem Entstehen neuer Wissenschaftsdisziplinen kann die Schule nicht durch eine fortgesetzte Ausweitung des Fächerkanons entsprechen. Vielmehr sind diese Ausweitungen fachlich aufzuarbeiten und didaktisch innerhalb der grundlegenden Fächer aufzubereiten. Die grundlegenden allgemeinen Fächer entsprechen, so gesehen, in einem schulwissenschaftlichen Sinne den einzelnen Wissenschaftsbereichen und deren fachspezifischer Ausdifferenzierung. Im Blick auf die Auswahl und die Vermittlung der Inhalte der Bildung wird damit eine Konzentration auf die grundlegenden Exempla möglich.

Für den Unterricht in der Schule hat aus pädagogischen und didaktischen Gründen die nachfolgende Maxime absoluten Vorrang:

Nicht die Schule steht in der Pflicht, sich dem Wissenszuwachs ständig anzupassen und ihn aufzunehmen; vielmehr ist es die Aufgabe der Fachwissenschaften und der Erziehungswissenschaft, den Wissenszuwachs auf grundlegende und allgemeine inhaltliche Fragestellungen hin zu strukturieren und die didaktische Umsetzung zu leisten.

Der Wissenszuwachs muß vom Lehrer im Rahmen seiner Aus- und Fortbildung erarbeitet und darf nicht im Unterricht dem Schüler aufgebürdet werden.

4. Bildung ist Ausdruck der Verfassung des Menschen. Die Verfassung des Menschen als dem „ersten Freigelassenen der Schöpfung" wird durch anthropologische Grundphänomene konstituiert, die als die Existenzialien Vernunft, Freiheit, Sprache, Leiblichkeit und als die Koexistenzialien Arbeit, Herrschaft, Liebe, Spiel und Tod das menschliche Dasein auszeichnen und darin zugleich auf die Geschichtlichkeit des menschlichen Daseins verweisen. In diesem Tatbestand ist beschlossen, daß die Bildung immer auch die Dimension der Erziehung mit einschließt.

Literatur

W. Heldmann: Kultureller und gesellschaftlicher Auftrag von Schule. Bildungstheoretische Studie zum Schulkonzept „Die soziale Leistungsschule" des Philologen-Verbandes Nordrhein-Westfalen (1990).

Wolfgang Brezinka

Werterziehung? Problematik und Möglichkeiten

Jede Erziehung ist auf etwas Wertvolles gerichtet, und niemand kann erziehen, ohne zu werten. Das ist für jeden selbstverständlich, der klare Vorstellungen über Erziehung hat.[1] Darin bestand Übereinstimmung, längst bevor die Sorge um „Werte" und „Grundwerte" zu einem zentralen Thema der geistigen Auseinandersetzung mit der Krise unserer Kultur geworden ist. Daß es keine Erziehung ohne „Werte" gibt, war schon klar, bevor der Streit um „Werte" und ihre Rangordnung, die Diskussion über „Wertwandel" und „Wertunsicherheit", die „Suche nach Werten" und „Wertkonsens" öffentliches Interesse gefunden haben.

Deshalb wirkt es auf den ersten Blick erstaunlich, daß neuerdings von den Erziehern ausdrücklich gefordert wird, „Werterziehung"[2] zu leisten. Können sie denn etwas anderes tun, sofern sie überhaupt erziehen? Ist nicht *jede* Erziehung „Werterziehung"? Oder ist mit dem neuen Wort „Werterziehung" eine erzieherische Teilaufgabe gemeint, die zusätzlich zu den vielen anderen *Teil*aufgaben der Erzieher erfüllt werden soll? Was bedeutet die Forderung nach „Werterziehung"? Ist sie nur ein modisches Schlagwort, das wegen seiner Vieldeutigkeit und Inhaltsarmut abzulehnen ist? Ist sie bloß eine vage Idee, die aber vielleicht nützlich und ausbaufähig sein könnte? Oder existiert unter diesem Namen etwa schon ein ausgearbeitetes Erziehungsprogramm, d. h. ein Zweck-Mittel-Wissen, das für geeignet gehalten wird, die Jugend auf das Leben in einer „wertunsicheren Gesellschaft"[3] besser vorzubereiten als bisher? Und wenn ja: wie sieht dieses Programm aus und wie ist es zu bewerten?

Erst wenn diese Fragen beantwortet sind, läßt sich begründet entscheiden, ob es sinnvoll ist, für „Werterziehung" einzutreten. Ich möchte also zur *Klärung* einer Parole beitragen, die bereits viel Zustimmung gefunden hat, bevor sie in ihrer Problematik genügend durchdacht worden ist. Die spontane Zustimmung hängt damit zusammen, daß das Wort „Wert" einen positiven Klang hat und daß „Werte" allgemein als notwendig für die Orientierung der Person wie für den Zusammenhalt von Gruppen angesehen werden. Deshalb scheint auch „Werterziehung" gut und notwendig zu sein.

Es genügt aber schon ein wenig Nachdenken, um Zweifel aufsteigen zu lassen: *Was sind* „Werte"? Meinen alle dasselbe, wenn sie von „Werten" sprechen? *Welche* Werte sollen bei der „Werterziehung" beachtet, gefördert oder angestrebt werden? Alle, die es gibt, oder bloß eine Auswahl? Welche Auswahl und in welcher Rangordnung? Für jeden die gleiche Auswahl? Oder für jeden eine andere? Oder für alle eine Minimalkombination gemeinsamer „Werte" in Verbindung mit zusätzlichen „Werten" nach individueller Wahl? Was soll zu dieser Minimalkombination von „Werten" für alle gehören? Wer entscheidet darüber? Und nach welchen Maßstäben?

Um Antworten auf diese Fragen zu erhalten, müssen wir zunächst prüfen, was die Erfinder und Anhänger der Parole „Werterziehung" dazu geäußert haben. Diese Ideen müssen im Zusammenhang mit der kulturellen Lage untersucht werden, in der sie entstanden sind und Zustimmung gefunden haben. Ich werde also zunächst die Entstehungsgeschichte der Parole „Werterziehung" und die Gedankenwelt ihrer Vertreter skizzieren (1). Dann werde ich die Problematik dieser Parole behandeln und zeigen, welche Interpretationen sie zuläßt (2). Schließlich werde ich auf den Kern der Sache eingehen: auf die Erziehungsziele unter den Bedingungen des weltanschaulichen Pluralismus und Individualismus (3).

1. Zur Entstehungsgeschichte der Parole „Werterziehung" und zur Vorstellungswelt ihrer Anhänger

Das Wort „Wert" ist in seinen philosophischen Bedeutungen, um die es (im Unterschied zu den ökonomischen) hier geht, erst im späten 19. und frühen 20. Jahrhundert allgemein gebräuchlich geworden.[4] Damals wurden zahlreiche philosophische Werttheorien[5] und Wertethiken[6] entworfen, die sich auch auf die Pädagogik ausgewirkt haben. Es entstand eine „pädagogische Wertlehre"[7], ja sogar eine „wertphilosophische Pädagogik"[8] oder „Wertpädagogik"[9]. „Der Wertgedanke wurde im ersten Drittel unseres Jahrhunderts" zu einem „Leitgedanken der pädagogischen Theorie".[10] Es ging damals jedoch mehr um eine Grundlegung der Pädagogik als philosophisches Fach statt um eine Aufgabe für Erzieher. Es blieb bei Spekulationen der Erziehungstheoretiker unter sich[11], die hochabstrakt, unpolitisch und praxisfern waren. Sie haben die Pädagogik nicht gefördert, sondern mit hineingezogen in jene Verworrenheit, die in der damaligen deutschen Wertphilosophie geherrscht hat.[12] Diese erste Welle des pädagogischen Interesses für „Werte" (ca. 1900–1930) ist aus Mangel an Klarheit und Wirklichkeitsnähe unfruchtbar geblieben. Deshalb ist sie zu Recht bald in Vergessenheit geraten.

Seit ungefähr 25 Jahren sind „Werte" wiederum zu einem zentralen Thema der Pädagogik geworden – zuerst in den USA, seit etwa 1975 auch in Deutschland. Diese zweite Welle des pädagogischen Interesses an „Werten" ist nicht – wie die erste – durch wertphilosophische Anstöße in Gang gekommen, sondern durch negative Erfahrungen mit der Lebens- und Erziehungspraxis in säkularisierten pluralistischen Gesellschaften.

Mit der frühen Wertpädagogik hat die Neo-Wertpädagogik leider eines gemeinsam: die Unklarheit der Begriffe und Theorien. Die Unklarheit hat sogar noch zugenommen, weil neuerdings in der Alltagssprache wie in den Wissenschaften[13] vielerlei Phänomene als „Werte" bezeichnet werden, die früher selten mit „Werten" im strengen werttheoretischen Sinne[14] verwechselt worden sind: Güter, Normen, Ziele oder Zwecke, Maßstäbe, Ideale, Leitbilder, Grundsätze, subjektive Vorlieben, Interessen, Einstellungen, Haltungen und Orientierungsordnungen. Alles, was für Menschen subjektiv oder objektiv wichtig ist, wird heutzutage „Wert" genannt; alles, was sie motiviert, was sie anstreben, woran sie sich tatsächlich orientieren ebenso wie das, woran sie sich orientieren sollen. Das Wort hat Dutzende Bedeutungen, von denen die meisten ziemlich verschwommen sind. Was hat Erziehungstheoretiker und Erziehungspolitiker dazu bewogen, es aufzugreifen und zur Losung für Erziehungsprogramme zu machen?

Das Verlangen nach „Werterziehung" ist eine Antwort auf die Orientierungskrise, die der schnelle kulturelle Wandel der modernen Gesellschaften in vielen ihrer Mitglieder ausgelöst hat. Sie äußert sich in Ratlosigkeit und Unsicherheit bei zentralen Wertungs-, Norm-, Sinn- und Zielfragen, in der Zunahme von psychischen Störungen, sozialen Konflikten und Fehlverhalten. Sie gefährdet nicht nur das Wohl des einzelnen, sondern auch den Zusammenhalt der Gemeinschaften.

In den USA sind kulturelle Veränderungen wie der Wandel der Lebensformen und ihre extreme Individualisierung, der Bruch mit moralischen Traditionen und die Verweltlichung des Schulwesens früher und radikaler eingetreten als in Deutschland. Deshalb ist dort auch die Idee einer „Werteerziehung" (values education) etwas eher aufgetaucht als hier. Alvin Toffler hat 1970 in seinem Buch „Future Shock" drastisch die kulturelle Lage geschildert, in der diese Idee entstanden ist und rasch weite Verbreitung gefunden hat. Es ist eine Lage, in der bei immer mehr Menschen psychische Störungen auftreten, die durch extrem beschleunigte Veränderungen der Kultur und anhaltende Unstabilität der Institutionen, Sozialbeziehungen und weltanschaulich-moralischen Orientierungsmittel verursacht werden. Für die amerikanische Kultur sei charakteristisch „the death of permanence": „der Tod der Dauer", des Bleibenden, Beständigen, der Kontinuität, der Ordnung, der Regelmäßigkeit.

In unserem Zeitalter der „Über-Industrialisierung" wird die seelische Gesundheit nach Toffler vor allem durch zwei Gefahrenherde bedroht: „overstimulation" und „overchoice", also durch Überreizung der Sinne mit viel zu vielen Eindrücken und des Geistes mit viel zu vielen Informationen einerseits, durch die Überlastung des Entscheidungsvermögens mit viel zu vielen Wahlmöglichkeiten andererseits. Die vermehrte Wahlfreiheit besteht nicht nur gegenüber materiellen Gütern und mitmenschlichen Verbindungen, sondern auch gegenüber Wissens- und Glaubensgütern aller Art. Sie erstreckt sich auf vielerlei Subkulturen, Lebensformen und Lebensstil-Elemente. Die enorme Freiheit der Wahl und der häufige Wechsel zwischen Zuwendung und Abkehr, Aufgreifen und Fallen-Lassen von Liebesobjekten führen fast unvermeidlich zur Labilität der Persönlichkeit, zur Bindungsschwäche, zu Selbstzweifeln, zur Selbstentfremdung, zu „Identitätskrisen". Je differenzierter, subjektiver und wechselhafter die Lebensführung der einzelnen wird, desto schwächer wird auch die soziale Integration der Gesellschaft.[15]

Mit welcher Strategie kann diesen Gefahren begegnet werden? Toffler hat unter anderem empfohlen, daß die Lehrer in den Schulen direkt auf die Probleme eingehen sollen, die durch die Vielfalt der Wahlmöglichkeiten und den dauernden Entscheidungsdruck für die Schüler entstehen. Da jede Entscheidung von den „eigenen Werten" abhänge, sei es eine zentrale erzieherische Aufgabe, jedem Schüler zu helfen, „seine Werte zu bestimmen, zu erklären und zu prüfen, was auch immer sie sein mögen". Die Schüler sollen auch befähigt werden, „Konflikte in ihren eigenen Wertsystemen zu erkennen, zu klären und eventuell aufzulösen".[16]

Diese Forderung war gegen eine Praxis gerichtet, die sich eingebürgert hatte, nachdem die Lehrer von der selbstsicheren Wertevermittlung traditioneller Art abgerückt waren, und die damals für „fortschrittlich" gehalten worden ist: den Unterricht auf Informationen über Tatsachen beschränken, den Wertaspekt der Ereignisse und Ideen ignorieren, auf Wertungen zugunsten „wissenschaftlicher Neutralität" verzichten und die Schüler sich selbst ihr Urteil bilden lassen. Diese Unterrichtspraxis habe mitverschuldet, daß Millionen junger Menschen unsicher über ihre Ziele geblieben seien und unfähig zu richtigen Entscheidungen unter den schwierigen Bedingungen der „Über-Auswahl".[17]

Aus dieser kultur- und schulkritischen Gedankenwelt ist etwa ab 1965 das amerikanische Programm der „Werte-Erziehung“ hervorgegangen. Es ist ein rein schulisches Programm, das auf eine wichtige, aber relativ enge erzieherische Teilaufgabe konzentriert ist: auf die „Erziehung zur Wertklarheit“ in einer Welt der Wertverwirrung mittels „Wertklärungsverfahren“.[18] So beschreibt Silver „Werte-Erziehung“ als „systematische Bemühung, den Schülern zu helfen, ihre persönlichen Werte zu erkennen und zu entwickeln“. Sie soll sie befähigen, „Sensibilität für Werte und moralische Angelegenheiten zu gewinnen“, „Werte zu klären und Werturteile zu fällen“. Dabei wird betont, daß „die Werte und das Werten den realen Bedürfnissen und Anliegen der Schüler dienen sollen“. „In jedem Fall werden die Schüler aufgefordert, ihre eigenen Werte und Gefühle zu prüfen und sich mit denen der anderen auseinanderzusetzen“.[19]

„Werte-Erziehung“ in diesem engen formalen Sinne ist vermutlich nicht ganz ohne Nutzen[20], aber sie reicht sicher nicht aus, um unsere Kinder und Jugendlichen gegen die Gefahren einer wertunsicheren Gesellschaft zu wappnen. Das ist auch in den USA richtig gesehen worden. Der „Werte-Erziehung“ wird dort weit weniger Bedeutung zugemessen als der Moralerziehung (moral education).[21] Die Anleitung zur Klärung subjektiver „Werte“ kann kein Ersatz sein für die Vermittlung übersubjektiver materialer Normen und für die Erziehung zur moralischen Urteils-, Bindungs- und Handlungsfähigkeit.

In Deutschland ist die Parole „Werterziehung“ etwa ab 1975 in Gebrauch gekommen. Auch hier war damit fast ausschließlich ein schulisches Programm gemeint, eine Aufgabe für die Lehrer. Sie geht aber im Umfang weit über das amerikanische Programm hinaus und hat auch inhaltlich einen anderen Schwerpunkt. Er liegt nicht in der theoretischen Analyse beliebiger Wertgedanken und Wertgefühle, sondern in der praktischen Förderung jener Wertüberzeugungen, von denen die moralische Lebenstüchtigkeit des einzelnen und die moralische Integration der freiheitlich-demokratischen Gesellschaft abhängen. Deshalb steht im Zentrum die Sorge für eine „sozialverantwortliche Einstellung“[22] und für die Bereitschaft zur Erfüllung der gemeinsamen Grundpflichten.[23]

Der Anlaß für dieses Programm waren hier wie in den USA und in anderen westlichen Ländern die gefährlichen Auswirkungen der Kulturkrise auf die Jugend und die zu ihrer Erziehung verpflichteten Erwachsenen. Ich erinnere nur an Jugendunruhen, studentische Protestbewegungen, Aussteigermentalität, Rückzug in Alternativkultur-Gruppen, Drogenmißbrauch, Vereinsamung, Sinnlosigkeitserlebnisse, Schulverdrossenheit, Mißachtung von Normen, Institutionen, Traditionen und Autorität auf der einen Seite und Selbstzweifel, Sinnkrisen, Überzeugungsschwäche, moralische Nachgiebigkeit, Hedonismus, Bequemlichkeit, Konfliktscheu und Resignation auf Seiten vieler Eltern und Lehrer.

Früher haben die Kirchen und andere Gesinnungsgemeinschaften wesentlich zur Wertsicherheit ihrer Mitglieder und damit auch der Gesellschaft im ganzen beigetragen. Seit sie an Einfluß verloren haben, ist die religiöse, weltanschauliche und moralische Erziehung erheblich schwächer geworden, weil zunächst niemand anderer fähig und bereit gewesen ist, die erzieherischen Aufgaben zu übernehmen, die generationenlang von ihnen erfüllt worden sind. Schließlich geriet unter dem neuen Glauben an „Emanzipation", „Herrschaftsfreiheit" und „Selbstverwirklichung" *jede* Erziehung in den Verdacht, „Herrschaftsausübung" oder „Indoktrination" zu sein.

In dieser Lage hat bei einigen Politikern und Bildungsfachleuten der großen politischen Parteien eine Neubesinnung auf die Verantwortung eingesetzt, die die Schulen und ihre Lehrer für die Vermittlung der normativen Grundlagen unserer Gesellschaft an die jungen Mitbürger haben. Es wurde wieder stärker betont, daß die Schule einen „Erziehungsauftrag" hat. 1972 hat der damalige bayerische Kultusminister Hans Maier *(CSU)* die „Wiedergewinnung des Erzieherischen" in der Schule gefordert.[24] 1978 wurde ein Kongreß über „Mut zur Erziehung" durchgeführt, den der damalige baden-württembergische Kultusminister Wilhelm Hahn *(CDU)* angeregt hatte.[25] „Wiedergewinnung des Erzieherischen" und „Mut zur Erziehung"[26] waren an und für sich sehr verschwommene und inhaltsarme Parolen. Sie wurden aber damals allgemein im Sinne von „Werterziehung", „moralischer Erziehung" oder „Charaktererziehung" verstanden, weil sie als Signale zur Gegenwehr in einer Periode verkündet worden sind, in der viele Erzieher resigniert hatten und in der die moralische Erziehung wie nie zuvor vernachlässigt worden war zugunsten bloßer Wissensvermittlung, aber auch zugunsten einseitiger politischer Erziehung im Sinne der „Neuen Linken" und ihrer „Emanzipatorischen Pädagogik".[27] Beide Parolen haben dazu beigetragen, daß die gesetzlichen Erziehungsziele wieder ernster genommen worden sind.[28]

In der *SPD* hat Richard Löwenthal 1976 die Forderung nach „wesentlich normativen Lösungen für die Probleme der Erziehung" erhoben und das „Bewußtmachen der westlichen Werte" verlangt. Das setze „voraus, ‚daß der Erzieher selbst erzogen werden muß' – und das heißt, daß ein solches Bewußtsein in der öffentlichen Diskussion wiederhergestellt wird".[29]

Dieses Programm ist 1979 vom Berliner Landesschulrat Herbert Bath *(SPD)* mit „30 Thesen zur Erziehungs- und Bildungsaufgabe der Schule" konkretisiert worden.[30] Darin wird unter anderem gefordert, daß „Erziehung Überzeugungen vermitteln" müsse. „Erziehung heißt Bindungen stiften." Erziehung dürfe „obersten Werten nicht aus dem Wege gehen". Deshalb sei „Wissenschaftsorientierung . . . nicht der einzige Maßstab für Unterricht und Erziehung. Ethische Maßstäbe sind von gleichem Rang". Besondere Bedeutung mißt er „den im Grundgesetz enthaltenen Grundwerten und Grundrechten" zu. Sie seien „als der ethische Grundkonsens der Nation für Bildung und Erziehung verbindlich". Dabei müsse aber der „Zusammenhang von Rechten und Pflichten" beachtet werden. Bath setzte sich für „Tugenden" ein, für „die Werte Achtung, Ehrfurcht und Vertrauen", für „Dienstbereitschaft und Pflichterfüllung", für „die Liebe zur Heimat und zum Vaterland" als wichtige Integrationsfaktoren. Er schloß mit der Forderung: „Erzieher müssen den Mut und die Kraft haben, unermüdlich das gegenüber jungen Menschen darzustellen, was sie für den Sinn des Lebens halten." Baths Thesen sind jahrelang von der „intellektuellen Linken" ähnlich heftig angegriffen worden wie die von Hermann Lübbe *(SPD)* stammenden Thesen des Kongresses „Mut zur Erziehung".[31]

Die Ausbreitung der Parole „Werterziehung" und ihre Interpretation sind in Deutschland wesentlich mitbestimmt worden durch die öffentliche Diskussion über „Grundwerte", die etwa ab 1970 in Gang gekommen ist.[32] Äußerer Anlaß waren die Reformpläne der sozial-liberalen Koalition *(SPD* und *FDP),* die 1969 die Regierung übernommen hatte, auf den Gebieten des Strafrechts und des Ehe- und Familienrechts. Besonders umstritten war die Reform des § 218 Strafgesetzbuch (Abtreibungsverbot) im Sinne der „Fristenlösung", die das Recht auf Leben für die ersten 3 Lebensmonate preisgab und erst durch eine Entscheidung des Bundesverfassungsgerichts verhindert worden ist. Dazu kamen in den sozialdemokratisch regierten Bundesländern Hessen und Nordrhein-Westfalen kulturrevolutionäre Rahmenrichtlinien für den Schulunterricht, die heftige Proteste ausgelöst und zu grundsätzlichen normativen Überlegungen geführt haben.[33]

Ein weiterer Anstoß war der politische Terrorismus. Bei der Suche nach seinen geistigen Ursachen[34] wurden schwere erzieherische Versäumnisse aufgedeckt.[35] Um gegenzusteuern, wurde „die geistige Befestigung des freiheitlichen Rechtsstaates" durch „Grundwerte" gefordert, die seine Bürger „zu bezeugen und zu praktizieren haben".[36]

Folgenschwerer als diese äußeren Ereignisse waren jedoch Einstellungsänderungen in der Bevölkerung, die später als „Wertwandlungsschub" in Richtung egozentrischer „Selbstentfaltungswerte" auf Kosten sozialverantwortlicher „Pflicht- und Akzeptanzwerte" beschrieben worden sind.[37] Dadurch drängten sich die Fragen auf: an welchen „Werten" soll trotz allen Wandels festgehalten werden? Welche vorübergehend vernachlässigten „Werte" sollen wiederbelebt werden? Gibt es neue Werte, für die um Zustimmung geworben werden soll?

Leider hat das Reden über „Grundwerte" von Anfang an darunter gelitten, daß keine Klarheit darüber bestand, was „Grundwerte" sind. Es wurden unter diesem Namen so verschiedene Dinge verstanden wie Tugenden, Gesinnungs-Einstellungen, Haltungen von Personen, aber auch kulturelle Normen, Prinzipien, Moral- und Rechtssätze sowie Institutionen wie Ehe, Familie, soziale Marktwirtschaft, Demokratie und Rechtsstaat. In den einschlägigen Texten herrscht begriffliches Chaos.[38] Trotzdem ist in der Grundwerte-Diskussion hinreichend deutlich geworden, worum es geht: um das Fundament *gemeinsamer inhaltlicher (materialer) Wertüberzeugungen*, das ein pluralistisches Gemeinwesen braucht, um der Anarchie entgehen und auf Dauer bestehen zu können. Das Wort „Grundwerte" bedeutet in diesem staatspolitischen Sinne „den Gegenstand des nötigen Konsenses".[39] Es ist selbstverständlich, daß sein Inhalt auch den nachwachsenden Bürgern vermittelt werden muß.

Damit sind die wichtigsten Faktoren skizziert, die zur Entstehung und Verbreitung der Parole „Werterziehung" beigetragen haben. Zugleich ist ungefähr klar geworden, was ihre Anhänger wollen. Zum Verständnis der gegenwärtigen ideenpolitischen, moralpolitischen und erziehungspolitischen Situation muß man berücksichtigen, daß die Parole „Werterziehung" in Deutschland zunächst hauptsächlich von konservativen Kräften vertreten worden ist. Sie war – und ist für viele noch immer – ein Sammelname für pädagogische Ideen, die im Widerspruch stehen zur einseitigen Überbetonung von „Emanzipation", „Anti-Autorität", „Gesellschaftskritik" und „Wissenschaftsorientierung", zum moralischen Minimalismus und Subjektivismus.

Wir müssen nun prüfen, welche Probleme auftauchen, wenn „Werterziehung" gefordert und zu verwirklichen versucht wird.

2. Zur Problematik der Parole „Werterziehung"

Die Parole „Werterziehung" ist ein Name für eine Erziehungs*aufgabe*. Um eine Erziehungsaufgabe erfüllen zu können, muß man hinreichend genau wissen, worin sie besteht. Erst wenn der Zweck klar ist, kann man sinnvoll nach Mitteln suchen. Aus dem Namen „Werterziehung" ist nicht eindeutig erkennbar, was bezweckt wird. Ohne nähere Bestimmung kann die Parole ungefähr folgendes bedeuten: „Achtet beim Erziehen (auch) auf Wertungen, Wertgesichtspunkte und (oder) Werte!", „Nehmt Wertungen, Wertideen und (oder) Werte ernst!", „Erzieht in Übereinstimmung mit Werten!" oder „Erzieht zu Werten bzw. zu (richtigen) Wertungen oder Werthaltungen!" Diese Aufforderungen sind viel zu unbestimmt, um nach ihnen handeln zu können. Die Parole muß also interpretiert und konkretisiert werden, wenn sie für die Orientierung von Erziehern nützlich sein soll. Dabei treten Verständnisprobleme und Entscheidungsprobleme auf.

2.1. Verständnisprobleme

Das Wort „Wert" ist mehrdeutig[40], und diese Mehrdeutigkeit überträgt sich auch auf das Wort „Werterziehung". Es gibt für den Ausdruck „Wert" keine Verwendungsregel, an die sich alle halten – weder in der Alltagssprache noch in der Philosophie noch in den Wissenschaften.

Im Alltag sind mit dem Wort „Wert" sehr häufig einfach *Güter* gemeint, und zwar Güter aller Art, die als wertvoll geschätzt werden; alles, was Gegenstand einer Wertung sein kann, also Wertgegenstände oder Wertträger. Andere meinen jedoch nur eine Teilklasse der Güter: die normativen Kulturgüter wie Normen, Ideale, Leitideen, Grundsätze, sinngebende Glaubensinhalte, also *normative Orientierungsgüter*, vielfach auch „Orientierungswerte"[41] genannt. Für diese Sprachbenutzer sind „Werte" dasselbe wie „Normen" – häufig eingeschränkt auf *moralische* Normen, also auf die Wertklasse des sittlich Guten.

Im Gegensatz dazu wird im philosophischen Sprachgebrauch meistens zwischen Wert und Wertträger (Gut) sowie zwischen Wert und Norm unterschieden. Ein wertvoller Gegenstand, ein Gut, auch ein Kulturgut wie eine Norm oder ein Ideal *hat* Wert, aber *ist* kein Wert. Werte im Sinne des philosophischen Empirismus sind allgemeine Eigenschaften (Qualitäten, Attribute), die Wertträgern oder Gütern in

Wertungsvorgängen durch Wertbegriffe zugeschrieben werden wie z. B. „wahr", „sittlich gut", „schön", „nützlich", „gesund" usw. Sie sind abstrakte „begriffliche Gehalte", „ideelle Bedeutungseinheiten" oder *Kategorien*, in denen „die Art, in der etwas wertvoll sein kann, begrifflich gefaßt und differenziert" wird.[42] Es gibt jedoch unter den Philosophen auch Anhänger des Idealismus, die mit „Werten" nicht bloß Arten von Bewertungen oder Wertgesichtspunkte meinen, sondern ideale Objekte, an und für sich bestehende „*Wesenheiten*" im Sinne der platonischen Ideen „des Wahren", „des Guten", „des Schönen" usw.[43]

In der Psychologie und Soziologie versteht man unter „Werten" *Persönlichkeitseigenschaften* wie Einstellungen, Haltungen, Überzeugungen, Gesinnungen hinsichtlich jener Güter, die Menschen für sich positiv bewerten, und hinsichtlich der subjektiven Rangordnung dieser Güter. Es handelt sich also um psychische Dispositionen, um „Werteinstellungen", „Werthaltungen", „Wertüberzeugungen" oder subjektive „Wertorientierungen".[44] Jene Werteinstellungen, die besonders ich-nahe und besonders wichtig für das Selbstverständnis und die Lebensführung der Person sind, werden „*Gesinnungs-Einstellungen*" genannt.[45] Daneben wird aber in den Humanwissenschaften wie im Alltag beim Wort „Wert" auch an *Ziele (oder Zwecke) des Handelns*, an Inhalte des Strebens gedacht. In diesem Sinne sind in der Pädagogik manchmal Erziehungsziele gemeint, wenn von „Werten" gesprochen wird.[46]

Alle genannten Bedeutungen des Wortes „Wert" hängen natürlich mit unseren Werterlebnissen, mit dem Wertbewußtsein zusammen. *Werten* ist ein seelisches Grundphänomen.[47] Jeder Mensch wertet spontan und unaufhörlich. Wer erlebt und handelt, der wertet. „Im natürlichen Bewußtsein gibt es keine ganz wertfreie Einstellung zu den Dingen". „Unser Weltbild ist immer zugleich ein Wertbild".[48]

Wir haben nun die Hauptbedeutungen des Wortes „Wert" und den Begriff des Wertens kennengelernt. Je nachdem, welcher dieser Begriffe zugrundegelegt wird, bedeutet „Werterziehung" etwas anderes.

a. Wenn mit „Werten“ *Ziele* gemeint sind, in unserem Fall also *Erziehungsziele*[49], dann ist jede Erziehung „Werterziehung“ oder „wertorientierte Erziehung“[50], weil es keine Erziehung ohne Erziehungsziele gibt. Die Parole „Werterziehung“ ist dann bloß ein anderer Name für „Erziehung“ im Sinne einer *allgemeinen „Erziehungsziel-Erziehung*“ und somit überflüssig. Sinnvoll kann sie nur sein, wenn sie eine besondere erzieherische *Teil*aufgabe bezeichnet, die sich von anderen Teilaufgaben unterscheidet. Welche Teilaufgabe könnte gemeint sein?

Erzieherische Teilaufgaben ergeben sich aus den besonderen Anforderungen, denen die Menschen gewachsen sein müssen. Je reicher, komplizierter und unübersichtlicher die Kultur einer Gesellschaft ist, desto zahlreicher, schwieriger und spannungsreicher sind die Anforderungen an das Wissen und Können ihrer Mitglieder. Damit wird auch das Bild der Persönlichkeitseigenschaften, die für ein gutes Leben notwendig zu sein scheinen, reichhaltiger und differenzierter. Je mehr Teileigenschaften in das Ideal der Lebenstüchtigkeit[51] aufgenommen werden, desto mehr Teilaufgaben werden denen gestellt, die für die Erziehung der Kinder und Jugendlichen zur Lebenstüchtigkeit verantwortlich sind: den Eltern und den berufsmäßigen Erziehern. Jede erzieherische Teilaufgabe wird mit einem Namen benannt, der an die besondere kulturelle Anforderung erinnert, für deren Bewältigung die Erzieher ihre Schützlinge vorbereiten sollen. Beispiele dafür sind „Moralerziehung“, „Rechtserziehung“, „Spracherziehung“, „Berufserziehung“, „staatsbürgerliche Erziehung“, „Kunsterziehung“, „Medienerziehung“, „Gesundheitserziehung“ usw.

b. Moral, Recht, Sprache, Beruf, Staat, Kunst, Medien, Gesundheit usw. sind Güter. Wenn mit „Werten“ *Güter* gemeint sind, also alle Gegenstände, die Wert haben, dann bedeutet „Werterziehung“ Erziehung zum Wissen über Güter, zum sinnvollen Gebrauch, zur Aneignung oder zur Achtung von Gütern schlechthin. Das kann keine sinnvolle Erziehungsaufgabe sein, weil die Menge möglicher Güter unüberschaubar groß und viel zu verschiedenartig ist. Jeder Mensch kann davon nur eine relativ kleine Auswahl brauchen, kennen oder anstreben. Jene Güter, die für die Lebensführung der Person wie für das Gemeinwesen wichtig sind, werden seit jeher auch beim Erziehen berücksichtigt. Jede erzieherische Teilaufgabe ist um eine bestimmte Teilklasse von Gütern geordnet. Jeder Unterricht hat die Aufgabe, bestimmte Kulturgüter zu vermitteln[52] und in den Schülern Persönlichkeitsgüter wie Wissen und Können zu fördern. Für eine zusätzliche „Werterziehung" im Sinne einer *allgemeinen „Güter-Erziehung"* gibt es keine vernünftige Begründung.

c. Anders sieht es aus, wenn mit „Werten" nicht sämtliche Güter gemeint sind, sondern nur die kleine Teilmenge der *normativen Orientierungsgüter*. Darunter werden ideelle Kulturgüter verstanden, die Antworten auf Sollens-Fragen geben können: Wie soll das und das sein? Was sollen wir tun? Wie sollen wir handeln? Am wichtigsten sind unter diesen Orientierungsgütern die *moralischen Normen*.[53] Wenn sie gemeint sind, dann bedeutet „Werterziehung" nichts anderes als „moralische Erziehung" (auch „sittliche Erziehung" oder „ethische Erziehung" genannt[54]). Tatsächlich wird überwiegend an moralische Tugenden und moralische Pflichten (oder an „moralische Kompetenz"[55]) gedacht, wenn von „Werterziehung" die Rede ist.[56] In diesen Fällen ist die Parole „Werterziehung" viel zu umfassend und deshalb irreführend, weil aus der Gesamtmenge der „Werte" nur die Teilklasse der moralischen „Werte" berücksichtigt wird, ohne daß dies am Namen zu erkennen ist. Die Parole ist aber auch überflüssig, weil Moralerziehung (oder „sittliche Erziehung") seit jeher eine zentrale erzieherische Teilaufgabe ist und treffende Namen dafür bereits vorhanden sind.

d. Wenn mit „Werten" „zeitlose", „objektive", „absolute" *Wesenheiten* gemeint sind, die „unmittelbar evident" seien[57], dann kann „Werterziehung" zweierlei bedeuten. Erstens *Erziehung im Lichte der Wertideen*, d. h. grundsätzlich des *gesamten* „Wertreiches" bzw. *aller* Wertideen, die es gibt – nicht bloß der ethischen, sittlichen oder moralischen Werte[58], sondern auch der religiösen, rechtlichen, politischen, wirtschaftlichen, ästhetischen usw. Da praktisch „alles Seiende irgendwie ... unter Wertgesichtspunkte fällt“[59], ist *jede* Erziehung „Werterziehung“ in diesem Sinne. Unter dieser Voraussetzung kann es keine besondere erzieherische Teilaufgabe geben, die es rechtfertigt, die Parole „Werterziehung“ aufzustellen.[60] Zweitens kann aber auch gemeint sein: *Erziehung zur Fähigkeit der „Wertentdeckung“ durch emotionale apriorische „Wertschau“*[61] und zur Anerkennung des Geschauten *als* zeitlose, absolute Wertideen. Das wäre ein sehr fragwürdiges Vorhaben, aber auf jeden Fall müßte es genauer benannt werden als mit dem vieldeutigen Wort „Werterziehung“.

e. Wenn mit „Werten“ *Persönlichkeitseigenschaften* gemeint sind, dann bedeutet „Werterziehung“ *Erziehung zum Erwerb von Werteinstellungen, -haltungen, -überzeugungen.* Es geht hier um psychische Dispositionen, die das künftige Erleben und Handeln mitbestimmen: das Erleben so, daß aus den objektiv gegebenen Erlebensmöglichkeiten nur bestimmte Inhalte bewußt werden oder daß sie nur in bestimmter Weise bewertet erlebt werden; das Handeln so, daß aus den objektiv gegebenen Handlungsmöglichkeiten nur bestimmte Handlungen verwirklicht werden. Werteinstellungen haben also auswählende und steuernde Wirkungen auf das Wahrnehmen, Fühlen, Denken und Handeln.[62] Sie können sich wie die Wertungen auf alle möglichen realen und ideellen Gegenstände beziehen – auf Personen und Institutionen wie auf Gedanken, Normen, Symbole usw. Sie können zur Anerkennung oder zur Ablehnung von Gegenständen disponieren. Sie entstehen von selbst aus Erfahrungen, aber sie lassen sich zum Teil auch absichtlich herstellen und ändern. Sie sind natürlich von ganz unterschiedlichem Wert. Ohne Auswahl unter bestimmten Wertgesichtspunkten können Werteinstellungen als solche kein vernünftiges Ziel der Erziehung sein. „Werterziehung“ ist also auch dann, wenn unter „Wert“

Werteinstellungen verstanden werden, eine allzu unbestimmte Parole.

Es gehört jedoch zweifellos zur Erziehung, *wertvolle* oder *gute* Werteinstellungen zu fördern. Das ist aber keine besondere, an bestimmten kulturellen Anforderungen orientierte Erziehungsaufgabe, sondern eine ganz allgemeine und formale, auf die man nur durch Abstraktion von spezifischen inhaltlichen Aufgaben kommt. Diese allgemeine Aufgabe ist gewöhnlich auch gemeint, wenn „Persönlichkeitserziehung", „Charaktererziehung" oder „Gesinnungserziehung"[63] im Unterschied zur bloßen „Wissensvermittlung" oder zur rein „intellektuellen Erziehung" gefordert werden. Dabei wird ähnlich wie im Fall von „Wert" übersehen, daß die Worte „Persönlichkeit", „Charakter" und „Gesinnung" viel zu unbestimmt sind. Sie können alle möglichen Persönlichkeitsverfassungen, Charaktere und Gesinnungen bedeuten, nicht nur die wertvollen. Die wertvollen aber können ganz verschiedene Dispositionen umfassen, zu denen unmöglich pauschal erzogen werden kann, sondern nur differenziert nach besonderen Anforderungs-, Aufgaben- oder Sachbereichen.

f. Wenn nicht an „Werte", sondern an die psychischen *Akte des Wertens* gedacht wird, dann bedeutet „Werterziehung" „*Erziehung zum Bewerten*". Das ist ohne nähere Bestimmung kein sinnvolles Programm, weil jeder Mensch von selbst wertet und deshalb zum Bewerten an sich nicht erzogen werden muß. Nur wenn Wertungsgesichtspunkte eingeführt werden, nach denen die einzelnen Wertungsakte als gut, richtig oder vernünftig bzw. schlecht, unrichtig oder unvernünftig usw. bewertet werden, läßt sich eine Erziehungsaufgabe ausdenken wie „*Erziehung zur Fähigkeit zu klaren Bewertungen*"[64] oder „*zu vernünftigen Werturteilen*".

Das setzt natürlich voraus, daß man Wertungen nicht für rein emotionale (affektive) Vorgänge hält und für ihre rationalen (kognitiven) Komponenten blind ist.[65] Selbst dann handelt es sich aber weniger um eine besondere Erziehungsaufgabe als um einen formalen Gesichtspunkt, der bei *jeder* Art von Erziehung berücksichtigt werden kann. Es gibt keine optimale Bewertungs- oder Werturteilsfähigkeit im Allgemeinen und hinsichtlich aller möglichen Wertkategorien. Vernünftige Werturteile setzen Detailkenntnisse über die bewerteten Gegenstände voraus, die jeder nur für eine relativ kleine Auswahl von Gegenständen besitzen oder erwerben kann. Da alle Werturteile Güter (bzw. Übel) betreffen und da die Menge und Verschiedenheit möglicher Güter unüberschaubar groß ist, gilt das, was gegen die Möglichkeit einer allgemeinen „Güter-Erziehung" gesagt worden ist, auch für eine *allgemeine „Bewertungs-Erziehung"*. Andererseits ist jedoch eine *besondere* Bewertungserziehung, die sich auf eine *Auswahl* von Gütern und deren Bewertung *in bestimmter Hinsicht* beschränkt, durchaus vorstellbar.

Das *Ergebnis* dieser Bedeutungsanalyse der Worte „Wert" und „Werterziehung" lautet: Es gibt *mehrere* Begriffe der Werterziehung. Die meisten sind zu weit, um pädagogisch brauchbar zu sein. Unbrauchbar ist aber erst recht ein Sammelsuriums-Begriff der Werterziehung, der in verschwommenem Durcheinander *alle* Bedeutungen enthält, die ich unterschieden habe. Logisch haltbar können nur eindeutige Begriffe der Werterziehung sein, die sich auf Erziehungsziele beziehen, die im Prinzip vernünftig und erreichbar sind. Das trifft, soweit ich sehe, nur für zwei Begriffe zu: 1. für den Begriff einer *formalen Bewertungs-Erziehung*, bei der von der Vermittlung überindividueller Normen so weit wie möglich abgesehen wird; und 2. für den Begriff einer *materialen* (inhaltlichen) *Werteinstellungs-Erziehung*, die ausdrücklich auf die Vermittlung überindividueller Normen und deren Verinnerlichung abzielt. Beide Interpretationen der Parole „Werterziehung" werden vertreten. Man muß zwischen diesen beiden Begriffen wählen, weil sie verschiedene Inhalte mit ganz verschiedenen Konsequenzen haben. Damit kommen wir von den Verständnisproblemen zu den Entscheidungsproblemen.

2.2 Entscheidungsprobleme

Bei der „Werterziehung" geht es – wie bei jeder Erziehungsaufgabe – primär um die Entscheidung für bestimmte *Erziehungsziele* und ihre Rangordnung. Die Frage nach den Mitteln oder Methoden ist sekundär und kann erst behandelt werden, wenn die Ziele feststehen und klar sind. Unter einem Erziehungsziel versteht man das Ideal einer Persönlichkeitseigenschaft, die im Zu-Erziehenden durch Erziehung zu verwirklichen bezweckt wird.[66] Es handelt sich dabei immer um eine psychische Disposition, also nicht um aktuelles, flüchtiges Erleben oder Verhalten, sondern um eine Bereitschaft oder Neigung zu einem bestimmten Erleben und/oder Verhalten, um einen relativ dauerhaften Habitus, der zu einer bestimmten Art des Erlebens oder Verhaltens disponiert.[67]

Erziehungsziele sind die *Persönlichkeitsideale*, die in einer Gemeinschaft gelten. Sie sind nicht extra für Kinder und deren Erzieher zum Zweck der Erziehung erfunden worden, sondern sie gehören als Persönlichkeitsideale zu den normativen Orientierungsgütern der Erwachsenen – unabhängig von deren Pflicht zur Erziehung der jungen Generation. Das zu wissen ist unerläßlich, um die Bedeutung der *Kämpfe* zu verstehen, die für oder gegen die öffentliche Anerkennung bestimmter Erziehungsziele und ihrer Rangordnung geführt werden. Erziehungsziele dienen keineswegs bloß zur Orientierung von Erziehern, sondern sie erinnern auch alle Nicht-Erzieher an jenes Wissen und Können, an jene Wert-Überzeugungen und Tugenden, die in ihrem Lebenskreis als erstrebenswert gelten. Vor allem die *gesetzlichen* Erziehungsziele sind für jedes Gemeinwesen ein unentbehrliches Mittel, um bei seinen Mitgliedern das notwendige Mindestmaß an normativer Übereinstimmung zu sichern.[68]

Unter den Bedingungen des weltanschaulichen und moralischen *Pluralismus* ist diese Orientierungsleistung der Persönlichkeitsideale und Erziehungsziele nicht etwa überflüssig geworden, sondern nur viel schwieriger zu erreichen. Was heute Kulturkrise, Orientierungskrise, Sinnkrise, Wertkrise oder Wertunsicherheit genannt wird, ist weitgehend eine *Krise der*

Ideale – der Persönlichkeitsideale wie der Gesellschaftsideale. Wir stehen mitten im Ringen um Auswahl, Klärung und Anerkennung der Ideale, die für uns und unsere Kinder gelten sollen. Die Parole „Werterziehung" gehört zu diesem Ringen. Je nachdem, wie sie interpretiert und konkretisiert wird, erhalten verschiedene Ideale den Vorrang über andere mögliche Persönlichkeitsideale und Erziehungsziele. Vergleichen wir also die beiden konkurrierenden Werterziehungs-Begriffe nach Inhalt, Voraussetzungen und Konsequenzen.

a. Formale Bewertungs-Erziehung

Wird die Parole „Werterziehung" in diesem Sinne gedeutet, dann ist das maßgebende Erziehungsziel eine Persönlichkeitseigenschaft, die man auf den ersten Blick „*Bewertungsfähigkeit*" nennen könnte. Da jedoch jeder Mensch von Natur aus spontan bewertet und somit auch zur Bewertung fähig ist, wäre dieses Erziehungsziel – wie die Bedeutungsanalyse (2.1 f) ergeben hat – ohne wenigstens ein zusätzliches Merkmal nicht vernünftig. Ein sinnvolles Erziehungsziel kann nur die Fähigkeit sein, Bewertungen *guter Qualität* oder *kluge* Bewertungen auszuüben. Es handelt sich also um das Ideal der „*Bewertungstüchtigkeit*" (oder „*Bewertungskompetenz*").[69] Als Maßstäbe für gute Qualität des Bewertens gelten 1. Klarheit und 2. vernünftige Begründung bzw. Rechtfertigung mit Rücksicht auf die Konsequenzen und auf mögliche Alternativen samt deren Konsequenzen.[70] Da wir aus der Bedeutungsanalyse wissen, daß universale Bewertungstüchtigkeit hinsichtlich aller möglichen Wertkategorien kein erreichbares Ziel ist, muß noch ein weiteres eingrenzendes Merkmal hinzugefügt werden: es geht um die Bewertungstüchtigkeit *hinsichtlich jener Güter, die vom bewertenden Subjekt für die „eigene Lebensführung"*[71] *als wichtig angesehen werden.*

Dieses Erziehungsziel ist *formal*, weil es aus einer Disposition zum „Prozeß des Wertens" als solchem besteht. Seine Anhänger betonen ausdrücklich, daß sie „die Übermittlung eines ‚richtigen' Satzes von Werten" („the transmission of the

‚right' set of values") ablehnen. Sie behaupten, daß kein Lehrer „den ‚richtigen' Satz von Werten besitzt, der an anderer Leute Kinder zu übergeben ist". Wer inhaltliche „Werte" zu vermitteln versuche, betreibe „Wertindoktrination", also in ihren Augen etwas Schlechtes. Sie sind dagegen der Ansicht: „Jedes Individuum muß seine eigenen Werte finden." Deshalb ist „Werterziehung" für sie nur Hilfe zum Erwerb jener formalen „Fertigkeiten", die nötig sind, um mit dem „lebenslangen Prozeß der *Suche* nach einem geeigneten Satz" „persönlicher Werte" beginnen zu können.[72] Das Erziehungsziel umfaßt also neben der formalen Bewertungskompetenz auch noch eine formale *Güter-Such-Kompetenz* und – für den Fall, daß beim Suchen etwas „Geeignetes" gefunden wird – eine formale *Güter-Wahl-Kompetenz* oder *Entscheidungs-Kompetenz*.

Die formale Bewertungs-Erziehung hat also zum Ziel ein Gefüge formaler Persönlichkeitseigenschaften guter Qualität, die zu den psychischen Funktionen, Werkzeugen oder Hilfsmitteln gehören. Es sind Erkenntnis-, Gefühls- und Willensdispositionen, die auf alle möglichen Gegenstände gerichtet sein können. Ihr Kern besteht in der *Fähigkeit zur klugen Reflexion* über Werturteile, Wertgefühle und Werteinstellungen hinsichtlich jener Güter, die Menschen „zum guten und glücklichen Leben"[73] für wichtig halten. Das ist ein wesentliches Element des alten Ideals der *Klugheit*[74] und zugleich eine Variante des Ideals der *formalen Bildung*.[75] Es ist ein *Teil*ideal, das bei jeder Erziehung berücksichtigt werden muß, die auf Selbstbestimmungsfähigkeit, moralische Handlungsfähigkeit, sittliche Mündigkeit usw. gerichtet ist.

Das Ideal der formalen Bewertungs- und Entscheidungs-Kompetenz ist jedoch nur als *Teil*ideal im Zusammenhang mit anderen wichtigen Teilidealen sinnvoll. Es wird lebensfremd, wenn es auf Kosten aller inhaltlichen Ideale verabsolutiert und einseitig subjektivistisch und rationalistisch interpretiert wird. Das ist sehr häufig der Fall. In den erziehungspolitischen Kämpfen der Gegenwart werden *formale* Persönlichkeitsideale wie Emanzipiertsein, Selbstbestimmungsfähigkeit, Kritikfähigkeit usw. hauptsächlich dazu benutzt, materiale Persönlichkeitsideale wie Tugenden, Gesinnungen und Glaubensüberzeugungen abzuwerten oder sogar verächtlich zu machen. Sie sind ein gefährliches Mittel zur geistigen Entwaffnung jener Menschen, die an materiale Glaubensgüter gebunden sind und auch ihre Kinder dieser Bindung gemäß erziehen wollen. Gefährlich ist dieses Mittel, weil die formalen Persönlichkeitsideale in ihrer unbestimmten Abstraktheit an und für sich vernünftig und kaum widerlegbar sind. Als kritikbedürftig erweisen sie sich nur, wenn sie allein und uneingeschränkt propagiert und/oder einseitig interpretiert werden.

Tatsächlich ist das vorbehaltlose Eintreten für „formale Bewertungs-Erziehung“ überwiegend mit folgenden weltanschaulichen Ansichten gekoppelt. Als höchste Güter gelten Freiheit von Bindungen, die nicht selbst gewählt worden sind, und Selbstbestimmungsfähigkeit. Jeder kann und soll – ohne in der Kindheit auf vorgegebene Normen festgelegt worden zu sein – selbst erkennen und entscheiden, was für ihn gut ist. Maßstab dafür ist allein das Urteil der eigenen Vernunft. Der weltanschauliche und moralische Pluralismus unserer Kultur wird als Bestätigung dafür gedeutet, daß Wertungen und Wertrangordnungen subjektiv, relativ und willkürlich sind. Deshalb wird bestritten, daß es außer den Menschenrechten unbedingt verpflichtende normative Orientierungsgüter materialer Art gibt, zu deren früher Verinnerlichung als Gesinnungs-Einstellungen die Jugend erzogen werden soll. Glaube an Glaubensgüter, die nicht für jedermann rein rational begründbar sind, Liebe zu einer normativen Tradition und Autoritätsanerkennung in normativen Fragen gelten als vormodern, unaufgeklärt und dogmatisch. Skepsis hat Vorrang vor Glauben, Kritik vor Liebe, Wissenschaftsorientierung vor weltanschaulicher Orientierung, möglichst uneingeschränkte Wahlfreiheit vor Pflichtgesinnung.

Unter diesen Voraussetzungen wird das formale Ideal der Bewertungs- und Entscheidungskompetenz *subjektivistisch* (oder individualistisch) interpretiert: losgelöst von der normativen Kultur der eigenen Gesellschaft, mißtrauisch gegen alle vorgegebenen überindividuellen Normen, ablehnend gegen Institutionen und soziale Kontrolle. Zugleich wird es auch *rationalistisch* interpretiert: ohne Einsicht in die Unausweichlichkeit einer vorgegebenen Kultur mit ihren besonderen Normen; ohne Einsicht in die Unverfügbarkeit des Werdens der eigenen Persönlichkeit während der frühen Lebensjahre; ohne Einsicht in die Notwendigkeit der frühen Eingewöhnung (Habitualisierung) von Erlebnis- und Verhaltensweisen, die den kulturellen Normen entsprechen.[76] Durch diese einseitige Interpretation entsteht das Persönlichkeitsideal des skeptischen Individualisten, der alle sozial-kulturellen Anforderungen als „Zwänge" erlebt, die sein Ich zu überwältigen drohen und deshalb in Frage gestellt werden müssen. Es ist das utopische Ideal vom Menschen, der nicht bloß relativ, sondern absolut autonom ist. Eine formale Bewertungs-Erziehung, die ausschließlich an diesem Ideal orientiert ist, ist wirklichkeitsfremd und gefährlich. Sie ist weder mit dem Wohl der Zu-Erziehenden noch mit dem Gemeinwohl vereinbar.

b. Materiale Werteinstellungs-Erziehung

Wird die Parole „Werterziehung" in diesem Sinne gedeutet, dann ist damit die Aufgabe gemeint, zu bestimmten Werteinstellungen, Überzeugungen, Gesinnungen und Tugenden zu erziehen. Als Erziehungsziele gelten in diesem Fall Erlebnis- und Handlungsbereitschaften (psychische Dispositionen), die dazu disponieren, die vielerlei notwendigen und berechtigten Anforderungen zu erfüllen, die in den Gruppen einer Gesellschaft an ihre Mitglieder gestellt werden. Dabei wird vorausgesetzt, daß jeder Neuankömmling in dieser Welt in eine bestimmte Gruppe mit einer bestimmten Kultur eintritt, die ihm vorgegeben ist. Es wird angenommen, daß Lebenstüchtigkeit nur im Rahmen der eigenen Gruppe und ihrer Kultur erworben werden kann – nicht *gegen* die Gruppe und ihre Kultur; nicht *außerhalb* in einem sozial- und kultur*freien* Raum unbegrenzter Wahlmöglichkeiten, sondern wenn außerhalb der *angestammten* Gruppe und Kultur, dann nur im Rahmen einer *anderen* Gruppe und Kultur unter prinzipiell ähnlichen

Rahmenbedingungen. Jede Gruppe – sei es Familie, politische Gemeinde, Berufsgruppe, Religionsgemeinschaft oder Nation – besitzt normative Orientierungsgüter, die ihren Zusammenhalt und ihr Überdauern sichern. Es sind *materiale* Normen und Glaubenssätze, für die von ihren Mitgliedern selbstverständliche Zustimmung gefordert und erwartet wird. Das gilt natürlich auch für ihre jungen Mitglieder. Deshalb sind Werteinstellungen, die den geltenden gemeinsamen Idealen entsprechen, in jeder Gruppe zentrale Erziehungsziele. Es sind stets besondere inhaltliche (oder *materiale*) Erziehungsziele.

Die Erziehungsaufgabe, die auf diese Erziehungsziele gerichtet ist, wird häufig „Wertvermittlung" genannt. Gewiß kann man Normen und andere Glaubensgüter nicht so einfach vermitteln, überliefern oder weitergeben wie materielle Güter. Auch was man abkürzend „Verinnerlichung" von Normen und anderen Glaubensgütern nennt, ist ein äußerst komplizierter Vorgang, der von vielerlei Bedingungen abhängt. Wesentlich ist jedoch, daß es keine zur Selbsterhaltung gewillte Gruppe gibt, die darauf verzichtet, zu jenen spezifischen Werteinstellungen zu erziehen, die ihren Normen entsprechen. Nur eine zerfallende Gruppe, der ihre Zukunft gleichgültig ist, läßt ihren Nachwuchs ohne Werteinstellungs-Erziehung aufwachsen, wie es sich zufällig ergibt.

Werteinstellungs-Erziehung ist notwendig Erziehung zu *bestimmten Gesinnungen* auf Kosten anderer möglicher Gesinnungen.[77] Sie ist notwendig Erziehung zur inneren *Bindung an bestimmte Ideale* auf Kosten anderer möglicher Ideale. Für die Gemeinschaft als Erziehungsträger sind diese Gesinnungen – gemessen an der eigenen Wertordnung – *gute* Gesinnungen und diese Ideale *gute* Ideale. Jede Gruppe ist im Hinblick auf ihre normativen Orientierungsgüter *dogmatisch,* d. h. sie behandelt diese Güter als Glaubensgüter und verpflichtet ihre Mitglieder, sie anzunehmen und ihnen gemäß zu handeln.[78] Sie beschränkt sich zu ihrer Vermittlung nicht auf rationale Belehrung und „Diskurs"-Angebote, sondern sie wirkt über alle möglichen Kanäle unbeabsichtigt wie absichtlich vom ersten Lebenstage an auf alle seelischen Bereiche des heranwachsenden Menschen ein, hauptsächlich natürlich auf sein Werterleben und dessen emotionalen Kern. Aus kritisch-rationalistischer Sicht bezeichnet man das neuerdings abwertend als *„Indoktrination"*, also als Vermittlung einer „Doktrin", einer Summe von Glaubenssätzen auf eine Weise, die nicht nur den Intellekt anspricht, sondern alle seelischen Kräfte. Eine pauschale Abwertung von „Indoktrination" ist jedoch aus realistischer anthropologischer und historischer Sicht unhaltbar, weil die Vermittlung tragfähiger Gesinnungs-Einstellungen gar nicht anders gelingen kann als „dogmatisch", d. h. überzeugt von ihrem Wert, und „indoktrinierend", d. h. von kleinauf den ganzen Menschen ansprechend. Gewiß gehört es zum Ideal moralischer Mündigkeit, daß man über die Abhängigkeit von der Moral der eigenen Gruppe und vom Druck ihrer Sanktionen hinauskommt und nach universalen Maßstäben beurteilt und tut, was gut ist. Aber dieses Ziel kann im Lebensablauf nur auf dem Weg über die „dogmatische" Moral der Gruppe und ihre „indoktrinierende" Vermittlung erreicht werden – soweit es überhaupt erreichbar ist.

Wer sich sachlich ausdrücken will, wird allerdings die Worte „dogmatisch" und „indoktrinierend" wegen der negativen Assoziationen, die mit ihnen verbunden sind, nicht als Namen für Phänomene verwenden, die als wertneutrale Tatsachen zu erkennen sind. Auf keinen Fall sollte man sich jedoch das Wissen um die Unvermeidbarkeit dieser Phänomene und die erzieherische Nutzung dieses Wissens nehmen lassen. Das geschieht dann, wenn jemand aus Angst, moralisch angeschwärzt zu werden, gar nicht mehr prüft, ob das, was im politischen Kampf „Dogma" und „Indoktrination" genannt wird, tatsächlich so schlecht ist, wie behauptet wird. Die Schlagworte „dogmatisch" und „indoktrinierend" werden heute überwiegend als Kampfmittel gebraucht, um die Dogmen der Gegner herabzusetzen und Andersdenkende von der Anwendung wirksamer Erziehungsmethoden abzuschrecken. In Wirklichkeit gehen die Benutzer dieser sprachlichen Waffen im eigenen Lager auch „dogmatisch" und „indoktrinierend" vor, weil gar nicht anders vorgehen kann, wer von seinen

Idealen überzeugt ist und erzieherisch Erfolg haben will. Nur Utopisten und Anarchisten leugnen, daß gute Gesinnungen unentbehrlich sind und Werteinstellungs-Erziehung notwendig ist.

Angesichts der wirklichen Entstehungsbedingungen von Lebenstüchtigkeit ist es töricht, materiale Werteinstellungs-Erziehung in Bausch und Bogen als „konservativ", „entmündigend" oder „indoktrinierend"[79] abzustempeln. „Konservativ" kann höchstens die Erziehung zu einer bestimmten *Auswahl* von Werteinstellungen in einer bestimmten *Rangordnung* sein, aber niemals Werteinstellungs-Erziehung als solche. Deshalb wäre es auch irreführend, die Parole „Werterziehung" ohne nähere Bestimmung als pädagogisches Markenzeichen für nicht-sozialistische oder anti-sozialistische Gruppen zu beanspruchen. Akte des Wertens, durch Wertungen ausgezeichnete Güter, Wertrangordnungen und Werteinstellungs-Erziehung sind *universale* menschliche Phänomene. „Werte", „Grundwerte" und materiale „Werterziehung" werden in sozialistischen Gesellschaften genauso anerkannt und gefordert wie in sämtlichen anderen Gesellschaften.[80]

Darum sind weltanschauliche und politische Kategorien wie „progressiv"-„konservativ", „aufklärerisch"-„traditionalistisch", „links"-„rechts", „sozialistisch"-„christdemokratisch" usw. ganz unangebracht, solange es bloß um die allgemeine Frage geht: „Werterziehung oder nicht?" Außer kurzsichtigen Rationalisten bestreitet niemand, daß die *Sache,* die mit dem Namen „Werteinstellungs-Erziehung" gemeint ist, Zustimmung verdient. Differenzen und Konflikte zeigen sich erst, wenn es um die konkreten inhaltlichen Fragen geht: auf *welche* „Werte" (Ideale) und Werteinstellungen in *welcher* Rangordnung soll die Werterziehung gerichtet sein?

3. Erziehungsziele unter den Bedingungen des weltanschaulichen Pluralismus und Individualismus

Wir haben gesehen, daß „Werterziehung“ eine unklare und mißverständliche Parole ist, die jedoch vernünftig interpretiert werden kann: als Aufforderung, die Erziehung an den normativen Orientierungsgütern (oder Idealen) unserer Kultur auszurichten. Diese Kultur ist jedoch in religiöser, weltanschaulicher, moralischer, ästhetischer und politischer Hinsicht pluralistisch, d. h. uneinheitlich und widersprüchlich.

Der Pluralismus hat sich früher vorwiegend im Nebeneinander mehrerer Religions- und Weltanschauungsgemeinschaften geäußert. In jeder von ihnen haben die Mitglieder unter sich dank ihrer gemeinsamen Ideale relativ übereinstimmende Werteinstellungen besessen. Diesem Pluralismus großer Bekenntnisgruppen entsprach ein bekenntnisorientiertes Erziehungswesen. Inzwischen hat der Pluralismus der Gruppen an Bedeutung verloren gegenüber dem Pluralismus der Individuen. Heute wird den Menschen ihre normative Orientierung weniger durch geschlossene werteinheitliche Glaubensgemeinschaften vermittelt als durch unzählige verschiedenwertige Einflußquellen einer offenen individualistischen Gesellschaft.[81] Sie können von öffentlichen Institutionen nur sehr begrenzt gesteuert und kontrolliert werden. Es besteht ein großer Freiraum für persönliche Entscheidungen, aber auch ein großer Spielraum für zufällige Einflüsse auf die individuelle Wertorientierung.

„Werterziehung“ ist das Bemühen, es so wenig wie möglich dem Zufall zu überlassen, ob Kinder und Jugendliche eine hinreichende normative Orientierungssicherheit erwerben. Das kann bei realistischer Betrachtung nur ein Werteinstellungs-Gefüge sein, das zum sinnvollen und sozialverantwortlichen Leben unter den Bedingungen einer pluralistischen Gesellschaft befähigt. Es ist nicht Aufgabe der Erzieher, für die Überwindung des weltanschaulichen Pluralismus zu arbeiten, sondern sie haben ihre Schützlinge für das Leben unter pluralistischen Verhältnissen mit ihren Chancen und Gefahren auszurüsten.

Betrachtet man Lebenstüchtigkeit als das umfassendste Erziehungsziel, dann geht es bei der Werterziehung hauptsächlich um die weltanschaulich-religiöse und um die moralische Seite der Lebenstüchtigkeit. In der Sprache der Deklaration der Vereinten Nationen über die Rechte des Kindes[82] ausgedrückt: um das „spirituelle" und das moralische Wohl der Zu-Erziehenden. *Werteinstellungs-Erziehung ist im wesentlichen weltanschauliche und moralische Erziehung.* Ihre Ziele sind weltanschauliche und moralische Gesinnungs-Einstellungen.

Ich schließe hier in den Begriff der weltanschaulichen Erziehung die religiöse Erziehung ein, weil es in beiden Fällen um Glaubensüberzeugungen[83], Bekenntnis[84] und Sinnfindung oder Sinngebung geht. Dem entspricht auch, daß „Wertorientierung als Erziehungsauftrag" häufig mit „Sinnorientierung" identifiziert wird[85], „Wertvermittlung" mit „Sinnvermittlung"[86], „Werterziehung" mit Hilfe zur „Sinnfindung".[87] *Es geht jedenfalls um mehr als nur um moralische Erziehung.* Alle normativen Orientierungsgüter haben weltanschauliche Grundlagen, und deshalb ist die Krise der Wertorientierung letztlich eine weltanschaulich-religiöse Krise. „Das wahre Problem des Modernismus ist das Glaubensproblem".[88]
Dieses Problem kann in unserer pluralistischen Gesellschaft sicher nicht für alle Menschen in gleicher Weise gelöst oder – wenn unlösbar – wenigstens erträglich gemacht werden. Deshalb ist auch eine für alle gleichartige Werterziehung unmöglich. Sinnvoll läßt sich Werterziehung nur abgestuft leisten: nach der Gruppenzugehörigkeit der Zu-Erziehenden und nach den unterschiedlichen Erziehungsaufgaben der verschiedenen Erziehungsträger.

Auszugehen ist von der Person des Kindes in seiner konkreten gesellschaftlich-kulturellen Lage und von der Verantwortung seiner *Eltern* für seine *gesamte* Erziehung. Der Staat ist demgegenüber nur für Teilbereiche der Erziehung zuständig. Er kann durch die Lehrer seiner Schulen für die weltanschaulich-religiöse Seite der Lebenstüchtigkeit wenig tun, weil er in weltanschaulichen und religiösen Angelegenheiten zur Neutralität verpflichtet ist.[89] Auch in umstrittenen moralischen Angelegenheiten ist den Lehrern Zurückhaltung geboten.[90] Sie sind eng mit weltanschaulichen und religiösen Überzeugungen verknüpft und deshalb den Eltern vorbehalten. In der Europäischen Menschenrechtskonvention[91] wie in den Internationalen Menschenrechtspakten der Vereinten Nationen[92] und in davon inspirierten modernen Staatsverfassungen[93] wird den Eltern zugesichert, daß auch in den Schulen „die religiöse und moralische Erziehung ihrer Kinder in Übereinstimmung mit ihren eigenen Überzeugungen" erfolgen soll.[94] „Die religiösen und weltanschaulichen Grundsätze . . ., nach denen die Erziehungsberechtigten ihre Kinder erzogen haben wollen", dürfen zumindest nicht „verletzt werden".[95]

Das setzt freilich zweierlei voraus: 1. daß die Eltern tragfähige weltanschaulich-religiöse und moralische Überzeugungen haben; 2. daß sie auch gewillt sind, die weltanschaulich-religiöse und moralische Erziehung ihrer Kinder – gestützt von größeren Gruppen gleicher Gesinnung – in erster Linie selbst zu leisten. Nur wenn die Kinder tatsächlich durch ihre Eltern weltanschaulich-religiös und moralisch festgelegt und geführt werden, ist es vernünftig, von den Lehrern der öffentlichen Schulen zu fordern, auf diesen Umstand Rücksicht zu nehmen. Man kann jedoch heute nicht mehr selbstverständlich damit rechnen, daß diese Voraussetzungen gegeben sind. Die vielbeklagte Wertunsicherheit ist ja vor allem weltanschaulich-religiöse und moralische Unsicherheit. Von der Skepsis gegenüber Glaubensgütern sind gerade die weltanschaulich-religiösen und moralischen Ideale der Eltern betroffen, die als Erziehungsziele notwendig wären, um die Pflicht zur weltanschaulich-religiösen und moralischen Erziehung erfüllen zu können. Man denke zum Beispiel an den Rückgang des Glaubens an Gott und an ein Fortleben nach dem Tode; an die Tendenz zur Umdeutung der christlichen Religion in eine areligiöse Soziallehre mit pseudo-religiösem Vokabular; an das Schwanken zwischen Lust-Maximierung und Verzichtbereitschaft, Selbstdurchsetzung und Selbstbeschränkung, Privatisieren und Gemeinschaftspflichten als Orientierungsnormen usw.

Was unsere wertunsichere Gesellschaft als Ganzes kennzeichnet – die soziale Vereinzelung, die Individualisierung der Ideale und der Lebensstile, der beliebige Austausch normativer Orientierungsgüter – ist natürlich auch unter den Eltern anzutreffen. Deshalb kann sich die Gesellschaft für die moralische Erziehung des Nachwuchses nicht allein auf die Eltern verlassen – so grundlegend und vorrangig ihr Beitrag auch sein könnte und sein sollte. Die Eltern brauchen moralische Unterstützung und erzieherische Ergänzung.

Zur *moralischen Unterstützung* gehört es, sie zu ermutigen, ihre eigenen normativen Überzeugungen zu klären und entschlossen nach ihnen zu leben. Von wertunsicheren Eltern ist für die Werterziehung ihrer Kinder wenig zu erwarten. Viele Eltern sind zwar bereit, sich an Ideale zu binden und nach ihnen zu werten und zu handeln, aber sie werden gehemmt durch falsche Vorstellungen von Toleranz. Sie verwechseln Toleranz mit Gesinnungslosigkeit, moralischer Gleichgültigkeit und unkritischem Gewährenlassen. Toleranz ist ein lebenswichtiges praktisches Ideal für den Umgang mit Menschen, aber kein theoretisches Ideal für die Wahl zwischen Gedanken und Glaubensüberzeugungen.[96] Bei dieser Wahl geht es um die Wahrheit der Gedanken und um Gründe für den Wert der Überzeugungen.[97] Falsche Gedanken und schlecht begründete Überzeugungen verdienen nicht jene Achtung, die wir nur Mitmenschen schulden.

Die meisten Eltern fühlen sich heute durch bloße moralische Traditionen der Gruppen, denen sie angehören, nicht mehr im Gewissen gebunden, und sie erkennen auch keine moralischen Autoritätsträger mehr an. Viele haben daraus jedoch noch nicht die notwendige Konsequenz gezogen, in weltanschaulich-religiösen und moralischen Fragen selbst zu denken und vernünftig begründet zu entscheiden. Sie lassen die für das eigene und das fremde Glück wichtigsten Lebensfragen ungeklärt und unentschieden. Sie leben überangepaßt an zufällige zeitgeistige Moden in Selbsttäuschungen und normativer Heuchelei. Durch ihre eigene Wertunsicherheit bringen sie ihre Kinder ungewollt in Gefahr, ohne gute Wert-Einstellungen zu bleiben und moralische Nihilisten zu werden.

In dieser Lage war es kaum zu umgehen, den Anteil der *Schulen* an der Gesamterziehung der Kinder um sozialmoralische Erziehungsaufgaben zu erweitern. Es ist kein Zufall, daß „Werterziehung" bisher fast durchwegs als eine schulische Erziehungsaufgabe für Lehrer verstanden wird und sich auf staatsbürgerliche Erziehung konzentriert.[98] Das ist zwar einseitig und kurzsichtig, aber es drückt jedenfalls den erziehungspolitischen Willen aus, dem Volk das notwendige Mindestmaß an gemeinsamen normativen Orientierungsgütern zu erhalten. Neben der Rechtsordnung sind die Schulen das wichtigste Mittel, das ein Staat dazu hat. Sie sind nicht bloß Dienstleistungsbetriebe zugunsten privater Interessen an Ausbildung und Aufstieg. Sie haben zugleich auch öffentlichen Interessen zu dienen: der Pflege der kulturellen Einheit und des moralischen Grundkonsenses der Nation. Je mehr die weltanschaulich-religiöse Differenzierung und Individualisierung, die Unübersichtlichkeit der Kultur und die Polarisierung zwischen Glaubensgemeinschaften zunehmen, desto wichtiger werden die öffentlichen Schulen als Pflegestätten der gemeinsamen Orientierungsgüter und ihrer Vermittlung an die nächste Generation.

Zu diesen Orientierungsgütern gehören aber nicht nur moralische Normen, sondern alle „außerwissenschaftlichen Sinnmächte" von der Muttersprache über klassische Literatur, Kunst und Geschichtsbild bis zu philosophischen Weisheitslehren und religiösen Mythen, also das ganze „Besitztum des sittlichen Gemeingeistes".[99] Eine „Werterziehung", die sich nur auf die Anleitung zu universalisierbaren[100] moralischen Urteilen beschränken würde, wäre viel zu eng, weil die normative Orientierung der Menschen aus zahllosen außermoralischen Quellen gespeist wird, die traditionsabhängig sind.

Deshalb setzt materiale Werterziehung voraus, daß die Jugend mit der Tradition der „Lebenssinndeutung"[101] ihrer Kultur genügend vertraut ist. Das wäre in unserer pluralistischen Gesellschaft mit ihrer überreichen Kultur ausgeschlossen, wenn die Schulen aufhören würden, „einen gewissen *Kanon des Klassischen* zu übermitteln".[102] Natürlich ist dieser

Kanon umstritten und muß laufend überprüft, von Veraltetem entlastet und mit Neuem angereichert werden. Aber ohne den Mut zur Auswahl eines (relativ) dauerhaft gültigen Kerns maßgeblicher Kulturgüter als schulische Lehrgüter ist keine Allgemeinbildung zu haben, die das notwendige Minimum an gemeinsamer Wertorientierung ermöglicht.[103] Ein eigenes Fach für „Ethik" oder „Werte und Normen"[104] kann den breiten wertbestimmten „Kulturumblick"[105], der zur Werterziehung nötig ist, nicht bieten, sondern muß ihn voraussetzen. Die gemeinsamen Gesinnungs-Einstellungen, auf die schulische Werterziehung zielt, sind Teilideale des Ideals der Allgemeinbildung, d. h. der für alle erforderlichen Grundbildung.[106]

Für das im Schulwesen geltende allgemeine Persönlichkeitsideal und seine Teilideale sind das Volk und die von ihm gewählte Volksvertretung verantwortlich. Was zu diesem Ideal gehört, wird unter dem Namen „Erziehungsziele" umrißhaft in den Schulartikeln der Verfassungen – soweit vorhanden[107] – und detaillierter in den Schulgesetzen bestimmt. Werterziehung in der Schule muß an den gesetzlichen Erziehungszielen orientiert sein. Das wäre einfach, wenn diese Ziele genügend klar, vollständig, informationsreich und wirklichkeitsnah wären. Das ist jedoch nicht durchwegs der Fall. Die Erziehungsziele der Landesverfassungen, auf die sich die der Schulgesetze hauptsächlich stützen, sind zwischen 1946 und 1953 unter ganz anderen Verhältnissen festgelegt worden als wir heute haben. Sie sind teilweise unklar, logisch ungeordnet, unvollständiger als vertretbar, informationsarm und wirklichkeitsfern.

Die zweite Quelle, auf die sich die Erziehungszielangaben neuerer Schulgesetze stützen, ist eine Erklärung der Ständigen Konferenz der Kultusminister vom 25. 5. 1973 „Zur Stellung des Schülers in der Schule", die zwar wortreich, aber inhaltsarm bis -leer ist. Als Beispiel für Informationsleere sei daraus die für unser Thema zentrale Norm zitiert: „Die Schule soll . . . ethische Normen sowie kulturelle und religiöse Werte verständlich machen".[108] Im Bayerischen Schulgesetz von 1982 lautet sie nur geringfügig weniger vage: „Die Schulen haben ... die Aufgabe, ... zur Anerkennung kultureller und religiöser Werte zu erziehen".[109] Das bedeutet: zur Anerkennung sämtlicher kultureller und religiöser Güter ohne Unterschied, ohne Auswahl, ohne Rangordnung – es bedeutet also praktisch: nichts.

Bei diesem Mangel an Zielklarheit in den Schulgesetzen wäre es nötig, die gesetzlichen Erziehungsziele zu überarbeiten. Dabei müßte man sich auf das *gesellschaftliche Grundideal* konzentrieren: auf das Minimum jener Persönlichkeitseigenschaften, die zu einem lebenstüchtigen sozialverantwortlichen Menschen gehören und deshalb von jedem Bürger erworben werden sollen.[110] Bei aller Achtung vor gruppenspezifischen Sonderidealen und privatem „Selbstverwirklichungs"-Streben[111] müssen die öffentlichen Schulen primär für die gemeinschaftsverpflichteten und staatserhaltenden Werteinstellungen sorgen.

Wer heute eine solche zeitgemäße Reform der gesetzlichen Erziehungsziele vorschlägt, stößt auf folgenden Einwand: es sei einstweilen besser, die geltenden unvollkommenen Normen nicht anzutasten, weil sonst die Menge konsensfähiger und zugleich gehaltvoller Erziehungsziele noch kleiner werden würde als sie derzeit – wenigstens verbal – ist. Dieser Einwand stützt sich darauf, daß in unserer Gesellschaft tatsächlich eine Polarisierung der individuellen Wertorientierungen besteht und der normative Grundkonsens rückläufig ist.[112] Man denke nur an die unterschiedliche Bewertung von Ehe und Familie und deren Schutz durch den Staat, von nationaler Einheit und multikultureller Gesellschaft, von Wirtschaftswachstum und Wohlstandsmehrung einerseits, der Notwendigkeit von Selbstbeschränkung, Vereinfachung und Verzicht andererseits usw. In diesen und vielen anderen zentralen Wertfragen ist es natürlich bequemer, die Entscheidungen hinauszuschieben und Schein-Kompromisse zu suchen, statt um einen glaubwürdigen Grundkonsens zu ringen, der den Menschen bei ihrer normativen Orientierung wirklich hilft.

Diese verständliche Scheu vor Entscheidungen über die zukunftsbestimmenden Ideale und ihre Rangordnung ist charakteristisch für eine wertunsichere Gesellschaft. Wir werden sie überwinden müssen, wenn die Nation ohne Schaden überleben soll. Es wäre aber allzu einfach, die Verantwortung für die Lösung der Wertkrise den Schulgesetzgebern, den Schulen und ihren Lehrern zuzuschieben. Es wäre naiv, von „Werterziehung" zu erwarten, daß sie an den Kindern gutmachen kann, was die Erwachsenen versäumt haben. Die Erziehung folgt der normativen Erneuerung der Gesellschaft nach, aber sie kann sie nicht hervorbringen. Deshalb besteht der Nutzen der Parole „Werterziehung" hauptsächlich darin, die erwachsenen Bürger anzuregen, sich auf die gemeinsamen Ideale zu besinnen und sie im Leben ernst zu nehmen. Ihr gutes Beispiel ist und bleibt das wirksamste Mittel, der jungen Generation bei der Wertorientierung zu helfen.

Erweiterte Fassung eines Vortrages, gehalten am 29. 10. 1989 in Berlin bei der Konferenz der Politischen Akademie der Konrad-Adenauer-Stiftung über „Bildung und Erziehung: Grundlage humaner Zukunftsgestaltung".

Anmerkungen

1 Vgl. W. Brezinka: Metatheorie der Erziehung. Eine Einführung in die Grundlagen der Erziehungswissenschaft, der Philosophie der Erziehung und der Praktischen Pädagogik (^{4}1978) 92.

2 Vgl. F. O. Schmaderer (Hrsg.): Werterziehung. Der Erziehungsauftrag der Schule unter dem Aspekt der Wertorientierung, Wertvermittlung und Wertverwirklichung (1978); K. Breslauer: Wertvermittlung in der Grundschule, in: K. Breslauer/H. Hacker/D. Poschardt (Hrsg.): Werterziehung als Auftrag der Schule (1978) 166 ff.; P. Franke/F. Kopp: Werterziehung in der Schule (1978); C. Günzler: Ansatzpunkte und Methoden der Werterziehung in Elternhaus und Schule. Lehren und Lernen 4 (1978), Heft 8, 21 ff.; C. Günzler/G. M. Teutsch: Erziehen zur ethischen Verantwortung (1980); H. Bath: 30 Thesen zur Erziehungs- und Bildungsaufgabe der Schule. Der Tagesspiegel, 5. 2. 1980; Nachdruck: Wirtschaft und Erziehung (1980) 204 ff.; H. Bath: Bemerkungen zur heutigen Erziehungsproblematik. Die Realschule 89 (1981) 202 ff.; H. Bath: Zur Erziehungsaufgabe der Schule – eine notwendige Besinnung, in: Katholische Elternschaft Deutschlands, Landesverband Hessen (Hrsg.): Familie und Schule im Spannungsfeld moderner Bildungstheorien (1983) 29 ff.; K. G. Zenke, Zur Be-

deutung der Werterziehung für die demokratische Schule. Die Deutsche Schule 72 (1980) 586 ff.; H. Wollenweber: Werterziehung als Aufgabe des öffentlichen Schulwesens. Die Realschule 90 (1982) 237 ff.; D.-J. Löwisch: Staatsschule und Werterziehung. Vierteljahrsschrift für wissenschaftliche Pädagogik 58 (1982) 20 ff.; W. Kramer: Werterziehung in einer pluralistischen Gesellschaft (1982); L. Mauermann: Theorien und Methoden der Werterziehung in der Schule – ein kritischer Überblick. Pädagogische Welt 36 (1982) 472 ff. und 487 ff.; W. Tröger: Voraussetzungen und Aufgaben einer Werterziehung in der Schule. Vierteljahrsschrift für wissenschaftliche Pädagogik 58 (1982) 49 ff.; G. Gonschorek: Demokratische Schule und Werterziehung. Zu einigen Ansätzen von „Wert- und Moralerziehung" in der Schule. Sozialwissenschaftliche Informationen für Unterricht und Studium 11 (1982) 216 ff.; M. Böhm: Konservative Werterziehung (1986). – Der *Terminus* „Werterziehung" findet sich – allerdings ohne theoretische Fundierung – bereits bei L. Bopp: Die erzieherischen Eigenwerte der katholischen Kirche (1928) 528: „die Werterziehung der Kirche", verstanden als „Erziehung zur Religion" und „Erziehung durch Religion".

3 W. Brezinka: Erziehung in einer wertunsicheren Gesellschaft. Beiträge zur Praktischen Pädagogik ([2]1986).

4 Zur Bedeutungsgeschichte vgl. J. und W. Grimm: Deutsches Wörterbuch (1984), Bd. 29, 460 ff.

5 Vgl. O. Kraus: Die Werttheorien. Geschichte und Kritik (1937); W. H. Werkmeister: Historical Spectrum of Value Theories. Volume I: The German-Language Group. Volume II: The Anglo-American Group (1970 und 1973).

6 Vgl. M. Scheler: Der Formalismus in der Ethik und die materiale Wertethik ([4]1954); N. Hartmann: Ethik ([2]1935). Zur Geschichte und Kritik vgl. M. Wittmann: Die moderne Wertethik historisch untersucht und kritisch geprüft (1940); V. Kraft: Einführung in die Philosophie ([2]1967) 91 ff.; E. Topitsch: Kritik der phänomenologischen Wertlehre, in: H. Albert/E. Topitsch (Hrsg.): Werturteilsstreit (1971) 16 ff.

7 Vgl. E. Dürr: Einführung in die Pädagogik (1908) 36 ff.; G. Grunwald: Philosophische Pädagogik (1917) 37 ff.; J. Wagner: Pädagogische Wertlehre (1924); W. Kammel: Einführung in die pädagogische Wertlehre (1927); S. Behn: Philosophie der Werte als Grundwissenschaft der pädagogischen Zieltheorie (1930).

8 Vgl. A. Messer: Pädagogik der Gegenwart ([2]1931) 25 ff.

9 Vgl. R. Hauser: Wertpädagogik, in: Lexikon der Pädagogik der Gegenwart, Bd. 2 (1932) 1288 ff.; J. B. Lotz: Wertphilosophie und Wertpädagogik. Zeitschrift für katholische Theologie 57 (1933) 1 ff.; K. Wolf: Wertlehre, Wertpädagogik, in: Lexikon der Pädagogik, Bd. IV (1955) 955 ff. Als (negatives) Beispiel vgl. F. X. Eggersdorfer: Jugenderziehung (1962) 170 ff. Positive Beispiele fehlen.

10 K. Wolf (Anm. 9) 957; ähnlich J. B. Lotz (Anm. 9) 1: „Die Pädagogik der Gegenwart steht im Zeichen des Wertgedankens."

11 Symptomatisch dafür G. Kerschensteiner: Theorie der Bildung ([3]1931), besonders 58 ff.

12 Vgl. J. B. Lotz (Anm. 9) 2.

13 Vgl. C. Kluckhohn: Werte und Wert-Orientierung in der Theorie vom Handeln. Eine Betrachtung über Definition und Klassifikation, in: C. A. Schmitz (Hrsg.): Kultur (1963) 321 ff.; V. J. Willi: Grundlagen einer empirischen Soziologie der Werte und Wertsysteme (1966); J. Friedrichs: Werte und soziales Handeln (1968); R. Lautmann: Wert und Norm (1969); P. Keiler: Wollen und Wert. Versuch der systematischen Grundlegung einer psychologischen Motivationslehre (1970); M. Rokeach: The Nature of Human Values (1973); O. Engelmayer: Einführung in die Wertpsychologie (1977); W. Eichhorn/E. Hahn/F. Rupprecht (Hrsg.): Wertauffassungen im Sozialismus (1980).

14 Vgl. J. E. Heyde: Wert. Eine philosophische Grundlegung (1926); V. Kraft: Die Grundlagen einer wissenschaftlichen Wertlehre (^{2}1951); P. W. Taylor: Normative Discourse (1961); Z. Najder: Values and Evaluations (1975).

15 A. Toffler: Future Shock (1970) 264 ff., 344 ff., 316 ff.

16 a. a. O., 416 ff. Als Indiz für seinen Einfluß auf die US-amerikanische „Werteerziehung" vgl. auch das Interview mit Toffler in A. S. Alschuler (Hrsg.): Values Concepts and Techniques. Revised Edition (1982) 268 ff.

17 A. Toffler (Anm. 15) 417. Als frühe Kritik dieser Praxis und ihrer negativen Folgen vgl. W. Köhler: The Place of Value in a World of Fact (1938); deutsch: Werte und Tatsachen (1968) 23 f.

18 L. E. Raths/M. Harmin/S. B. Simon: Values and Teaching. Working with Values in the Classroom (1966); deutsch: Werte und Ziele. Methoden zur Sinnfindung im Unterricht (1976) 55 ff.

19 M. Silver: Values Education (1976) 7. Vgl. auch D. P. Superka/Ch. Ahrens/J. E. Hedstrom: Values Education Sourcebook (1976); A. S. Alschuler (Anm. 16); L. Mauermann: Ethische Grundlagen aktueller angloamerikanischer Erziehungskonzepte, in: C. Günzler u. a.: Ethik und Erziehung (1988) 146.

20 Zur Kritik vgl. u. a. D. W. Oliver/M. J. Bane: Moral education: is reasoning enough?, in: C. M. Beck/B. S. Crittenden/E. V. Sullivan (Hrsg.): Moral Education (1971) 252 ff.; L. Mauermann: Methoden der Wertklärung nach dem Ansatz von Raths, Harmin und Simon – Darstellung und Kritik, in: L. Mauermann/E. Weber (Hrsg.): Der Erziehungsauftrag der Schule. Beiträge zur Theorie und Praxis moralischer Erziehung unter besonderer Berücksichtigung der Wertorientierung im Unterricht (1978) 210 ff.; W. Edelstein: Moralische Intervention in der Schule. Skeptische Überlegungen, in: F. Oser/R. Fatke/O. Höffe (Hrsg.): Transformation und Entwicklung. Grundlagen der Moralerziehung (1986) 327 ff.

21 Vgl. z. B. C. M. Beck u. a. (Anm. 20).

22 Vgl. C. Günzler/G. M. Teutsch (Anm. 2) 17 ff.

23 Vgl. J. Isensee: Die verdrängten Grundpflichten des Bürgers. Die öffentliche Verwaltung 35 (1982) 609 ff.; zur verfassungsrechtlichen Problematik P. Badura: Grundpflichten als verfassungsrechtliche Dimension. Deutsches Verwaltungsblatt 97 (1982) 861 ff.; H. Bethge: Grundpflichten als verfassungsrechtliche Dimension. Neue Juristische Wochenschrift 35 (1982) 2145 ff.; V. Götz: Grundpflichten als verfassungsrechtliche Dimension. Veröffentlichungen der Vereinigung der Deutschen Staatsrechtslehrer 41 (1983)

7 ff.; H. Hofmann: Grundpflichten als verfassungsrechtliche Dimension. Veröffentlichungen der Vereinigung der Deutschen Staatsrechtslehrer 41 (1983) 42 ff.

24 H. Maier: Kulturpolitik. Reden und Schriften (1976) 52 ff.

25 Vgl. Mut zur Erziehung. Beiträge zu einem Forum am 9./10. Januar 1978 (1978).

26 Ursprünglich ein Buchtitel von Ch. Meves: Mut zum Erziehen. Erfahrungen aus der psychologischen Praxis (1970).

27 Vgl. W. Brezinka: Die Pädagogik der Neuen Linken. Analyse und Kritik (^{6}1981); W. Brezinka (Anm. 3) 32 ff.

28 Vgl. u. a. H.-U. Evers: Die Befugnis des Staates zur Festlegung von Erziehungszielen in der pluralistischen Gesellschaft (1979); P. Häberle: Erziehungsziele und Orientierungswerte im Verfassungsstaat (1981); W. Brezinka (Anm. 3) 68 ff.

29 R. Löwenthal: Gesellschaftswandel und Kulturkrise. Zukunftsprobleme der westlichen Demokratien (1979) 35 f. Das Zitat stammt von K. Marx; Die Frühschriften, herausgegeben von S. Landshut (1971) 340 aus dessen 3. These über Feuerbach. Vgl. auch R. Löwenthal: Die Grundwerte des Westens. Ihre Bedeutung für den einzelnen und für die Gemeinschaft, in: O. Kimminich (Hrsg.): Was sind Grundwerte? Zum Problem ihrer Inhalte und ihrer Begründung (1977) 45 ff.

30 Vgl. H. Bath (Anm. 2).

31 Vgl. D. Benner u. a.: Entgegnungen zum Bonner Forum „Mut zur Erziehung" (1978); G. M. Rückriem: Erziehung „zwischen" Pluralismus und Wertorientierung? Zur Diskussion der 30 Thesen des Berliner Landesschulrates Herbert Bath zur Erziehungs- und Bildungsaufgabe der Schule. Demokratische Erziehung 6 (1980) 398 ff.

32 Zur Entstehungsgeschichte vgl. M. Spieker: Grundwerte und Menschenbild. Schriftenreihe der Fördergemeinschaft für Schulen in freier Trägerschaft e. V. „Pädagogik und freie Schule" 14 (1979) 3 ff.; als Dokumentation G. Gorschenek (Hrsg.): Grundwerte in Staat und Gesellschaft (1977).

33 Vgl. Th. Nipperdey: Konflikt – Einzige Wahrheit der Gesellschaft? Zur Kritik der hessischen Rahmenrichtlinien (1974); H. Lübbe: Unsere stille Kulturrevolution (1976).

34 Vgl. H. Geissler (Hrsg.): Der Weg in die Gewalt. Geistige und gesellschaftliche Ursachen des Terrorismus und seine Folgen (1978).

35 Vgl. P. Hofstätter: Wie Gewalt entsteht und wohin sie führen kann, in: H. Geissler (Anm. 34) 170 f.

36 R. Herzog: Die geistige Befestigung des freiheitlichen Rechtsstaates, in: H. Geissler (Anm. 34) 219.

37 H. Klages: Wertorientierungen im Wandel (1984) 17 ff.; H. Klages: Wertedynamik. Über die Wandelbarkeit des Selbstverständlichen (1988) 48 ff.; W. Brezinka (Anm. 3) 116 ff.

38 Vgl. neben G. Gorschenek (Anm. 32) auch O. Kimminich (Anm. 29); K. Bayertz/H. H. Holz: Grundwerte. Der Streit um die geistigen Grundlagen der Demokratie (1978); H. Geissler (Hrsg.): Grundwerte in der Politik. Analysen und Beiträge zum Grundsatzprogramm der Christlich De-

mokratischen Union Deutschlands (1979); Grundwerte und Gottes Gebot. Gemeinsame Erklärung des Rates der Evangelischen Kirche in Deutschland und der Deutschen Bischofskonferenz (1979).

39 A. v. Campenhausen: Rechtsbewußtsein und schulischer Erziehungsauftrag. bildung real 27 (1983), Heft 1/2, 17

40 Vgl. R. Lautmann (Anm. 13); K. Baier: What is value? An analysis of the concept, in: K. Baier/N. Rescher (Hrsg.): Values and the Future (1969) 33 ff.; Ch. und O. Weinberger: Logik, Semantik, Hermeneutik (1979) 148 ff.

41 Vgl. z. B. P. Häberle (Anm. 28).

42 V. Kraft (Anm. 14) 10 f.; V. Kraft (Anm. 6) 90 f.; ähnlich R. Reininger: Wertphilosophie und Ethik ([3]1947) 40.

43 Vgl. N. Hartmann (Anm. 6) 107 ff. („Werte sind der Seinsweise nach Platonische Ideen").

44 Vgl. W. Brezinka (Anm. 3) 113 ff.

45 Vgl. H. Rohracher: Einführung in die Psychologie ([11]1976) 393 ff.

46 Vgl. z. B. die Gleichsetzung von „educational values" mit „goals" bei W. K. Frankena: Educational values and goals: some dispositions to be fostered, in: Ph. G. Smith (Hrsg.): Theories of Value and Problems of Education (1970) 99 ff.

47 Vgl. R. Reininger (Anm. 42) 26 ff.

48 a. a. O., 30 und 29.

49 Als Beispiel für diesen Sprachgebrauch vgl. P. Franke/F. Kopp (Anm. 2); E. König: Pädagogische Grundlagenprobleme der Werterziehung, in: K. Breslauer/H. Hacker/D. Poschardt (Anm. 2) 80 ff.

50 Vgl. H. Tschamler/H. Zöpfl (Hrsg.): Sinn- und Wertorientierung als Erziehungsauftrag der Schule (1978); H. Schröder: Wertorientierter Unterricht. Pädagogische und didaktische Grundlagen eines erziehenden Unterrichts (1978); H. Henz: Wertorientierung in der Erziehung, in: F. Pöggeler (Hrsg.): Grundwerte in der Schule. Auf der Suche nach neuer Verbindlichkeit (1980) 104 ff.

51 Vgl. W. Brezinka: Tüchtigkeit. Analyse und Bewertung eines Erziehungszieles (1987).

52 Zur pädagogischen Güterlehre vgl. O. Willmann: Didaktik als Bildungslehre ([6]1957) 7 ff. und 604 ff.; O. Willmann: Kleine pädagogische Schriften (1959) 27 ff. und 65 ff.; R. Hauser: Güterlehre, in: Lexikon der Pädagogik der Gegenwart, Bd. 1 (1930) 1079 ff.

53 Vom Sonderfall der technischen Normen kann hier abgesehen werden. Zur Unterscheidung zwischen moralischen und technischen Normen vgl. G. H. v. Wright: Norm and Action. A Logical Enquiry (1963) 9 ff.

54 Vgl. J. Göttler: Moralpädagogik und sittliche Erziehung, in: Lexikon der Pädagogik der Gegenwart, Bd. 2 (1932) 412 ff.; R. Müller-Freienfels: Zur Problematik der moralischen Erziehung. Die Erziehung 1 (1926) 427 ff.; A. Andreesen: Die ethische Erziehung, in: H. Nohl/L. Pallat (Hrsg.): Handbuch der Pädagogik, Bd. 3 (1930) 221 ff.; A. Dumke: Der Unterricht im Dienste der Erziehung, in: W. Horney/W. Schultze (Hrsg.): Handbuch für Lehrer, Bd. 3: Die Erziehung in der Schule (1963) 510 ff.; K. E. Maier: Grundriß moralischer Erziehung (1986).

55 A. Pieper: Ethik und Moral. Eine Einführung in die Praktische Philosophie (1985) 33.

56 Vgl. L. Mauermann/E. Weber (Anm. 20) 7 ff.; F. O. Schmaderer (Anm. 2) 7 ff.; L. Mauermann im Vorwort zu R. T. Hall: Moral Education. A Handbook for Teachers (1979); deutsch: Unterricht über Werte. Lernhilfen und Unterrichtsmodelle (1979) IX; charakteristisch ist auch der häufige Gebrauch des Doppelnamens „Wert- und Moralerziehung": vgl. V. Briese/B. Claussen/W. Heitmeyer/A. Klönne/K. Wallraven: Gegen die Vernebelung politischer Bildung durch Wert- und Moralerziehung. Demokratische Erziehung 6 (1980) 467 ff.; B. Claussen: Wohin eine Werte- und Moralerziehung zurückführen kann und welche Bedeutung das für die Politische Bildung hat, in: V. Briese/W. Heitmeyer/A. Klönne (Hrsg.): Entpolitisierung der Politikdidaktik? Politische Bildung zwischen Reform und Gegenreform (1981) 195 ff.; G. Gonschorek (Anm. 2); ferner die Bezeichnung des Schulfaches „Ethik" als Unterricht über „Werte und Normen": vgl. D. Pohlmann/J. Wolf (Hrsg.): Moralerziehung in der Schule? Beiträge zur Entwicklung des Unterrichts Ethik/Werte und Normen (1982).

57 A. Andreesen (Anm. 54) 221 ff.

58 Vgl. N. Hartmann (Anm. 6) 227 ff.

59 a. a. O., 228.

60 Die pädagogische Problematik ist hier die gleiche wie bei der Interpretation von „Werten" als „Güter". Die Unterschiede sind nur ontologischer (Seinsweise der „Werte") und erkenntnistheoretischer Art (empirisch-rationale Erkenntnismöglichkeit hier, apriorisch-emotionale dort).

61 N. Hartmann (Anm. 6) 43 ff., 104 f. und 56. Zur Kritik vgl. M. Wittmann (Anm. 6) 272 ff.

62 Nach H. Rohracher (Anm. 45) 397 ff.; vgl. auch G. W. Allport: Attitudes (1935), in: G. W. Allport: The Nature of Personality: Selected Papers (1950) 1 ff.

63 Vgl. M. Honecker: Gesinnung und Gesinnungsbildung, in: Lexikon der Pädagogik der Gegenwart, Bd. 1 (1930) 1006 ff.; M. Honecker: Wertpsychologie, in: Lexikon der Pädagogik der Gegenwart, Bd. 2 (1932) 1293 ff.; J. Göttler (Anm. 54); H. Herchenbach: Gesinnung, in: H. Schwartz (Hrsg.): Pädagogisches Lexikon, Bd. 2 (1929) 456 ff.; St. v. Dunin Borkowski: Charakter und Charakterbildung, in: Lexikon der Pädagogik der Gegenwart, Bd. 1 (1930) 439 ff.

64 Vgl. L. E. Raths u. a. (Anm. 18) 55 ff. („Erziehung zur Wertklarheit").

65 Vgl. D. P. Ausubel: Psychology's undervaluation of the rational components in moral behaviour, in: C. M. Beck/B. S. Crittenden/E. V. Sullivan (Anm. 20) 200 ff.

66 Vgl. W. Brezinka: Grundbegriffe der Erziehungswissenschaft (^{5}1990) 110 ff.; ders.: Erziehungsziele, Erziehungsmittel, Erziehungserfolg. Beiträge zu einem System der Erziehungswissenschaft (^{2}1981) 148 ff.

67 Vgl. W. Brezinka (1990) (Anm. 66) 79 ff.

68 Vgl. W. Brezinka (Anm. 3) 68 ff.

69 Zum Begriff der Tüchtigkeit (bzw. Kompetenz) vgl. W. Brezinka (Anm. 51) 47 ff.

70 Vgl. L. E. Raths u. a. (Anm. 18); S. B. Simon: Values Clarification versus Indoctrination, in: A. S. Alschuler (Anm. 16) 135 ff.; deutsch unter dem Titel: Wertklärung im Unterricht, in: L. Mauermann/E. Weber (Anm. 20) 202 ff.

71 S. B. Simon (deutsch 1978) (Anm. 70) 208 f.

72 S. B. Simon (englisch 1982) (Anm. 70) 136 f. und 143; (deutsch 1978) (Anm. 70) 203 f. und 209 (Hervorhebung vom Verfasser).

73 Aristoteles: Nikomachische Ethik. Übersetzt von F. Dirlmeier (1957) VI, 5, 127.

74 Vgl. J. Pieper: Traktat über die Klugheit (^{2}1940).

75 Vgl. W. Brezinka: „Ausgewogene Bildung“ in einer wertunsicheren Gesellschaft. Pädagogische Rundschau 43 (1989) 541 ff.

76 Vgl. W. Brezinka (Anm. 51) 71 ff.

77 Zum Begriff und zur Psychologie der Gesinnungen vgl. A. Pfänder: Zur Psychologie der Gesinnungen, I. Teil (1922), II. Teil (1930). Zur Geschichte und Theorie der Gesinnungsbildung O. Dürr: Probleme der Gesinnungsbildung (1950).

78 Vgl. W. Brezinka (Anm. 1) 255 ff.; B. Almond: Moral Concerns (1987) 143 f.

79 So V. Briese u. a. (Anm. 56) 469.

80 Vgl. zu Werten und Grundwerten in sozialistischen Staaten W. Eichhorn u. a. (Anm. 13); zur „Erziehung zu sozialistischen Wertorientierungen“ G. Junghänel/P. Schuttpelz/S. Tackmann: Sozialistische Moralerziehung aus philosophisch-ethischer Sicht (1987) 63 ff.

81 Vgl. W. Brezinka (Anm. 3) 73 ff.

82 Deklaration vom 20. 11. 1959, Principle 2. K. Berchtold (Hrsg.): Human Rights in International Law. Collected Texts (1978) 95.

83 Vgl. W. Brezinka: Glaube und Erziehung. Pädagogische Rundschau 41 (1987) 145 ff.

84 Dieses Vorgehen entspricht auch der grundrechtlichen und erziehungsrechtlichen Lage: Religionsgemeinschaften und weltanschauliche Gemeinschaften, religiöses „Bekenntnis“ und „Weltanschauung“ werden als struktur- und funktionsgleich angesehen und deshalb gleich behandelt. Vgl. Art. 137 der Verfassung des Deutschen Reichs vom 11. 8. 1919, der auch Bestandteil des Grundgesetzes für die Bundesrepublik Deutschland ist (Art. 140); Verfassung des Freistaates Bayern vom 2. 12. 1946, Art. 127; Reichsgesetz für Jugendwohlfahrt vom 9. 7. 1922, § 60; Weltmenschenrechtspakt der Vereinten Nationen vom 16. 12. 1966, Art. 18.

85 Vgl. H. Tschamler/H. Zöpfl (Anm. 50); B. Schleissheimer: Der Sinn, das Gute und die Werte, in: H. Tschamler/H. Zöpfl (Anm. 50) 13 ff.

86 Vgl. H. Tschamler: Das Sinn- und Wertproblem in der Diskussion der Gegenwartspädagogik, in: H. Tschamler/H. Zöpfl (Anm. 50) 70 ff.

87 Vgl. den Untertitel der deutschen Ausgabe von L. E. Raths u. a. (Anm. 18): „Methoden zur Sinnfindung“.

88 D. Bell: Die Zukunft der westlichen Welt. Kultur und Technologie im Widerstreit (1979) 38. Zur frühen und noch immer aktuellen Diagnose dieses Problems durch Nietzsche vgl. W. Brezinka: Nietzsches Lehre von

den notwendigen Illusionen. Neue Zeitschrift für Systematische Theologie und Religionsphilosophie 31 (1989) 288 ff.

89 Vgl. W. Brezinka (Anm. 3) 77 ff.

90 Vgl. W. Brezinka: Die Lehrer und ihre Berufsmoral. Pädagogische Rundschau 42 (1988) 555 f.

91 Zusatzprotokoll vom 20. 3. 1952, Art. 2. K. Berchtold (Anm. 82) 116; deutsch bei F. Berber (Hrsg.): Völkerrechtliche Verträge ([3]1983) 162.

92 Internationaler Pakt über bürgerliche und politische Rechte vom 16. 12. 1966, Art. 18, 4. Internationaler Pakt über wirtschaftliche, soziale und kulturelle Rechte vom 16. 12. 1966, Art. 13, 3. K. Berchtold (Anm. 82) 36 und 24; deutsch bei F. Berber (Anm. 91) 194 und 210.

93 Vgl. z. B. die Verfassung des Königreiches Spanien vom 29. 12. 1978, Art. 27, 3. A. Kimmel (Hrsg.): Die Verfassungen der EG-Mitgliedstaaten (1987) 363.

94 K. Berchtold (Anm. 82) 36 und 24.

95 Hessische Verfassung vom 1. 12. 1946, Art. 56. Verfassungen der deutschen Bundesländer ([2]1981) 170.

96 Vgl. B. Almond (Anm. 78) 143.

97 Vgl. J. L. Mackie: Ethik. Auf der Suche nach dem Richtigen und Falschen (1981) 132 ff.

98 Vgl. für die USA E. Salholz: The Morals Mine Field. Teaching values in school – but whose values? Newsweek (20. 10. 1986): „values education is often just another name for that traditional school staple, civics."

99 E. Fink: Erziehungswissenschaft und Lebenslehre (1970) 48 und 45.

100 Vgl. J. L. Mackie (Anm. 97) 104 ff.

101 E. Fink (Anm. 99) 46.

102 W. Flitner: Grundlegende Geistesbildung (1965) 58 (Hervorhebung vom Verfasser). Zum Terminus „Kanon" vgl. O. Willmann: Kanon, in: E. Roloff (Hrsg.): Lexikon der Pädagogik, Bd. 2 (1913) 1081 f.; zu seiner Bedeutungsgeschichte H. Oppel: Kanon. Zur Bedeutungsgeschichte des Wortes und seiner lateinischen Entsprechungen (regula-norma). Philologus. Zeitschrift für das klassische Altertum. Supplementband XXX (1937), Heft 4; zum Literaturkanon E. R. Curtius: Europäische Literatur und lateinisches Mittelalter ([3]1961) 261 ff.; zur Kanontheorie R. Meister: Humanismus und Kanonproblem (1931) 54 ff.

103 Vgl. W. Brezinka (Anm. 75) 545 ff.

104 Vgl. D. Pohlmann/J. Wolf (Anm. 56).

105 R. Meister, Beiträge zur Theorie der Erziehung ([2]1947) 144 und 51.

106 Vgl. E. Durkheim: Erziehung und Soziologie (1972) 29.

107 In der Bundesrepublik Deutschland nur in den Ländern Baden-Württemberg, Bayern, Bremen, Hessen, Nordrhein-Westfalen, Rheinland-Pfalz und Saarland. Vgl. Verfassungen (Anm. 95).

108 Vgl. H. Kanz: Deutsche Erziehungsgeschichte 1945–1985 in Quellen und Dokumenten (1987) 96.

109 Bayerisches Gesetz über das Erziehungs- und Unterrichtswesen vom 10. 9. 1982, Artikel 2. D. Falckenberg/W. Schiedermair/H. Amberg: Bayerisches Gesetz über das Erziehungs- und Unterrichtswesen. Kommentar ([2]1989) 55.

110 Vgl. W. Brezinka (Anm. 3) 131 ff.

111 Zur Kritik vgl. W. Brezinka (Anm. 51) 91 ff.

112 Vgl. H. Klages/W. Herbert: Wertorientierung und Staatsbezug (1983) 11 ff. und 117 ff.; H. Klages, Wandlungen im Verhältnis der Bürger zum Staat. Thesen auf empirischer Grundlage. Speyerer Vorträge 10 (1988).

Bernhard Sutor

Zur historisch-politischen Dimension schulischer Erziehung

Fronten im Streit

Der Streit der siebziger Jahre um Ziele und Inhalte historisch-politischer Bildung wurde politisch eingestellt, nicht jedoch in der Sache entschieden. Die Fronten kann man für die siebziger Jahre folgendermaßen definieren: In den *SPD*-regierten Ländern bevorzugte man die Integration der Fächer mit gesellschaftskritisch-emanzipatorischer Zielsetzung; in den von der Union regierten Ländern verteidigte man einen eigenständigen Geschichtsunterricht und versuchte, politische Bildung am Verfassungskonsens zu orientieren. Die Fronten verlaufen heute nicht mehr so starr wie damals, sondern sind aufgelockert. Praktisch ging jedes Land seinen eigenen Weg.

Die *SPD*-regierten Länder haben Geschichts- und Politikunterricht zwar nicht integriert, aber stärker miteinander verzahnt. Sie räumen dem Politikunterricht mehr Zeit ein als die anderen Länder, teils auf Kosten des Geschichtsunterrichts. So enthält etwa, um ein Beispiel zu nennen, der Lehrplan der Hauptschulen in Nordrhein-Westfalen für den Fächerbereich „Geschichte/Politik" in den Klassen 5 bis 10 insgesamt 23 thematische Einheiten in chronologischer Anordnung, wobei bereits mit der Einheit 14 die Gegenwartsprobleme beginnen.

Die von der Union regierten Länder haben an einem durchgehenden Geschichtsunterricht auf Sekundarstufe I festgehalten, gewähren dagegen dem Politikunterricht (Sozialkunde) nur eine Randexistenz. So schreibt z. B. der Lehrplan von Rheinland-Pfalz im Fach Geschichte für die Abschlußklassen der Sekundarstufe I den Zeitraum vom Ersten Weltkrieg bis zur Gegenwart vor, wobei für die Zeit nach

1945 etwa 20 Wochenstunden bleiben, in der Hauptschule nur 15. Das Fach Sozialkunde gibt es nur einstündig in den Klassen 9 und 10. In den bayerischen Hauptschulen wird in Klasse 9 die Geschichte seit 1933 behandelt, die Sozialkunde gibt es ebenfalls nur einstündig in den Klassen 8 und 9.

Als Gesamttendenz in den Lehrplänen aller Länder läßt sich für die achtziger Jahre feststellen, die Wochenstundenzahl für die Zeit seit 1945 auszudehnen. Sie nimmt insgesamt derzeit etwa die Hälfte der Zeit in der Abschlußklasse in Anspruch, in manchen Ländern mehr, in anderen aber auch erheblich weniger. Man muß nüchtern feststellen, daß bei einem chronologisch aufgebauten Geschichtsunterricht insgesamt nicht viel mehr an Zeitgeschichte möglich ist. Bayern ist derzeit dabei, für die 10. Klasse der Gymnasien die beiden Fächer Geschichte und Sozialkunde enger zu koordinieren und den dafür zur Verfügung stehenden 3 Wochenstunden als Aufgabenfeld die gesamte Zeitgeschichte seit 1945 und die Hauptinhalte der Sozialkunde zuzuweisen.

Ungeklärte Fragen

Zentrale Fragen der historisch-politischen Bildung an unseren allgemeinbildenden Schulen sind in Schulpolitik und Lehrplänen nicht geklärt.

> Nicht geklärt ist das Verhältnis von historischer und politischer Bildung und damit das Verhältnis von Geschichts- und Politikunterricht. Innerhalb der Geschichtsdidaktik wird weiter gestritten über das Verhältnis zwischen genetisch-erzählender, unter der Perspektive der Kontinuität stehender Geschichtsbetrachtung und gegenwartsorientiertem, rekonstruktivem Fragen an die Geschichte. Ein Beispiel für die starke Betonung des letzteren Zugangs zur Geschichte sind die Richtlinien „Geschichte/Politik“ für die Hauptschulen von Nordrhein-Westfalen von 1989. Zu diesem Versuch wären viele fachwissenschaftliche und fachdidaktische Fragen

zu stellen. Nur ein Beispiel: Ist es wissenschaftlich legitim und was ist pädagogisch beabsichtigt, wenn in der Themeneinheit „Tausend Jahre Römer" ein Teilthema untergebracht ist: „Imperiale Strukturen in der Welt – Hauptmerkmale heute (z. B. Militär, Kapital, Neue Technologien, Terms of Trade . . .)"?[1]

Der bloße Ruf nach Geschichtsunterricht als Schutz gegen Ideologien, gegen Parteilichkeit und Manipulation ist naiv. Man kann Geschichtsunterricht ebenso ideologisieren wie Politikunterricht, man kann in ihm wahrscheinlich noch leichter manipulieren, weil den Schülern gegen die Fachautorität des Lehrers weniger Argumente geläufig sind und zur Verfügung stehen als im Politikunterricht. Die vielbeschworenen „Lehren aus der Geschichte" liegen nicht objektiv zutage, sie sind vielmehr Ergebnis von Interpretation. Dazu ein Beispiel für fragwürdige Vorgaben im Lehrplan: Die Richtlinien „Geschichte" für Realschulen in Nordrhein-Westfalen setzen für die beiden Inhalte „Christentum und Staat" sowie „Islam" das Ziel: „Die Schüler begreifen, daß religiöse Absichten und machtpolitische Maßnahmen miteinander verquickt sein können."[2]

Geschichte ist nicht pure Vergangenheit, sondern Gegenwart von Vergangenheit in unserem Bewußtsein, individuell wie sozial. In historischer Bildung geht es um die Aufklärung des Zusammenhangs von Vergangenheit und Gegenwart. Geschichtsunterricht wird nur bildungswirksam, wenn wir Fragen an die Geschichte haben, die uns betreffen. Darin liegt auch der unentbehrliche Beitrag des Geschichtsunterrichts zu politischer Bildung begründet, nämlich in der Möglichkeit historischer Ortsbestimmung unserer Gegenwart. Die Ergebnisse solcher Ortsbestimmung werden in einer wissenschaftlich wie weltanschaulich pluralistischen Gesellschaft immer bis zu einem gewissen Grad umstritten bleiben. Aber bildungspolitisch müßten wir wenigstens einen gewissen Konsens darüber gewinnen können, welche Fragen wir an die Geschichte haben und in unseren Schulen bearbeiten sollten. Traute Petersen, die Vorsitzende des Deutschen Geschichtslehrerverbandes, wies unlängst in einem Beitrag in der Frankfurter Allgemeinen Zeitung darauf hin, die Lehrpläne der Bundesländer für Geschichte stellten einen historischen Flickenteppich dar. Sie meinte, daß Ziele und Wertungen differierten, sei verstehbar; zu fragen sei aber, warum es so wenig inhaltliche Übereinstimmung gebe. Die Zersplitterung der Lehrpläne gefährde die gemeinsamen Grundlagen unseres historischen Bewußtseins.[3] Es verdient übrigens Aufmerksamkeit, daß die Lehrpläne der Bundesländer im Fach Politik/Sozialkunde inhaltlich mehr Übereinstimmung zeigen als im Fach Geschichte.

Nicht geklärt ist also auch das Verhältnis von Pluralität der Perspektiven bzw. Wertungen und dem Konsens einer demokratisch verfaßten pluralistischen Gesellschaft in ihrem geschichtlich-politischen Bewußtsein.

Eine pluralistische Gesellschaft kann kein einheitliches, geschlossenes, gar verordnetes Geschichtsbild haben. Es ist aber im Geschichtsunterricht zu fragen nach den gemeinsamen Grundlagen und nach der Herkunft unseres Pluralismus, und es ist im Politikunterricht zu fragen nach den konstitutionellen und den normativ-institutionellen Bedingungen der Möglichkeit unseres Zusammenlebens in Konflikten. Antworten auf diese Fragen in Gestalt gemeinsamer Inhalte und gemeinsamer Wertorientierungen sind von den bildungspolitisch verantwortlichen Instanzen bisher nicht hinreichend formuliert. In den 23 Themeneinheiten des schon genannten Lehrplanes „Geschichte/Politik“ für die Hauptschulen in Nordrhein-Westfalen fehlt z. B. das alte Griechenland, zweifellos bisher ein wichtiger gemeinsamer Inhalt europäischer Geschichte. Was die Schwierigkeiten gemeinsamer Wertungen betrifft, hier nur ein weiterer Hinweis auf den Lehrplan für Realschulen, Klasse 10, Nordrhein-Westfalen. Dort steht das Thema „Die Bundesrepublik Deutschland und die DDR von 1945 bis zur Gegenwart“ unter folgendem Lernziel: „Die Schüler erfahren, daß machtpolitische Erwägungen von Großmächten in einer Konfrontationsphase zur Bildung kleiner, neuer

Staaten führen können, die aufgrund weltpolitischer Konstellation und historisch bedingter Verflechtung Einfluß gewinnen können".[4] Es sei dahingestellt, ob eine solche blutleere, papierene Formulierung nur Ausdruck von Verlegenheit und falscher Zurückhaltung ist oder von Drückebergerei in politisch brisanten Wertfragen.

Aufgaben

Anzustreben wäre auf der Grundlage entsprechender Vorklärungen eine stärkere Koordination von Geschichts- und Politikunterricht sowie die Integration des Politikunterrichts in den zeitgeschichtlichen Kontext. Die Aufgabe gewinnt zusätzliche Dringlichkeit angesichts der Tatsache, daß die deutsche Frage 1989 wider Erwarten in Fluß gekommen ist und 1990 ihre politische Lösung gefunden hat. Allerdings wird unser nationales Selbstverständnis im europäischen Kontext, bisher schon und vor dem Hintergrund unserer Vergangenheit ein schwieriges Konfliktfeld, auch in Zukunft mit Problemen belastet sein. Wir werden es mit einer neuen „Vergangenheitsbewältigung" zu tun bekommen.

Wir brauchen auf Sekundarstufe I der allgemeinbildenden Schulen einen kontinuierlich erteilten eigenständigen Geschichtsunterricht mit einem Minimum an gemeinsamen Inhalten unserer deutschen und europäischen Geschichte etwa ab Jahrgangsstufe 6. Ihm sollte ab Jahrgangsstufe 7 ein eigenständiger Politikunterricht parallel laufen. Die Integration der beiden Fächer wäre zwar theoretisch denkbar. Sie ist jedoch didaktisch und methodisch nicht zu leisten, weil die Gegenstände und die Perspektiven/Kategorien beider Fächer zu unterschiedlich sind. Der Geschichtsunterricht fragt nach der Genese der Gegenwart aus der Vergangenheit und muß gerade deshalb die Vergangenheit in ihrer Eigenart und in ihrem Anderssein begreifbar machen, häufig auch als Kontrast und als Alternative. Es ist weder für historisches noch für politisches Bewußtsein hilfreich, wenn etwa in den hessischen Rahmenrichtlinien „Gesellschaftslehre“ für Sekundarstufe I Themen der Geschichte und der Sozialkunde assoziativ zu Unterrichtseinheiten verknüpft werden; so z. B. der frühmittelalterliche Feudalismus und soziale Schichtung sowie sozialer Wandel und Interessenausgleich heute.[5]

Die stärkere Koordination beider Fächer ist jedoch andererseits nötig, weil unser Gegenwartsbewußtsein, unser individuelles, soziales und politisches Selbstverständnis in der gegenwärtigen Welt der Ausgangspunkt unseres Fragens in beiden Fächern ist. Deshalb können beide, indem man sie in ihren Zielen und Inhalten stärker aufeinander bezieht, sich gegenseitig wirksam ergänzen. Dies bedarf jedoch sehr genauer fachdidaktischer Überlegungen und konsensfähiger Entscheidungen durch die für die Lehrpläne verantwortlichen Instanzen. Aber es sollte doch bei entsprechender Anstrengung möglich sein, gemeinsame Antworten auf Fragen zu finden wie die folgenden: Was interessiert uns denn heute noch an der griechischen Polis? Warum ist das antike Rom für uns noch wichtig? Warum müssen wir heute fragen, wie eine Bilanz des europäischen Kolonialismus aussieht? Die Antworten auf solche Fragen kann ein Lehrplan nicht im Detail festschreiben und braucht es auch nicht. Er würde jedoch, indem er die Bearbeitung dieser Fragen sichert, für ein Minimum an Gemeinsamkeit in unserem historisch-politischen Bewußtsein Sorge tragen.

Wir brauchen neben dem eigenständigen Geschichtsunterricht ein Fach Politik (Sozialkunde) als Zentralfach zeitgeschichtlich-politischer Bildung, weil die der Schule mögliche politische Propädeutik, die Einführung in unsere politische Gegenwart und politische Ordnung, eine eigenständige, vom Geschichtsunterricht nicht zu leistende Aufgabe darstellt. Der Politikunterricht fragt nach den gegenwärtigen politischen Aufgaben – „Aufgabe“ ist die sozialethische Fassung des bei vielen unbeliebten „Problems“ – und nach den Bedingungen der Möglichkeit ihrer Lösung. Es geht um das Lernen friedlich-freiheitlichen Miteinanders in unseren Konflikten. Politik als eine auf Gemeinwohl und Frieden zielende spezifische Weise menschlicher Praxis und Kommunikation muß in einer demokratisch verfaßten Gesellschaft ein zentraler Gegenstand allgemeiner Bildung sein. Was ist denn, nach den grundlegenden Kulturtechniken, in einer hochgradig und zunehmend arbeitsteiligen und pluralistischen Gesellschaft allgemeiner, nämlich alle angehend, als Politik als Bemühen um Verständigung zwischen den divergierenden und miteinander konflikthaft konkurrierenden Interessen, Meinungen, Überzeugungen? Wenn wir nicht lernen und an die nächste Generation weitergeben, wie man dies macht und welcher Regeln und Institutionen es dazu bedarf, dann versäumen wir es, eine der wertvollsten Errungenschaften unserer europäischen Geschichte, nämlich den freiheitlichen und sozialen Rechtsstaat, der nachwachsenden Generation vorzustellen und anzuvertrauen.

Politikunterricht braucht dazu die Anschauung und Konkretisierung am zeitgeschichtlichen Material, wenn er sich nicht in leerer und abstrakter Begrifflichkeit verlieren soll. Deshalb muß Zeitgeschichte in diesen Unterricht integriert werden. Es gibt mehrere Gründe dafür, einen politisch-zeitgeschichtlichen Unterricht möglichst früh neben dem herkömmlichen Geschichtsunterricht einsetzen zu lassen. Zeitgeschichte in ihrer unersetzlichen Bedeutung für unser politisches Bewußtsein muß in den Schulen früher als im Geschichtsunterricht der Abschlußklasse aufgearbeitet werden, und zwar

- als Geschichte der noch Lebenden mit ihren unterschiedlichen Erfahrungen und Perspektiven, welche das Gespräch zwischen den Generationen nötig machen;
- als Geschichte der gegenwärtigen, ungelösten politischen Aufgaben;
- als der anschauliche Kontext, aus dem die Verfassung unseres Staates und die politischen Konstellationen erklärbar sind, in denen dieser sich entwickelt hat.

Man mustere die Lehrpläne unserer allgemeinbildenden Schulen einmal durch unter der Frage, wann und wie sich der freiheitliche Verfassungsstaat in seinen eigenen Schulen seinen künftigen Bürgern eigentlich vorstellt. Oder darf er das nicht wollen? Selbstverständlich soll mit dieser Frage nicht unkritischer Affirmation des Bestehenden oder gar einer Staatsideologie das Wort geredet werden. Aber wenn in den vergangenen Jahren von Dolf Sternberger bis Jürgen Habermas „Verfassungspatriotismus“ als mögliche und wünschbare Gemeinsamkeit in unserem Pluralismus beschworen wurde, von Politikern dann aufgegriffen und unterstrichen, dann muß endlich konkreter danach gefragt werden, welche Möglichkeiten die Schule hat, zu einem solchen Ziel beizutragen. Man vergleiche mit der Untätigkeit und Ratlosigkeit unserer Kultusminister auf diesem Feld einmal den Eifer und die Emsigkeit, mit denen in den vergangenen Jahren ganz rasch und unter Aufwendung erheblicher Mittel eine „Informationstechnische Grundbildung“ in den allgemeinbildenden Schulen eingeführt wurde! Die Einlösung unseres Vorschlages würde viel weniger Geld kosten, aber einen entsprechenden bildungspolitischen Willen und gewiß nicht geringe Anstrengungen erfordern, über den parteipolitischen Streit hinaus eine Reihe von Gemeinsamkeiten zu definieren und sie in der gemeinsamen Schule aller künftigen Staatsbürger zur Geltung zu bringen.

Die Aufgabe gewinnt neue Dringlichkeit angesichts der neuen Entwicklungen in Deutschland und Europa. Es wäre ein arger Irrtum zu glauben, der politische „Sieg“ der freiheitlichen Demokratie im Kalten Krieg habe der Aufgabe politischer Bildung an Gewicht genommen. Das Gegenteil ist der Fall, zumal für uns Deutsche.

Erst jetzt wird es möglich und wird es real darum gehen, politische Freiheit und Nation in Deutschland miteinander zu versöhnen. Erst jetzt, da die Nation ihre Einheit gewonnen hat, wird sich zeigen müssen, ob wir als Deutsche ein geläutertes Verhältnis zu unserer Vergangenheit gefunden haben; wobei als neue Aufgabe die „Aufarbeitung“ der letzten 40 Jahre und besonders des DDR-Totalitarismus hinzukommt. Und erst jetzt tritt Deutschland wieder als politischer Akteur gleichberechtigt in den Kreis der europäischen Staaten ein, mit der Chance, als freiheitlich-föderalistischer Verfassungsstaat ein positives Gewicht zu bilden im Zusammenwachsen der europäischen Völker und in der Bewältigung der neuen, weltweiten Probleme; aber auch mit dem Risiko, sich erneut nationalistisch zu überheben oder zu verengen, unter welchen ideologischen Vorzeichen auch immer.

Politische Bildung hat in der gegenwärtigen Situation eine neue Chance und braucht einen neuen Anfang. Nach 40 Jahren einigermaßen erlernter und erfolgreicher Demokratie in der Bundesrepublik, nach gelungener demokratischer Revolution in der ehemaligen DDR kann und muß sich ein freiheitlicher deutscher Verfassungsstaat als gemeinsame Ordnung der Deutschen in der heutigen Welt erst noch bewähren.

Anmerkungen

1 Richtlinien Geschichte/Politik, Lernbereich Gesellschaftslehre Hauptschule. Hrsg.: Der Kultusminister des Landes Nordrhein-Westfalen (1989) 77.

2 Richtlinien Geschichte, Realschule. Hrsg.: Der Kultusminister des Landes Nordrhein-Westfalen (^{2}1980) 20 f.

3 T. Petersen: Mustervielfalt im Geschichtsbild. Die Zersplitterung der Lehrpläne gefährdet die Grundlagen des historischen Bewußtseins. Frankfurter Allgemeine Zeitung vom 4. 8. 1989.

4 Richtlinien Geschichte, Realschule (Anm. 2) 45.

5 Rahmenrichtlinien Sekundarstufe I Gesellschaftslehre, Unterrichtspraktischer Teil. Hrsg.: Der Hessische Kultusminister (August 1982) 101.

Literatur

H. W. Kuhn/P. Massing/W. Skuhr: Politische Bildung in Deutschland. Entwicklung – Stand – Perspektiven (1989).

K. Rothe (Hrsg.): Unterricht und Didaktik der politischen Bildung in der Bundesrepublik (1989).

B. Sutor: Neue Grundlegung politischer Bildung, 2 Bände (1984).

Ders.: Politische Bildung als Allgemeinbildung, in: Umbrüche in der Industriegesellschaft – Herausforderungen für die politische Bildung. Schriftenreihe der Bundeszentrale für politische Bildung, Band 284 (1990).

Rainer Ilgner

Die religiöse Dimension – Drei Fragen und einige Antworten aus katholischer Sicht

Für die Gestaltung der „religiösen Dimension" in der Schule trägt der Religionsunterricht eine zentrale, aber nicht die alleinige Verantwortung. Ein negatives Kennzeichen der gegenwärtigen Erziehungssituation besteht gerade darin, daß religiöse Bezüge und Impulse aus den übrigen Fächern weitgehend verdrängt und auf das „Spezialfach" Religionsunterricht reduziert werden. Ein nicht geringer Teil der Schwierigkeiten, mit denen der Religionsunterricht heute zu ringen hat, erwächst aus dieser Isolierung innerhalb des allgemeinen schulischen Kontexts. Im Hinblick darauf wird die „religiöse Dimension" als ein über den Religionsunterricht hinausgehendes Aufgabenfeld der Schule in den Blick genommen.

Ist die religiöse Dimension in der heutigen Zeit wirklich ein „Brennpunkt schulischer Erziehung"?

Die Antwort hängt von der jeweiligen Perspektive ab. Wer als Lehrer, Pfarrer oder als kirchlicher Verantwortlicher im Bildungsfragen ex professo mit der religiösen Erziehung befaßt ist, mag geneigt sein, die Frage zu bejahen. Wenn man dagegen die öffentliche Diskussion über die Entwicklung der Schule verfolgt und auch einigen Einblick in das innerschulische Gespräch hat, wird man nicht ohne weiteres zu demselben Ergebnis kommen. Die Schule ist Teil und in gewisser Hinsicht Spiegel der sie tragenden Gesellschaft. Unsere heutige Gesellschaft aber ist, wie wir wissen, von Glaubensverlust und Gottesvergessenheit gekennzeichnet. Diese werden von vielen Zeitgenossen freilich kaum mehr als Defizit empfunden. Das Motto, das Julien Benda seinem berühmten und in vielen Auflagen erschienenen Buch „Der Verrat der Intellektuellen“ im Jahr 1927 voranstellte: „Le monde souffre d'une manque de foi et d'une vérité transcendente“ (Die Welt leidet am Verlust des Glaubens und einer transzendenten Wahrheit) – dieses Wort trifft die gegenwärtige Gefühlslage nur noch in einer oberflächlichen Schicht diffuser religiöser Sehnsucht, die mehr auf psychisches Wohlbefinden als auf ernsthafte Glaubensentscheidung ausgerichtet ist und deshalb in den vagen Formen sog. „neuer Religiosität“ eine willkommene Befriedigung findet. Aber auch dort, wo das Unbehagen an der zweckrationalen Immanenz unserer Kultur heute wirklich schmerzlich empfunden wird und wo die Suche nach ganzheitlicher Welt- und Lebenserfahrung von großem Ernst getragen ist, wird die volle Tiefe der religiösen Dimension, die sich in der Öffnung des Menschen gegenüber dem Anruf Gottes erschließt, vielfach nicht mehr erreicht.

Dabei ist insgesamt keineswegs eine direkte Absage, ein bewußtes Sich-Verschließen gegenüber dem Glauben vorherrschend. Man spricht einfach nicht mehr von Gott, gewissermaßen „vorsichtshalber und aus Diskretion“, wie Gabriele Wohmann in ihrem Roman „Frühling in Badenweiler“ zutreffend sagt. „Sollte es zum äußersten kommen“, fährt sie fort, „dann allerdings könnte man sich über das Gefühl hinwegsetzen, ziemlich taktlos zu sein, und sich an den theologischen Vater wenden.“

Gott als eiserne Reserve einer Gesellschaft, deren christlicher Glaube sich immer mehr auflöst; die sich in demoskopischen Befragungen zwar mehrheitlich als „religiös“ bezeichnet, zugleich aber großenteils bekundet, weder an den menschgewordenen Gott noch an die Auferstehung Jesu Christi oder an ein Leben nach dem Tod zu glauben.

Die Frage, ob in der Schule einer solchen Gesellschaft die religiöse Erziehung im Brennpunkt des Interesses steht, beantwortet sich von selbst.

Jenseits dieser Feststellung entsteht aber die weiterführende Frage, ob nicht gerade angesichts der heutigen Glaubenskrise die religiöse Erziehung eine Aufgabe von ganz besonderer Dringlichkeit geworden ist: Um der jungen Menschen willen, deren Persönlichkeitsentfaltung die Schule fördern soll; und um der Gesellschaft insgesamt willen, für deren künftige Entwicklung die bittere Feststellung von Botho Strauß (in seinem Romanwerk „Paare, Passanten"): „Es ist lachhaft, ohne Glaube zu leben. Daher sind wir voreinander die lachhaftesten Kreaturen geworden", ja wohl nicht das letzte Wort sein kann.

Wie konkretisiert sich die religiöse Dimension in der heutigen Schule?

Schulische Bildung und Erziehung vollzieht sich in geordneten Formen, zu denen insbesondere die Fächerstruktur, Lehrpläne und eine entsprechende Unterrichtsgestaltung gehören. Auch die religiöse Unterweisung ist in der deutschen Schultradition unter diese Vorgaben gestellt. Als ordentliches Lehrfach besitzt der Religionsunterricht innerhalb des schulischen Fächerspektrums eine gleichwertige Stellung. Er kann sich heute auf moderne Lehrpläne und Unterrichtsmaterialien stützen und wird von Lehrern erteilt, die in ihrer Qualifikation nicht hinter ihren Kollegen zurückstehen. Schüler und Eltern bejahen ihn überwiegend, wie eine repräsentative Umfrage kürzlich wieder bestätigt hat.

Zugleich aber steht der Religionsunterricht seit langem im Schnittfeld unterschiedlicher Erwartungen und ist oft genug Gegenstand engagierter Kritik, die seiner Wirksamkeit nicht immer förderlich ist. Die Notwendigkeit, seine Zielsetzung und Konzeption auf die heterogene Vielfalt der religiösen Voraussetzungen bei den Schülern und ihren Eltern abzustimmen, hat ihm das klare Profil genommen, das er als katechetische Unterweisung einer gläubigen Schülerschaft früher einmal besaß. Umgekehrt gerät der Religionsunterricht seit einiger Zeit in eine neue Akzeptanz- und Legitimationskrise, weil die allgemeine Bedeutung religiöser Bildung und Erziehung nicht mehr verstanden wird und man der Meinung zuneigt, da die Religion in der säkularisierten Gesellschaft zur

Privatsache geworden sei, könne auch die Glaubensunterweisung aus dem Raum der öffentlichen Erziehung verwiesen werden. Dieser Auffassung soll im Zusammenhang der dritten Frage in vier Thesen eine andere Sicht der Dinge entgegengesetzt werden.

Warum ist die religiöse Dimension für die schulische Erziehung unverzichtbar?

1. Religiöse Erziehung gehört zum kulturellen Bildungsauftrag der Schule

Die Kultur, in der wir leben, kann auch in der säkularisierten Gesellschaft ihren christlichen Ursprung nicht verleugnen. Die Leitideen und Wertvorstellungen, die das Leben des einzelnen und der Gesellschaft prägen, die Symbole der Kommunikation, unsere Sprache und nicht zuletzt Kunst und Literatur stehen in einem Wirkungszusammenhang europäischer Geistesgeschichte, die aufs engste mit der Entwicklung des Christentums verbunden ist. Gegen diesen Zusammenhang kann man revoltieren; man kann ihn verschweigen (wie in vielen Dokumenten der gegenwärtigen Europa-Diskussion). Dennoch bleibt er als historisches Faktum und als Wirkungskraft der Gegenwart bestehen.

Wenn die Schule einen wichtigen Auftrag darin besitzt, die heranwachsende Generation mit dem kulturellen Erbe vertraut zu machen und sie hierdurch zum Aufbau einer eigenen kulturellen Identität zu befähigen, so kann sie dieses Ziel ohne Bezug auf diesen Zusammenhang und ohne Erschließung der christlichen Dimension nicht verwirklichen.

Der französische Ministerpräsident François Mitterrand hat vor nicht langer Zeit mit Besorgnis darauf hingewiesen, daß seine Mitbürger die Kenntnis und den lebendigen Bezug zu ihrer kulturellen Tradition immer mehr verlieren; und er hat deshalb die Frage aufgeworfen, ob man nicht an den französischen Schulen einen kulturell orientierten Religionsunterricht einrichten müsse, der wegen der strikten Trennung von Staat und Kirche in Frankreich heute nicht existiert.

Auch an unseren deutschen Schulen müßte nicht nur im Religionsunterricht, sondern auch in anderen Fächern die Aufgabe einer Bildung, die mit den christlichen Grundlagen unserer Kultur vertraut macht, stärker erkannt und wahrgenommen werden. Berthold Brecht hat einmal auf die Frage, welches seine Lieblingslektüre sei, geantwortet: „Sie werden lachen, die Bibel." In seinen Texten sind die Spuren seiner Vertrautheit mit der christlichen Tradition allenthalben greifbar. Wer erlebt hat, wie schwer sich heute Schüler und manche jungen Lehrer tun, diese zu erkennen und zu verstehen, entdeckt den kulturellen Wert der religiösen Erziehung in neuer Weise.

2. Religiöse Erziehung leistet einen wichtigen Beitrag zur staatsbürgerlichen Erziehung

„Der freiheitliche säkularisierte Staat lebt" – nach einem Wort von Ernst-Wolfgang Böckenförde – „von Voraussetzungen, die er selbst nicht garantieren kann. Das ist das große Wagnis, das er, um der Freiheit willen, eingegangen ist." Als Bürger einer Demokratie westlicher Prägung erfreuen wir uns aller Vorzüge dieser Freiheit und erleben gerade in dieser Zeit, welche ungebrochene Anziehungskraft diese Freiheit nach wie vor besitzt.

Wir kennen aber auch seit langem die problematischen Seiten eines ungezügelten Freiheitsgebrauchs, der sich in schrankenlosem Individualismus und einem privatistischen Rückzug aus öffentlicher Verantwortung, in der einseitigen Betonung von Autonomie und Selbstverwirklichung sowie in der fortschreitenden Auflösung des Grundkonsenses ausdrückt, ohne den eine freiheitliche pluralistische Gesellschaft nicht auskommt. Fundamentale Verfassungswerte verlieren im Zusammenhang dieser Entwicklung an innerer Substanz und geraten in Gefahr, nurmehr als leere Worthülsen fortzubestehen: Was bedeutet z. B. heute „Verantwortung vor Gott", von der in vielen Verfassungen unseres Landes die Rede ist? Worin besteht die Würde des Menschen, die es zu schützen gilt (ab wann?)? Welche Vorstellung liegt zugrunde, wenn

Schulgesetze die Entfaltung der Persönlichkeit zum obersten Ziel der Erziehung erheben?

Ernst-Wolfgang Böckenförde stellt angesichts dieser Problematik die Frage, „ob nicht der säkularisierte weltliche Staat letztlich aus jenen inneren Antrieben und Bindungskräften leben muß, die der religiöse Glaube seinen Bürgern vermittelt". Wenn dies keine rhetorische Frage bleibt, ergeben sich für das Zusammenspiel zwischen religiöser und staatsbürgerlicher Erziehung Aufgaben von größter Bedeutung für den einzelnen und das Gemeinwesen.

3. Ohne religiöse Erziehung können Wert- und Sinnfragen in der Schule nicht angemessen behandelt werden

Die Entfaltung der Persönlichkeit ist das oberste Ziel schulischer Bildung und Erziehung. Auch wer lieber von Emanzipation und Mündigkeit spricht, leugnet heute kaum noch, daß die Werterziehung ein unverzichtbarer Teil des schulischen Auftrags ist; daß es nicht ausreicht, ja nicht möglich ist, Unterricht auf reine Wissensvermittlung zu reduzieren.

Die Bereitschaft, der Werterziehung in der Schule wieder bewußt und ausdrücklich ihren Raum zu geben, stößt freilich wieder auf das Begründungsproblem, das in der pluralistischen Gesellschaft so schwer zu lösen ist. Welche Werte sollen die Erziehung leiten? Und welche nicht? Sind Pflicht- und Akzeptanzwerte wichtiger als Selbstentfaltungswerte? Gibt es eine Hierarchie der Werte und wie läßt sie sich begründen? Die Bemühungen, diese Fragen in einem rationalen Konzept zu lösen (wie z. B. bei dem nordrhein-westfälischen Versuch einer Neuorientierung des Sozial- und Politikunterrichts aus dem Geist Kohlbergscher Moraltheorie), sind anerkennenswert, zeigen aber letztlich auch die Unlösbarkeit des Problems auf diesem Weg. Eine ethische Letztbegründung ist ohne den Bezug auf religiöse Überzeugung nicht zu gewinnen. Und erst recht bleibt die heute wieder viel gestellte Sinnfrage ohne überzeugende Antwort, wenn sie nicht auf den Grund des Seins, d. h. auf Gott bezogen wird.

Die Schule kann und darf diese tiefste Begründung ihren

Schülern nicht überstülpen, sie nicht zu persönlicher Zustimmung zwingen. Aber sie kann und muß den Schülern diese letzten Zusammenhänge aufweisen und ihnen so die persönliche Entscheidung überhaupt erst ermöglichen.

4. Religiöse Unterweisung trägt als Glaubenserziehung ihre Begründung in sich selbst

Religiöse Erziehung, die bisher in ihrer Bedeutung und Wirkung für andere Bildungs- und Erziehungszwecke angesprochen wurde, gewinnt ihre Legitimation und ihren spezifischen Sinn jedoch nicht daraus, daß sie wichtige Funktionen im Bereich der kulturellen, sozialen und ethischen Erziehung erfüllt. Ja sie kann diese gar nicht wirksam wahrnehmen, wenn sie nicht ihre eigentliche Aufgabe deutlich vor Augen hat und zu erfüllen sucht: die Hinführung der Schüler zum christlichen Glauben und zu einem Leben, das in diesem Glauben gestaltet wird. Dieses ursprüngliche und eigentliche Ziel religiöser Erziehung wird, wie eingangs bemerkt, angesichts der schwierigen und heterogenen religiösen Voraussetzungen nur in unterschiedlicher Weise angestrebt und verwirklicht werden können. Dies wird nicht selten hinter den Erwartungen zurückbleiben und insgesamt zunehmend einen missionarischen Charakter annehmen müssen. Auf der Suche nach neuen Formen ihrer Wirksamkeit bleibt die religiöse Erziehung für eine Schule, die in der ganzheitlichen Erziehung des jungen Menschen ihr allgemeines Prinzip sieht, auch in Zukunft unverzichtbar.

Karl-Heinz Potthast

Thesen zum Problem religiöser Erziehung aus evangelischer Sicht

Zunächst eine persönliche Vorbemerkung:

Ich habe auf der Höhe des Dritten Reiches die Friedrich-von-Bodelschwingh-Schule in Bethel besucht, wo wir tagtäglich behinderten Menschen begegneten, die damals von einer Mehrheit unseres Volkes als „lebensunwert" bezeichnet wurden. Jeder Schultag hatte auf diese undramatische Weise eine religiöse Dimension, die für mein Leben wichtiger geworden ist als vieles, was ich im Unterricht gelernt habe. Religiöse Dimension hieß Erfahrungslernen. Wir wissen, daß solche Erfahrungen heute kaum noch gemacht werden, weil die volkskirchliche Sitte im Schwinden ist.

Ich verstehe mein Thema als Anfrage, ob es denn eine religiöse Dimension in den Schulfächern als den Kern der Schule gebe. Oder ob wir uns damit abfinden müssen, die religiöse Dimension des Lernens auf das Fach Religion zu beschränken. Die Frage ist außerordentlich aktuell, weil sie in der Grundschul-Didaktik mit ihrem neuen Anspruch ganzheitlichen Lernens wieder auf der Tagesordnung steht. Für unseren Zusammenhang noch wichtiger ist die Tatsache, daß Fachdidaktiker wieder begreifen, daß man den spezifischen Fachauftrag in aller Regel nicht ohne Berücksichtigung der religiösen Dimension erfüllen kann.

Dazu formuliere ich folgende Thesen:

1. Auch Erfahrungen über Zahlen implizieren Erfahrungen über den Menschen (M. Wagenschein). Wollen Lehrer und Lehrerinnen ihre fachwissenschaftlichen Kenntnisse in diesem Sinne elementarisieren, müssen sie je und dann den Schülerinnen und Schülern Rechenschaft über den Sinn des Lernens geben. Es ist kein Zufall, daß heute be-

sonders naturwissenschaftliche Fächer vor derartige Schülerfragen gestellt sind. Sie beziehen sich z. B. auf die Bewahrung der Schöpfung. Nach dem Abklingen vertikaler Autoritätskonflikte tritt das Problem eines Sinnhorizontes beim Lernen in allen Fächern als ein Lehrern und Schülern gemeinsames Problem in den Vordergrund.

2. Um Sachkenntnis und Lebenssinn in den Fächern zu verbinden, müßten übergreifende Schlüsselqualifikationen vermittelt werden. Forderung der letzten beiden Jahrzehnte wie „Selbstbestimmung in sozialer Verantwortung“ greifen zu kurz. Auch gibt es immer weniger gesellschaftspolitisch oder erziehungswissenschaftlich vermittelten Konsens. Aus christlicher Sicht sind Gerechtigkeit und Frieden, Menschenrechte und Bewahrung der Schöpfung Schlüsselthemen aller Fächer. Zu erinnern ist also an den Verfassungsauftrag, christliche Lebensaussagen durch Erziehung und Unterricht bewußt zu machen. Ziel dabei ist das Mutmachen fürs Leben. Konkret wird das, wenn Leben als Leben aus Gottes Hand angenommen und verantwortet wird.
3. Verpflichtungen und Chancen dazu dürfen nicht auf den konfessionellen Unterricht oder ein Alternativfach reduziert werden bzw. bleiben. Auch Projektwochen und andere organisatorische Maßnahmen zur Überwindung der Fächergrenzen erreichen selten den Kern eines Lernens mit spirituellem Spürsinn. Schülerinnen und Schüler sind bereit, sich der Sinnfrage zu stellen, wenn Lehrerinnen und Lehrer im Unterricht einen Zusammenhang von Leben, Glauben und Lernen erlebbar machen. Die Erstarrung des Lernens in einzelwissenschaftlicher Richtigkeit hat ihre schulische Zeit ebenso gehabt wie z. B. eine neomarxistische Besserwisserei. Die Frage des Fächerkanons und der Bildungsorganisation überhaupt sind aus christlicher Sicht nicht normierbar. Wohl aber ist zu fordern, die ethische und/oder religiöse Dimension des Lernstoffes bewußt zu machen und auf Fragen auch christlich begründete Antworten zu geben. Sie lauten u. a.: Der Mensch ist Gottes Geschöpf und durch Jesus Christus zur Freiheit in

der Kindschaft Gottes berufen. Darin liegen Würde und Grenze, Grund und Maß für Denken und Handeln. Wenn die öffentliche Schule sich trotz des Verfassungsauftrages nicht den Fragen nach der hinter einer im Lernstoff vermittelten Wirklichkeit stellt, werden christliche Eltern noch mehr als bisher schon Schulen in freier Trägerschaft verlangen und selber gründen. Sie können wenigstens dort einfordern, daß der Unterricht etwas vom gegenwärtigen Welthandeln Gottes spürbar macht und daß ihre Kinder durch Schule nicht lediglich gesellschaftspolitisch orientiert oder gar ideologisch manipuliert werden, wie es in ideologisch geschlossenen Bildungssystemen geschieht.

Man kann allerdings nicht verschweigen, daß immer weniger Lehrer über eine religiöse Grundbildung oder eine religiöse Sprachkompetenz verfügen, ohne die ein solcher Anspruch nicht erfüllt werden kann. Dabei sollte jeder mündige Christ in seiner Alltags-Situation auch Rechenschaft ablegen können darüber, was es bedeutet,

- daß Gott und nicht wir selber unser Leben geschaffen haben,
- daß Gott Mensch geworden ist und unser Leben durch seine eigene Hingabe vollendet,
- daß Gott uns an seiner Zukunft teilnehmen lassen will.

Solche einfache Glaubensgewißheit könnte zu einem viel gelasseneren Miteinander der Generationen führen. Wenn wir also die religiöse Dimension der Lerninhalte ernst nehmen, müssen wir den Sinn des Lebens und die Gültigkeit der Werte nicht selber schaffen oder im offenen Diskurs zu vermitteln suchen. Die Gewißheit über den tragenden Grund unseres Lebens wäre die eigentliche religiöse Dimension des Lebens, zu der wir aber den Lehrern und Eltern selbst Mut machen müßten.

Birgit Lermen

Überlegungen zur sprachlich-literarischen Dimension

In seiner 1935 verfaßten Rede „Bildung und Weltanschauung“ nennt Martin Buber die „Ungebildetheit des Menschen“ eine verhängnisvolle Macht. Gegen sie setzt er

> „die zeitwahre, zeitgerechte Bildung, die den Menschen hinführt zum gelebten Zusammenhang mit seiner Welt und ihn von da aufsteigen läßt zu Treue, zu Erprobung, zu Bewährung, zu Verantwortung, zu Entscheidung, zu Verwirklichung“.[1]

Die Bildungsarbeit ist für ihn „Führung zu Wirklichkeit und Verwirklichung“ durch die Sprache. Bildung und Sprache stehen in engem Zusammenhang.

Heute ist in der öffentlichen Diskussion die sprachlich-literarische Bildung wieder gefragt. Die Praxis hält mit dieser Forderung jedoch nicht Schritt. Der Deutschunterricht wird an vielen Schulen und Hochschulen bestimmt durch eine Generation von Lehrern, die in den späten sechziger und frühen siebziger Jahren studiert und über „Bravo“ und Strukturalismus, Soziolinguistik und Kommunikationstheorie gearbeitet hat, aber Grammatik, Rechtschreibung und Zeichensetzung nicht genügend schätzt und zu ästhetischer Literatur kaum Zugang findet. Allenthalben wird geklagt über den Mangel an Sprachkompetenz und den Verlust an Lesekultur. Es ist hier unmöglich, dieses weite und komplexe Thema in einer überschaubaren beschreibenden Bestandsaufnahme vorzustellen; es können lediglich einige Symptome beleuchtet werden.

A. Sprachlicher Aspekt

In der ersten Nummer der Zeitschrift „Muttersprache", die am 1. April 1986 hundert Jahre alt geworden ist, war zu lesen:

> „O, könnte man doch die Sprachfälscher mit Geldbußen, Gefängniß und Vernichtung ihres Machwerkes bestrafen wie die Fälscher von Nahrungsmitteln und Getränken".[2]

Herman Riegel, der Gründer des „allgemeinen deutschen Sprachvereins", der diesen programmatischen Ruf verfaßt hatte, sah jedoch die Aufgabe des Vereins nicht nur im „Kampf gegen die Fremdwörter", sondern stellte sein „Bedürfnis nach Sprachpflege" in einen national-historischen Zusammenhang.

> „Unsere Sprache ist zu Anfang dieses Jahrhunderts, als das tausendjährige Reich in Scherben ging und die alten Staaten ausgelöscht wurden, als unser nationales Dasein völlig in Frage stand und die Fremden unsern Boden grausam überflutheten, das letzte Band gewesen, welches uns zusammenhielt".[3]

Heute ist dieser nationale Anspruch schon als solcher suspekt, da die Zivilisation weitgehend internationalisiert ist und Normausschüsse die wissenschaftlichen Termini international aufeinander abstimmen. Es gilt als selbstverständlich, daß in vielen Bereichen der Wissenschaft die Diskussion in englischer Sprache geführt wird. Der unnötige Gebrauch englischen Vokabulars im Alltag und in der Unterhaltung wird zwar beklagt, aber einem „Sprachpurismus" vorgezogen, „der auf dem Entscheidungskriterium deutsch oder nicht deutsch fußt".[4] Thomas Rohwer betont zu Recht, daß die deutsche Sprache „ein lebendiger Organismus"[5] ist, der – wie in früheren Jahrhunderten durch das Lateinische, Französische oder sogar Arabische – heute durch das Englische beeinflußt wird.

Stärker als die Angst vor sprachlicher Überfremdung artikuliert sich die Sorge derer, die Sprachzerfall und Sprachnot diagnostizieren. Johannes Anderegg verwirft zwar die Diagnose von der Auflösung des sprachlichen Systems[6], stellt aber fest: Sprachzerfall äußere sich in „alltägliche(r) Geschwätzigkeit“ einerseits und „abgründiger Sprachnot“[7] andererseits. Er beklagt den „Mangel an Einsicht in die Notwendigkeit stilistischer Differenzierungen“, den Schwund des Verständnisses „für Zwischentöne“ und das Fehlen der Fähigkeit zur „Tonartenregulierung“.[8] Ein grundsätzliches Problem sei nicht die „Vermittlung grammatischer Regeln“, sondern die „weitverbreitete Unfähigkeit . . ., komplexe Verhältnisse in komplexen sprachlichen Strukturen einzufangen“[9]. Dieser Befund ist selbst bei Studenten zu beobachten. Viel zu wenig entwickelt ist die Fähigkeit zu präziser Ausdrucksweise und sprachlicher Differenzierung, zu einer originellen Sprache, in der sich der einzelne seiner Eigenart gemäß ausspricht. Diese Sprachverarmung geht mit dem Rückgang der Unterscheidungs- und Denkkraft Hand in Hand. Es fehlt weitgehend die Fähigkeit, Argumentationszusammenhänge zu erkennen, längere Textpassagen in einem klaren gedanklichen Zusammenhang zu entwickeln und abzufassen. Dieser Mangel an Sprach- und Denkkompetenz hat verschiedene Ursachen:

1. Einsatz neuer Technologien:
   Es besteht kein Zweifel, daß der Computer von großem Nutzen ist, wenn er über die Anziehungskraft eines neuen technischen Spielzeugs hinaus als Datenbank, als Textverarbeitungssystem oder zum Einüben von Rechtschreibung und Zeichensetzung gebraucht wird. Aber die im Mechanismus der Maschine festgelegten Befehls-, Frage- und Auskunftsmuster beeinträchtigen das Sprachgefühl und den Sprachsinn und bewirken eine Entpersönlichung des Dialogs.[10] Sie haben zur Folge, daß der Horizont immer enger wird und wichtige Lebensäußerungen und -umstände in Bildern vom Abschalten, Umpolen, Speichern, Vorprogrammieren, Durchchecken, Ein- und Ausrasten gefaßt und dabei in leere Hülsen gepreßt werden.

2. Veränderung des Sprachgebrauchs als Folge der Verwissenschaftlichung und Verfachlichung der Gegenwartssprache:
   Ein Beispiel dafür ist die Bezeichnung „Reproduktionsmedizin“ für die Disziplin, die sich der Zeugung menschlichen Lebens außerhalb des Mutterleibs widmet. Die begriffliche Etablierung von griffigen Wendungen wie „Retortenbaby“, „Samencocktail“, „überschüssige Embryonen“ und die sprachliche Reduzierung von menschlichem Leben auf medizinische Existenzformen bei Tiefkühlembryos sind Indikatoren einer medizinischen Perversion.[11] Jeder, der die Ganzheitlichkeit des Lebensbegriffs sprachlich aufgibt, übernimmt mit den neuen Termini auch nicht gewollte Konzepte technischer Zukunftsentwürfe. Er verändert die Sicht auf die Wirklichkeit und bereitet den möglichen Mißbrauch vor, der mit menschlichem Leben getrieben werden kann.
   Sprachliche Differenzierung macht es möglich, eine als problematisch empfundene Wirklichkeit kritisch in Frage zu stellen und eine Besinnung einzufordern, die der Würde des Menschen gerecht wird und die Flut der Amerikanismen nicht gedankenlos übernimmt.

3. Verlust an Sprachkompetenz durch den Einfluß des Fernsehens:
   Die Praxis belegt, daß der Video- und Fernsehkonsument immer weniger Sinn für die komplexen Strukturen der geschriebenen Sprache entwickelt. Es soll nicht bestritten werden, daß durch die Medien das Niveau der Sprachgewandtheit gesamtgesellschaftlich gestiegen ist. Aufgrund intensiver Medienrezeption sind immer mehr Menschen imstande, sich in der Hochsprache auszudrücken, aber leider geschieht das in der reduzierten Sprache des Fernsehens, die weitgehend an sprachlichen Mustern orientiert ist. Sobald es darum geht, Sprache als Instrument zu gebrauchen, um einen Sachverhalt in eigener sprachlicher Verantwortung präzise zu erfassen, ist es um die Sprechfähigkeit vieler schlecht bestellt. Schon Pestalozzi hat gegen

das bloße „Maulbrauchen“ polemisiert und einen Sprachgebrauch gefordert, der auf die Lebens- und Welterfahrung der Individuen gegründet ist.[12] Max Frisch schreibt an

> „gegen eine Zeit, deren Sprache heillos geworden ist, keine menschliche Sprache, sondern eine Sprache der Sender und eine Sprache der Zeitungen, eine Sprache, die hinter dem tierischen Stummsein zurückbleibt“.[13]

Die Forderung nach Originalität im Sprachgebrauch hat nichts zu tun mit der Emotionalisierung der Sprache, sondern zeigt sich vielmehr darin, daß der Sprechende – wie Anderegg sagt – „das Begreifen zu seiner eigenen Sache macht“.[14]
Unser Umgang mit der Sprache belegt, daß uns der Sinn für das, was ein bildliches, symbolisches Sprechen zu leisten vermag, weitgehend abhanden gekommen ist. Zweifellos ist diese Not nicht schnell dadurch zu beheben, daß der Dichtung, dem privilegierten Ort für das Metaphorische und Symbolische, im Unterricht ein größeres Gewicht zugestanden würde. Wohl aber ist zu bedenken, daß der Umgang mit dichterischer Sprache die Erfahrung einer Dimension von Sprache ermöglicht, die der Alltag zunehmend verschüttet.

Im Blick auf diese Diagnose ist es gerechtfertigt, von „Sprachnot“ und „Sprachverlust“ zu sprechen und zu fragen, welche Konsequenzen sich daraus ergeben für die Pflege der deutschen Sprache in Schule und Hochschule.

1. Vordringliche Aufgabe ist die dialogische Mündigkeit im sprachlichen Handeln:
   Der Spracherwerb in der Form partnerschaftlichen Handelns im Sprechen miteinander entscheidet über die Befähigung zur Teilnahme am Kommunikationsprozeß. Der Sprachunterricht fördert und entwickelt aber diese Fähigkeiten nur, wenn er die Schüler aus der alltäglichen Geschwätzigkeit herausholt und zum selbständigen, gestaltenden Umgang mit Sprache anregt.

Ernst Wendt hat 1983 von der drohenden Vernichtung des Kulturbegriffs gesprochen, bei der Industrie- und Medienkultur Hand in Hand arbeiten:

> „Beide sind sie auf den Tod der Wörter aus und auf die Inthronisierung von Bildern und Signalen. Allmählich bemerken wir doch so etwas wie eine Sinnes-Verlagerung in uns allen: Die Augen werden in dem Maße mehr beansprucht wie die Ohren vernachlässigt werden. Schon hört keiner mehr zu, es sei denn man schreit".[15]

Das Zuhören, das sich im schweigenden Aufnehmen von Nuancen und Zwischentönen vollzieht, ist heute bedroht. Dialogische Mündigkeit aber bedingt die Fähigkeit zuzuhören, sich in seinen Partner hineinzuversetzen und am Denken, Fühlen und Sprechen des anderen teilzunehmen.

2. Ein weiteres Lernziel des muttersprachlichen Unterrichts ist die Befähigung zur Treffsicherheit im sprachlichen Zugriff.
Schon Herder forderte: Die Schüler sollen nicht fremder Leute Worte nachreden und sich eigener Gedanken entwöhnen, sondern die Sprache gebrauchen lernen als Medium des Denkens und Begreifens und damit der Welterschließung. Konfuzius wußte bereits um diese gesellschaftliche Funktion der Sprache und formulierte treffend:

> „Wenn die Sprache nicht stimmt, so ist das, was gesagt wird, nicht das, was gemeint ist; ist das, was gesagt wird, nicht das, was gemeint ist, so kommen die Werke nicht zustande, so gedeihen Moral und Kunst nicht; gedeihen Moral und Kunst nicht, so trifft die Justiz nicht; trifft die Justiz nicht, so weiß das Volk nicht, wohin Hand und Fuß setzen. Also dulde man keine Willkür in den Worten. Das ist alles, worauf es ankommt".[16]

In der Sprache erschließt sich dem Menschen die Welt, sprechend bemächtigt er sich der ihn umgebenden Wirklichkeit. Es genügt darum nicht, den Schüler mit einem festumrissenen Komplex sprachlicher Form für die in der Lebenspraxis auftretenden Sprech- und Schreibsituationen auszurüsten, sondern es müssen ihm Aufgaben gestellt werden, an denen er seine Sprachkraft entfalten kann, indem er seine Erlebnisse oder Erfahrungen ins umfassend ergreifende Wort bringt, indem er abwägt, verwirft und austauscht, bis er die einzig richtige Formulierung gefunden hat. Erst was er – im eigenen Zugriff – gültig formulieren kann, hat er geistig erfaßt. Er wird begreifen, was Hugo von Hofmannsthal in die Worte faßte:

„Eigene Sprache
Wuchs dir die Sprache im Mund, so wuchs in die Hand dir die Kette:
Zieh nun das Weltall zu dir! Ziehe! Sonst wirst du gezogen“.[17]

B. Literarischer Aspekt

Hand in Hand mit der Klage über den Mangel an Sprachkompetenz geht die Klage über den Verlust der Lesekultur.

Karl Ries konstatierte schon 1981 resigniert in der FAZ: „Lesen will heute niemand mehr!“. Und Patrick Süskind, der Autor des weltberühmten Romans „Das Parfum“, bekannte im „Zeitmagazin“ vom 6. 10. 1989 lapidar: „Buch gelesen, Inhalt vergessen!“.

Obwohl verschiedene Institutionen wie der Börsenverein des deutschen Buchhandels oder die Mainzer Lesegesellschaft vielfältige Leseanreize bieten, ist die Benutzung (nicht die Verbreitung) des Buches im Zurückgehen. Die Anzahl der Veröffentlichungen hat sich gesteigert, aber das Buch hat im Rahmen des vielfältigen Freizeitangebotes seine Kulturstellung nicht gehalten.

Die Bemühung um die Lesekultur hat von dieser gewandelten Realität auszugehen, die verschiedene Ursachen hat:

1. In unserer visuellen Kultur ist die Bedeutung des Lesens um eben so viel reduziert, wie die neuen Formen an Einfluß gewinnen.
   Arnd Morkel schreibt zu Recht:

   > „Wer dauernd fernsieht, gewöhnt sich leicht daran, Sachverhalte simplifiziert, häppchenweise, voraussetzungslos dargeboten zu erhalten. Er verlernt, seinen Kopf anzustrengen: Er läßt sich ‚berieseln'. Geduld und Ausdauer werden nicht von ihm verlangt. Gewohnt an schnellen Themenwechsel, tut er sich schwer, sich zu konzentrieren und längere Zeit in ein Buch zu vertiefen."[18]

   Schärfer denn je stellt sich darum die Frage nach der Wirkung von Literatur in einer visualisierten, vorwiegend auf optische Reize reagierenden Gesellschaft, der das Buch als Medium der Existenzerfassung entschwindet. Auf die literarischen Verfilmungen in den Medien wird man nicht bauen dürfen. Es wäre irrig, aus den hohen Verkaufsziffern der Romane „Die Buddenbrooks" oder „Berlin Alexander-Platz" auf ein breites Lesepublikum zu schließen. Das Interesse am Buch ist zwar zunächst da, aber dann wird die Anstrengung und Geduld nicht aufgebracht, den Text zu lesen.
   Literarische Diskussionen und Gespräche mit Autoren werden meistens zu ungünstigen Sendezeiten ausgestrahlt, so daß schon aus diesem Grunde die Zuschauerquote gering ist. Die Neuerscheinungen werden zwar oft gekauft, stehen aber – zur Erhöhung der „Wohnkultur" – ungelesen im Regal. Die Urteile darüber lauten in der Regel dahingehend, daß der neue Grass gut sei oder daß Walsers jüngster Roman treffend die Entfremdungen und Zwänge unserer Welt demonstriere.

2. Die weit verbreitete Unlust, sich um das Verständnis komplexer Texte zu bemühen, beruht weitgehend auf mangelnder Lesekompetenz und mangelnder Bereitschaft, an den Texten intensiv zu arbeiten und die Sprache in ihrem Vollgehalt aufzunehmen. Das Lesen ist ein immens aktiver Prozeß, der Ausdauer, Konzentrationsfähigkeit und geistige Mitarbeit erfordert.

3. Die Lesemüdigkeit ist ferner die Folge eines Literaturunterrichts, der seit den sechziger Jahren in Schule und Hochschule modischen Trends gefolgt war:
   - Die ausgesparte Werte-Diskussion und die Vielfalt des Angebotes führte zu einer unaufhaltsamen Enthistorisierung. Die Folge ist, daß selbst Germanistikstudenten von Stilepochen keine Ahnung haben und die großen Autoren der deutschen Literatur weder historisch noch literarisch einzuordnen vermögen. Obwohl die Studierenden längst das Verlangen nach historischem Bewußtsein und geschichtlicher Perspektive artikulieren, tragen die Universitäten – wie die Vorlesungsverzeichnisse belegen – diesem Bedürfnis noch nicht Rechnung. Es wird verkannt, daß die Literaturgeschichte ein bedeutsamer Lehrmeister ist, der im Rückblick auf die Vergangenheit den eigenen Standort klären und Kräfte wecken kann für das Angehen der Zukunft.
   - In einigen Bundesländern ist die ästhetische Literatur immer noch auf ein Minimum reduziert: ein Fehlverhalten, dessen negative Auswirkungen von Tag zu Tag deutlicher hervortreten. Die Folge ist ja nicht nur, daß im muttersprachlichen Unterricht eine Öde und Langeweile um sich greift, in der ein geistig reger Schüler sich kaum wohl fühlen kann. Es reißt dabei auch die Kette einer tausendjährigen Tradition ab, durch die ein Schatz verarbeiteter Erfahrungen von Generation zu Generation vermittelt wurde. Andere Nationen, wie z. B. die Franzosen und Engländer, haben immer gewußt, was sie an ihrer ästhetischen Literatur besitzen.

Sowohl die einseitige Zerstückelung der Literatur in Lernziel-Taxonomien als auch die einseitige Politisierung und Reduktion auf das Inhaltlich-Dokumentarische ist unterdessen weitgehend revidiert, aber die Gefahr der geistigen Verödung ist nicht gebannt und die Klage über das „Illiteratentum" nicht verstummt, da die durch Werbung und andere Textsorten gelangweilten Schüler zu Hause nicht die Kraft finden, nach einem Buch zu greifen, sondern statt dessen den Fernsehapparat einschalten.

– Der Verlust literarischer Bildung beruht zweifellos auch auf Orientierungslosigkeit, Willkür und Adhoc-Entscheidungen. Die Kanon-Diskussion, die Schule und Hochschule gleichermaßen betrifft, ist mehr und mehr zu einer politischen Debatte geworden, und es scheint, als sei in der Bundesrepublik kein einheitlicher Kanon als gemeinsamer literarischer Besitz mehr zu begründen. Dieser Sachverhalt ist beunruhigend, denn – so Arnd Morkel:

„Eine Gesellschaft, die nicht mehr wagt zu definieren, was ihrer Meinung nach überlieferungswürdig ist, hat sich selbst aufgegeben."[19]

Zweifellos geht es heute nicht mehr um die Einführung eines starren Kanons, sondern um eine Perspektive mit Orientierungspunkten in einem historisch bedingten, strukturell vielfältigen Textkosmos. Es geht um die fruchtbare Spannung zwischen extensivem und intensivem Lesen, zwischen Kanon und der Notwendigkeit, einen Text bis auf den Grund zu verstehen. Ein solcher Literaturunterricht, der einen bis in die Gegenwart hineinreichenden Bestand literarischen Lebens darbietet, kann dem unreflektierten Medienkonsum entgegenwirken, wenn es dem Lehrer gelingt, den Schüler für Literatur zu begeistern. Die Arbeit an der literarischen Vergangenheit muß aber die an der Gegenwartsliteratur begleiten. Das setzt jedoch voraus, daß der

Lehrer auf dem Laufenden ist und sich auch mit Neuerscheinungen beschäftigt. Macht er ein solches Angebot, darf er hoffen, daß Schüler und Studenten über das ihnen Vorgesetzte hinaus zu eigener Lektüre angeregt werden.

– Mitschuld am Verlust literarischer Bildung hat auch die Verpönung des Auswendiglernens. Die ältere Generation weiß, welch geistigen Schatz sie mit auswendiggelernten Gedichten und Balladen besitzt. Cordelia Edvardson, die Tochter von Elisabeth Langgässer, berichtet in ihrem 1986 erschienenen autobiographischen Buch „Gebranntes Kind sucht das Feuer", daß auswendiggelernte Gedichte ihr im Konzentrationslager Auschwitz halfen zu leben und zu überleben. Als die Vierzehnjährige morgens in die Fabrik getrieben wurde, klammerte sie sich an das Lied von Matthias Claudius „Der Mond ist aufgegangen". Auswendiglernen ist nicht sinnloses Pauken, sondern – wie das französische „apprendre par coeur" so schön sagt – ein Lernen, das durch das Herz geht: das Sich-Einverleiben eines Repertoires, mit dem man lebt, weil man es im gültigen Sprechen sich wirklich erschlossen und zu eigen gemacht hat. Zudem erweitert die Verfügung über poetische Texte den Sprachhorizont. Die Erfahrung lehrt, daß die Sprachumwelt eine wichtige Rolle spielt und die Verbesserung der Sprache erreicht werden kann durch sprachlich anspruchsvolle Lektüre. Diesen Bildungssinn haben einige Bundesländer erkannt. Als Beispiel kann der Erlaß des bayerischen Kultusministers über das „Erlernen von Liedern und Gedichten" von 1985 genannt werden, der einen „bleibenden geistigen Besitz" sichern will.

Aufgrund dieser Bestandsaufnahme stellt sich die Frage, was an Lese- und Literaturfähigkeit zur Existenzsicherung in der Gesellschaft und zur Wahrung der Bildungschancen gelernt werden muß:

1. Verstehen, was ein Text intendiert

Wenn ein Leser ein literarisches Kunstwerk zu verstehen sucht, dann ist dieses Textverstehen ein Kommunikationsvorgang, der ohne Sprachkompetenz und Sprachgefühl, ohne grammatische Kenntnisse und ohne Einsicht in Bau und Struktur der Sprache nicht möglich ist. Der Leser muß den toten Zeichen der Schrift die Lebendigkeit und Deutlichkeit gesprochener Sprache annähernd zurückgeben, sie – um mit Humboldt zu reden – zum Leben erwecken, so daß der Akt des Lesens zur unmittelbaren Begegnung mit dem gesprochenen Wort wird. Verstehen, was ein Text intendiert, kann also nur, wer über eine große Lesekompetenz verfügt und fähig ist, sich auf den Text einzulassen, sich mit ihm persönlich auseinanderzusetzen, ihn kritisch zu durchdringen und seine eigene Meinung dazu zu äußern.

2. Produktive Rezeption des literarischen Erbes

Da heute über Rundfunk, Fernsehen, Videogerät und Computer vielerlei Information und Unterhaltung zu beziehen sind, drängt sich die Frage auf: Lohnt es sich noch, Bücher zu lesen und das literarische Erbe zu rezipieren? Das Lesen gewährt dem Menschen das größte Maß an Freiheit, und das Buch stellt – wie kein anderes Medium – eine persönliche Herausforderung dar. Vor allem ist die Gegenwartsliteratur geeignet, auf die technisierte, durchrationalisierte und bürokratisch verwaltete Verfassung unserer Gesellschaft mit einer neuen Form der Irritation zu antworten. Wie das geschieht, soll im folgenden kurz aufgezeigt werden:

a) Wegweisende Zukunftsorientierung

Dichter sprechen aus, was andere nur dunkel fühlen und ahnen. Sie bringen die brennenden Lebensfragen des Menschen nach persönlichem Glück und Leid, nach Grund und Sinn des Lebens, nach Schuld und Tod eindrucksvoll ins Wort. Gefahren vorausahnend, reagieren sie wie Seismographen, die sorgfältig registrieren, was auf die Menschheit zukommt.

Im Roman „Die Rättin“[20] von Günter Grass, der genau acht Wochen vor dem Reaktorunfall von Tschernobyl erschien, ist die Wirklichkeit bis in die Formulierungen hinein vorweggenommen.
Und wenn in Harald Müllers Theaterstück „Das Totenfloß“ die strahlenverseuchte Bjuti ihre Mitinsassen behutsam fragt „Hört ihr das kranke Herz der Erde?“[21], dann ist diese Frage in unsere Zukunft hineingesprochen. Die Gegenwartsliteratur ist voll apokalyptischer Zeichen, die jedoch weniger zur Sinndeutung als zur Verrätselung und Verdunkelung unserer als bedrohlich empfundenen Welt dienen. Obwohl aber, wie Christine Lavant sagt, unsere Zeit „nach Weltuntergang riecht“, leben viele Texte von einem Vertrauen, das aus dem „Dennoch“ kommt.[22] Sie zeugen, wie Ernst Bloch formulierte, von einer „Hoffnung mit Trauerflor“ und sind im Sinne Peter Härtlings Ausdruck einer „Zuversicht mit Schrunden“.

b) Selbst- und Weltverständnis

Wolfgang Binder sagt zu Recht: „Umgang mit Dichtung bedeutet Weltbezug und Ichbefreiung.“[23] Die Bedeutsamkeit der Gegenwartsliteratur liegt nicht zuletzt darin, daß sie die Welt, wie sie ist, produktiv in Frage stellt, daß sie Alternativen entwirft, daß sie, wie Paul Celan es formuliert, „den Gegentakt wagt“.[24]

Indem der Leser fremde Wirklichkeit in sich aufnimmt und sich mit ihr auseinandersetzt, erfährt er eine ungeahnte Ausweitung seines beschränkten Sehfeldes über Räume und Zeiten hinweg. Er findet in zahlreichen Texten seine Probleme wieder, seine Wünsche und Enttäuschungen, seine Sehnsüchte und Ängste. Jeder, dem in irgendeiner Weise einmal die Rolle des Passiven aufgezwungen war, so daß er seine Situation nur noch ertragen und erleiden konnte, wird sich mit dem lyrischen Sprecher der folgenden Verse von Hilde Domin identifizieren können:

„Wen es trifft,
der wird aufgehoben
wie von einem riesigen Kran
und abgesetzt
wo nichts mehr gilt,
wo keine Straße
von Gestern nach Morgen führt.“[25]

Der Leser, der sich einem solchen Text stellt, ihn sozusagen mit- oder weiterdenkend erobert, gewinnt einen Zuwachs an Selbst- und Welterfahrung, so daß man in einem sehr realen Sinne sagen kann, daß Menschen, die sich mit Dichtung beschäftigen, intensiver leben als solche, die nicht lesen können oder wollen.

c) Sensibilisierung für das Ästhetische

Die vielbeklagte Kopflastigkeit unseres Zeitalters, durch die einseitige Rationalisierung aller Lebens- und Arbeitsvorgänge hervorgerufen, birgt die Gefahr in sich, daß der Mensch zusehends verkümmert. Poetische Texte sind ein Mittel, dieser Gefahr, der die nachwachsenden Generationen in erhöhtem Maße ausgesetzt sind, nachhaltig entgegenzuwirken. Sie können dem Leser Freude und Vergnügen bereiten und ihn für das Ästhetische sensibilisieren. Schiller stellte die ästhetische Erziehung so hoch, daß er von ihr die Versittlichung des Menschen erwartete. Günter Kunert spricht die Hoffnung aus, daß durch das Ästhetische ein Prozeß der „Entgröberung“ und „Humanisierung“ eingeleitet werden könne. Für Hilde Domin ist die Beschäftigung mit Literatur eine „Insel, die auftaucht mitten im Mahlstrom der Geschäftigkeit“. Sie spricht von der Notwendigkeit der schöpferischen Pause, in der die „Zeit stillsteht“.[26]

d) Sprachkompetenz

Poetische Sprache bringt Analogien hervor für Erfahrungen heute und drückt die innere Verfassung des Menschen in Zeichen aus, die es zu entschlüsseln gilt. Vor allem zeichnet sie sich aus durch einen hohen Bild- und Symbolgehalt, der zur Verdichtung der Aussage beiträgt und unterschiedliche Auslegungen zuläßt. Als Beleg kann ein Zitat von Peter Huchel stehen, der in der ehemaligen DDR mundtot gemacht wurde und – wie er selbst sagt – „in der Zone des Schmerzes" behaust war, weil er an einer Polyneuropathie litt, die Lähmungen und sein allmähliches Verstummen zur Folge hatte:

„Eine Granne
nicht zugeweht
vom Sommer
stachelt sich fest
in meiner Kehle."[27]

Gerade die Polyvalenz macht es dem Rezipienten zur Pflicht, seine Auffassung zu belegen und die Zeichen textgerecht zu lesen. Wer so gelernt hat, das dichterische Wort auf seinen verborgenen Sinn abzuhorchen, Chiffren, Metaphern und Symbole zu deuten und in ihrer Dichte und Valenz zu erfassen, das Geflecht der Bezüge aufzudecken und die Intention bestimmter Sprachmuster zu erkennen, dem wachsen Verstehens- und Sprachhilfen zu für den konkreten Umgang mit den Mitmenschen.

Rückblickend läßt sich festhalten: Die ästhetische Literatur ist für den Menschen unserer Zeit im Hinblick auf seine Selbstfindung, sein Daseinsverständnis, sein Verhältnis zum Mitmenschen und seine Orientierung in der Welt lebensnotwendig. Sie schreibt an gegen das sich ausbreitende Todesbewußtsein, gegen Erstarrung und Resignation, gegen Melancholie, Gleichgültigkeit und innere Lähmung. Sie sucht den versteinerten Erlebnishintergrund des Menschen aufzubrechen, Freude und Schmerz wieder fühlbar und nachvollziehbar zu machen. Indem sie die Struktur unseres auf Oberflächenreize angelegten Daseins bloßlegt, öffnet sie die Wunde, die Leben heißt.

Anmerkungen

1 Martin Buber: Bildung und Weltanschauung. In: M. B.: Werke I (1962) 816.

2 Zitiert nach Gerd Simon: Hundert Jahre „Muttersprache". Muttersprache (1986) 83.

3 a. a. O. 84.

4 Horst Michael Hanika: Die Bereicherung überwiegt den Sprachzerfall. FAZ, Nr. 163 vom 18. 7. 1989, 8.

5 Thomas Rohwer: Die Sorge um die deutsche Sprache. FAZ, Nr. 163 vom 18. 7. 1989, 8.

6 Johannes Anderegg: „Dein Leben/Mensch/vnd todt hält stäts auf deiner Zungen". Über Sprachzerfall und Sprachnot. Der Deutschunterricht (1985) I, 55.

7 a. a. O. 60.

8 a. a. O. 58.

9 a. a. O. 58.

10 Vgl. Helmut Schnelle/Gert Rickheit (Hrsg.): Sprache in Mensch und Computer (1988) – Rüdiger Weingarten/Reinhard Fiehler (Hrsg.): Technisierte Kommunikation (1988).

11 Vgl. Horst Dieter Schlosser/Marion Grabka: Sprache und technische Zukunft. Linguistische Technikfolgenforschung am Beispiel medizinischer Zeugungstechnik. Muttersprache (1989) Bd 99, II, 160–171.

12 Rudolf Messner: Grundmuster des Sprachunterrichts und Schüleridentität, in: Kaspar H. Spinner (Hrsg.): Identität und Deutschunterricht (1980) 115.

13 Max Frisch: Tagebuch 1946–1949 (1970) 220.

14 a. a. O., 60.

15 Zitiert nach Wolfgang Frühwald: Die Hoffnung auf das Wort. Fernsehvortrag, 4.

16 Zitiert nach Hilde Domin: Wozu Lyrik heute. Dichtung und Leser in der gesteuerten Gesellschaft (1975) 29.

17 Hugo von Hofmannsthal: Gedichte und lyrische Dramen. Ges. Werke in Einzelausgaben, hrsg. v. Herbert Steiner (1946) 89.

18 Arnd Morkel: Von der Lust zu lesen im Zeitalter der Fotokopie. Mitteilungen des Hochschulverbandes (1986) IV, 211.

19 Arnd Morkel: Gymnasiale Allgemeinbildung und Studierfähigkeit. Mitteilungen des Philologenverbandes Rheinland-Pfalz (1988) II, 6.

20 Günter Grass: Die Rättin (1986).

21 Harald Müller: Das Totenfloß. Theater heute 7 (1986) 47.

22 Hilde Domin: Aber die Hoffnung. Autobiographisches aus und über Deutschland (1982) 23.

23 Wolfgang Binder: Literatur als Denkschule. Eine Vorlesung, mit zwei Kapiteln von Klaus Weimar (1972) 322.

24 Paul Celan: Sprachgitter (1959) 43.

25 Hilde Domin: Nur eine Rose als Stütze (1959) 46.

26 Hilde Domin: Wozu Lyrik heute (1975) 13.

27 Peter Huchel: Gezählte Tage (1972) 82.

Reinhold Weiß

Informationstechnische und ökonomische Grundbildung

Aufgaben der Schule

Die Qualität des Standortes Bundesrepublik im internationalen Vergleich wird in Zukunft noch stärker als heute bereits davon bestimmt werden, „inwieweit es (..) gelingt, die für die Wissensvermittlung notwendige Infrastruktur bereitzustellen und die Menschen zu motivieren, sich bilden und weiterbilden zu lassen“ (DIHT, 1987, 11).

Wirtschaft und Gesellschaft brauchen eine leistungsbejahende, engagierte und fachlich qualifizierte Jugend, um die vor uns liegenden sozialen, wirtschaftlichen und technischen Herausforderungen zu bewältigen.

Dem Bildungswesen kommt hierbei eine doppelte Aufgabe zu: Bildung soll dazu beitragen, den eingetretenen wirtschaftlich-technischen und sozialen Wandel bewältigen zu helfen. Bildung muß zugleich aber auch selbst ein Innovationsträger werden. Dies erfordert die Vermittlung einer umfassenden und zugleich ständig aktualisierten Allgemeinbildung. Eine informationstechnische und ökonomische Grundbildung stellen wichtige Elemente einer derartigen Allgemeinbildung dar.

Informationstechnische Grundbildung

Angesichts der steigenden Bedeutung und zunehmenden Verbreitung der modernen Informations- und Kommunikationstechniken konnte die Schule daran nicht länger vorbeigehen. Bund und Länder haben deshalb erhebliche Mittel investiert, um allen Schülern ab Klasse 7 eine informationstechnische Grundbildung vermitteln zu können.

Hohes Interesse der Eltern und Schüler

Das Interesse der Schüler und ihrer Eltern an einer informationstechnischen Grundbildung ist nach wie vor groß. Die Ergebnisse einer repräsentativen Untersuchung (Fauser/Schreiber, 1988) haben gezeigt, daß grundlegende Umgangsfertigkeiten mit der neuen Technik von der großen Mehrheit der Eltern und Schüler als Bestandteil der Allgemeinbildung angesehen werden. Zwei Drittel der befragten 13- bis 15jährigen Schülerinnen und Schüler wünschen sich, im Unterricht mehr über Computer zu erfahren.

Noch deutlicher fällt die Befürwortung der informationstechnischen Bildung bei den Eltern aus: Fast 9 von 10 sind der Auffassung, daß grundlegende Computer-Kenntnisse heute zur Allgemeinbildung gehören. In der Rangskala der schulischen Aufgaben liegt die informationstechnische Grundbildung damit an vierter Stelle, gleich hinter guten Deutsch- und Rechenkenntnissen und dem Lernziel Förderung der Hilfsbereitschaft. Spezialkenntnisse über den Computer sind dagegen nicht gefragt, sie rangieren weit abgeschlagen auf dem letzten Platz.

Damit zeigt sich eine weitgehende Übereinstimmung mit den Urteilen von Bildungsexperten aus der Wirtschaft. In einer vom IW durchgeführten Befragung bei 159 Unternehmen sprachen sich 95 Prozent für eine informationstechnische Bildung der Jugendlichen aus (Weiß, 1987, 129). Dabei sollen, ähnlich wie auch von Eltern gefordert, lediglich Grundlagenkenntnisse vermittelt werden.

Vorbehalte der Pädagogen

Die Begeisterung, ja geradezu Euphorie bei Teilen der Schüler, steht in merkwürdigem Kontrast zur Skepsis, ja Ablehnung bei zahlreichen Bildungsfachleuten und Lehrern. Die Bedenken wurden vor allem von der GEW vorgetragen (GEW, 7 ff.). So wurde behauptet, der Einsatz des Computers führe zu

- einer zunehmenden Ungleichheit der Bildungschancen,
- einer verstärkten Geschlechtsrollenzuweisung,

- einer Verdrängung der sprachlichen Kommunikation,
- einer Reduktion der Schriftsprache auf Textverarbeitung,
- einem „Maschinen-Denken“,
- einer Dominanz der Bilder,
- einer Aufweichung des öffentlichen Bildungsauftrages.

Darüber hinaus würden die Jugendlichen zu einer Flucht in Scheinwelten verleitet.

Untersuchungen zu den Auswirkungen der Computer-Nutzung auf das Verhalten der Jugendlichen zeigen, daß diese Befürchtungen vielfach haltlos sind (Lehmann, 1989). Weder tritt eine Vereinzelung ein, noch verkümmern Kreativität und Phantasie. Auch ein Nachlassen der gesellschaftlichen Problemorientierung konnte nicht festgestellt werden. Im Gegenteil: Politik- und wissenschaftsbezogene Verhaltensweisen werden bei längerer Nutzung des Computers klar gefördert (s. Lehmann, 1989). Dies sind, zugegebenermaßen, Ergebnisse von Kurzzeit-Studien. Ergebnisse von Langzeit-Untersuchungen liegen meines Wissens noch nicht vor. Es ist aber kaum zu erwarten, daß sie zu wesentlich anderen Ergebnissen gelangen.

Als Resümee der vorliegenden Wirkungsuntersuchungen kann festgehalten werden: Der „Computerfreak“, der stundenlang vor dem Gerät sitzt und kaum noch andere Interessen verfolgt, ist eher ein „Medienereignis“ als empirische Realität.

Nach wie vor aber gibt es deutliche Unterschiede im Wissen und in den Einstellungen zwischen Jungen und Mädchen. Jungen verfügen in der Regel über größere praktische Erfahrungen, sie sind besser informiert und möchten später eher einen Beruf ausüben, in dem sie mit Computern umgehen. Ein Ausgleich dieser geschlechtsspezifischen Unterschiede wird eine der vorrangigen Aufgaben beim weiteren Ausbau der informationstechnischen Grundbildung sein.

Die Notwendigkeit einer informationstechnischen Bildung erscheint heute weitgehend unbestritten. Unterschiedlich wird jedoch die Frage beurteilt, wie dieses Grundwissen organisatorisch und didaktisch in den bestehenden Bildungskanon eingegliedert werden soll. Angesichts der Unsicherheit, die gerade auch in Schulkreisen zu dieser Frage herrscht, hat das Institut der deutschen Wirtschaft eine Umfrage unter DV-Unternehmen und DV-Anwendern durchgeführt. Die Befragung sollte konkretere Aussagen erbringen, was die Wirtschaft auf diesem Gebiet von der Schule erwartet, und Hilfestellung geben, wie die Schule auf die sich abzeichnenden Strukturwandlungen reagieren sollte. Obwohl die Datenbasis mit rund 160 Unternehmen recht schmal ist, ergeben sich einige aufschlußreiche Ergebnisse (s. Weiß, 1987).

Nach Ansicht der Befragten soll der Computer in erster Linie als Unterrichtsmedium Verwendung finden. Die Schüler sollen mit anderen Worten lernen, den Computer als Werkzeug zur Lösung verschiedenartiger Aufgaben einzusetzen. Präferiert wird damit ein anwendungsorientierter Ansatz. Dies impliziert zugleich einen fächerübergreifenden Einsatz des Computers. Hierfür bieten sich nach Ansicht der Befragten neben dem Fach Informatik vor allem die Fächer Mathematik, Physik, Chemie, Wirtschaftslehre und Arbeitslehre an. Die Einführung eines eigenständigen Faches Informatik wird nur für die gymnasiale Oberstufe als sinnvoll erachtet.

Im Mittelpunkt des Curriculums sollten deshalb nach Ansicht der Befragten das Vertrautmachen mit der Bedienung der Tastatur, die Arbeit mit fertigen Programmen, die Einführung in typische Anwendungsgebiete und die Förderung der Akzeptanz stehen. Das selbständige Programmieren und die Kenntnis von Programmiersprachen können dagegen nicht Gegenstand einer obligatorischen informationstechnischen Grundbildung sein.

Informatikinhalte haben nur im Rahmen einer inhaltlichen Vertiefung im Wahl- und Wahlpflichtbereich oder als Gegenstand des Unterrichts in der gymnasialen Oberstufe ihre Berechtigung. Für den gegenwärtigen Unterricht bedeutet dies eine grundlegende Umorientierung. Anstelle der vielfach noch dominierenden Programmierung werden künftig in stärkerem Maße fertige Programme und Software-Tools zum Einsatz kommen müssen. Hier stellt sich allerdings das Problem, daß manche der vorliegenden Programme unter Anlegung pädagogischer Kriterien noch nicht überzeugen können.

Die mancherorts geäußerte Auffassung, der Einsatz von Computern mache das Erlernen von Fakten, das Kopfrechnen oder die Einübung der Rechtschreibung entbehrlich, findet unter den Befragten keine Mehrheit. Vielmehr wird von ihnen immer wieder die Notwendigkeit einer ausreichenden Beherrschung der Kulturtechniken betont. Ohne die Beachtung sprachlicher Normen kann kein Computer bedient werden, ohne eine gewisse Rechenfertigkeit und ein Zahlenverständnis ist man den technischen Medien hilflos ausgeliefert. Nicht eine Erweiterung der Fähigkeiten, ein Mehr an Bildung wäre die Folge, sondern das Gegenteil.

Darüber hinaus wird eine wesentliche Aufgabe der Schule darin gesehen, Persönlichkeitseigenschaften und Verhaltensweisen zu fördern. Genannt werden von den Befragten vor allem die Fähigkeit zum logisch-analytischen Denken, Lernwillen, die Fähigkeit zum Denken in Zusammenhängen, Teamfähigkeit, Selbständigkeit/Eigeninitiative, die Fähigkeit zum problemlösenden, algorithmischen Denken sowie Kommunikationsfähigkeit. Diese Fähigkeiten sind nach Ansicht der Befragten notwendig, um die Anforderungen der durch die Informations- und Kommunikationstechniken geprägten Arbeitswelt zu bewältigen. Im formalen Sinne beschreiben sie geradezu ein Bildungsideal. Gerade weil die moderne Informations- und Kommunikationstechnik so viele Einzelinformationen verfügbar macht, gewinnt der Bildungsauftrag somit noch mehr an Bedeutung.

Vorbereitung auf die Wirtschafts-, Arbeits- und Berufswelt

In zahlreichen Stellungnahmen hat die Wirtschaft, insbesondere die Bundesvereinigung der Deutschen Arbeitgeberverbände, seit den fünfziger Jahren immer wieder die Forderung nach einer Weiterentwicklung des Bildungskanons im Sinne einer Hinführung der Schüler zur Wirtschafts-, Arbeits- und Berufswelt erhoben. Dadurch sollen den Schülern erste Kenntnisse und Einsichten über betriebliche und gesamtwirtschaftliche Tatbestände, Anforderungen, Zusammenhänge und Probleme vermittelt werden. Das Ziel besteht darin, die Schüler im wirtschaftlichen, beruflichen und gesellschaftlichen Bereich zur sachkundigen Urteils- und Entscheidungsfähigkeit, zur Selbständigkeit und zum verantwortlichen Handeln zu führen.

Die Vorbereitung auf die Wirtschafts-, Arbeits- und Berufswelt soll nach Ansicht der Wirtschaft insbesondere durch die Vermittlung einer „sozial-ökonomischen Grundbildung" erfolgen (BDA, 1976). Sie beinhaltet neben ökonomischen Bezügen auch berufliche, technische, gesellschaftliche und soziale Aspekte und ist in sofern Bestandteil eines Unterrichtsbereiches „Arbeit – Wirtschaft – Technik" (BUAG, 1991). Die sozial-ökonomische Bildung soll, so die Forderung der BDA,

– gleichrangig neben den sprachlichen, naturwissenschaftlichen, mathematischen, musischen Bildungsschwerpunkten zentraler Bestandteil schulischer Bildung werden,
– als eigenständiges Fach oder eigenständiger Lernbereich in den schulischen Lehrplan aufgenommen werden,
– auf alle Schulformen und Schulstufen bezogen sein,
– als Pflichtbestandteil und nicht als Wahlbereich in den Bildungskanon der Schule eingehen.

Sozial-ökonomische Bildung stellt insofern einen unverzichtbaren Bestandteil der Allgemeinbildung dar.

Die Wirtschaft fordert eine sozial-ökonomische Bildung,

die sich an der Praxis orientiert, die Erkenntnisse der Wissenschaft einbezieht und auf die Bewältigung von Lebenssituationen ausgerichtet ist. Dabei orientiert sie sich an den künftigen Rollen als Auszubildender, Arbeitnehmer, Selbständiger und Verbraucher. Die Lernziele umfassen die Bereiche privater Haushalt, Arbeitsplatz und Betrieb, Marktgeschehen und Wirtschaftsordnung.

Betriebspraktika

Die Hinführung der Schüler zur Wirtschafts-, Arbeits- und Berufswelt muß über die Vermittlung von Wissen und Können hinaus Einblicke in die betriebliche Praxis und erste Praxiserfahrungen ermöglichen. Betriebserkundungen und Betriebspraktika sind die seit längerem bewährten Organisationsformen hierfür.

Drei Ziele sollten dabei im Vordergrund stehen: Die Vermittlung der Erfahrung

- der Anforderungen und Bedingungen am Arbeitsplatz,
- des betrieblichen Leistungserstellungsprozesses und
- des Betriebes als Sozialgebilde.

Mitarbeit, Beobachtung und Reflexion des Schülers sollten dabei gleichrangig nebeneinander stehen. Um diese Ziele verwirklichen zu können, müssen Betriebspraktika und Betriebserkundungen in den Unterricht als Mittel einer didaktischen Konzeption integriert sein. Ein bloßer Betriebstourismus ohne Vor- und Nachbereitung ist weder pädagogisch noch ökonomisch zu verantworten.

Information contra Indoktrination

Die Wirtschaft will den informierten und in der sozialen Marktwirtschaft verantwortlich handelnden Bürger. Nicht unkritische Anpassung, sondern die Befähigung zur aktiven Mitgestaltung in der arbeitsteiligen Arbeits- und Wirtschaftswelt müssen daher das Ziel einer sozial-ökonomischen Bildung sein.

Die Darstellung wirtschaftlicher Sachverhalte muß daher

ausgewogen sein, das heißt Prozesse, Zusammenhänge, die unterschiedlichen Standpunkte, Konflikte und Probleme, aber auch das Funktionieren, die Lösungs- und Handlungsmöglichkeiten einbeziehen. Sozial-ökonomischer Unterricht kann nicht wertfrei, darf aber nicht interessengebunden sein. Sozial-ökonomischer Unterricht muß sich vielmehr an den in der Verfassung verankerten Grundwerten orientieren. In diesem Sinne ist er zugleich wertorientierte Bildung, die sich auf dem Boden des Grundgesetzes vollzieht.

Neuere Schulbuchanalysen (Franke, 1989; Spieker, 1989) haben erneut problematische Darstellungen in einer Reihe von Schulbüchern verschiedener Fächer ermittelt. Die Aufgabe, „Wirtschaft“ und „Wirtschaften“ für die Schüler verständlich zu machen, kommt häufig zu kurz. So zeichnen sich beispielsweise Religionsbücher oftmals durch eine Dominanz der Verteilungsperspektive gegenüber der Produktionsperspektive aus. Während Fragen einer gerechten Verteilung der irdischen Güter ausführlich dargelegt werden, bleiben die Möglichkeiten, unter den Bedingungen knapper Ressourcen Güter und Dienstleistungen herzustellen, weitgehend ausgeblendet.

Dies ist, auch vom Standpunkt der christlichen Sozialethik, nicht zu rechtfertigen. Darüber hinaus zeichneten sich die untersuchten Religionsbücher unter anderem durch folgende Mängel aus:

- Das Leistungsprinzip wird als Ausdruck falscher Werthierarchien und als Instrument zur Ausbeutung der Arbeitnehmer, mithin als unchristlich präsentiert und die Leistungsgesellschaft auf die Anklagebank versetzt.
- Die Schilderungen der Arbeitswelt dienen als Bekräftigung der Marxschen Entfremdungsthese, und industrielle Arbeit wird gar mit Galeerensklaverei verglichen.
- Das Eigentum wird als Quelle von Streit und nicht mehr als Grundlage menschlicher Freiheit und Verantwortung geschildert.
- Der technische Fortschritt wird einseitig als lebensbedrohend dargestellt.
- Bei der Erörterung ökologischer Probleme werden der

chemischen Industrie alle Verantwortung für die Vergiftung der Gewässer, die Verschmutzung der Luft, die Verseuchung des Bodens und das Sterben der Wälder angelastet.

In die gleiche Richtung weist eine Schulbuchuntersuchung aus Nordrhein-Westfalen (Franke, 1989). Im Auftrag der *FDP*-Landtagsfraktion waren 75 Schulbücher der Fächer Deutsch, Religion, Mathematik, Geschichte und Wirtschaftslehre untersucht worden. Die Fragestellung lautete: Vermitteln die für den Unterricht in der Sekundarstufe I zugelassenen Schulbücher den Schülern ein Bild von den komplexen Zusammenhängen der Marktwirtschaft? Im Resümee der Studie ziehen die Auftraggeber die Schlußfolgerung, daß dies nicht der Fall ist.

Aus dem für die soziale Marktwirtschaft typischen Wechselspiel und Zusammenwirken der Kräfte wird lediglich ein Element herausgegriffen, nämlich die Rolle des Arbeitnehmers, genauer gesagt des Industriearbeiters in der Großindustrie. Der Unternehmer und seine Funktion aber werden in der Regel völlig übergangen oder als Zerrbild karikiert.

Besonders problematisch ist der Arbeitsbegriff, den unsere Schülerinnen und Schüler über viele Schulbücher vermittelt bekommen. Vielfach wird die Arbeit als Last dargestellt, von der man sich befreien müsse. Sie ist eine fremdbestimmte Last ohne Selbstgestaltungsmöglichkeit und Mitbestimmung. Die Arbeit als wesentlicher Bestandteil des Lebens, als Chance zur Selbstverwirklichung findet darin keinen Niederschlag. Damit setzt die Schulbuchwirklichkeit nicht auf den mündigen Arbeitnehmer, der seine Arbeitswelt mitgestaltet,sondern beschreibt ihn nur als Opfer einer Fremdbestimmung.

Hilfestellung durch die Wirtschaft

Die Wirtschaft will nicht nur Forderungen aufstellen und darüber Klage führen, was die Schule nicht leistet, sondern im Rahmen ihrer Möglichkeiten auch an der Lösung der Bildungsaufgaben mitwirken. Dieser Aufgabe haben sich insbesondere die verschiedenen Arbeitskreise Schule/Wirtschaft angenommen. Die ersten Arbeitskreise wurden bereits in den fünfziger Jahren gegründet. Heute bestehen über 400 Arbeitskreise, die wiederum in zwölf Studienkreisen oder Arbeitsgemeinschaften zusammengefaßt sind. Als Clearingstelle, die den Informations- und Erfahrungsaustausch zwischen den Studienkreisen und Arbeitsgemeinschaften koordiniert, fungiert die Bundesarbeitsgemeinschaft Schule/Wirtschaft (s. BDA/IW, 1989).

Ziel der Zusammenarbeit mit den Schulen ist es,

- bei den Schülern ein besseres Verständnis für betriebliche Belange, Abläufe und gesamtwirtschaftliche Zusammenhänge zu erreichen,
- ein realistisches Urteilsvermögen über Arbeitsbedingungen und Qualifikationsanforderungen der Betriebe zu entwickeln,
- das Interesse und die Fähigkeit der jungen Generation für Berufsorientierung und Berufswahl zu fördern,
- die Bereitschaft zu verantwortungsbewußtem Handeln in Wirtschaft und Gesellschaft aufzubauen und
- den Jugendlichen eine positive Wertperspektive zu vermitteln.

Eine wichtige Aufgabe der Arbeitskreise, ja geradezu ihre historische Keimzelle, liegt in der Vermittlung von Informationsmöglichkeiten für Schüler und Lehrer durch die Vorbereitung und Durchführung von Betriebserkundungen und Betriebspraktika sowie die Organisation von Seminaren, Vortrags- und Diskussionsveranstaltungen. Darüber hinaus widmen sich die Arbeitskreise der Entwicklung von didaktisch aufbereiteten Unterrichtshilfen und Praxis-Handreichungen sowie dem Informations- und Erfahrungsaustausch zwischen Vertretern der Schulen, der Schul- und Arbeitsverwaltung, den Hochschulen, Unternehmen und Verbänden. Zielgruppen sind dabei nicht allein Schüler und Lehrer, sondern verstärkt auch die Eltern.

Die Erfahrungen zeigen, daß es durch diese Arbeitskreise vielfach gelungen ist, mehr Verständnis füreinander, für die Aufgaben des jeweils anderen Partners, zu finden und konstruktiv im Sinne des Bildungsauftrages der Schule zusammenzuarbeiten. BDA und IW als Träger der Bundesarbeitsgemeinschaft Schule/Wirtschaft haben deshalb die Betriebe aufgerufen, sich noch stärker als bisher für die Schulen zu öffnen und in den Arbeitskreisen mitzuwirken oder direkt mit den Schulen zusammenzuarbeiten. Die Schulen sollten dieses Angebot im Interesse ihrer Schüler aufgreifen.

Literatur

Bundesarbeitsgemeinschaft Schule und Wirtschaft – BUAG (Hrsg.): Empfehlungen zur Entwicklung des Unterrichtsbereiches „Arbeit – Wirtschaft – Technik" in den allgemeinbildenden Schulen (1991).

Bundesvereinigung der Deutschen Arbeitgeberverbände – BDA (Hrsg.): Sozial-Ökonomie in der Lehrerbildung (1976).

Bundesvereinigung der Deutschen Arbeitgeberverbände – BDA/Institut der deutschen Wirtschaft / IW: Schule und Wirtschaft: Partner gestalten die Zukunft. Leitsätze der unternehmerischen Wirtschaft (1989) (Faltblatt).

Deutscher Industrie- und Handelstag – DIHT: Bericht 1987 (1988).

R. Fauser/N. Schreiber: Was erwarten Jugendliche und Erwachsene von informationstechnischer Bildung? Ergebnisse einer empirischen Untersuchung bei Familien mit Kindern in der achten Schulklasse (1988).

B. Franke: Das Bild der sozialen Marktwirtschaft und des Unternehmers in vom Kultusminister genehmigten Schulbüchern von NRW. Untersuchung im Auftrag der FDP-Landtagsfraktion (1989).

Gewerkschaft Erziehung und Wissenschaft – GEW: Neue Technologien und Medien – Einsatz und Konsequenzen für das Bildungswesen, in: Neue Technologien und Medien in Bildung und Gesellschaft, GEW-Script, Nr. 8, o. O., O. J.

J. Lehmann: Auswirkungen der Computernutzung durch Jugendliche in Schule und Freizeit. Ergebnisse einer empirischen Untersuchung. Zeitschrift für Pädagogik 35 (1989) 241–259.

M. Spieker: Flucht aus dem Alltag? Arbeit, Wirtschaft und Technik in den Schulbüchern des katholischen und evangelischen Religionsunterrichts (1989).

R. Weiß: Meinungen aus der Wirtschaft zum Einsatz von Mikro-Computern im Unterricht. Ergebnisse einer schriftlichen Befragung bei DV-Unternehmen und DV-Anwendern, in: Mikro-Computer, Herausforderung für das Bildungswesen, hrsg. von R. Falk und R. Weiß (1987) 125–167.

VII.

Schulpolitik im geeinten Deutschland und angesichts der Einigung Europas

Herbert Reul

Neue Impulse für die Bildungspolitik im geeinten Deutschland

In der ehemaligen DDR ist nicht nur ein ineffizientes Wirtschaftssystem zusammengebrochen. Der reale Sozialismus in allen Lebensbereichen ist gescheitert. Und damit auch ein Bildungswesen, das junge Menschen zu „sozialistischen Persönlichkeiten" im Sinne des SED-Regimes erziehen sollte. Unwahrhaftigkeit und ideologische Manipulation, Parteikontrolle und zentralistische Gängelung, Einheitsschule und Gleichmacherei waren die wichtigsten Merkmale eines Bildungssystems, das von der herrschenden Partei als „Instrument zur Durchsetzung der Interessen des Sozialismus" eingesetzt worden war.

Daß dieses System des realen Sozialismus zusammengebrochen ist, verdanken wir vor allem denjenigen, die im Herbst 1989 immer mutiger und unbekümmerter ihren Protest auf die Straße getragen haben. Darunter viele junge Leute, die in der DDR groß geworden sind und das sozialistische Bildungssystem absolviert haben. Wieder einmal ist deutlich geworden, daß Erziehung zu politischer Entmündigung, daß ideologische Indoktrination letztlich erfolglos ist. Freiheit und Menschenrechte sind stärker als staatliche Unterdrückung.

So verständlich die Genugtuung über den Zusammenbruch des SED-Systems, so groß die Freude über die Einigung Deutschlands seit dem 3. Oktober 1990 ist – die großen Aufgaben der Zukunft verlangen, den Blick nach vorn zu richten. Probleme des wirtschaftlichen Aufbaus und der sozialen Sicherung, des Ausbaus der Infrastruktur und der Rechtsangleichung, des Umweltschutzes und der Schaffung leistungsfähiger Verwaltungsstrukturen erfordern große Anstrengungen.

Manche meinen vielleicht, daß demgegenüber Probleme

des Schul- und Bildungswesens eher zweitrangig seien. Gerade in bürgerlichen Kreisen mag diese Einschätzung nahe liegen. Damit jedoch würde der enge Zusammenhang verkannt, der zwischen ökonomischer Entwicklung und Investitionen in den Rohstoff „Geist" besteht. Was bisher in der Bundesrepublik Gültigkeit besaß, dürfte wohl für das geeinte Deutschland mit umso größerem Gewicht gelten.

Hoher Stellenwert der Bildungspolitik

Vor diesem Hintergrund muß der Stellenwert der Bildungspolitik offensiv begründet werden. Die Bildungsansprüche des einzelnen wie die großen Zukunftsanforderungen im geeinten Deutschland machen eine Neubestimmung des Stellenwertes, den Bildung, Wissenschaft und Kultur einnehmen sollen, zwingend erforderlich. Die geistige Auseinandersetzung darüber hat bereits begonnen. Die Bildungspolitiker der Union dürfen diese Grundsatzdebatte nicht anderen überlassen. Wie die 60er und 70er Jahre gezeigt haben, ist es aus der Defensive heraus nur schwer möglich, zukünftige Entwicklungen zu gestalten. Daher ist jetzt der richtige Zeitpunkt, die eigenen Grundsätze und Maßstäbe neu zu definieren und offensiv die Grundsatzdebatte zu führen.

Die Entwicklung in der ehemaligen DDR hat eines deutlich gemacht: Der Wunsch der Menschen nach Freiheit ist eng verbunden auch mit dem Wunsch nach Freiheit der Schulwahl. Schon im Herbst 1989 sind in vielen Städten und Kreisen der früheren DDR Initiativen gegründet worden, um neue Schulen zu gründen, um neue pädagogische Programme auszuprobieren, um Vielfalt und Wahlfreiheit im Schulwesen zu schaffen. Die Schule des Sozialismus, die Einheitsschule war und ist diskreditiert. Nivellierung und Gleichmacherei, Überforderung schwächerer und Unterforderung leistungsstärkerer Kinder waren ihre Ergebnisse. Selbst diejenigen, die in der Bundesrepublik integrierte Schulsysteme propagieren, konnten nicht umhin, diese vernichtende Erkenntnis zuzugeben.

Freiheit der Schulwahl und Vielfalt der Schulangebote – diese Grundsätze werden für die Bildungspolitik der Union maßgebend bleiben. Ein vielfältig differenziertes Schulwesen in staatlicher wie in freier Trägerschaft bietet die bestmögliche Grundlage dafür, daß sich die Unterschiedlichkeit der Fähigkeiten, Begabungen und Leistungsmöglichkeiten entfalten kann. Dem Anspruch auf individuelle Förderung wird am besten ein Schulwesen gerecht, daß nach Bildungsgängen gegliedert ist und das Durchlässigkeit gewährleistet. Es ermöglicht den Eltern, die für ihre Kinder geeigneten Bildungswege und Schulen zu wählen. Daher hält die Union an den unterschiedlichen Bildungswegen Hauptschule, Realschule und Gymnasium, Berufsbildendes Schulwesen und Sonderschule fest. Sicher sind flexible Strukturen denkbar, um in dünner besiedelten Regionen ein wohnungsnahes Schulangebot entsprechend den örtlichen Bedürfnissen zu erhalten.

Vor allem der Realschule als Schulform der mittleren Abschlüsse kommt in diesem Zusammenhang eine große und wachsende Bedeutung zu. Diese Schulform ist pädagogisch leistungsfähig, wird von Eltern sehr geschätzt und genießt großes Ansehen. Ihren Absolventen bieten sich hervorragende berufliche Chancen. Der Ausbau des Realschulangebotes ist gerade für dünner besiedelte Regionen eine gute Möglichkeit, ein wohnungsnahes Schulangebot zu sichern. Die innere Weiterentwicklung der Realschule, vor allem in ihren Differenzierungsformen, sowie die noch engere Verbindung mit den vielfältigen Angeboten der beruflichen Bildung bieten dieser Schulformen hervorragende Entwicklungsmöglichkeiten.

Abschaffung der Einheitsschule

Die fünf neuen Länder stehen vor der großen Aufgabe, das von der SED hinterlassene Einheitsschulsystem durch äußere und innere Differenzierung zu eigenständigen Schulformen zu verändern und dadurch Vielfalt und Wahlfreiheit zu schaffen. Wer die bisherige sozialistische Einheitsschule der DDR in eine sogenannte differenzierte Gesamtschule umwandeln will, wird sicher dafür eine Menge praktischer und finanzieller Argumente anführen. Doch setzt er sich hinweg über den Wunsch der Eltern und Lehrer, endlich die Freiheit der Schulwahl zu verwirklichen. Die große Nachfrage nach Gymnasien, aber auch nach Schulen in freier Trägerschaft zeigt doch deutlich, wie ausgeprägt das Bedürfnis nach Schul-Freiheit ist.

Für die Entwicklung des Bildungswesens in den fünf neuen Ländern legt der Einigungsvertrag nur einige Rahmenbedingungen fest. In erster Linie betreffen sie die Anerkennung von Abschlüssen und Befähigungsnachweisen. Die fünf Länder werden wichtige, aber auch schwierige Grundsatzentscheidungen über die Gestaltung ihres Schulwesens treffen müssen. Die Tragweite dieser Entscheidungen reicht jedoch über diese neuen Länder hinaus. Auch die bildungspolitische Grundsatzdebatte, die in der Bundesrepublik weitgehend festgefahren ist, wird neu belebt. Setzen sich diejenigen durch, die integrierte Schulsysteme (Gesamtschule, Kollegschule) verwirklichen wollen? Oder gelingt es, Vielfalt und Wahlfreiheit in einem differenzierten Schulwesen zu erreichen? Vom Ausgang dieser grundsätzlichen Auseinandersetzung hängt es wesentlich ab, wie die Gewichte in der Bildungspolitik eines geeinten Deutschland verteilt werden. Dabei bieten die besonderen Vorraussetzungen in den neuen Ländern Chancen für Weiterentwicklungen. Wichtig ist, daß die unterschiedlichen Abschlüsse sich in unterschiedlichen Bildungswegen wiederfinden.

Straffung der gymnasialen Schulzeit

Ein weiteres Beispiel für Rückwirkungen auf die elf „alten" Länder der Bundesrepublik: Seit Jahren wird über die Dauer der Bildungs- und Schulzeiten, vor allem über eine Straffung des gymnasialen Bildungsganges diskutiert. Gute Argumente werden für eine Verkürzung auf acht Jahre genannt: Unter pädagogischen Gesichtspunkten wird darauf hingewiesen, daß junge Menschen möglichst früh die Chance erhalten sollten, ihr Leben selbst zu gestalten und in Beruf und Gesellschaft Verantwortung zu übernehmen. Außerdem wird auf die Folgen der demographischen Entwicklung für unsere Systeme der sozialen Sicherung verwiesen. Im Zusammenhang mit der Verwirklichung des europäischen Binnenmarktes 1993 wird auch die Freizügigkeit für Absolventen unterschiedlicher europäischer Bildungssysteme in Kraft treten; junge Menschen aus der Bundesrepublik können dann Wettbewerbsnachteile haben, wenn sie später als in anderen europäischen Nachbarstaaten die Hochschulreife bzw. einen Universitätsabschluß erwerben.

Leider ist diese Grundsatzdebatte über Konzentration und Straffung im Gymnasium noch nicht weit genug gediehen. Im vereinten Deutschland besteht jetzt die große Chance, diese Diskussion neu zu beleben. Denn die Hochschulreife wird in der ehemaligen DDR nach 12 Schuljahren erworben. Wenig spricht dafür, daß sich dies ändern wird. Vielmehr sollten alle Anstrengungen unternommen werden, damit das Gymnasium grundsätzlich in allen Bundesländern nach 12 Schuljahren die allgemeine Hochschulreife vergibt.

Ausbau von Ganztagsangeboten und des Sonderschulwesens

Ganztägige Betreuung war in der damaligen DDR die Regelform. Sicher vorwiegend aus Gründen heraus, die wenig mit Pädagogik zu tun hatten: Der Staat wollte Kinder möglichst lange der ideologischen Indoktrination aussetzen. Außerdem wurden Frauen als Arbeitskräfte dringend gebraucht. Daher ist es mehr als verständlich, wenn in der früheren DDR Eltern die Erziehung ihrer Kinder neu entdecken und sich ihnen verstärkt widmen wollen.

Auf der anderen Seite wächst in den „alten" Ländern der Bundesrepublik der Wunsch und der Bedarf nach Ganztagsangeboten. Denn 4 von 10 Müttern, die Kinder unter 18 Jahren haben, sind berufstätig. Gerade junge Frauen wollen berufstätig sein und dennoch nicht auf Kinder verzichten. Mehr als 10 % aller Kinder wachsen nur bei ihrem Vater oder ihrer Mutter auf. Da diese in der Regel berufstätig sind, benötigen sie dringend Angebote ganztägiger Förderung und Betreuung für ihre Kinder. Der Ausbau der Ganztagsangebote ist also eine zentrale Aufgabe der Zukunft.

Eine Lehre sollten wir allerdings aus der Entwicklung in der früheren DDR auch hier ziehen: Einheitskonzepte helfen nicht weiter, Flexibilität und Pluralität sind gefragt – von der verläßlichen Halbtagsschule über reguläre Ganztagsschulen bis hin zur Zusammenarbeit von Schule und Hort. Gerade dieses Modell bietet zahlreiche, noch zu wenig genutzte Entwicklungsmöglichkeiten. Denn es vermeidet die „Verschulung" des Nachmittags, erlaubt den Wechsel der Bezugspersonen, ermöglicht soziale Kontakte mit anderen Kindern – eine Erfahrung, die gerade für die allein aufwachsenden Kinder und Jugendlichen heute große Bedeutung hat. Bei allen Bemühungen um den Ausbau der Ganztagsangebote dürfen wir eines allerdings nicht aus dem Auge verlieren: Kinder und junge Menschen haben ein Anrecht auf Frei-Zeit und Frei-Räume, die sie mit ihrer Familie, mit Gleichaltrigen, im Sportverein, in der Jugendgruppe, in der Musikschule oder der Kirchengemeinde selbst gestalten können.

Während sich in den letzten 20 Jahren in der Bundesrepublik ein differenziertes und leistungsfähiges Sonderschulwesen entwickelt hat, standen behinderte Kinder und Jugendliche im realen Sozialismus der DDR am Rande der Gesellschaft – ohne gezielte schulische und berufliche Förderung, häufig abgeschoben in bloße Verwahranstalten. Auf diesem Gebiet werden die neuen Länder große Aufbauarbeit leisten müssen. Hoffentlich wird manchem, der bei uns leichtfertig über die angebliche „Gettoisierung" in der Sonderschule redet, jetzt deutlich, welche wichtigen und auch zukünftig unverzichtbaren Leistungen die Sonderschulen und die dort tätigen Lehrer und Betreuer erbringen. Die Entwicklung des Sonderschulwesens ist ein großer pädagogischer Fortschritt, der nicht wegen überzogener und häufig leider auch ideologischer Ansprüche geopfert werden sollte.

Konsequenzen für wertorientierte Erziehung und politische Bildung

Die friedliche Revolution des Herbstes 1989 hat nicht nur das SED-Regime zum Einsturz gebracht, auch ein DDR-Bild ist zusammengebrochen, das wertneutral die Gesellschafts- und Wirtschaftsordnung des realen Sozialismus darstellt und bewußt auf einen Systemvergleich unter freiheitlichen Wertmaßstäben verzichtet. Dieses DDR-Bild ist durch den demokratischen Aufbruch der Menschen in der früheren DDR radikal entlarvt worden. Daß sich diese Sichtweise gerade in vielen Schulbüchern *SPD*-regierter Bundesländer findet, ist kein Zufall. Schon 1986 kam eine umfassende Untersuchung des Georg-Eckert-Instituts für internationale Schulbuchforschung zu dem Ergebnis, daß sich in den unterschiedlichen Konzepten der Schulbücher unterschiedliche deutschlandpolitische Zielvorstellungen der jeweiligen Kultusverwaltungen wiederspiegeln. Am Beispiel Nordrhein-Westfalens wurde damals ein Ansatz vorgestellt, der darauf abzielt, daß sich die Schüler vorurteilsfrei mit der DDR-Realität beschäftigen und nicht ihre eigenen Wertmaßstäbe auf andere Gesellschaftssysteme übertragen sollen.

Bei der Kritik an diesem Konzept geht es nicht um billige Schulbuch-Schelte. Denn Schulbücher sind das letzte Glied in einer Kette; sie müssen sich ausrichten nach den Vorgaben der Richtlinien und der Lehrpläne. Die sogenannte emanzipatorische Pädagogik, wie sie sich beispielsweise in den nordrhein-westfälischen Politik-Richtlinien (3. Auflage 1987) findet, nennt als Aufgabe des Politik-Unterrichtes u. a. die Fähigkeit und Bereitschaft, „das Lebensrecht und die Eigenständigkeit anderer Gesellschaften anzuerkennen“. Von einem qualitativen Unterschied zwischen freiheitlichen und totalitären Ordnungen ist keine Rede. Folglich wird nur von „Systemunterschieden“ und „Leben in unterschiedlichen Systemen“ gesprochen, ohne daß irgendwelche Kriterien der Unterscheidung oder gar Bewertung genannt werden. Pluralismus und demokratischer Zentralismus, Marktwirtschaft und Zentralverwaltungswirtschaft werden gegenübergestellt, ohne daß Maßstäbe für eine kritische Bewertung genannt werden. Stattdessen reden die Richtlinien von „Divergenz oder Konvergenz der Systeme" und lassen die Entscheidung offen. In diesem Verzicht auf einen wertenden System-Vergleich liegt ein deutlicher Unterschied zu den Richtlinien unionsregierter Bundesländer, die das ehemalige DDR-System als erklärtes Gegenkonzept darstellen und kritisch bewerten.

Sicher müssen solche Schulbücher überarbeitet werden. Die wertneutrale Darstellung des SED-Regimes war schon immer ein Irrweg, nach dem Zusammenbruch des Systems ist dies offenkundig. Damit aber ist es nicht getan. Vielmehr muß der zugrunde liegende Ansatz hinterfragt werden. Ein kritisch-distanziertes Verhältnis zu unserer freiheitlich-demokratischen Verfassungsordnung geht grundsätzlich fehl. Denn Aufgabe der politischen Bildung, auch in der Schule, muß es sein, die Identifikation der jungen Generation mit unserem Staat und den zugrunde liegenden Werten und Zielen zu fördern sowie zu kritischer Loyalität gegenüber unserer freiheitlich-demokratischen Staatsordnung zu erziehen. Die „emanzipatorische Erziehung" verfehlt diesen Auftrag. Denn sie vernachlässigt die Aufgabe einer wertorientierten Erziehung und hinterläßt damit ein Vakuum. Eine wertorientierte Erziehung, die sich an den Normen unserer freiheitlichen, demokratischen Ordnung ausrichtet, und eine staatsbürgerliche Bildung, die junge Menschen zu urteilsfähiger, verantwortlicher Teilnahme an unserem Gemeinwesen befähigt – das sind wichtige Konsequenzen, die sich aus dem demokratischen Aufbruch in der früheren DDR und der Vereinigung Deutschlands zwingend ergeben.

Josef Kraus

Schulpolitik im zusammenwachsenden Europa und im geeinten Deutschland

Bildungspolitik für Europa und Bildungspolitik im geeinten Deutschland: das sind die jüngsten Kinder unserer Bildungspolitik. Es sind dies zwar auch die anstrengendsten Kinder unserer Bildungspolitik, schließlich aber die aussichtsreichsten und hoffnungsvollsten. An allen, die Bildungspolitik als Politiker, Lehrer und Eltern gestalten, liegt es, beide Bildungspolitiken ab sofort aufeinander abzustimmen. Dazu sollen die folgenden Ausführungen einen kleinen Beitrag leisten.

Bildungspolitik für Europa

Spätestens seit Verabschiedung der Einheitlichen Europäischen Akte (EEA) im Jahr 1986 müßten wir wissen, daß der europäische Binnenmarkt bildungspolitisch eine gewaltige Herausforderung ist. Da die vier großen „Freiheiten" (freier Waren-, Kapital-, Dienstleistungs- und Personenverkehr) Kernstück des EG-Binnenmarktes sein werden, ist die Bildungspolitik mehr oder weniger intensiv in den Integrationsprozeß eingebunden. Im Vertrag zur Gründung der Europäischen Wirtschaftsgemeinschaft vom 23. März 1957 (EWGV), zuletzt geändert durch die Einheitliche Europäische Akte (EEA) vom 28. Februar 1986, wird zwar „nur" das Ziel der Errichtung eines Gemeinsamen Marktes und der schrittweisen Annäherung der Wirtschaftspolitik der Mitgliedstaaten (EWGV, Art. 2) formuliert: gerade die angestrebte Freizügigkeit im Personen- und Dienstleistungsverkehr tangiert aber die Bildungspolitik recht massiv. Speziell aufgrund der EWGV-Artikel 7 (Diskriminierungsverbot), 48 (Freizügigkeit der Arbeitnehmer), 57 (gegenseitige Anerkennung von Diplomen und Zeugnissen) und 128 (allgemeine Grundsätze für Berufsbildung) erwächst ein bildungspolitischer Handlungsbedarf.

Andererseits kann der Beitrag der Bildungspolitik zum Binnenmarkt nicht nur darin bestehen, die genannten Verbote oder Gebote zu achten. Die wirtschaftliche und darüber hinaus die politische Integration hin zur Europäischen Union müssen auf breiter Basis durch die Bildungspolitik vorangebracht werden. Nur wenn es in Schule, Hochschule, Berufsbildung, also in Bildung und Erziehung allgemein, gelingt, ein fundiertes Wissen über Europa und ein Bewußtsein für die europäische Dimension zu schaffen, wird der europäische Einigungsgedanke mit Leben erfüllt werden. Europa ist insofern auch als pädagogischer Auftrag zu verstehen.

Falsch: Anpassungsakrobatik

Hinsichtlich Europa steht für die Bundesrepublik viel auf dem Spiel. Zumindestens die West-Deutschen können dabei manches gewinnen, denn sie haben gute Karten; sie können aber auch manches verlieren, zumindest versäumen.

Verlieren wird die Bundesrepublik, wenn sie sich auf dem Bildungssektor in den alten Ländern einer unüberlegten Anpassungsakrobatik befleißigt. Sie setzte bewährte Bildungsstrukturen und international hoch anerkannte Bildungsqualität aufs Spiel, wenn sie meinte, anpasserisch nach Bildungsstrukturen anderer EG-Länder schielen zu müssen. Verlierer wären die neuen Länder, wenn sie im status quo verharrten. Konkret:

Die folgenden Strukturmerkmale westdeutscher und jetzt auch ostdeutscher Bildungslandschaft können und dürfen nicht zur Disposition stehen, auch wenn kaum ein anderes EG-Land diese Strukturmerkmale mit uns teilt:
- ein vielfältig gegliedertes und begabungsorientiertes Schulsystem;
- das duale Prinzip in der beruflichen Bildung,
- die Betonung allgemeiner Bildung und die Vermeidung

früher fachlicher Spezialbildung, verbunden mit dem Anspruch, daß schulische Abschlußqualifikationen auf höchstmöglichem Niveau erfolgen;
- die Vergabe von Zutrittsqualifikationen, z. B. zur Hochschule, durch die abgebende Bildungsinstitution;
- eine schulformbezogene, zweiphasige Lehrerbildung;
- die Kulturhoheit der Bundesländer;
- ein hochdifferenziertes Weiterbildungssystem.

Die anderen elf EG-Länder haben diese Strukturmerkmale nicht oder kaum; die dortigen Schulsysteme sind überwiegend geprägt von den Merkmalen:
- integrierte Schulsysteme;
- zumeist sehr späte Leistungsdifferenzierung;
- Verschulung der Berufsausbildung oder gar nur trainings-on-the-job als Quasi-Berufsbildung;
- frühe Spezialisierung;
- weitgehend fachgebunde Abschlußqualifikationen sowie Aufnahmeprüfungen in Einrichtungen des tertiären Bildungswesens;
- überwiegend einphasige, im Sekundarbereich ausschließlich fachwissenschaftliche und auf nur ein Fach ausgerichtete Lehrerbildung;
- ausgesprochener Kulturzentralismus;
- Zweckentfremdung von Weiterbildungskapazitäten für die Kompensation von Defiziten der beruflichen Erstausbildung.

Das sind markante Unterschiede, deren Harmonisierung nur zu Lasten bundesdeutscher Bildungsqualität ginge. Um nicht falsch verstanden zu werden: Bildungssysteme anderer EG-Länder müssen nicht am bundesdeutschen Schulwesen genesen. Aber im Interesse der europäischen Jugend wäre die Übernahme zumindest einiger Strukturmerkmale des bundesdeutschen Bildungswesens durch andere EG-Länder allemal sinnvoller als eine umgekehrte Anpassung. Ein übertriebenes (typisch deutsches!?) Harmoniebedürfnis, das um so unverständlicher ist, als wir ja eigentlich mit Unterschieden und mit Vielfalt umzugehen gelernt haben, ist also fehl am Platz.

Diese Aussage hat nichts mit falschem Stolz oder mit Betriebsblindheit zu tun; lassen wir doch einfach – nur zwei von vielen – Experten des In- und Auslandes zu Wort kommen:

- Im Herbst 1986 bezeichneten „britische Schulinspektoren ihrer Majestät" das Erziehungswesen in der alten Bundesrepublik als „hoch angesehen" und „eindrucksvoll". Sie hoben positiv hervor, daß die deutschen Schulabschlüsse den Jugendlichen die Möglichkeiten offen ließen – im Gegensatz zum britischen Schulsystem, das auf frühe Spezialisierung und damit „zu eng" angelegt sei.
- Das Institut der deutschen Wirtschaft publizierte im Herbst 1988 eine Studie mit dem Titel „Qualified in Germany – ein Standortvorteil für die Bundesrepublik Deutschland". Ein Titel, der allein schon für sich spricht!

Falsch: Bunkermentalität

Es war – kritisch vermerkt – von Anpassungsakrobatik die Rede, implizit also von der Forderung, Bewährtes nicht preiszugeben. Im anderen Extrem darf bei einer europaorientierten Bildungspolitik etwas aber auch nicht entstehen, nämlich Bunkermentalität. Natürlich gibt es Bildungsbereiche im Westen Deutschlands (im Osten Deutschlands ohnehin!), in denen ein Mehr an europäischer Ausrichtung geschehen kann. Einige Überlegungen dazu sollen nur angedeutet, andere nachfolgend näher erläutert werden:

- Wir müssen die Schulpartnerschaften ausbauen, z. B. im Rahmen der europäischen Städtepartnerschaften.
- Wir sollten den Schüleraustausch verstärken und ein Schuljahr im Ausland nicht als zeitlichen Verlust, sondern als einen Gewinn für die Persönlichkeitsentwicklung unserer Schüler werten.
- Wir brauchen mehr bilinguale Schulen oder zumindest Schulen, in denen einige Sach-Fächer in einer Fremdsprache unterrichtet werden.
- Wir sollten einer größeren Zahl von Studenten ein Mehr an Auslandssemestern ans Herz legen.
- Wir müssen eine europäische Bildungsberatung etablie-

ren, um europaweit mobile Eltern beraten zu können, welche Bildungswege für ihre Kinder mit welchen Vor- oder Nachteilen verbunden sind.

- Wir brauchen eine Art schulisches „Schleusensystem“, um Kindern mobiler Eltern einen raschen und reibungslosen Übergang von einem zu anderen nationalen Schulsystem zu ermöglichen.
- Wir sollten über eine Europäisierung der Leistungswettbewerbe, wie wir sie in reichem Maße in der Bundesrepublik haben, nachdenken.

Fremdsprachen als Brücke nach Europa

Fundierte Fremdsprachenkenntnisse sind eine Brücke nach Europa, mangelnde Fremdsprachenkenntnisse wären Europas Hemmschuh. Was das Beherrschen einer Fremdsprache betrifft, so befindet sich die erwachsene Bevölkerung der alten Bundesrepublik hinter den Bürgern der Niederlande, Dänemarks und Luxemburgs zwar in der Spitzengruppe. Allerdings werden die West-Deutschen von diesen drei Ländern sowie von Belgien deutlich überflügelt, wenn es um das Beherrschen von mindestens zwei Fremdsprachen geht. Während in der Bundesrepublik 7 % der Bürger zwei oder mehr Fremdsprachen sprechen, sind dies in Luxemburg 90, in den Niederlanden 40, in Dänemark 31 und in Belgien rund 25 %. Nimmt man noch hinzu, daß die Engländer die erste Weltsprache und die Franzosen die erste EG-Amtssprache sprechen, dann sieht die Fremdsprachenbilanz der Bundesbürger gar nicht mehr so gut aus wie häufig behauptet. Da sollten wir uns nicht damit ausruhen zu sagen, daß 100 % der deutschen Schüler Englisch, 26 % Französisch lernen (alle anderen modernen Sprachen übrigens meist nur mit Promille-Anteilen!), sondern bereit sein zu sagen, daß die Fremdsprachenkenntnisse der deutschen Bevölkerung auf Dauer nicht ausreichen werden. Diese Aussage gilt in besonderem Maße für die neuen deutschen Länder, wo man sich nahezu ausschließlich mit dem Erlernen nur einer Fremdsprache, nämlich des Russischen, begnügte. Im einzelnen wären dazu vorzuschlagen:

– ein früherer Beginn des Erlernens einer zweiten bzw. einer dritten Fremdsprache;
– eine Etablierung des Fremdsprachenunterrichts in Schulen des Dualen Systems (vor allem in Fachfremdsprachen);
– eine Intensivierung des Erlernens bisher „exotischer" Schulfremdsprachen;
– eine Intensivierung des Erlernens von Sprachen, die unmittelbar jenseits der deutschen Grenze gesprochen werden (z. B. Dänisch-Lernen in Schleswig-Holstein, Niederländisch-Lernen in Niedersachsen und Nordrhein-Westfalen).

Für die Gymnasien empfiehlt sich eine Wiederentdeckung des Lateinischen als erster Fremdsprache. Latein als europäische Fundamentalsprache ist hinsichtlich Wortschatz und Grammatik sowie als Reflexionssprache ein Wegbereiter zu anderen europäischen Sprachen und damit ein Schlüssel zu einer europäischen Mehrsprachigkeit.

Wenn hier vor allem von westeuropäischen Sprachen die Rede ist, dann darf uns das nicht vergessen lassen, daß ein weltwirtschaftlich an Potenz gewinnendes West- und Mittel-Europa natürlich auch der entsprechenden fremdsprachlichen Kommunikationswege zur Sowjetunion und zu den großen – bestehenden oder entstehenden – Wirtschaftszentren der Welt bedarf: zu Japan, zu den „Vier kleinen Tigern" Singapur, Süd-Korea, Taiwan und den Philippinen, zu den arabischen Ländern sowie zu China. Anders ausgedrückt: In unseren Bemühungen, mehr Fremdsprachen zu lehren, sollten wir zumindest für gewisse Unterrichtsanteile das Russische, das Japanische, das Chinesische und das Arabische nicht vergessen sowie verhindern, daß das Russische fast gänzlich aus den ostdeutschen Schulen verschwindet.

Bundesdeutsche und über kurz oder lang gesamtdeutsche Fremdsprachenpolitik, soll sie vernünftig sein, darf sich aber nicht nur darin erschöpfen, die eigene Bevölkerung mit mehr grenzüberschreitender Kommunikationkompetenz auszustatten. Deutsche Fremdsprachenpolitik muß auch zum Ziel haben, die Partner in Europa von der Bedeutung der Sprache

Deutsch zu überzeugen und zu entsprechenden Maßnahmen zu motivieren. Das heißt: Es geht nicht an, daß das Deutsche in seiner Bedeutung innerhalb der EG immer weiter hinter das Englische und Französische zurückfällt. Vor allem geht es nicht an, daß die Flut an EG-Papieren zumeist mit mehrwöchiger Verzögerung in deutscher Übersetzung erscheint und daraus ein nicht unbeträchtlicher Nachteil für die deutsche Wirtschaft entsteht.

Eine gesamtdeutsche Regierung tut also gut daran, die EG-Partner vor einer Verdrängung des Deutschen zu warnen. Immerhin ist das Deutsche die Sprache der stärksten europäischen Wirtschaftskraft, und schließlich wird keine Sprache in der EG von so vielen Menschen als Muttersprache gesprochen wie das Deutsche (in der um Ost-Deutschland erweiterten EG von rund 25 % der EG-Bevölkerung!).

Darüber hinaus sollte in der EG-Sprachpolitik berücksichtigt werden, daß das Deutsche in der Mitte und im Osten Europas zu immer mehr Beliebtheit gelangt. Ungarn und Polen beispielsweise sind – zum Teil mit bundesdeutscher Hilfe im Bereich der Lehrerfortbildung – dabei, die erste schulische Pflichtfremdsprache Russisch durch das Deutsche zu ersetzen.

Europäische Inhalte

Das Thema „Europa“ hat noch wenig Eingang gefunden in den schulischen Stoffplänen. Symptomatisch dafür ist die geringe Verankerung des Themas „Europa“ in den westdeutschen Schulbüchern. Zwar weisen die Schulbücher für Geschichte, Politik/Sozialkunde, Erdkunde, Wirtschaftslehre das Thema „Europa“ aus; mit einem Anteil von durchschnittlich 3 % ist es jedoch in seiner Bedeutung weit unterrepräsentiert. Bei der Darstellung europäischer Fragen überwiegen hier die Institutionenkunde und wirtschaftliche Aspekte. Schulbücher in modernen Fremdsprachen beinhalten zu wenig den Vergleich mit anderen europäischen Sprachwurzeln. Diese Defizite gilt es zu beseitigen, indem das Thema „Europa“ bzw. „EG-Binnenmarkt“ in Lehrpläne und Schulbücher Eingang findet.

Im besonderen ist die Forderung nach einem europäischen Geschichtsbuch zu erheben. Nur ein europäisches Geschichtsbewußtsein kann die Basis für ein modernes europäisches Selbstbewußtsein und damit für die europäische Integration sein.

Das Thema „Europa" war im Geschichtsunterricht bislang nationalgeschichtlich, zeitgeschichtlich und geographisch verengt worden. Eine solche Betrachtung fördert indes Provinzialismus und Partikularismus. Aufgabe der Schule muß es aber sein, die nachwachsende Generation offen und fit für Europa zu machen. Leitidee kann hier das Bekenntnis des spanischen Philosophen Ortega y Gasset sein, daß wir zum Großteil unserer geistigen Habe Europäer, zu nur einem geringen Teil Deutsche, Briten, Franzosen usw. sind. Dementsprechend darf das Thema „Europa" nicht in isolierten Unterrichtsblöcken oder Schulbuchkapiteln abgehakt werden, sondern es muß sich als roter Faden durch den gesamten Geschichtsunterricht hindurchziehen.

Als Grundmuster der europäischen Geschichte sind dabei unter anderem hervorzuheben:

- das über Jahrtausende hinweg immer wieder erstarkte europäische Bewußtsein in Phasen äußerer Bedrohung;
- der gemeinsame Widerstand gegen Hegemoniebestrebungen aus dem Kreis der europäischen Staaten;
- die führende Rolle von Stadt und Bürgern;
- die hohe Wertschätzung von Arbeit und Leistung;
- die Verschmelzung von Antike, Christentum und germanisch-keltisch-slavischen Kulturen.

Konkret könnte ein europäisches Geschichtsbuch als europageschichtliches Fundament aufzeigen, wo Europa als Ganzes seine Wurzeln und dynamischen Antriebskräfte hat, etwa in der Antike, im Christentum, im Mittelalter, in Renaissance und Humanismus, in Reformation und Gegenreformation, in der „Europäisierung" der Erde, in der Aufklärung, in Europas großen Revolutionen sowie durch die Weltkriege hindurch und seit 1945 trotz der West-Ost-Blockbildung. Daneben sollen in einem Additum die einzelnen Länder die jeweils entsprechenden nationalen und regionalen Entwicklungen berücksichtigen.

Mehr Schüleraustausch

Ob jung oder alt, gerade uns Deutschen scheint es an der Bereitschaft zu solcher Mobilität zu mangeln. 11 % der 15- bis 34jährigen Deutschen zeigen sich zwar laut Umfragen geneigt, Mobilität zu praktizieren. Ganze 1,8 % beispielsweise unserer Studenten gehen aber pro Jahr tatsächlich an eine ausländische Hochschule – und: zweimal oder gar dreimal so groß ist die Mobilitätsbereitschaft von jungen Franzosen, Briten, Niederländern, Spaniern und Italienern. Die jungen Deutschen sind offensichtlich doch etwas auslandsmüde.

Internationale Begegnungs- und Austauschaktivitäten der Schulen können hier vorbeugen; ohne sie wäre es mit der Mobilitätsbereitschaft noch weitaus schlechter bestellt. Sie leisten vor allem aber einen unschätzbaren Beitrag zur weltweiten Verständigung, zum Abbau von nationalen Stereotypen und Vorurteilen, gerade weil sie – abseits aller touristischen Attitüden – ein „Eintauchen" in eine andere Lebensart, in eine andere Mentalität, in eine andere Sprache und in ein anderes Bildungssystem erlauben.

Aus dem ehemals zarten Pflänzchen internationaler Schulpartnerschaften und entsprechender Schüleraustauschprogramme ist immerhin ein ansehnlicher Baum geworden. Es liegen zwar keine bundesweit verbindlichen Statistiken vor. Einzeldaten lassen aber vermuten, daß sich allein im Schuljahr 1989/90 – die fünf neuen deutschen Länder nicht mitgerechnet – rund 100 000 deutsche Schüler jeweils mindestens eine Woche an ausländischen Schulen und ebenso viele ausländische Schüler an deutschen Schulen aufhielten. Nicht mitgezählt sind dabei die über 1 000 deutschen Schüler, die im Einzelaustausch mehrmonatige Schulaufenthalte im Ausland hatten, und die über 1 000 ausländischen Schüler, die mehrere Monate eine deutsche Schule besuchten.

Spitzenreiter beim Austausch ist der deutsch-französische

Schüleraustausch. Auf ihn fällt mindestens ein Drittel aller einschlägigen Aktivitäten.

In den schulischen Partnerschaftsaktionen sind naturgemäß am stärksten die Gymnasien eingebunden. Die umfassendere Ausstattung der Gymnasiasten mit fremdsprachlicher Kompetenz erleichtert den Aufbau einer Schulpartnerschaft und den Schüleraustausch. Realschulen, Hauptschulen, nicht zuletzt berufsbildende Schulen ziehen aber nach. Insgesamt bestanden im Schuljahr 1989/90 in den elf alten Ländern – aufgrund der nicht einheitlich erfaßten Datenlage hier geschätzt – über 4 000 internationale Partnerschaften an Gymnasien, 600 an Realschulen, 300 an Hauptschulen, 500 an Gesamtschulen und gut 200 an beruflichen Schulen. Anders ausgedrückt: Jedes einzelne Gymnasium hat derzeit zwei internationale Partner, während jede vierte Realschule Vergleichbares ausweist. In allen Bereichen gibt es deutlich steigende Tendenzen. An Gymnasien hat sich die Zahl der Partnerschaften in der 80er Dekade verdreifacht; an den anderen Schulformen sind internationale Partnerschaften zum Großteil überhaupt erst in den letzten Jahren entstanden.

Immer mehr – westdeutsche! – Schulen suchen und finden Partnerschulen in Mittel- und Osteuropa. Im November 1990 fand in Krakau gar schon die erste Ost-West-Schulpartnerschaftsbörse statt. Was noch vor zwei Jahren weltfremde Utopie gewesen wäre, ist somit heute Wirklichkeit: Über 400 Schulen der alten Bundesrepublik haben bereits feste Bindungen mit Schulen in Polen, in der ČSFR, in Ungarn, vereinzelt gar schon in der Sowjetunion. Die Schulen in den neuen fünf Ländern hatten dies immer schon, aber es ist hier eine im Vergleich zum Westen Deutschlands umgekehrte Bewegung erkennbar, nämlich daß die dort zumeist von den staatlichen Jugendorganisationen getragenen Partnerschaften zwischen der ehemaligen DDR und den Ländern des ehemaligen Ostblocks abzubröckeln und einzuschlafen beginnen. „GO WEST“ scheint auch da Motto geworden zu sein. Ostdeutsche Schulen und Schüler wünschen also gerade westeuropäische Partner; sie stoßen dabei auf Gegenliebe und Neugier gerade in Frankreich und in Großbritannien, und sie kreuzen damit das „GO EAST" westdeutscher Schulen.

Was die Streuung und die Breitenwirkung betrifft, so wäre nach dem Vorbild des Deutsch-Französischen Jugendwerks entsprechendes mit Großbritannien, Italien, Polen, Ungarn, der Türkei usw. zu wünschen. Gerade Großbritannien ist von deutscher Seite – allein schon aus sprachlichen Gründen – ein gefragter Partner, der sich der Kontaktsuche bisweilen aber spröde verschließt. In puncto Schüleraustausch gibt es also noch manches zu tun. Andere Länder, andere Kulturen, andere Sitten lernt man nur kennen, wenn man die Leute dort kennenlernt. In diesem Sinne fügt jede internationale Partnerschaft mit ihren Austauschprogrammen einen kleinen Baustein ein in das zukünftige europäische Haus, leistet jede dieser Partnerschaften einen großartigen Beitrag zur weltweiten Völkerverständigung.

Mehr Lehreraustausch

Angesichts des Binnenmarktes ist eine Intensivierung des europaweiten Lehreraustausches und die Etablierung einer Lehrerfortbildung auf europäischer Ebene zu wünschen. Nur Lehrer, die selbst europäisch bewandert sind, können bei ihren Schülern als Multiplikatoren der Europa-Idee wirken. Ein solcher Lehreraustausch darf aber nicht zu einer Harmonisierung der Lehrerbildung und des Lehrerdienstrechts führen. Vielmehr kann dieser Lehreraustausch auch ohne massive Strukturveränderung praktiziert werden.

Größte Bedenken sollte man gegenüber dem Vorschlag des Europäischen Parlaments haben, nämlich zum Zwecke der Lehrermobilität einen europäischen Einheitsstatus für Lehrer zu installieren. Ein solcher Status rührt massiv an die deutsche Beamtenverfassung incl. Streikverbot und an die Kulturhoheit der Bundesländer.

Es ist daher vorzuziehen, daß der Staatsangehörigkeitsvorbehalt der bundesdeutschen Beamtenverfassung gelockert wird, damit auch Bürger anderer EG-Länder unter bestimmten Voraussetzungen als Beamte im öffentlichen Dienst in der Bundesrepublik beschäftigt werden können. Hintergrund für diese Überlegung ist die zuletzt intensiv diskutierte Frage, ob der bundesdeutsche Beamtenstatus im europäischen Binnenmarkt erhalten werden könne.

Zwar gibt es aus deutscher Sicht wesentliche Argumente für die Auffassung, daß Beamtentätigkeit weitestgehend aus EG-Recht ausgenommen werden müsse. Andererseits aber droht die Gefahr, daß die EG Maßnahmen zur Entbeamtung großer Bereiche des öffentlichen Dienstes durchboxen wird. Eine solche Entbeamtung ist aber rigoros abzulehnen, da sie die Unabhängigkeit des öffentlichen Dienstes verringert, die Loyalitätspflichten der Beamten untergräbt, ein Streikrecht von Staatsdienern provoziert und die staatliche Dienstaufsicht schwächt.

Konkret aber könnte man sich vorstellen, daß beispielsweise Lehrer aus anderen EG-Ländern zu den gleichen Bedingungen wie deutsche Lehrer im Schuldienst in der Bundesrepublik beschäftigt werden – vorausgesetzt, sie entsprechen dem bundesdeutschen Standard in der Lehrerbildung.

Hinsichtlich geltender Rechtsverfassung ist hier auf § 4 des Beamtenrechtsrahmengesetzes zu verweisen. Darin heißt es zunächst, daß in das deutsche Beamtenverhältnis nur berufen werden darf,

- wer Deutscher ist,
- wer die Gewähr bietet, daß er jederzeit für das Grundgesetz eintritt,
- wer die entsprechenden Laufbahnvoraussetzungen erfüllt.
  Absatz 2 dieses Paragraphen macht dann aber Ausnahmen, wenn es dort sinngemäß heißt: Beim Staatsangehörigkeitsvorbehalt können Ausnahmen zugelassen werden, wenn für die Gewinnung des Beamten ein dringendes Bedürfnis besteht, sollen Professoren oder Hochschulassistenten, die nicht Deutsche sind, in ein Beamtenverhältnis berufen werden, so können Ausnahmen auch aus anderen Gründen zugelassen werden.

Aufgrund dieser Ausnahmeregelung sind in der Bundesrepublik immerhin heute schon ca. 20 000 Ausländer im öffentlichen Dienst tätig. In solche Ausnahmeregelungen könnten auch Lehrer anderer EG-Länder einbezogen werden. Sie unterliegen damit immer noch den anspruchsvollen deutschen Qualifikationsanforderungen und der Pflicht zur Loyalität gegenüber dem Grundgesetz. Der deutsche Beamtenstatus bliebe damit aber erhalten, das Diskriminierungsverbot des EWG-Vertrages würde nicht verletzt und das Grundgesetz müßte bezüglich Definition der Staatsangehörigkeit nicht geändert werden.

Kontroverse um Bildungszeiten

Die seit Jahren anhaltende Diskussion um die Dauer der deutschen Bildungszeiten hat sich im Vorfeld des EG-Binnenmarktes verschärft. Namhafte deutsche Spitzenpolitiker sowie Vertreter aus Hochschule und Wirtschaft fordern eine Kürzung der bundesdeutschen Schulzeiten, weil diese im europäischen Vergleich zu lang seien. Rein formale europäische Schulzeitvergleiche taugen indes nicht als Motiv für die Absicht, Bildungszeiten zu kürzen. Die Vergleiche hinken. Ausschließlich fixiert zu sein auf die Frage „12 oder 13 Jahre bis zum Abitur?", zeugt von selektiver Wahrnehmung. Bei europaweiten Schulzeitvergleichen ist nämlich folgendes zu berücksichtigen:

- Auch andere EG-Länder haben 13 Jahre bis zur Hochschulreife (Luxemburg, Italien, Großbritannien).
- Wo andere Länder 12 Jahre haben, sind es aufgrund hoher Durchfaller-Quoten oft 13 oder gar 14 Jahre (z. B. Frankreich).
- Der Abschluß, den andere EG-Länder vergeben, ist in der Regel ein fachgebundener bzw. eine Art Fachhochschulreife (und diese erfordert in Westdeutschland ebenfalls nur 12 Jahre).
- Die Einschulung erfolgt in anderen EG-Ländern zum Teil mit 5 Jahren, bei uns real mit 6 3/4 Jahren.
- Die Bildungsdichte in anderen Ländern ist viel größer: Hochschulbetrieb ist bei unseren Universitäten 7 Monate pro Jahr, in Großbritannien 9 Monate pro Jahr; bundesdeutsche Schüler erhalten pro Jahr maximal 940 Zeitstun-

den Unterricht, französische bis 1150, spanische bis 1400.
- In Großbritannien gibt es keine Wehrpflicht, die den Eintritt ins Studium verzögert; in Frankreich sind es schon jetzt 12 Monate Wehrdienst, in Belgien 8 bis 10. Eine differenzierte Betrachtung dieser Unterschiede rechtfertigt also in keiner Weise eine bloße Kappung der Schulzeiten.

Die Frage nach der Konkurrenzfähigkeit unserer jungen Leute im EG-Binnenmarkt hinsichtlich Berufseintrittsalter; die Überlegung, daß junge Menschen in puncto Selbständigkeit und Kreativität gehemmt werden, wenn sie zu lange in Ausbildung sind; die Frage nach den Bildungsinvestitionen, die mit überlangen Bildungszeiten einhergehen, und die Frage nach unseren zukünftigen Alterssicherungssystemen müssen uns aber doch zu denken geben: 21 ½ Jahre ist der deutsche Studienanfänger im Durchschnitt alt, nahezu 29 Jahre ist er alt, wenn er die Universität verläßt. Mehr Zielstrebigkeit in unseren Bildungsgängen ist also notwendig, und sie ist möglich. Ein paar Maßnahmen seien hierfür nur angerissen:

- echte Einschulung mit 6 Jahren;
- Vermeidung von unnötigen Warteschleifen zwischen Abitur und Studium;
- Förderung des Überspringens von Jahrgangsstufen durch besonders begabte Schüler;
- vor allem aber: Straffung des Studiums.

Bei Verwirklichung dieser Maßnahmen ergibt sich gewiß ein Straffungseffekt von 24 bis 30 Monaten. Bundesdeutsche Jungakademiker kämen damit wenigstens annähernd in Altersbereiche, in denen ihre französischen und britischen Kollegen in den Beruf starten.

Hinsichtlich Verkürzung der gymnasialen Schulzeit bleibt freilich entscheidend:

- Eine Kürzung der gymnasialen Schulzeit darf nicht zu einem Verlust an Bildungsqualität führen.
- Eine Kürzung der gymnasialen Schulzeit kann allenfalls in einer Verdichtung der Klassen 5 mit 10 bestehen, sie darf

nicht auf eine Kappung der Klasse 12 oder 13 hinauslaufen.

- Die Durchlässigkeit des Schulsystems ist zu wahren. Begabte Nicht-Gymnasiasten müssen die Möglichkeit haben, ohne Zeitverluste mit einem mittleren Bildungsabschluß in die neue gymnasiale Oberstufe eines gestrafften Gymnasiums zu kommen.
- Der Fremdsprachenunterricht muß bereits in der Grundschule beginnen.
- Der Zugang zum Gymnasium muß an anspruchsvollere Leistungskriterien gekoppelt werden; mit den aktuellen Übertrittsquoten ist eine Verkürzung nicht denkbar.
- Realschulen und Hauptschulen müssen in der Folge attraktiver gemacht werden.
- Die berufliche Bildung ist zu stärken. Die beruflichen Schulen dürfen hinsichtlich Attraktivität nicht hinter einen verkürzten gymnasialen Bildungsweg zurückfallen.
- Ein verkürztes Gymnasium läßt keine Personalabstriche zu. Vielmehr ist in einem verkürzten Gymnasium eine erhöhte Unterrichtsintensität in verkleinerten Klassen notwendig.

Know-how-Transfer für Osteuropa

Wenn von Bildungspolitik im zusammenwachsenden Europa die Rede ist, dann muß nach den historischen Ereignissen im ehemaligen Ostblock auch von *Mittel- und Ost-Europa* die Rede sein. Die dortigen Reformbewegungen machen es möglich und erforderlich, daß das geeinte Deutschland seine bildungspolitische Zusammenarbeit mit den östlichen Nachbarn verstärkt. Allein mit Care-Paketen und Wirtschaftsabkommen ist diesen Ländern und den dort entstandenen jungen Demokratien nicht geholfen. Mittel- und Osteuropa braucht ebenso notwendig bildungspolitische Hilfen, um den Qualifikationsstand seiner Bevölkerung verbessern zu können. Nur dann kommen die osteuropäischen Volkswirtschaften auf die Beine. Gerade Polen, Ungarn und die ČSFR haben großes Interesse an einer Zusammenarbeit mit Deutschland. Im besonderen ist man dort interessiert an deutscher Hilfe bei der Einführung der deutschen Sprache als erster Fremdsprache, bei der Weiterentwicklung der dortigen Berufsbildungssysteme und bei der Errichtung von Schulpartnerschaften. Konkret wäre auch zu denken an die Einrichtung von pädagogischen Zentren für die Lehrerfortbildung in osteuropäischen Großstätten. Diese Zentren sollten in bestehende nationale Institute integriert, von einem deutschen Bildungsexperten koordiniert und mit einem Stab an mobilen Trainern bestückt werden. Die Finanzierung könnten das Auswärtige Amt und die Bundesländer übernehmen. Einen besonderen Handlungsbedarf gibt es hier im fremdsprachlichen, naturwissenschaftlichen, technisch-gewerblichen und wirtschaftlichen Bildungsbereich sowie in der politischen Bildung. Dabei geht es beileibe nicht nur um die Vermittlung der in Osteuropa zunehmend beliebteren Sprache Deutsch, sondern es geht darum, daß in Osteuropas Bildungssystemen der enorme Bedarf an Englisch, an technischem und ökologischem Know-how befriedigt wird. Anders können dort keine leistungsfähigen, an der sozialen Marktwirtschaft orientierten Wirtschaftssysteme entstehen; anders wird die demokratische Weiterentwicklung sehr schwach werden.

Mittel- und Osteuropas junge Demokratien brauchen (und wollen!) also einen bildungspolitischen „Marshallplan“. Die EG und insbesondere Deutschland sollten einen solchen Plan zu einer ihrer herausragenden zukünftigen Aufgaben machen.

Bildungspolitik und epochaler Wandel

Nicht nur in Deutschland sowie in West- und Mitteleuropa vollzieht sich ein epochaler Wandel. Auch geopolitisch haben sich tiefgreifende Änderungen angekündigt. In der Sowjetunion und in Jugoslawien werden zentrifugale nationale Bewegungen spürbar. Estland, Lettland, Litauen, Serbien und Kroatien streben eine europäische Renaissance an. Quer durch den Norden Afrikas, quer durch den Nahen Osten, hineinreichend bis nach Südosteuropa und in die Sowjetunion artikuliert sich ein islamischer Fundamentalismus.

Die USA sind trotz erheblicher interner Wirtschaftsprobleme und nicht erst seit dem Golfkrieg zur ersten und stärksten Weltmacht geworden. Die Sowjetunion als die ehemals andere Weltmacht fällt zurück; sie mußte mitansehen, wie sich ihre Glacis-Staaten emanzipierten und sich in Vazlav Havels Sinn „auf den Weg zurück nach Europa und damit zurück in die Zukunft" machten. Der Warschauer Pakt löste sich am 1. April 1991 auf, an die Tür der NATO klopfen Polen, die ČSFR und Ungarn, wenngleich dieselbe NATO noch voll damit beschäftigt ist, ihre zukünftige politische Rolle zu suchen. Der amerikanische Präsident Bush bot Deutschland eine „coleadership"-Rolle an, also eine weltumfassende Führerrolle im Verein mit den USA. Deutschland und Japan sind dabei, die führenden Mittelmächte zu werden.

Das „Ende der Geschichte" wurde gerade von manchen Deutschen unter dem Eindruck der europäischen Revolutionsjahre 1989 und 1990 zu früh eingeleitet. Im Jahr 1991 hat damit Bismarcks Aussage größte Aktualität erfahren: „Gott hat uns in die Lage versetzt, in der wir durch unsere Nachbarn daran gehindert werden, in Versumpfung oder Trägheit zu geraten." Deutschland konnte auch nach seiner Wiedervereinigung zu keinem geopolitischen Raumschiff werden, sondern es ist zum Osten des Westens und zum Westen des Ostens herangewachsen. In einer solchen Situation sind insulare Attitüden unzeitgemäß; ebenso unzeitgemäß wäre eine deutsche Äquidistanz gegenüber dem Westen und gegenüber dem Osten der Welt. Deutschland bleibt – trotz aller notwendigen Öffnung zum Osten hin – wirtschaftspolitisch, sicherheitspolitisch und gesellschaftspolitisch nur die Option einer festen Verankerung in ein starkes westeuropäisches Haus und in eine atlantische Wertegemeinschaft.

All diese – hier nur flüchtig skizzierten – geopolitischen Überlegungen fordern auch die Bildungspolitik heraus. Will Schule im ursprünglichen Sinn des Wortes „weltoffen" sein, dann kommt sie nicht daran vorbei, den globalen Wandel zu artikulieren. Gerade auf die politische Bildung in der Schule warten also große Aufgaben. Schule wird sich hier tatsächlich um noch mehr Aktualität, gepaart mit historischer Betrachtung, bemühen müssen. Sie wird die heranwachsende Generation noch intensiver als bislang zur umfassend gebildeten „zoon-politikon"–Generation zu erziehen haben. Die „weltpolitische und die europapolitische Verantwortung Deutschlands" kann nicht nur Versatzstück in Politikerreden sein, sie ist mehr denn je auch Auftrag für Bildung und Erziehung.

Bildungspolitik im geeinten Deutschland

Doch nunmehr konkret zur Bildungspolitik im geeinten Deutschland! Was für die Bildungspolitik in und für Europa gilt, das gilt in noch stärkerem Maß für die Bildungspolitik in und für Deutschland:

Sie droht gelegentlich zum fünften Rad am Wagen der Politik, am Wagen der deutschen Einigungspolitik zu werden. Auf den ersten Blick mag dies zwar verständlich erscheinen, wenn man sich die großen verfassungspolitischen, wirtschaftspolitischen und sozialpolitischen Probleme der Einigung ansieht, wenn man hautnah die an diesen großen Fragen orientierte Ungeduld der Landsleute in den neuen Ländern spürt. Beim zweiten Hinsehen aber muß man feststellen, daß Bildungspolitik einmal mehr eben nicht als solider Unterbau für anspruchsvolle Wirtschafts- und Sozialpolitik, sondern von manchem als weltferne Spielwiese verstanden wird. Und so tummeln sich in der „deutsch-deutschen" Bildungspolitik erneut die Schwärmer, die immer schon ihre Probleme hatten mit jeglichem Leistungs- und Wettbewerbsanspruch in Schule und Hochschule und die die deutsche Einigung – „wenn sie denn nicht aufzuhalten war" – als Vehikel für Gleichmacherei in den Bildungseinrichtungen benutzen wollen. Andere, die sich die Gleichmacherei gottlob nie auf die Fahnen geschrieben haben, sehen unterdessen gebannt auf Wirtschaftsprogramme und Finanzprobleme, vertrösten und vergessen dabei, daß bildungspolitisch bis dahin schon manches „den Bach runtergegangen" sein könnte.

Indes geht es darum, auch bildungspolitisch die Ärmel hochzukrempeln. Riesige Herausforderungen stehen bevor: die von außen kommenden Herausforderungen der europäischen Einigung, die nach wie vor zunehmende Internationalisierung im Kapital-, Waren-, Dienstleistungs- und Personenverkehr, daneben die hausgemachten Herausforderungen, die die sogenannte Bildungsexpansion mit ihrer Ausdehnung der Gymnasien und der Hochschulen sowie mit der drastischen Verlängerung der Bildungszeiten mit sich brachte.

Bildung in Deutschland – ein kritischer Vergleich

Machen wir in der Zeit der verfassungspolitischen, wirtschaftspolitischen und sozialpolitischen Kassenstürze auch Kassensturz in den ost- und in den westdeutschen Bildungsstuben! Fragen wir, was unsere Probleme hüben und drüben sind, was bildungspolitische Errungenschaften im Osten Deutschlands sind!

Fangen wir im westdeutschen Haus an:

- Wir haben ein Bildungssystem, das verpflichtet ist den Prinzipien der Rechtsstaatlichkeit, der Subsidiarität und des Föderalismus.
- Wir haben ein Bildungssystem, das pluralistisch ist hinsichtlich Vielfalt der Schulträger und der Bildungswege, dementsprechend ein Schulsystem, in dem einheitliche Schulen bzw. Gesamtschulen nur 2 % von insgesamt 16 500 weiterführenden allgemeinbildenden Schulen ausmachen.
- Wir haben ein Schulsystem, das durchlässig ist und in dem es keine Sackgassen gibt, in dem der „Spätstarter" viele Wege bis hin zum Studium vorfindet.
- Wir haben ein Bildungssystem, in dem gerade der berufsbildende Bereich eine exzellente Rolle spielt und nicht umsonst zum Exportschlager mit dem Markenzeichen „Qualified in Germany" befördert wurde.

Aber auch folgendes soll den alten Ländern gesagt sein:

- Wir haben Bildungsexpansion als Erhöhung des Bildungsniveaus verstehen wollen, ein gut Stück aber mit Erhöhung der Gymnasiasten-, Abiturienten- und Studentenzahlen verwechselt.

- Wir haben in der Bildung den Weg zum Ziel erklärt, was ja pädagogisch im Sinne von Persönlichkeitsbildung richtig ist, wir haben aber ein Stück weit vergessen, daß dieser Weg auch ein Ziel haben muß.
- Wir haben somit Bildungspolitik weitgehend von Beschäftigungs- und Wirtschaftspolitik abgekoppelt und erreicht, daß über 100 000 junge Akademiker beschäftigungslos sind und gleichzeitig ein enormer Facharbeitermangel herrscht.
- Wir haben das Abitur zum Mindeststandard erklärt, berufliche Bildung damit diffamiert und die Frage aufgeworfen, inwieweit nicht manches Abiturzeugnis ein ungedeckter Scheck ist.
- Wir haben Bildungszeiten ausgedehnt oder deren Ausdehnung zumindest hingenommen, haben erreicht, daß ein Studienanfänger nahezu 22 Jahre, ein eben eingestellter Lehrling fast 19 Jahre und ein Hochschulabsolvent beinahe 29 Jahre alt ist; wir haben damit die Lebensphase zwischen BAFÖG-Empfang und Rentenalter geradezu minimiert.
- Wir haben Bildungspolitik im Sinne der Gleichmacherei zu einer Filiale der Sozialpolitik machen wollen, damit Bildungspolitik aber zu einem Hemmschuh der Sozialpolitik gemacht, weil wir – bei permanenter Erhöhung des Berufseintrittsalters und natürlich mitbedingt durch die demographische Entwicklung – das sozialpolitische Beitragsaufkommen der erwerbstätigen Bevölkerung ebenfalls verringerten.
- Wir haben mittels Expansion der abiturvorbereitenden Wege und der Studiengänge eine über das pädagogisch Sinnvolle hinausgehende Heterogenität der Lerngruppen in Kauf genommen und damit beachtliche Abstriche am Anspruch individueller Bildung, am Grundrecht auf freie Entfaltung der Einzelpersönlichkeit gemacht.
- Wir haben es – massiv in den 70er Jahren und nachwirkend bis heute – hingenommen, daß in diesem oder je-

nem Bundesland, in diesem oder jenem Parteiprogramm manch sozialistischer Blütentraum Wurzeln schlug, daß etwa die Fächer Geschichte und Politik gelegentlich auf Konflikt- und Klassentheorien, daß das Fach Physik ohne solide naturwissenschaftliche Basis auf reine Energiepolitik reduziert wurde.

Die bildungspolitische und die schulpraktische Situation im Ostteil Deutschlands sah anders aus:

- Bildung in der ehemaligen DDR wollte einheitlich sein, und sie provozierte in der zehnjährigen Einheitsschule Unterforderung und damit Frustration bei Begabten sowie Überforderung und damit Frustration bei Benachteiligten.
- Bildung in der ehemaligen DDR wollte parteilich sein, zur Liebe zur DDR erziehen, sozialistisch allseitig geformte Persönlichkeiten produzieren, und sie war doch nichts anderes als ideologieverblendet.
- Bildung in der ehemaligen DDR wollte antifaschistisch sein, und sie war oft nichts anderes als vormilitärische Erziehung im Kindesalter und Agitation gegen den „Klassenfeind".
- Bildung in der ehemaligen DDR wollte polytechnisch sein, und sie war im Interesse von Planzahlen doch häufig kaum etwas anderes als Kinderarbeit.
- Bildung in der ehemaligen DDR wollte demokratisch sein, und sie war bis hinein in die einzelne Unterrichtsstunde doch viel Kommando-Pädagogik.
- Bildung in der ehemaligen DDR wollte im Einklang mit der Ökonomie stehen, und sie war doch nichts anderes als Steuerung der Bildungs- und Berufswünsche, als Förderung der „gesellschaftlich Zuverlässigen" und Behinderung kritischer Geister.
- Bildung in der ehemaligen DDR wollte sozialpolitische Errungenschaft sein, und sie war doch kaum etwas anderes als massenhafte Aufbewahrung von Ein- bis Dreijährigen in Kinderkrippen und als sozialistische Erziehung bereits im Kindergarten
- Bildung in der ehemaligen DDR war mit fast all dem

nichts anderes als parteipolitisch verkrustete Schmiede und als totalitäre Erziehung, die ganztägig und tagtäglich das Denken und das Handeln junger Menschen zu uniformieren trachtete.

DDR-Bildungspolitik – „ein katastrophales Erbe“

Das klingt alles hart und unerbittlich, und dennoch verhielt es sich so. Schließlich handelt es sich hier nicht um Etikettierungen aus der Feder eines „Westlers“, sondern um Beschreibungen, denen man heutzutage bei jeder Reise durch die Schullandschaft in den neuen Ländern – ausgesprochen von vielen Schülern, Eltern und Lehrern – begegnet.

Und schließlich, auch das ein Beleg, haben wir im Westen erfahren, welche zum Teil erheblichen Probleme Zehntausende von Übersiedler-Schülern bei der schulischen Integration in einer westdeutschen Schule hatten und haben. In den Fremdsprachen, in Geschichte, in der Geographie und auch bezüglich Selbständigkeit des Arbeitens und bezüglich Diskussionsfähigkeit kamen diese jungen Menschen mit großen Defiziten, so daß es schier unmöglich war, ihnen einen Eintritt in eine ihrem Alter entsprechende Jahrgangsstufe des Gymnasiums oder auch der Realschule zu empfehlen.

Mit dem Hinweis, DDR-Bildung habe doch einen international vielbeachteten Leistungsstandard erreicht, läßt sich da kaum etwas beschönigen oder weg-relativieren. Zum einen nämlich erweist sich dieser Hinweis als verengter Blick auf die rund 3 % der Schüler, die eine Spezialschule oder Spezialklasse, eine Elite-Einrichtung also besuchten, oder als verengter Blick auf die rund 15 % eines Jahrgangs, die in Abiturschulen oder anspruchsvollen Fachschulen gefördert wurden. Zum zweiten kannte man in der ehemaligen DDR als internationalen Vergleichsmaßstab ja allenfalls den RGW-Standard. Und zum dritten orientierte sich mancher Stolz über das DDR-Bildungsniveau an Notendurchschnitten, wie etwa dem Notendurchschnitt von 1,5 in den Abiturzeugnissen. Diesbezüglich muß man aber wissen, daß die Noten 4 und 5 innerhalb des fünfstufigen Notenspektrums de facto nicht, die Note 3 kaum vergeben wurden. Die stolze Notenbilanz war ja mehr oder weniger vorgegeben. Lehrer, die die Noten 4 oder 5 vergaben, mußten diese gesondert begründen und ihren Schülern „freiwillig" Nachhilfe erteilen.

Um frühere DDR-Schule rankte sich also viel Legendenbildung und viel Glorienschein. Hier zu desillusionieren, das hat nichts mit Diffamierung, sondern schlicht und einfach mit seriöser Bilanz zu tun. Aber lassen wir doch einfach unverdächtige Leute zu Wort kommen! In der Tageszeitung „Neue Zeit" vom 15. März 1990 schreibt Karl-Hermann Kandler: „Das marxistische Bildungssystem gehörte zum Schlimmsten in der vierzigjährigen Geschichte der DDR . . . Das ‚Einheitliche Sozialistische Bildungssystem', bei dem bereits im Kindergarten mit der Haßerziehung und der ideologischen Beeinflussung . . . begonnen wurde, hatte unmenschliche Auswirkungen. Auch deshalb haben Millionen unser Land verlassen, sie wollten ihre Kinder diesem Bildungssystem nicht aussetzen . . ." Der damalige Ministerpräsident Lothar de Maizière brachte dies in seiner Regierungserklärung vom 19. April 1990 auf den knappen Nenner: „Ein katastrophales Erbe übernehmen wir von der SED-Herrschaft auch im Bildungswesen." – So gesehen, konnten schon die Wahlen vom 18. März 1990 auch als bildungspolitische Wahlen und als Abrechnung mit bildungspolitischer Zwangswirtschaft gelten. Deutlicher noch: Die DDR-Bevölkerung hatte sich am 18. März außer vom SED-Einheitsstaat auch von der SED-Einheitsschule verabschiedet, was in den Wahlen am 14. Oktober 1990 eine überdeutliche Fortsetzung erfuhr.

Es gibt keinen „dritten Weg"!

Mancher westdeutsche Bildungspolitiker und Bildungstheoretiker scheint hier jedoch schlicht Realitätsverweigerung betreiben zu wollen. Wie anders denn als Verschleierung der Wirklichkeit wäre es zu erklären, daß von mancher Seite etwa die einheitliche Beschulung oder die „antifaschistische Erziehung" im Ergebnis, aber nicht im Prinzip als gescheitert erklärt werden, daß unter dem Schlagwort „Voneinander lernen“ gar die Übernahme mancher „Errungenschaften“ der DDR-Schule in ganz Deutschland empfohlen wird. Nun gut, voneinander lernen sollte man, insbesondere aber, wie man etwas nicht anstellt. Den Landsleuten in der ehemaligen DDR im Rahmen solchen gegenseitigen Lernens gar gebetsmühlenhaft weismachen zu wollen, daß bundesdeutsche Schule eine Ellenbogenschule sei, daß das dreigliedrige Schulsystem die Dreiklassengesellschaft reproduziere – dies ist dann doch wieder nichts anderes als ideologisch durchsetzte Desinformationskampagne. Da soll die Kirche doch im Dorf bleiben. Das Auslaufmodell der sozialistischen Einheitsschule wird nicht dadurch kindgerechter und leistungsfähiger, daß man es mittels kosmetischer Gesichtsoperation zur „differenzierten Gesamtschule“ (ein schier verbaler Kopfstand!) umfunktioniert. Gesamtschule ist und bleibt Einheitsschule, auch wenn man sie aus dogmatischen und missionarischen Motiven heraus noch so schick findet, auch wenn man Einheitsschule gerne als Faustpfand für die deutschlandweite Etablierung der Gesamtschule hätte. Gesamtschule und Einheitsschule haben sich – gemessen am Leistungsstandard des gegliederten Schulwesens – nicht bewährt, sondern überall auf der Welt eine Nivellierung des Leistungsvermögens und eine Abwanderung der Leistungsfähigen in (sozial und finanziell hochselektive) Eliteeinrichtungen provoziert. Gesamtschule in Deutschland, das wäre Ausdruck eines hier völlig verfehlten Harmoniewunsches und damit einer jener „dritten“ Wege, die es nun einmal nicht gibt. Gesamtschule, das hieße, auf halbem Wege zwischen sozialer, freiheitlicher Leistungsschule und sozialistischer Nivellierungsschule stehenzubleiben. Daß es in nahezu allen Wissens- und Wissenschaftsbereichen ein Richtig und ein Falsch gibt und damit auch keinen Weg dazwischen, scheint aber für die vermeintlich progressive Pädagogik nicht zu gelten. Und so wird wieder einmal eine pädagogische Schwärmerei zur großen Idee hochstilisiert. Offensichtlich aber stört es manche nicht, auf dem Friedhof von zu Recht beerdigten pädagogischen Ideen und Praktiken beständig Auferstehung feiern zu wollen.

Erste Reformansätze in der Noch-DDR

Da ist es schon weitaus imponierender, was die ehemalige DDR noch zur Zeit ihres Bestehens aus eigener Kraft an Schulreformen eingeleitet hat:

- Das verhaßte Fach Staatsbürgerkunde würde abgeschafft und ab Herbst 1990 durch das Fach Gesellschaftslehre ersetzt, in dem unter anderem auch die Grundlagen der Weltreligionen behandelt werden sollen.
- Die Wahl der Fremdsprachen wurde ab Herbst 1990 freigegeben. Anstelle der ersten, in der Regel einzigen Fremdsprache Russisch können Englisch und Französisch gewählt werden (90 % der Schüler werden dies tun!).
- Die Lehrpläne und Schulbücher im Fach Geschichte wurden ent-ideologisiert.
- Die vormilitärische Ausbildung wurde gestoppt.
- Der Hochschulzugang, der bislang von gesellschaftspolitischem Wohlverhalten abhängig war, orientiert sich bereits jetzt ausschließlich an echten Leistungskriterien.
- Die bislang zweijährige Abiturschule (Jahrgang 11 und 12) begann ab Herbst 1990 mit Jahrgangsstufe 9 als vierjährige Abiturschule. Ziel ist es, daraus ein Gymnasium ab Jahrgangsstufe 7 oder gar ab Jahrgangsstufe 5 zu machen.
- Das Fach Religion wird fakultativ angeboten.

Reformen seit dem 3. Oktober 1990

Nach der Vereinigung, vor allem nach den Landtagswahlen vom 14. Oktober 1990, wurde die Schulreform in Ostdeutschland mit noch größerem Engagement angepackt. Zu Recht hält die Denkschrift der Bundesregierung zum Artikel 37 des Einigungsvertrages fest, daß das ostdeutsche Bildungswesen einen „wesentlichen Beitrag zum politischen, wirtschaftlichen und gesellschaftlichen Erneuerungsprozeß“ leisten und auf eine „Modernisierung in allen Bildungsbereichen“ hingearbeitet werden muß. Der Einigungsvertrag gibt damit der

Welchen Weg die fünf neuen Länder dabei gehen werden, zeigt nachfolgende Synopse (Stand: Ende Juni 1991):

Land	Brandenburg	Mecklenburg-Vorpommern	Sachsen	Sachsen-Anhalt	Thüringen
Grundschule	Kl. 1 bis 6 Anbindung an Gesamtschule möglich	Kl. 1 bis 4 Anbindung an HS, RS, Sonderschule möglich	Kl. 1 bis 4 Anbindung an Mittelschule möglich	Kl. 1 bis 4	Kl. 1 bis 4 Anbindung an Regelschule möglich
Orientierungsstufe	nicht vorgesehen	schulartabhängig (Kl. 5 u. 6); Anbindung an Grundschule möglich	schulartabhg. (Kl. 5 und 6)	Kl. 5 und 6 der Sekundarschule; Übergang ins Gy. ab Kl. 5 od. 7 mgl.	Kl. 5 und 6 der Regelschule; Übergang ins Gy. ab Kl. 5 od. 6 od. 7 mgl.
Hauptschule (HS)	nicht vorgesehen	Kl. 5 bis 9, organisat. Verbindung mit Realschule (mit schulartübergreifendem Unterricht) möglich	integriert enthalten in Mittelschule Kl. 5 bis 9 oder 10 Diff. ab Kl. 7	eigenständiger Bildungsgang in Sekundarschule Kl. 5 bis 9 bzw. 10 Differenzierung ab Kl. 7	integr. enth. in Regelschule Kl. 5 bis 9 Diff. ab Kl. 7 in Schwerpunktfächern mit eig. Richtlinien u. Stundentafeln; abschlußbez. Klassenbildung
Realschule (RS)	Kl. 7 bis 10	Kl. 5 bis 10; org. Verbindung mit Hauptschule (m. schulartübergreif. Unterr.) möglich	integriert enthalten in Mittelschule Kl. 5 bis 10 Diff. ab Kl. 7	eigenständig. Bildungsgang in Sekundarschule Kl. 5 bis 10 Diff. ab Kl. 7	integr. enth. in Regelschule Kl. 5 bis 10 Diff. ab Kl. 7 in Schwerpunktfächern mit eig. Richtlinien u. Stundentafeln; abschlußbez. Klassenbildung
Gymnasium	Kl. 7 bis 10 Oberstufenzentren, Kl. 11–12 berufl. Inhalte, „Doppelqualifikation“	Kl. 5 bis 12 Allgemeine Hochschulreife	Kl. 5 bis 12 Allgemeine Hochschulreife	Kl. 5 bis 12 Allgemeine Hochschulreife	Kl. 5 bis 12 Allgemeine Hochschulreife
Gesamtschule	mind. 2 Züge der Kl. 7 bis 10 und Oberstufenzentren, berufl. Inhalte „Doppelqualifikation“ möglich	mind. 3 Züge Kl. 5 bis 10 gymn. Oberstufe mgl. Bedingung; Keine Gefährdung der Schulen d. gegl. Schulwesens	nicht vorgesehen	nicht vorgesehen	nicht vorgesehen

Land	Brandenburg	Mecklenburg-Vorpommern	Sachsen	Sachsen-Anhalt	Thüringen
berufsb. Schulen	Berufsschule Berufsfach-schule Fachober-schule (alle in Ober-stufenzentren möglich); Fachschule	Berufsschule Berufsfach-schule Fachober-schule Fachgym-nasium Fachschule	Berufsschule Berufsfach-schule Berufsauf-bauschule Fachober-schule Berufl. Gymn.	Berufsschule Berufsfach-schule Berufsauf-bauschule Fachschule Fachober-schule Fachgymn.	Berufsschule Berufsfach-schule Berufsauf-bauschule Fachober-schule Berufl. Gymn. Fachschule
Sonder-schulen	können eingerichtet werden	werden (gegliedert) eingerichtet	werden (gegl.) eingerichtet; Förderschu-len	werden eingerichtet	werden (gegliedert) eingerichtet

ostdeutschen Schule einen rechtlichen Rahmen, und er motiviert zu geistiger Erneuerung. Die fünf neuen Schulministerien, ihre Landtage, Zehntausende von Lehrern tragen eine kreative Unruhe in sich, und zwar in einem Ausmaße, das man manch altem Bundesland wünschte. Im Frühjahr 1991 verabschiedet man zwischen Elbe und Oder, zwischen Thüringer Wald und Ostsee erste Landesschulgesetze. Die Ausdifferenzierung des Schulsystems in begabungsgerechte und leistungsbezogene Schulformen hat begonnen, wenn auch vermutlich ohne eine 13. Klasse, wenn auch in Sachsen zum Beispiel anders als in Brandenburg.

Hilfen aus dem Westen?

All diese Reformansätze sollte man nicht stören, schon gar nicht mittels Gesamtschuldebatten oder mit „Zweigliedrigkeits“-Modellen. Gestört wären diese Ansätze aber auch, wenn man die neuen Länder, in denen man bislang mit 12 Jahren in der regulären Abiturbildung auskam, von westdeutscher Seite zur Einführung einer 13. Klasse drängte. Dergleichen könnte sich nämlich finanzpolitisch, taktisch und bildungspolitisch als kontraduktiv erweisen: Erstens nämlich würden mit einer 13. Klasse im Ostteil Deutschlands Schulfinanzen absorbiert, die man dringend für Differenzierungsmaßnahmen in den mittleren Altersstufen braucht, die aufgrund der bekannten Finanzlage aber obendrein knapp sind. Allein finanzpolitisch wäre damit die wünschenswerte Differenzierung in Gymnasium, Realschule und Hauptschule blockiert. Zweitens gäbe eine 13. Klasse auch dort all jenen Auftrieb, die jetzt schon sagen: „Macht in der Ex-DDR eine dreijährige gymnasiale Oberstufe, ebenso wie bei uns in Bremen, wo wir diese Oberstufe als Fortsetzung der zehnjährigen Gesamtschule haben. Dann braucht ihr auch nicht weiter zu differenzieren, denn dann habt ihr ja bereits ein bundesdeutsches Schulsystem übernommen, das bundesweit, zumindest hinsichtlich Zeugnisanerkennung, akzeptiert ist.“ – Anders ausgedrückt: Es gibt noch Wichtigeres zu debattieren als die Frage einer 13. Klasse in den neuen Ländern. Priorität sollte die Differenzierung des Schulwesens von unten her haben, nach Möglichkeit schon in Analogie zur alten Bundesrepublik, wo man – beginnend ab Jahrgangsstufe 5 – sieben Schulformen des allgemeinbildenden und über 15 Schulformen des berufsbildenden Schulwesens hat.

Vor allem aber ist nach wie vor materielle, personelle, juristische und politische Hilfe bei der Lösung praktischer Probleme vonnöten:

- Es fehlt an Sachbüchern und Texten gerade in Englisch, Geschichte und Politik. Wir im Westen haben diese Druckwerke millionenfach, wir sollten sie in ebensolcher Zahl zur Verfügung stellen, vielleicht auch im Rahmen von deutsch-deutschen Schulpartnerschaften.
- Es fehlt an Englischlehrern. Wir sollten vom Westen aus mit der Entsendung von erfahrenen Englischlehrern und Ausbildern von Englischlehrern vor allem aushelfen, nicht aber mit einem Export von arbeitslosen Englischlehrern.
- Es fehlt an Weiterbildungskapazitäten für Englisch- und Geschichtslehrer. Hier könnte der Westen aushelfen.
- Es fehlt im allgemeinbildenden und berufsbildenden Bereich an Lehrwerken im Fach Wirtschaft/Marktwirtschaft und an marktwirtschaftlich kundigen Lehrern. Auch hier ist der Westen gefordert.

– Es belastet Schulen nach wie vor, daß Alt-Stalinisten dort verweilen. Auch hier ist der Westen gefordert, indem er Rechtsberatung zur Klärung dieser Verhältnisse leistet.

Flexibel zeigte sich der Westen bereits in der Frage der bundesweiten Anerkennung der Abiturzeugnisse; es wurden damit hoffentlich keine bewährten Qualitätsstandards bezüglich Abituranforderungen über Bord geworfen, es durften für die Studienbewerber aus den neuen Ländern aber auch keine neuen Mauern entstehen.

Heute und in den kommenden Jahren geht es bildungspolitisch in ganz Deutschland um mehr als um Bilanz und Abrechnung. Um mehr als um die Errungenschaften „Kinderkrippen“ oder „Schulspeisung“, um mehr als um die Abituranerkennung.

Soziale Marktwirtschaft braucht eine soziale Leistungsschule

Ganz Deutschland ist auf dem Weg hin zur sozialen Marktwirtschaft und zu einer hochentwickelten, differenzierten, arbeitsteiligen Industriegesellschaft. Die Menschen in Deutschland wollen diese leistungsfähige, leistungsfreundliche, menschengerechte und freiheitliche Ordnung, in der der einzelne ein Höchstmaß an Individualität, Lebensglück und Wohlstand erfahren kann. Die Menschen in Deutschland wollen und brauchen eine Marktwirtschaft mit sozialem Unterbau, in der der Stärkere und Leistungsfähigere den Schwächeren an die Hand nimmt, in der der Schwächere dadurch nicht allein bleibt, in der Eigentum, Begabung und Leistungsfähigkeit zwar auch den Weg zur Erfüllung eigener Wünsche und Profilierungsabsichten darstellen, in der Eigentum, Begabung und Leistungsfähigkeit aber auch ein Stück soziale Verpflichtung bedeuten. Eine solche Gesellschafts- und Wirtschaftsordnung kann freilich nur entstehen, wenn diese Ordnung als Basis ein hochentwickeltes, differenziertes Bildungs- und Qualifikationssystem hat.

Das geeinte Deutschland, das soll damit ausgesagt sein, braucht eine soziale, differenzierte Leistungsschule. Das heißt:

- ein leistungsorientiertes, differenziertes Schulsystem, das verschiedene Wege für unterschiedliche Begabungen und Neigungen junger Menschen anbietet;
- ein Schulsystem, in dem keine Schulform die Nase arrogant über eine andere erhebt;
- ein demokratisches Schulsystem, in dem Leistung als einziges Auswahl- und Aufstiegskriterium gilt, und nicht Einkommen, Herkunft, Geschlecht, Wohlverhalten oder Bonzenmentalität;
- ein Bildungs- und Beschäftigungssystem, das millionenfache Individualleistung zusammenführt zu einem wirtschaftlich und sozialpolitisch funktionsfähigen Gemeinwesen, in dem jeder einzelne seines Glückes Schmied sein kann, in dem Einzelleistung und Gemeinschaftsleistung aber auch Solidarbeitrag für alle und für die Schwächeren sind;
- ein Bildungssystem, in dem Leistung Freude macht und in dem Leistung auch als Ausdruck des Höchstindividuellen, als Selbstverwirklichung und als Gegenstück zur Vermassung erlebt werden kann.

Die Aussichten, daß sich gesamtdeutsche Bildungspolitik tatsächlich so entwickelt, sind sehr günstig. Mehr noch: Der Weg zu einer sozialen Leistungsschule in ganz Deutschland ist im Grunde schon durch den Staatsvertrag zwischen der Bundesrepublik Deutschland und der DDR vom 18. Mai 1990 und durch den Einigungsvertrag vorgezeichnet.

Zurück nach Europa

Damit ist der Weg abgesteckt
- zu einer sozialen, differenzierten Leistungsschule,
- zu einer Schule unter rechtsstaatlicher Aufsicht,
- zur Kulturhoheit der Länder,
- zu einer europatüchtigen Schule.

Wir stehen damit schließlich vor der Aufgabe, eine europäisch erneuerte Schule zu konstruieren und zu realisieren, eine Schule,
- die Individualität fördert,
- die Bildungsgänge zielstrebig gestaltet,

- die junge Menschen möglichst viele Fremdsprachen lehrt und die die heranwachsende Generation europaweit zusammenbringt,
- die europäische Geschichte lehrt und im Sinne Ortega y Gassets klarmacht, daß wir zum Großteil unserer geistigen Habe Europäer und nur zum kleinen Teil Deutsche oder Briten oder Dänen sind.

Wir brauchen eine solche Schule, weil sie gerade junge Menschen aus dem ehemaligen Ostblock im Sinne Vazlav Havels zurück nach Europa und damit zurück in die Zukunft bringt.

Europa und Deutschland sind auf dem Weg, ein neues Gesicht zu erhalten. Dieses Gesicht wird verfassungsrechtlich und wirtschaftlich andere Züge haben, es wird sich aber auch bildungspolitisch anders darstellen. Dies als Chance und als Herausforderung zu begreifen, sind Politik, Schule, Hochschule und Verbände aufgerufen.

Nur wenn es gelingt, in Bildung und Erziehung ein Bewußtsein für europäische Dimensionen zu schaffen, werden der europäische und der deutsche Einigungsprozeß eine tragfähige Basis finden. Andererseits entstehen ein neues Europa und ein neues Deutschland nicht allein durch den Abbau von Mobilitätsschranken, sondern nur dann, wenn diese Einigungsprozesse massiv durch das Bildungswesen unterstützt werden. Europa und Deutschland sind damit auch ein pädagogischer Auftrag. Die nachwachsende Generation sollte deshalb den Impuls vermittelt bekommen,
- das ganze Europa als gemeinsames Erbe und als gemeinsame Tradition zu betrachten,
- Europa als maßgebliche Bedingungsgröße eigener Identität zu sehen,
- ein geeintes Europa als Beitrag zu einer dauerhaften und freiheitlichen Friedensordnung zu sehen,
- Europa als Chance eines Gewinns an weltpolitischer und wirtschaftlicher Bedeutung zu begreifen.

Angesichts dessen kann Bildungspolitik nicht länger die kleine Schwester der sogenannten großen Politiken sein!
(Nachtrag zur Schulgesetzgebung der neuen Länder S. 395).

Klaus Westphalen

Europa und das deutsche Bildungswesen Herausforderungen durch fortschreitende Integration

Auf dem Wege zur kulturellen Integration

„Welche Gestalt der europäische Raum auch annimmt, er wird viel mehr sein als ein Markt. Es wird ein gemeinsamer Raum in sozialer, wirtschaftlicher und politischer Hinsicht sein. Ein organisierter Raum, wie es Präsident Delors ausdrückt, verlangt eindeutig nach einem effizienten Bildungsinstrument, durch das die wirtschaftliche, die soziale und die kulturelle Dimension Europas überall in der Gemeinschaft eng zusammengeschweißt wird."

Die Perspektive, die hier ausgemalt wird, stammt aus einem Vorbereitungspapier, das ein Newcomer in der EG, nämlich Spanien, für eine informelle Konferenz des Europarats in Segovia im März 1989 vorbereitet hatte. Die Formulierungen lassen erkennen, daß man nicht so recht glücklich wird bei dem Gedanken, die europäische Integration vollziehe sich unter dem Sternzeichen der Wirtschaft. „Man verliebt sich nicht in einen Binnenmarkt", hat der erwähnte Jacques Delors einmal gesagt; wer möchte dem widersprechen?

Vertraut man den Äußerungen führender Politiker und Wirtschaftler, so geht Bildung im Europa des Jahres 2000 einer neuen Blüte, einem Boom entgegen. Der Präsident der Bundesvereinigung der Deutschen Arbeitgeberverbände, Klaus Murmann, schreibt in einem Aufsatz, den er „Bildung in Europa – Bildung für Europa" betitelt:

„Geistige, ideelle Werte gewinnen wieder zunehmend an Bedeutung. Damit wächst die Chance, daß die Wurzel der europäischen Kulturen, daß das gemeinsame europäische Erbe einen neuen Stellenwert in der Bildungspolitik der Europäischen Gemeinschaft erhält. Ohne die in diesem Sinne zu verstehende europäische Dimension wird es schwerlich gelingen können, eine europäische Identität als gemeinsames geistiges Band für alle und auf dieser Grundlage ein Europa der Bürger zu schaffen."

Von den Schwierigkeiten einer kulturellen Integration Europas

Gegenüber dem mehrheitlich zur Schau getragenen Optimismus ist Skepsis angebracht. Es ist schwer vorstellbar, daß aus dem langsam dahinfahrenden Geleitzug der europäischen Einigung plötzlich der Dampfer der Kultur ausbricht, die Spitze nimmt und ein künftig rascheres Tempo bestimmt. In Wirklichkeit bestehen gerade auf dem Felde der Kultur, das sich durch ausgeprägte Identitäten und stabile Traditionen der einzelnen Völker auszeichnet, besonders große Schwierigkeiten, die einer Integration im Wege stehen.

Bildung als Magd der Wirtschaft?

Es ist nicht zu bestreiten, daß derzeit die wirtschaftlichen Interessen beim europäischen Zusammenschluß das große Sagen haben. Der kulturelle Sektor gerät demnach – im Anschluß an Marxsche Gedanken – in die Gefahr, zum bloßen Überbau stilisiert zu werden. Besonders das Bildungswesen kann ja funktionalisiert werden, um dem gemeinsamen Markt durch Qualifizierung der Arbeitnehmer Wettbewerbsvorteile zu verschaffen. Bildung wäre, so gesehen, die Magd der Wirtschaft.

Für derartige Befürchtungen gibt es leider genügend Anhaltspunkte. Ich zitiere beispielshalber aus der grundlegenden, allerdings umstrittenen „Mitteilung“ der Kommission der Europäischen Gemeinschaften „Über die Bildung in der Europäischen Gemeinschaft“ vom 24. Mai 1988:

> „(Die) wirtschaftliche und technologische Entwicklung fordert eine kontinuierliche Verbesserung der Fähigkeiten des Arbeitskräftepotentials und somit ein höheres Niveau der schulischen Grundausbildung.“

Im Hintergrund davon steht die Vorstellung: „Der Binnenmarkt wird mehr Chancen, mehr Wettbewerb, mehr Mobilität bringen; das ist die kürzestes Formel, auf die dieses ehrgeizige Projekt gebracht werden kann.“ (Jürgen W. Möllemann)

In welchem Maße der „Bestimmungsfaktor Wirtschaft“ auf die konkrete Wirklichkeit des Schul- und Bildungswesens Einfluß gewinnen kann, davon hängt in der Tat sehr vieles ab – schlechterdings das Gesamtbild Europas, wie es sich im 21. Jahrhundert dieser unserer Welt präsentieren wird.

Priorität der Kultur in der europäischen Geschichte

Ein Blick in die europäische Geschichte vermag Klärung zu bringen. Die EG-Kommission ist im Irrtum, wenn sie meint, der wirtschaftlichen Integration Europas müsse die „Schaffung eines europäischen Kulturraumes“ erst nachfolgen. Das ist in Wirklichkeit genau umgekehrt: Europa war noch nie eine umfassende politische Einheit (auch nicht zur Zeit des Imperium Romanum und der deutschen Kaiser), erst recht keine Wirtschaftsunion. Aber Europa hat sich stets durch eine kulturelle Verflechtung und geistig-ideelle Übereinstimmung definiert, es hat seine Identität durch nichts anderes als durch die Gemeinsamkeit der kulturellen Wurzeln erlangt.

Das gemeinsame Kulturkonzert Europas in seiner jetzigen föderalen Figur ist der Rahmen, in dem eine Wirtschaftsunion überhaupt erst aufblühen und die politische Union erst erdacht werden kann. An diesem Rahmen gilt es festzuhalten; die politischen, sozialen und nicht zuletzt die wirtschaftlichen Systeme haben sich auf die Kulturtradition Europas zu beziehen. Ein reziproker Prozeß würde die Selbstauflösung der Europaidee bedeuten.

Im Spannungsfeld von nationaler Identität und gesamteuropäischer Tradition

Die eigenartige Konfiguration der europäischen Kultur birgt aber ein Spannungsfeld in sich, das bei der vor uns liegenden Einigungsbewegung virulent werden dürfte. Die europäische Kultur hat sich nie als ein Schmelztiegel verstanden wie etwa die US-amerikanische, sondern als ein harmonisches Konzert vieler Nationalkulturen, bei dem die Musiker aus allen Gegenden Europas stammen.

Dies soll auch so bleiben, wenn es nach den konservativen Kräften in der EG geht. Winfried Schlaffke vom Institut der Deutschen Wirtschaft drückt dies so aus:

> „Es ist unrealistisch und absolut verfehlt, die historisch gewachsenen Bildungssysteme der einzelnen EG-Mitgliedsländer in naher Zukunft zu einem einheitlichen ‚europäischen Modell' verschmelzen zu wollen. Niemand in der Gemeinschaft wünscht ein harmonisiertes, der Geschichte entkleidetes ‚Bildungseinerlei'; denn die Stärke Europas liegt auch künftig in seiner schöpferischen Vielfalt."

Anders klingt das in dem schon zitierten Segovia-Papier, das ja den europäischen Raum „eng zusammenschweißen" will:

> „Jeder von uns muß sich die Frage stellen, ob die regionalen oder nationalen Bildungssysteme den Aufgabenstellungen der europäischen Integration gewachsen sein werden. Es ist schwer, sich ein Europa vorzustellen, das die technischen Merkmale von Waren und Dienstleistun-

gen bis ins Detail festlegt, damit sie sich ‚europäisch' nennen können, das jedoch nur oberflächliche Auswirkungen auf zwölf einzelstaatliche Bildungssysteme mit ihren bedeutenden regionalen Spielarten hat, die der neuralgische Punkt für die Ausbildung der Menschen sind. Die Personen müssen zumindest dieselbe Aufmerksamkeit verdienen wie die Waren."

Zentralistische Europatendenzen im Lichte von Politik und Jurisprudenz

Wie soll die europäische Bildungspolitik mittelfristig (bis 1992) und langfristig aussehen – Koexistenz der Bildungssysteme unter Beibehaltung der je eigenen Tradition in den Staaten der Gemeinschaft oder aber Wettbewerb um die effizienteste Qualifizierung der jungen Generation oder schließlich – auf weite Sicht – Schaffung eines einheitlichen Kultur- und Bildungsraumes?

Um diese Frage bahnt sich ein „fundamentaler Konflikt" (Georg Gölter, ehemaliger Präsident der KMK) an. Die EG-Kommission hatte sich 1988 sehr weit vorgewagt, indem sie die bereits erwähnte „Mitteilung über die Bildung in der Europäischen Gemeinschaft (mittelfristige Perspektiven: 1989 bis 1992)" vorlegte. Im Text des Dokuments heißt es, diese „mittelfristigen Richtlinien sollen einen deutlichen Schwerpunkt für die Initiativen der Kommission in diesem (sc. Bildungs-)Bereich bis zum Jahre 1992 setzen". Folgerichtig werden dann u. a. eine „Verbesserung der Qualität der schulischen Grundausbildung" und entsprechende „Maßnahmen im Pflichtschulbereich" angeregt.

Die Kommission gelangt zu diesen Vorschlägen, welche natürlich in die konkrete Gestaltung des Schulwesens in den Mitgliedstaaten eingreifen, aufgrund einer eigenartigen Rechtskonstruktion. Gem. Art. 128 des EWG-Vertrages von 1957 ist die Gemeinschaft berechtigt, „allgemeine Grundsätze zur Durchführung einer gemeinsamen Politik der Berufsausbildung“ aufzustellen. Die Kommission interpretiert dies extensiv, indem sie auch jeglichem allgemeinbildenden Unterricht eine berufsausbildende Komponente unterstellt. Außerdem wurden sowohl allgemeine wie berufliche Bildung in das Dokument der Kommission zur „sozialen Dimension des Binnenmarktes“ einbezogen, weil es sich hier um ein „typisches Instrument der Sozialpolitik“ handele.

Die föderativen Kräfte der Bundesrepublik Deutschland haben gegen die zentralistischen Tendenzen Brüssels auf dem Gebiet der Bildungspolitik scharfen Protest eingelegt. Der Deutsche Bundesrat erklärte am 14. 10. 1988 zu der „Mitteilung“ der Kommission in unmißverständlichem Ton:

> „Die Vielfalt der Bildungssysteme in der Gemeinschaft muß . . . gewährleistet werden. Diese Vielfalt entspricht den gewachsenen Traditionen in den Mitgliedsstaaten. Sie fördert den Wettbewerb der Bildungssysteme und bedeutet ein Element freiheitssichernder Gewaltenteilung auch in einem zusammenwachsenden Europa . . . Weder der EWG-Vertrag noch das Sekundärrecht der Gemeinschaft ermächtigen ihre Organe, eine eigenständige Bildungspolitik durchzuführen.“

Die Ständige Kommission der Kultusminister der Länder in der Bundesrepublik Deutschland sekundierte dem Bundesrat durch ein „Positionspapier“ vom 24. 4. 1989. Sie sieht die „Kulturhoheit der Länder ernstlich gefährdet“ und damit auch die „Eigenstaatlichkeit der Länder in Gefahr“. Ziel des europäischen Einigungsprozesses müsse dagegen „eine europäische Union mit föderativen Strukturen“ sein, „in der die nationale Eigenstaatlichkeit der Mitgliedsstaaten in ihrer jeweiligen Verfassungsstruktur, die kulturelle Vielfalt, das Subsidiaritätsprinzip und die Bürgernähe gewährleistet sein müssen“.

Die Nervosität der Länder der Bundesrepublik Deutschland ist verständlich, denn, wie das Positionspapier der KMK weiter ausführt, die Kulturhoheit der Länder ist das „Kernstück ihrer Eigenstaatlichkeit“. „Die Maßnahmen der EG in der Bildungs- und Kulturpolitik würden die Rechte der Landesparlamente weiter aushöhlen" ... Und schließlich: „Ein Kompetenzverlust der Länder führt im Bund-Länder-Verhältnis zu einem Kompetenzzuwachs bei der Bundesregierung und dem Deutschen Bundestag über die im Grundgesetz vorgenommene Kompetenzzuteilung hinaus. Im Rahmen der EG-Bildungspolitik ist der Bundesminister für Bildung und Wissenschaft an der Entscheidung über Angelegenheiten beteiligt, bei denen ihm innerstaatlich jegliche Mitwirkung versagt wäre." Als Alternative zu der zentralistischen Politik der EG und (indirekt) des Bundes schlägt die KMK eine Zusammenarbeit der für die Bildungs- und Kulturfragen zuständigen Minister der Mitgliedsstaaten in Form einer „Europäischen KMK" vor.

Das Gewicht der Kontroverse kommt lapidar zum Ausdruck, wenn der bayerische Ministerpräsident Max Streibl sagt, Bayern habe nicht 40 Jahre für den Föderalismus in der Bundesrepublik Deutschland gekämpft, um ihn jetzt auf dem Altar Europas zu opfern.

Inzwischen wurde das bedeutsame sog. ERASMUS-Urteil des Europäischen Gerichtshofes vom 30. Mai 1989 erlassen. Es legt den Art. 128 EWGV im Hinblick auf Berufsausbildung so im zentralistischen Sinne aus, daß (nach I. Hochbaum), nicht von der Hand zu weisen ist, „daß im nächsten Schritt auch der gesamte Sekundarschulbereich in den Regelungszugriff des Gemeinschaftsrechts einbezogen werden könnte, wenn dagegen geklagt würde."

Die mondiale Perspektive

Föderalistische Kleinstaaterei in der Bundesrepublik vs. zentralistisches „Bildungseinerlei" in Europa – ist das überhaupt eine zeitgemäße Alternative? Bevor wir auf mögliche Korrekturen bzw. Umgestaltungen des westdeutschen Bildungswesens eingehen, muß noch auf eine Perspektive hingewiesen werden, die das Konzept „Bildung in Europa – Bildung für Europa" relativiert.

Hartmut von Hentig hat in seinem berühmten Katalog „Allgemeine Lernziele“ des Jahres 1969 schon formuliert, daß die Schule auf das „Leben in der Einen Welt“ vorzubereiten habe. Ein Fokus Europa wäre demnach obsolet, denn unsere Welt wächst immer mehr und immer schneller zusammen – nicht zuletzt auch durch die eingetretene Paralyse der kommunistischen Systeme. Wäre es nicht besser, die Schüler der europäischen Staaten stellten sich auf ostasiatische Länder und deren Sprachen ein, anstatt westeuropäische Nebensprachen zu erlernen und eine vielleicht verstaubte europäische Ideologie zu verwirklichen? Sollte man sich in Europa nicht auch daran ein Beispiel an Japan nehmen, wenn dieses Land als ein zentrales Leitziel der geplanten Bildungsreform die „Internationalisierung“ der japanischen Schule postuliert?

Es wird wohl nicht als europäischer Chauvinismus ausgelegt werden können, wenn wir in der Einen Welt allenthalben den Prägestempel der europäischen Kultur wiedererkennen. Insofern ist Erziehung für Europa auch Erziehung zur Einen Welt. Das schließt selbstverständlich nicht aus, daß bei der Neugestaltung europäischer Curricula neben dem Europagedanken die Blickrichtung auf mondiale Entwicklungen außerordentlich wichtig ist. Doch dies ist nicht unser Thema.

Deutschland und die EG – Herausforderungen im Bildungswesen

Herausforderungen im Bildungswesen sind zweiseitig zu betrachten: Der Herausforderung des westdeutschen Bildungswesens durch die europäische Integration korrespondiert die Herausforderung Europas durch das Bildungssystem der Bundesrepublik und jetzt des geeinten Deutschland. Starr und voller Nervosität auf die „Erfordernisse“, die von außen kommen, zu blicken und sich diesen Anforderungen kritiklos anzupassen – das wäre mehr als unklug, das hätte unser Bildungssystem nicht verdient.

Es sieht ja so aus, als sei die Übertragung des Wettbewerbsprinzips aus dem Wirtschaftsbereich auf den Bereich der Bildung innerhalb der EG unvermeidlich. So hat z. B. der Deutsche Bundesrat am 14. 10. 1988 in seiner Kritik zu den schon mehrfach erwähnten „Mitteilungen" der EG-Kommission über Bildung eingeräumt: „(Die Vielfalt der Bildungssysteme) entspricht den gewachsenen Traditionen in den Mitgliedsstaaten und fordert den Wettbewerb der Bildungssysteme." Der Deutsche Industrie- und Handelstag zieht die Verbindungslinie vom wirtschaftlichen und technologischen Konkurrenzkampf zum Wettbewerb des Wissens: „Der technische Fortschritt, der Vorsprung im internationalen Wettbewerb sichert, ist auf ein wachsendes Wissen angewiesen. Die Standortqualität wird in Zukunft noch wesentlich stärker davon bestimmt, inwieweit es einzelnen Ländern gelingt, die für die Wissensvermittlung notwendige Infrastruktur bereitzustellen und die Menschen zu motivieren, sich bilden und weiterbilden zu lassen." Auch nach Meinung von Ingeborg Berggreen, Expertin für Europafragen und internationale Angelegenheiten im Bayerischen Kultusministerium, wird der Wettbewerb der Bildungssysteme in Europa stärker: „Mit der europaweiten Anerkennung der Diplome und Zeugnisse und der Möglichkeit, industrielle Standorte in andere Mitgliedstaaten der Gemeinschaft zu verlegen, werden gute Ausbildungsmöglichkeiten sowohl für den einzelnen als auch für die Wirtschaft insgesamt noch an Bedeutung gewinnen."

Ich sehe dem europäischen Wettbewerb der Bildungssysteme nicht gerade mit Enthusiasmus entgegen, ist doch nicht auszuschließen, daß aufgrund negativ interpretierter Effizienzvergleiche hier und da bürokratische und technokratische Eingriffe in gewachsene Systeme vorgenommen werden, nur um der in Brüssel festgelegten Euro-Norm in Bildungsfragen zu genügen. Aber wenn wir uns denn schon einmal auf das Spiel einlassen, „komparative Vorteile im internationalen Wettbewerb" (Lenske) auch im Bildungswesen aufzusuchen, so ist in der Bundesrepublik keine Panik angebracht. Der stolze Satz von Kultusminister Hans Zehetmair (am 7. 4. 1989): „Bayern ist bestens gerüstet, der Herausforderung, die Europa an den Schulunterricht stellt, gerecht zu werden", dieser Satz ist cum grano salis auch generell auf das Schulwesen der Bundesrepublik zu übertragen, dessen Qualität auch das Schulwesen in den neuen Ländern in Bälde erreichen dürfte.

Vergessen wir nicht: Während andere europäische Länder ihre Bildungssysteme über Jahrzehnte im wesentlichen unverändert gelassen haben, führte die Bundesrepublik in den 70er Jahren zum Teil einschneidende Schulreformen durch, die man zumeist unter dem Dachbegriff „die Bildungsreform" firmieren läßt. Mögen auch die Ergebnisse und Nebenwirkungen im einzelnen umstritten sein, so läßt sich nicht abstreiten, daß das westdeutsche Bildungswesen während dieser Zeit einen beachtlichen Aufschwung erlebte. Die Schulgebäude wurden modernisiert und ergänzt, die Klassenstärken auf ein vertretbares Maß gesenkt, das didaktische und methodische Repertoire der Lehrer erweitert, die Lehrpläne und Schulbücher aktualisiert. Die deutschen Lehrer gehören zu den am besten ausgebildeten und am besten bezahlten Lehrkräften der Welt, sie genießen obendrein durch ihren Beamtenstatus ein Höchstmaß an sozialer Sicherheit. Last not least: Die Bildungsnachfrage hat sich unerhört gesteigert, die Zahl jener, die anspruchsvolle Schultypen mit einem höheren Abschluß und einem soliden Wissen verlassen, kann als erfreulich bezeichnet werden.

Qualified in Germany

Den möglichen Einwand, hier werde von der Oberfläche geredet, während in der Tiefe der behauptete Qualitätszuwachs von Bildung mehr als zweifelhaft sei, diesem Einwand muß in der Tat standgehalten werden. Ich habe darüber an anderer Stelle eine optimistische Auffassung vertreten. In unserem Zusammenhang ist aber vor allem auf ein Buch hinzuweisen, das das Institut der Deutschen Wirtschaft herausgegeben hat (Lenske Hrsg., 1988). Sein Titel „Qualified in Germany – ein Standortvorteil für die Bundesrepublik Deutschland" verrät schon das Ergebnis: Vergleichsstudien mit Frankreich,

Großbritannien, Griechenland, Schweden, Japan und den USA hätten ergeben, daß Bildung und Ausbildung in Deutschland einen sog. Standortvorteil brächten. Neben das Qualitätsmerkmal „Made in Germany“ sei das Markenzeichen „Qualified in Germany“ getreten.

Ein Abschnitt aus der Studie soll bereits jetzt hervorgehoben werden, da im folgenden keine Veranlassung besteht, das dort vorgestellte Paradepferd des deutschen Bildungssystems erneut zu thematisieren: „Besondere Standortqualität erhält die Bundesrepublik durch das duale System der Berufsausbildung, das durch eine Vielfalt an beruflichen Fachschulen, Akademien etc. ergänzt wird. In keinem anderen Land ist ein in Form und Inhalt vergleichbares berufliches Bildungswesen vorhanden . . .“ Auch verfüge die Bundesrepublik über „ein vielfältiges und qualitativ gut auf die Anforderungen der Arbeitswelt abgestimmtes Angebot an beruflichen Weiterbildungsmöglichkeiten“, wohingegen in anderen Ländern die Weiterbildungssysteme „zum überwiegenden Teil“ Funktionen der beruflichen Erstausbildung übernehmen müßten oder auf den Abbau von Arbeitslosigkeit gerichtet seien. „In der Bundesrepublik wird in den Weiterbildungsangeboten wesentlich stärker die notwendige Anpassungsqualifizierung berücksichtigt.“ Im folgenden werden drei Problemkreise behandelt, die eine eventuelle Anpassung des deutschen Schulwesens an das vereinte Europa betreffen:

Problemkreis Fremdsprachen

Fremdsprachen sind die Schlüssel zur europäischen Union. Sie sind die Voraussetzung für Freizügigkeit und Mobilität, für Kommunikation und Kooperation, aber auch für wirtschaftlichen Gewinn und Expansion. „If you want to sell your products, you have to speak your customer’s language.“ Wenn die EG-Kommission in ihren „Mitteilungen“ die Fremdsprachenpolitik der Gemeinschaft unter dem Titel „Achillesferse“ abhandelt, so heißt das, daß damit ein wunder Punkt des Bildungswesens berührt wird.

Der offizielle Trend der Fremdsprachenpolitik ist klar und unbestritten. Er fußt auf zwei Maximen:

- Jeder Bürger der Europäischen Gemeinschaft soll mindestens zweisprachig sein (Bilingualismus), d. h. er muß neben seiner Muttersprache eine Fremdsprache beherrschen. Es wird aber sehr entschieden erwartet, daß darüber hinaus möglichst noch eine zweite Fremdsprache gelernt wird, vielleicht mit etwas geringerem Anspruch. Auf diese Weise soll die potentielle Freizügigkeit innerhalb des Binnenmarktes auch tatsächlich realisiert werden.
- So nahe es läge, Englisch als lingua franca zur allgemeinen Umgangssprache zu erheben, so soll doch gerade eine sprachliche Monokultur vermieden werden. Die Gemeinschaft ist sich einig darüber, daß ein multilinguales Modell zu bevorzugen ist, denn nur so kann die Vielfalt der Nationen und ihrer Kulturen in der Union erhalten werden. „Innerhalb der EG der 12 Staaten gibt es neun ‚Gemeinschaftssprachen', die gleichberechtigt nebeneinander stehen" (Ahrens). Eine Hierarchie etwa der verbreitetsten Sprachen wie Englisch, Spanisch, Französisch und Deutsch wird strikt abgelehnt, das Prinzip der „intercultural education" soll auch die „kleinen" Sprachen wie Dänisch und Neugriechisch erhalten.

Das Schulwesen Westdeutschlands trägt den Zielvorstellungen der EG im großen und ganzen schon Rechnung. Allerdings wird Englisch bevorzugt, das die allermeisten Schüler lernen, auch an der Hauptschule. Die Realschule bietet daneben eine zweite Fremdsprache an, in der Regel Französisch, doch nicht jeder Schüler erlernt sie. Beim Gymnasium sind zwei Fremdsprachen selbstverständlich, je nach Bundesland werden an den neusprachlichen und altsprachlichen Typen auch drei Fremdsprachen im Pflichtkanon erlernt. Darüber hinaus bieten die meisten Gymnasien noch weitere Fremdsprachen in Wahlkursen an.

Im Vergleich mit anderen Mitgliedsstaaten der Gemeinschaft steht die Bundesrepublik gut da. Insbesondere werden die Intensität und Dauer des Fremdsprachenunterrichts über mehrere Jahre hinweg nur in wenigen Ländern erreicht. Nach einer Übersicht des Deutschen Lehrerverbandes (DL) lernen z. B. in Frankreich trotz des Kulturabkommens nur 13 % der Schüler zumeist nur ein Jahr lang mit geringer Wochenstundenzahl Deutsch. Demgegenüber werden in der Bundesrepublik 26 % der Schüler über drei bis sieben Schuljahre hinweg mit hoher Stundenzahl in Französisch unterrichtet.

Allerdings ist die Rolle des Fremdsprachenunterrichts von Land zu Land sehr verschieden. Am meisten Fremdsprachen werden naturgemäß in Ländern gelernt, deren eigene Sprache wenig verbreitet ist (z. B. Niederlande und Dänemark), während in Großbritannien erst in jüngster Zeit eine Fremdsprache zur Pflicht gemacht wurde. Auch in den neuen Länder wird dem Erwerb fremdsprachlicher Kompetenz ein anderer und höherer Stellenwert zukommen. Traditionsgemäß spielen in der „alten“ Bundesrepublik neben den modernen Fremdsprachen Englisch und Französisch auch die sog. Alten Sprachen Latein und Griechisch eine wichtige Rolle. Nach eigenen Berechnungen erlernt jeder 7. dort z. Zt. Latein, d. h. mengenmäßig gab es noch nie so viele Lateinschüler in Deutschland. Ist jetzt aber, mit den neuen Bedürfnissen der Europäischen Gemeinschaft, das Ende für den altsprachlichen Unterricht in Sicht?

Es gibt gute Gründe, den Erhalt der Alten Sprachen im deutschen Gymnasium zu fordern, und es gibt bedeutende Fürsprecher. Bayerns Kultusminister Hans Zehetmair argumentiert: „Vor allem die alten Fremdsprachen vermögen die Grundlagen europäischen Geistes – nicht nur gemeinsame Sprachwurzeln – aufzuzeigen . . .“, und entsprechend fürchtet der Präsident des Deutschen Akademischen Austauschdienstes, der Romanist Theodor Berchem, daß bei zwei lebenden Pflichtfremdsprachen wir Gefahr laufen, „im Laufe von 20, 30 Jahren völlig die Verbindung zu unserem Erbe zu verlieren“. Aus diesem Grund empfiehlt der Deutsche Lehrerverband für die Gymnasien eine „Wiederentdeckung“ des Lateinischen sogar als erster Fremdsprache. Latein als europäische Fundamentalsprache sei hinsichtlich Wortschatz und Grammatik sowie als Reflexionssprache ein Wegbereiter zu anderen europäischen Sprachen und damit der Schlüssel zu einer europäischen Mehrsprachigkeit. Ich füge hinzu, daß die altgriechischen Texte die sublimste Vergeistigung dessen sind, was europäisches Denken in seiner Ursprünglichkeit ausmacht.

Dennoch werden es die Alten Sprachen schwer haben, sich im europäischen Kontext so zu halten, wie sie jetzt in der Bundesrepublik verbreitet sind. Vor allem ist damit zu rechnen, daß unter mondialem Aspekt auch neue Sprachen in die Schule dringen, die im Wandel unserer Weltkultur bedeutsamer werden: Russisch, Chinesisch, Japanisch, vielleicht auch Arabisch. Wegen der besonderen Schwierigkeit dieser Sprachen, die teilweise schon durch die Schrift gegeben ist, scheint es verständlich, wenn die EG ihr Haus mit den eigenen Kommunikationsmitteln einrichtet. Doch in der Palette der Wahlkurse am Gymnasium sollten die Schulsprachen der Zukunft schon jetzt nicht fehlen.

Ein Sprachenkonzept für das Jahr 2000

Unbestreitbar sind Nutzen und Notwendigkeit, Fremdsprachen zu lernen, sehr groß, größer als es die Lernkapazität der Schüler zuläßt. Bildungsplanung und Fremdsprachendidaktik sind daher aufgerufen, neue Wege zu suchen und zu gehen.

- Nicht nur in der Bundesrepublik wird vorgeschlagen, mit dem Erlernen der ersten Fremdsprache bereits in der Grundschule zu beginnen. Versuche sind angelaufen und geben zu Optimismus Anlaß. Daß dabei die Didaktik neue Unterrichtsziele und -formen vorgeben muß, liegt auf der Hand.
- Die Realschule sollte die zweite Fremdsprache verbindlich machen. Dabei könnte das angestrebte Anspruchsniveau deutlich unter dem der ersten Fremdsprache liegen, denn neben dem Fremdsprachenunterricht hat die Realschule ja gewichtige Bildungsziele vor allem auf beruflich-technischem Gebiet.
- Am Gymnasium sollten in der Regel Latein und zwei moderne Fremdsprachen verbindlich sein. Das entspricht der

Tradition des deutschen Gymnasiums, das stets eine Sprachenschule war, und kommt den Bedürfnissen des Akademikers der Zukunft entgegen, der mehr denn je ein Mann des Wortes sein wird.

- Sprachenfolge und Lerndauer sind zu überdenken. Extensive und intensive Phasen der Spracherlernung könnten sich abwechseln (diese Idee verdanke ich Prof. Glaap), zum Beispiel: Jahrgangsstufe 5 und 6 Englisch intensiv, Jahrgangsstufe 7–9 Französisch intensiv, Englisch extensiv, Jahrgangsstufe 10–13 Englisch intensiv, Französisch extensiv.
- Die Methodik und Zielsetzung der lebenden Fremdsprachen sollte überdacht werden. Im Europa der Zukunft wird allerdings Kommunikationsfähigkeit im mündlichen Verkehr gefragt sein, aber auch die Fähigkeit des schriftlichen Übersetzens und des Dolmetschens. Hierauf legt die derzeitige Didaktik praktisch keinen Wert.

Das Programm einer erheblichen Intensivierung des Fremdsprachenunterrichts mag nicht wenigen als eine Utopie erscheinen. In der Tat übersehe ich nicht die Notwendigkeit, im naturwissenschaftlich-technologischen und im sozialwissenschaftlichen Bereich auf die Zukunft vorzubereiten, von der menschlich so wichtigen musischen Bildung zu schweigen. Daß aber eine Verstärkung der fremdsprachlichen Kommunikationsfähigkeit wahrhaftig die Achillesferse einer vielsprachigen europäischen Gemeinschaft ist, kann nicht geleugnet werden. Und so muß auf das Vorbild der „kleinen" EG-Länder wie Dänemark und die Niederlande hingewiesen werden, wo die Beherrschung mehrerer Fremdsprachen selbstverständliches Bildungsziel ist. In der Schweiz lernt bekanntlich der Gebildete neben den beiden anderen Landessprachen noch Latein und Englisch. In diesem Zusammenhang darf auch der Hinweis nicht fehlen, daß die Europäische Gemeinschaft die fremdsprachliche Kommunikation in besonderem Maße fördert, vor allem durch die Programme ERASMUS (Austausch von Hochschullehrern und Studenten) und LINGUA (Förderung von Fremdsprachenlehrern und solchen, die es werden wollen).

Abgesehen von Österreich und der Schweiz, die nicht zur EG gehören, kennt in Europa nur noch die Bundesrepublik Deutschland eine vertikal aufgebaute Schulorganisation, wie sie jetzt auch in den meisten neuen Ländern eingeführt wird. Alle übrigen bevorzugen die horizontal gegliederte Stufenschule. Wird eine Harmonisierung der Bildungssysteme in der Gemeinschaft oder auch nur der verschärfte Wettbewerb das traditionelle gegliederte Schulwesen gefährden, das ja auch in Deutschland selbst entschiedene Gegner findet und mit einem Gegenmodell, der integrierten Gesamtschule, im Streit liegt?

Es ist in der Tat zu erwarten, daß die Legitimation des vertikalen Systems nicht leichter werden wird. Sie kann schwerlich mit den alten Argumenten der drei Begabungsrichtungen praktisch, theoretisch-praktisch und theoretisch geführt werden, auch nicht mit dem Drei-Schichten-Modell von Gesellschaft und Berufswelt. Eine Möglichkeit der Legitimierung ergibt sich aus der Systemtheorie, indem die drei weiterführenden Schulformen als bestimmte Problemlösungsversuche der Gesellschaft erklärt werden, eine andere aus empirischen Vergleichsuntersuchungen, die die Effizienz der Systeme überprüft. Gerade in letzterer Hinsicht scheint das gegliederte System im Hinblick auf einen wettbewerbsorientierten Markt deutliche Vorteile zu bieten:

– Die Vergleichsuntersuchungen in der Bundesrepublik zwischen Gesamtschule und gegliedertem Schulwesen scheinen bei aller Differenziertheit der Ergebnisse eine Überlegenheit des letzteren im Hinblick auf Schulleistungen in den sog. Hauptfächern zu beweisen.
– Eine hierzulande wenig bekannte britische Studie hat 1986 das Gesamtschulsystem in Großbritannien mit gegliederten Formen in der Bundesrepublik verglichen. Es zeigte sich, daß das Gesamtniveau an Allgemeinbildung über alle Schulformen hinweg deutlich höher liegt als in Großbritannien, wo die Wahlmöglichkeiten (options) es den Schülern gestatten, den harten Fächern in größerem Maße auszuweichen.

Damit sind wir bei einem entscheidenden Punkt, den der ehemalige Bildungsminister Möllemann so ausdrückte: „Zum allgemeinbildenden Schulwesen ist zunächst festzustellen, daß wir eine öffentliche Diskussion großen Ausmaßes über mangelnde Qualität, über Leistungsverfall und Schulversagen, anders als in vielen europäischen Nachbarstaaten, in der Bundesrepublik glücklicherweise nicht zu führen brauchen." Es muß wahrhaftig zu denken geben, daß in der Bundesrepublik, obwohl oder besser: weil knapp 95 % der Sekundarstufenschüler vertikale Schulformen besuchen, ein genereller Leistungsabfall nirgends nachweisbar ist, während in den Musterländern der Comprehensive School, in Großbritannien und den USA, zur Zeit das große Wehklagen über die mangelhafte Effizienz des Schulsystems ausgebrochen ist. Bekanntlich versuchte die damalige Premierministerin Thatcher, die Misere durch Zentralisierung und ein ‚core curriculum' mit strengeren Pflichtbindungen zu bekämpfen. Ein ähnlicher Trend zu mehr Rigorismus findet sich in den USA, wo ein von der National Commission on Excellence in Education 1983 veröffentlichter Bericht eine niederschmetternde Wirkung ausübte: „Wir haben in der Tat einen Akt unvorstellbarer, einseitiger Bildungsabrüstung begangen."

Man möge sich aber nicht täuschen: Weder in den USA noch in Großbritannien noch in einem anderen Land steht die Einführung eines vertikal gegliederten Schulwesens zur Debatte, wohl aber bei uns die integrierte Gesamtschule als alleinige Schulform der Zukunft (u. a. Bildungsprogramm der SPD von 1986). Auch in den neuen Ländern wird die Gesamtschuldebatte wieder intensiv geführt. Insofern wird man gut daran tun, das gegliederte Schulsystem weiterhin für reformwürdig anzusehen. Ich denke dabei an eine weitere Verbesserung der Durchlässigkeit und evtl. an eine Vermeidung des zwangsweisen Sitzenbleibens durch ein intensiveres Beratungssystem.

Die Quoten der Bildungsbeteiligung

Ein anderer Trend, der die Schulorganisation in Deutschland in den nächsten beiden Jahrzehnten stellenweise verändern wird, ist eher weltweit zu verzeichnen; er wird aber durch den europäischen Wettbewerb auch hierzulande weiter um sich greifen. In allen hochentwickelten Industriestaaten ist das allgemeine und entschiedene Bestreben zu beobachten, länger zur Schule zu gehen und höhere Schulabschlüsse zu erreichen. Weltweit kristallisieren sich zwei Ebenen heraus: 10jähriger Schulbesuch mit mittlerem Qualifikationsniveau, 12jähriger Schulbesuch mit höherem Qualifikationsniveau (Abitur, Matura, matriculation, senior certificate o. ä.). Angeblich haben Frankreich und Italien die Bundesrepublik auf dem mittleren Niveau bereits überholt, und in vielen Ländern gilt es als gesellschaftliche Norm, allgemein den höheren Abschluß zu erreichen (so z. B. in Japan, wo gegenwärtig 95 % eines Altersjahrganges das „Abitur" schaffen). Nach neueren Presseberichten will auch Frankreich bis zum Jahre 2000 80 % der Bevölkerung zum Baccalaureat führen.

Der Ausbau zur Lerngesellschaft scheint ein unausweichlicher Trend zu sein, Grenzen sind noch nicht zu erkennen. Solange Lernen freilich nicht ein bloßes Anpassungslernen an den technologisch-industriellen Wettlauf bedeutet, sondern die Bildung der Menschen fördert, wird der Pädagoge nichts dagegen einzuwenden haben. Auch hierbei kann die Bundesrepublik eine positive Bilanz vorweisen. Im Zuge der Bildungsreform hat sich eine sog. Querverschiebung nach oben vollzogen: In den letzten 40 Jahren hat sich der prozentuale Anteil der Gymnasiasten am Altersjahrgang etwa verdoppelt, der der Realschüler verdreifacht, die Zahl der Hauptschüler geht dagegen ständig weiter zurück. Während 1960 lediglich 7,9% eines Altersjahrgangs ein Studium begannen, taten dies in den „alten" Bundesländern 1989 bereits 29,6%.

Dennoch steigt im internationalen Vergleich die Verweildauer in den Bildungseinrichtungen unseres Landes relativ langsam an – man könnte sagen: zum Glück, denn bei dem hierzulande verbreiteten Berechtigungswesen muß ja auch die Abnehmerseite einem Wandel im Schulsystem nachfolgen. Abschließend möchte ich hierzu vermuten, daß folgende Entwicklung im nächsten Jahrzehnt eintreten wird:

- Die Hauptschule, wenn sie denn überlebt, wird allgemein mit der 10. Klasse abschließen (dafür gibt es überzeugende Gründe: der kaum zu bewältigende Vorrat an Wissen in unserer Epoche, das Bedürfnis gerade dieser Schüler, ausreichend Zeit zum Lernen zu haben, die größere Reife beim Übertritt in die Berufswelt usw.).
- Der Realschulabschluß wird noch mehr als heute das Minimalniveau für eine solide allgemeine Grundausbildung angeben.
- Der Massenandrang an das Gymnasium wird nicht zu bremsen sein, falls nicht wie in anderen Ländern neue Schulformen auf der Sekundarstufe II eingerichtet werden, die einen stärker berufsorientierten Sek.-II-Abschluß vermitteln.
- Es werden sich – zunächst in privater Trägerschaft – schulische Einrichtungen entwickeln, die den Bedürfnissen von Hochbegabten mehr entgegenkommen, als es das gegenwärtige Gymnasium mit seiner erweiterten Population bieten kann.

Der verspätete Eintritt ins Berufsleben

Schließlich muß noch ein zur Zeit heißdiskutierter Streitpunkt angesprochen werden, der unter dem Eindruck der europäischen Einigung vielleicht am ehesten zu kurzfristigen Veränderungen in der Bildungsorganisation führen könnte. Es handelt sich um den, wie man sagt, extrem späten Berufseintritt unserer jungen Akademiker, der zu Überlegungen führt, ob man nicht das Gymnasium um ein Jahr verkürzen und die verschiedenen Studiengänge straffen muß. Diese Absicht steht nur scheinbar im Gegensatz zu der soeben diskutierten längeren Verweildauer in den allgemeinen Bildungseinrichtungen. Dort ging es nämlich um eine Erhöhung des

Bildungsplateaus der Gesamtbevölkerung, hier steht die Einsatzmöglichkeit der akademischen Führungsschicht, die ohnehin die besten schulischen Möglichkeiten nutzt, zur Diskussion. In den neuen Ländern wird sie ebenfalls zu führen sein, wenn sich die Schulsysteme angleichen.

Werfen wir zuerst einen Blick auf die Fakten. Nach Aussage des damaligen Kultusministers und seinerzeitigen KMK-Präsidenten Georg Gölter liegt das Durchschnittsalter der westdeutschen Abiturienten jetzt über 19 ½ Jahre. Das Durchschnittsalter der männlichen Studienanfänger ist auf 21,6 Jahre angestiegen, das der Frauen auf 21,0 Jahre. Die Gesamtstudiendauer beträgt wiederum im Durchschnitt 14,8 Hochschulsemester. Der Studienabschluß wird durchschnittlich im Alter von 27,9 Jahren erreicht.

Unter Hinweis darauf, daß im europäischen Ausland die vergleichbaren jungen Leute wesentlich früher ins Berufsleben eintreten könnten, wird nun eine spürbare Verkürzung der Berufsausbildung von Akademikern gefordert, und zwar ziemlich unisono von der Wirtschaft, die einen Wettbewerbsnachteil befürchtet, von maßgeblichen Hochschullehrern und von einem Teil der Politiker, u. a. quer durch die *CDU/CSU*. Dabei wird der Schwarze Peter zwischen Schule und Hochschule hin- und hergeschoben, wobei allerdings die Tatsache festzustellen ist, daß sich die Länge der Gymnasialzeit nicht vergrößert hat, während die Fachstudiendauer der Absolventen deutscher wissenschaftlicher Hochschulen vor einem Dutzend Jahren (1977) nur 9,8 Semester betrug; heute, wie gesagt, werden 14,8 Semester benötigt.

Sieht man genauer hin, dann erweisen sich die Vergleiche mit dem Ausland als zumeist fragwürdig. Deutsche Schüler benötigen nach einer Meldung des Deutschen Lehrerverbandes pro Schuljahr nur zwischen 777 und 844 Vollzeitstunden Unterricht, dagegen französische Schüler zwischen 972 und 1152 und spanische Schüler sogar bis zu 1452 Vollzeitstunden pro Schuljahr. Kultusminister Zehetmair, der sich auf diese Zahlen bezieht, schließt daraus: „Wer das Gymnasium um eine Jahrgangsstufe kürzen will, muß entweder einen radikalen Einbruch bei den Lerninhalten und zu vermittelnden Fähigkeiten hinnehmen oder gleichzeitig zugeben, daß er damit die Einführung der Ganztagsschule und/oder die Wiedereinführung des Samstagsunterrichts fordert ...“

Ähnlich sieht die Vergleichbarkeit im Hochschulwesen aus. Eine vom Bundesbildungsministerium in Auftrag gegebene Studie, die von den Berufs- und Bildungsforschern Teischler und Steube durchgeführt wurde, hat in sieben Industrienationen die Studienzeiten junger Menschen verglichen. Danach sind die Studienzeiten in der Bundesrepublik überraschenderweise nicht viel länger als die ihrer französischen und italienischen Kommilitonen. Sie beträgt dort im Durchschnitt etwa 7 Jahre, während in Großbritannien die Studenten einen ersten universitären Abschluß in weniger als 4 Jahren bewältigen, in Japan in etwa 4 1/2 Jahren. Zu berücksichtigen ist vor allem, ob es in dem betreffenden Lande eine allgemeine Wehrpflicht oder aber ein Berufsheer gibt und ob das Studium in zwei Etagen gestuft ist, wobei nach dem Bachelor Degree noch ein Graduiertenstudium angehängt werden kann.

Während Vertreter der Wirtschaft, so z. B. die Bundesvereinigung der Deutschen Arbeitgeberverbände, auf kürzere Schul- und Studienzeiten mit dem Argument des Wettbewerbsnachteils für den Hochschulabsolventen drängen, wies Bildungsminister Möllemann zusätzlich darauf hin, daß längerfristig auch ein Wettbewerb der europäischen Hochschulen um Studenten einsetzen werde, wobei ein Kriterium sicherlich die Länge der Ausbildungszeit sei. Ich muß gestehen, daß mich die Argumentation mit dem Wettbewerb eher kalt läßt, können doch Jugendalter und Studentenleben neben einer soliden Ausbildung auch eine Fülle von Bildungseindrücken jeglicher Art vermitteln. Bedenklicher stimmt mich die Vermutung, daß eine derartig lange Zeit ohne wirkliche Verantwortung einen Sozialisationstyp herausbildet, der an Reflektieren, Diskutieren, Räsonnieren sich gewöhnt hat, nicht aber an Zupacken und Handeln. Von daher ist zu erwägen, daß Versuchsschulen das curriculare Programm des Gymnasiums auf acht Jahre straffen und unter objektiver wissenschaftlicher Begleitung eine verkürzte Schulzeit erproben sollten. Danach ist ganz sicher eine bessere Abstimmung der

Abiturtermine, der Wehrdienstzeiten und des Studienbeginns nötig. Und schließlich sollten die Studien- und Prüfungsordnungen der Hochschulfakultäten durchforstet werden. Ob ein gestuftes Studium in die deutsche Universitätstradition einbezogen werden kann, erscheint zweifelhaft; Überlegungen über diese Möglichkeit wären mindestens in einzelnen Fachrichtungen nicht von Übel. Das Hinzutreten der fünf neuen Länder mit 12jähriger Gymnasialzeit wird die Diskussion zweifellos beleben.

Problemkreis Curriculum

Der ehemalige bayerische Kultusminister Hans Maier hat einmal gesagt, Kulturhoheit der Länder sei auch und in erster Linie Lehrplanhoheit. So gesehen, wäre die Beeinflussung von Lehrplänen der einzelnen Länder der Bundesrepublik unter dem Signum der europäischen Einigung zugleich ein Angriff auf deren im Grundgesetz verankerte Kulturhoheit. Es ist daher kein Wunder, daß sich Bundesrat und Kultusministerkonferenz aufs energischste gegen den Versuch der EG-Kommission gewehrt haben, in ihrer „Mitteilung über die Bildung in der Europäischen Gemeinschaft" vom Mai 1988 im 3. Abschnitt „Mittelfristige Richtlinien" zur „Verbesserung der Qualität der schulischen Grundbildung" vorzulegen.

Die Kompetenzprobleme, die sich daraus ergeben, haben wir zu Beginn dieser Ausführungen schon angesprochen. Wie immer man dazu steht, die Macht des Faktischen hat bewirkt, daß bereits heute die Konturen eines Curriculum erkennbar sind, das auf die Belange der EG zugeschnitten ist und das auch das Schulwesen der neuen Bundesländer prägen muß.

Neue und alte Ziele für ein geeintes Europa

Europäisches Bewußtsein: Schon im Jahre 1978 hat die KMK eine Empfehlung „Europa im Unterricht" herausgegeben. Heute ist noch deutlicher, daß der deutschen Jugend eine europäische Gemeinschaft nicht vom Binnenmarkt her vermittelt werden kann, sondern von der Europaidee her, noch besser: vom Ideal eines geeinten, freien Europas. Exemplarisch hierfür mag eine Forderung des Deutschen Lehrerverbandes stehen, der in Verbindung mit dem Verband der Geschichtslehrer Deutschlands (VGD) an die europäischen Bildungspolitiker appelliert, Maßnahmen zur Entwicklung eines europäischen Geschichtsbuches einzuleiten. „Das Modell sieht eine stärkere Einbeziehung des Themas ‚Europa' als ‚roter Faden' durch den gesamten Geschichtsunterricht vor" (das „Strukturmodell" dafür ist in Bildung konkret 9/1989 abgedruckt). Neben dem Fach Geschichte sind auch andere Geisteswissenschaften und Sozialwissenschaften besonders gefragt, um den „Aufbau einer europäischen Identität" (ebd.) zu fördern, vor allem die Alten Sprachen, Geographie, Kunst, Musik, Literatur und Politische Bildung. Die Aktivitäten der Lehrerverbände in dieser Richtung mehren sich, so regte der Philologenverband Nordrhein-Westfalen ein „europäisches Lesebuch" an, der Deutsche Philologenverband erarbeitete die Grundstruktur eines „Lehrplans für europäisches Lernen".

Europakompetenz: Unter diesem Stichwort wird die wünschenswerte Fähigkeit der jungen Generation verstanden, innerhalb des Kultur- und Wirtschaftsraumes Europa problemlos zu kommunizieren und zu kooperieren, im besonderen aber von dem Privileg der Freizügigkeit Gebrauch zu machen. In erster Linie ist dafür natürlich die Kenntnis mehrerer Fremdsprachen nötig, aber auch eine mentale und physische Flexibilität.

Schlüsselqualifikationen: Dieser Begriff ist im wirtschaftlichen und beruflichen Raum entstanden, überschneidet sich aber weitgehend mit den allgemeinen, fachübergreifenden Lernzielen, mit deren Hilfe ein höheres menschliches und geistiges Niveau im allgemeinbildenden Schulwesen vermittelt werden soll. Für Europa werden u. a. folgende Schlüsselqualifikationen genannt: „Abstraktes Denken, Kreativität, Verstehen abstrakter Zusammenhänge, strukturell-analytisches Denkvermögen ..." (Schlaffke, 1989); „größere Flexibilität als bisher ..., höhere Verantwortung, mehr Selbständigkeit ..., Kooperationsbereitschaft und soziale Kompetenz ..., Anpassungsfähigkeit und Leistungswille" (Murmann, 1989); „Weltläufigkeit, Fähigkeit, sich auf Neues einzustellen, Ausdauer, Belastbarkeit ..., Konzentrationsfähigkeit ..., Fähigkeit und Bereitschaft zum Ortswechsel" (Zehetmair, 1989).

Werterziehung: Nach Ansicht des Präsidenten der Bundesvereinigung der Deutschen Arbeitgeberverbände, Klaus Murmann, gewinnen geistige, ideelle Werte wieder zunehmend an Bedeutung – das wurde bereits zitiert. In der Tat sind Werte wie Solidarität mit Flüchtlingen, Sorge für die Umwelt, Risikobereitschaft um der Freiheit willen, Humanität nicht zuletzt gerade im Jahre 1989 ans Licht getreten. Das Phänomen zeigt, daß Europa nicht ein Europa des Profits sein darf, sondern daß sich Europa auf seine alten Werte zurückbesinnen und neue Werte schaffen muß.

Allgemeinbildung versus Berufsbildung

Die bisher behandelten Erziehungsziele für ein geeintes Europa sind unstrittig. Erstaunlicherweise flammt aber mit Voranschreiten des europäischen Einigungsprozesses ein uralter Streit wieder auf, der in der deutschen pädagogischen Tradition zu den Gemeinplätzen gehörte: der Streit um das rechte Verhältnis von Allgemeinbildung und beruflicher Bildung. Er ist hier und heute freilich kein pädagogisch-akademischer Streit mehr, sondern schlicht eine Machtfrage zwischen Gesellschaftspolitik, Wirtschaftspolitik und Bildungspolitik.

Die EG-Kommission denkt von der wirtschaftlichen Union her, wenn sie in ihrer „Mitteilung über die Bildung ..." verlangt, „die Kluft zwischen allgemeiner und beruflicher Bildung im Sekundarschulwesen zu überbrücken" und sich „vor allem einen Unterricht, der besser mit den wirtschaftlichen Realitäten abgestimmt ist", wünscht. Wenn ich recht sehe, steht dagegen die deutsche Wirtschaft mit Entschiedenheit und zur Gänze auf der Seite der puren Allgemeinbildung, die gerade die heute geforderte Flexibilität optimal gewährleistet. Noch einmal sei Winfried Schlaffke vom Institut der Deutschen Wirtschaft zitiert:

> „Zeitgerechte und leistungsfähige Schulen müssen ein breitangelegtes, fundiertes und vernetztes Allgemeinwissen bieten und mit Wert- und Handlungsorientierung dafür sorgen, daß der Unterricht zu einer ‚harmonischen Entfaltung aller menschlichen Kräfte' beiträgt und es zur Ausformung der ganzen Persönlichkeit kommt. Ganzheitlichkeit, Verantwortungsfähigkeit und Gestaltungskraft sind heute stärker gefragt als frühes Spezialwissen und -können. Aus diesem Blickwinkel ist Wilhelm von Humboldt aktueller denn je und das deutsche Gymnasium außerordentlich erfolgreich."

Wenn Wirtschaftler so pädagogisch argumentieren wie Schlaffke, kann man sich nur freuen. Daß aber auch maßgebliche Politiker das gleiche denken, dafür hat die KMK in ihrem Positionspapier zu der „Mitteilung" der EG-Kommission ein denkwürdiges Dokument beigesteuert. Dort sind nämlich die einzigartig lapidaren Sätze zu lesen: „Die Bildungs- und Kulturpolitik kann kein Instrument der wirtschaftlichen Integration sein. Sie steht für Vorhaben einer gemeinschaftlichen Harmonisierung nicht zur Disposition."

Das Leistungsprinzip

Abschließend muß noch ein Thema angesprochen werden, das merkwürdigerweise in der bisherigen europäischen Diskussion kaum implicite, schon gar nicht explicite vorgekommen ist: das Leistungsprinzip. Ob sich auf dem kulturellen Sektor der europäischen Politik das Harmonisierungsmodell oder aber das Wettbewerbsprinzip durchsetzt, ob sich die Bildungssysteme einander angleichen oder im Konkurrenzkampf befehden – immer wird die Meßlatte die erreichte

Schulleistung sein. Auch in der Einen Welt wird Europa leistungsorientiert sein müssen – das bedarf keines weiteren Beweises.

Das angestrebte Leistungsniveau manifestiert sich – weltweit gesehen – in schulischen Curricula durch zwei konträre Modelle. Das eine Modell, ich nenne es das Modell des schulischen Rigorismus, ist in Reinkultur in Japan ausgebildet: eine perfekte Leistungsschule, die Kindheit und Jugend der Japaner zur Gänze beansprucht und gnadenlos die „Qualität" des einzelnen Schülers an fremdbestimmten Lernzielen abprüft. Das andere Modell wurde in den angelsächsischen Ländern entwickelt: die Offene Schule. Sie repräsentiert ein Modell des Optionismus (der Wahlmöglichkeiten), oder polemisch gesagt: des Hedonismus. Der einzelne darf zur Gewinnung seiner Identität sich die Lernziele selbst bestimmen, die Schule muß auf ihn eingehen, ihm Freude machen.

Die Europäische Wirtschaftsgemeinschaft wird sich im Konkurrenzkampf mit dem leistungsorientierten Modell der Japaner und ihrer Nachfolger auseinandersetzen müssen. Ist der japanischen Herausforderung nur durch ein rigoroses Schulsystem zu begegnen? Oder kann es sich Europa erlauben, der Selbstverwirklichung des Individuums, einem alten europäischen Traum, durch Individualisierung und Öffnung des Unterrichts entgegenzukommen?

Wie mir scheint, hält das gegenwärtige gegliederte Schulwesen in der Bundesrepublik Deutschland, das auch in den neuen Ländern weithin eingeführt wird, die rechte Mitte zwischen Rigorismus und Hedonismus. Es hat Chancen, im Europa der Zukunft als vernünftiges, zweckmäßiges, moderates und humanes Kompromißmodell eine Rolle zu spielen.

Literatur

R. Ahrens: Europäische Sprachenpolitik. MittHV 3/1989, 163 ff.

Th. Berchem: Die sprachliche Verständigung ist das A und O eines zukünftigen Europas (Interview). DUZ 12/1989, 11 ff.

I. Berggreen: Der europäische Binnenmarkt – Konsequenzen für die Bildungspolitik. Schulreport 3/1989, 19 ff.

BMBW (Bundesministerium für Bildung und Wissenschaft): Grund- und Strukturdaten (1990/91).
Department of Education and Science: Education in the Federal Republic of Germany (1986).
G. Gölter: Kein kulturelles Einheitseuropa. MittHV 3/1989, 133 ff.
I. Hochbaum: Das ERASMUS-Urteil. MittHV 4/1989, 175 ff.
KMK: Positionspapier der Kultusministerkonferenz zur EG-Bildungs- und Kulturpolitik vom 24. April 1989.
Kommission der europäischen Gemeinschaften: Mitteilung über die Bildung in der Europäischen Gemeinschaft (Mittelfristige Perspektiven 1989–1992) vom 24. Mai 1988.
W. Lenske (Hrsg.): Qualified in Germany – ein Standortvorteil für die Bundesrepublik Deutschland (1988).
J. W. Möllemann: Europa braucht Vielfalt der Bildungswege. NBD 6/1989, 42.
Ders.: Bildungschancen in Europa. Bulletin des Presse- und Informationsamtes der Bundesregierung vom 11. Mai 1989.
K. Murmann: Bildung in Europa – Bildung für Europa. Trend (Juni 1989) 7 ff.
S. J. Prais/K. Wagner: Schooling Standards in England and Germany: some summary comparisons . . . Compare 16 (1986) No. 1, 5 ff.
W. Schlaffke: Qualified in Germany – Gut gerüstet für ein grenzenloses Europa. Gymnasium in Niedersachsen 37 (1989) 61 ff.
Segovia-Papier: Vom spanischen Vorsitz erstellte Arbeitsunterlage für die informelle Tagung des Rates der europäischen Gemeinschaft in Segovia vom 17.–18. März 1989. Typoscript 1989.
K. Westphalen: Englisch und Latein – Fundamentalsprachen des Gymnasiums (1984).

Brigitte Mohr

Europa als Bildungsgemeinschaft

Das Thema veranlaßt zum Nachdenken ebenso wie zum Vorausdenken. Zunächst zum Nachdenken: Europa als Bildungsgemeinschaft, – gab es das schon einmal? Durchaus. Erasmus von Rotterdam, nach dem eines der jüngsten EG-Austausch-Programme benannt ist, lebte und lehrte in den Niederlanden und England, in Deutschland und in der Schweiz. Sein Name steht für eine Vielzahl von Gelehrten und Studenten, die nicht nur im 15. Jahrhundert, sondern bis ins beginnende 19. Jahrhundert hinein, solange das Lateinische die allverbindende Sprache der Theologie, der Philosophie und der übrigen Wissenschaften war, sich zwischen den Universitäten Europas frei bewegen konnten, zwischen Coimbra und Prag oder von Paris über Heidelberg nach Padua. Gewiß, es war eine dünne Schicht von Gebildeten, die dieses Privileg genoß. Man sollte aber nicht vergessen, daß auch die Handwerker auf Wanderschaft gingen, über die Grenzen hinweg. Peter der Große holte sich seine Schiffbauer aus Holland, italienische und französische Architekten bauten in St. Petersburg wie in Bayern oder Dänemark, und mit Sicherheit brachten sie ihre Bauhandwerker, Stukkateure, Freskenmaler und Bildhauer mit. Seit dem 18. Jahrhundert war nicht nur am preußischen, sondern auch am Zarenhof Französisch die Sprache der Gebildeten, und es war sicher nicht nur die Adelssprache. Der Anglist Thomas Finkenstaedt hat bei einer Tagung einmal ein norddeutsches Dokument zitiert, nach dem von einem Handelsvertreter Mitte des vorigen Jahrhunderts erwartet wurde, daß er neben Französisch natürlich Englisch, aber auch Niederländisch und möglichst Italienisch sprach und verstand. Es wäre ein reizvolles kulturgeschichtliches Forschungsprojekt, einmal die Lebens- und Reiseverläufe, die sprachliche und berufliche Mobilität von Menschen verschiedener Berufsgruppen in den letzten Jahrhunderten zu untersuchen.

Kein Zweifel, das heutige Europa ist in diesem Sinne verarmt, obgleich in unserem Jahrhundert soviel mehr Menschen höhere Schulen und Hochschulen besuchen und praktisch jeder Zugang zur Bildung hat.

Jean Monnet, einer der Gründerväter der Europäischen Gemeinschaft, hatte wohl dies im Sinn, als er gegen Ende seines Lebens sagte: „Wenn ich es nochmal tun müßte, würde ich mit der Bildung anfangen." Und Jacques Delors, der Präsident der EG-Kommission, hat vor kurzem davor gewarnt, daß dieses vereinte Europa nicht ein „Europa der Krämer" werden dürfe. Er hat zu einer „europäischen Dimension" an Schulen und Hochschulen aufgerufen.

Europa also morgen auch als Bildungsgemeinschaft? Begeben wir uns aus den hehren Höhen der Vision erst einmal hinab in die Niederungen der Praxis mit ihren Unzulänglichkeiten und hemmenden Vorschriften.

Probleme der Einigung in Bildungsfragen

Ein optimal funktionierender Binnenmarkt, das leuchtet jedem Laien ein, würde berufliche Freizügigkeit, damit aber auch Sprachkompetenz seiner Bürger voraussetzen. Dafür aber werden die Grundlagen in Schule, Berufsbildung und Hochschule gelegt. Von einer Einigung in Bildungsfragen ist man jedoch noch weit entfernt. Jeder EG-Mitgliedstaat kocht sein eigenes Bildungssüppchen, in das seine Traditionen, aber auch seine politischen Reformvorstellungen als Ingredienzen eingehen. Bei uns werden sogar elf, neuerdings sechzehn Süppchen gekocht, und einer versucht häufig, dem anderen seine Suppe zu versalzen.

Als die Europäische Gemeinschaft gegründet wurde, hatte man es versäumt, auf diese Bildungsvielfalt und ihre möglichen Konsequenzen zu achten. Kohle, Stahl, Kernenergie und Agrarprobleme schienen vordringlicher. In den Römischen Verträgen von 1957 kommen die Worte Bildung und Kultur nicht vor, wohl aber der Auftrag, den Art. 128 erteilt, „Grundsätze für eine gemeinsame Politik der Berufsausbildung“ aufzustellen. An diesem und an einigen anderen Artikeln, die auf berufliche Mobilität dringen, hat man später versucht, sich wie Münchhausen am eigenen Zopf aus dem Sumpf zu ziehen.

Der Begriff Berufsausbildung wird in den jüngsten Jahren von der EG-Kommission immer weiter ausgelegt. Schützenhilfe bekam sie dabei vom Europäischen Gerichtshof. Der Gerichtshof hat in einer Reihe von Urteilen, darunter als das bekannteste das Gravier-Urteil von 1985 und das jüngste das ERASMUS-Urteil vom Mai 1989, den Begriff Berufsausbildung so weit gefaßt, daß praktisch jede Hochschulausbildung davon abgedeckt wird. Dies wurde von der Bundesregierung zunächst nicht voll erkannt oder euphemistisch verkannt; inzwischen setzt sich die bestürzte Einsicht durch, daß Gravier und die Folgen uns noch sehr beschäftigen werden, auch finanziell. Die Klägerin war, kurz gesagt, eine junge Französin, die in Belgien an einer Kunstakademie „bandes dessinées“, also Comic Strips, studierte. Sie hatte geklagt, weil sie höhere Studiengebühren zahlen mußte als die Belgier selbst. Sie bekam Recht.

Nachdem dieses Urteil ergangen war, hat der damalige Bundesbildungsminister Jürgen Möllemann den führenden Schul- und Hochschulrechtler Thomas Oppermann in Tübingen gebeten, ein Gutachten zu erstatten. Darin wird die dynamische Rechtsauffassung des EuGH und die „Gravier philosophy“ mit all ihren möglichen Folgen beschrieben, so z. B. der, daß die Bundesrepublik demnächst gehalten sein könnte, EG-Ausländern unter den Studierenden zu denselben Bedingungen BAFöG zu gewähren wie den Inländern. Auch die Frage, ob wir ausländische Lehrer auf Dauer von deutschen Schulstuben fernhalten können, wurde von Oppermann bereits in den Raum gestellt. Seither gibt es weitere Urteile des EuGH, wie das Lawrie-Blum-Urteil, durch das sich eine Engländerin erfolgreich in den deutschen Referendardienst eingeklagt hat, und vor allem das ERASMUS-Urteil, die diese Linie bestätigen und verfestigen.

Für die Länder der Bundesrepublik ist der EuGH als Gegenspieler ihrer Interessen kaum auszumanövrieren; denn europäisches Recht bricht nationales Recht. Sie haben sich von Anfang an gegen den Kompetenzverlust gewehrt, der ihnen durch die europäische Integration widerfährt, und gefordert, daß sie wenigstens am Entscheidungsprozeß beteiligt werden. Ihre Kulturhoheit steht auf dem Spiel. Die Übertragung von Hoheitsrechten auf die EG vollzieht sich nach Art. 24, Abs. 1 GG durch einfaches Bundesgesetz, ohne Zustimmung des Bundesrates. Immerhin haben es die Länder dank steter Intervention im Bundesrat erreicht, daß in Art. 2 des Gesetzes zur Einheitlichen Europäischen Akte (1986) die Grundlage für ihre Beteiligung geschaffen wurde. Danach muß der Bundesrat in Angelegenheiten, die ausschließlich oder wesentlich der Gesetzgebungskompetenz der Länder unterliegen, Gelegenheit zur Stellungnahme erhalten, bevor die Bundesregierung ihre Zustimmung zu Beschlüssen der EG gibt. Parlamentarier in Bonn, sowohl Angehörige des Bundesrates als auch Bildungspolitiker in den Bundestagsfraktionen, sagen einem freilich, und dies im Ton der Klage, daß die Dynamik der Brüsseler Entscheidungen, Beschlüsse, Aktionsprogramme inzwischen ein Drittel ihrer gesamten Arbeitszeit verschlinge. Kurz, sie kommen nicht nach. In der Enquête-Kommission „Bildung 2000“ wurde besonders bemängelt, daß bildungspolitisch relevante Beschlüsse aus Brüssel von der Exekutive gefaßt werden, ohne parlamentarische Kontrolle, und an der Legislative in Bund und Ländern, aber ebenso auch in anderen Mitgliedstaaten, vorbeilaufen.

Hier ist der Ort, etwas über das Europäische Parlament zu sagen, das diese parlamentarische Kontrolle auf europäischer Ebene ja ausüben könnte und sollte. Aber das EP – jetzt einmal abgesehen von seinen Dauerklagen über zu wenige Kompetenzen – hat sich von der Beschleunigung der europäischen Entwicklung und der magischen Zahl Binnenmarkt 1993 anstecken lassen. Wenn der Brüsseler Ministerrat neue, kostenträchtige Programme wie ERASMUS oder LINGUA beschließt, neigt es dazu, deren Finanzausstattung eher noch aufzustocken (und der Ministerrat ist gehalten, bei den sog. unnotwendigen Ausgaben auf das EP zu hören), während in Bund und Ländern die Bildungspolitiker die Stirn runzeln und an ihre Kompetenzen denken. Ein Beispiel: Die Länder-Kultusminister versuchen im Bundesrat das Äußerste, um die Kompetenzausweitung der EG im Bildungsbereich zu stoppen, nicht zuletzt auch die Minister unions-regierter Bundesländer. Der heutige Ministerpräsident Werner Münch (*CDU*) dagegen, zuvor bildungs- und kulturpolitischer Sprecher seiner Fraktion im EP, forderte damals die Länder auf, endlich ihre „destruktive Blockade“ aufzugeben und stattdessen zu einer „offensiven Kooperation“ überzugehen. Die Gemeinschaft solle dort und nur dort tätig werden, wo ihre Möglichkeiten besser sind. Just in Fragen der Freizügigkeit und Niederlassungsfreiheit sei dies aber der Fall.

Anerkennung der Bildungs- und Berufsabschlüsse

Freizügigkeit und Niederlassungsfreiheit, schon in den Römischen Verträgen gefordert, sind natürlich nur zu verwirklichen, wenn die Anerkennung von Bildungs- und Berufsabschlüssen vorausgegangen ist. Wie steht es damit? Eigentlich ganz merkwürdig.

Zunächst zu den Abschlüssen allgemeinbildender Schulen. Die Anerkennung der Abiture oder entsprechender Sekundarschulabschlüsse, die eine Studienberechtigung beinhalten, ist seit dem Dezember 1953 durch eine Europarats-Konvention (nicht also durch die EG!) gesichert, die nie in Frage gestellt worden ist. Damit ist der freie Hochschulzugang selbstverständlich, obgleich man sich hinter vorgehaltener Hand schon fragen darf, ob ein in Griechenland oder Portugal abgelegtes Abitur dem deutschen gleichwertig ist. Auch in Italien, wo 80 % der Sekundarschüler ein Gesamtschul-Abitur ablegen, oder in Frankreich, wo es demnächst 80 % sein sollen, sind einige Sorten dieser Abiture eigentlich Berufsfachschulabschlüsse, und Bildungsexperten in diesen Ländern versichern einem, daß man damit zwar studieren dürfe, es aber kaum zu einem Studienabschluß bringe. So geben denn zwei Drittel der italienischen Studenten nach einigen Semestern auf. In Frankreich werden die weniger Geeigneten nach zwei Jahren mit einem freundlichen Diplom hinauskatapultiert, oder nach drei, spätestens vier Jahren. Vergleichbar mit unserem System ist da herzlich wenig. Unter solchen Umständen ist es doch in der Tat merkwürdig, daß man mit den Abituren, baccalauréats oder Zeugnissen der maturità weit großzügiger verfährt als mit den Berufsbildungsabschlüssen.

Ich beginne mit der obersten Ebene, bei den Hochschulabschlüssen, und erinnere daran, daß nach der EG-Definition praktisch jegliche Hochschulausbildung mit Ausnahme vielleicht einiger Orchideenfächer und Luxusstudien für Senioren Berufsausbildung ist. So steht es übrigens auch in HRG, und zwar schon in dem von 1976. Vielleicht bedauern das heute manche.

Zunächst hat die EG versucht, die gegenseitige Anerkennung und damit die Freiheit der Berufsausübung durch Einzelrichtlinien zu sichern, so für Ärzte, Apotheker, Anwälte, Architekten, und die Verhandlungen darüber haben jeweils Jahrzehnte gedauert. Nun gibt es seit kurzem eine neue Philosophie in der EG. Jacques Delors, aber auch Martin Bangemann haben sie möglich gemacht: Statt dieser „vertikalen" Anerkennung genau definierter Berufe wird nun die „horizontale" Anerkennung propagiert und praktiziert. Dies bedeutet: Auf der Grundlage „gegenseitigen Vertrauens" wird angenommen, daß Hochschulstudien von drei oder mehr Jahren im Prinzip gleichwertig oder doch gleichartig sind. So geschehen bei der EG-Richtlinie über die Anerkennung der Hochschuldiplome, die der Ministerrat, der Rat der Wirtschaftsminister übrigens, im Dezember 1988 beschlossen hat. Binnen zwei Jahren muß sie in nationales Recht umgesetzt werden. Den Mitgliedstaaten ist es allerdings vorbehalten, bei Berufsbewerbern aus dem EG-Ausland, deren Ausbildung stark von der nationalen abweicht, Eignungsprüfungen oder Anpassungslehrgänge zu verlangen.

Seit 1989 liegt ein weiterer Richtlinienvorschlag der Kommission an den Rat auf dem Tisch. Er soll die Anerkennung der Berufe unmittelbar unter der Universitätsebene regeln, „reglementierter Berufe", wie es darin heißt, die eine ein- bis zweijährige Hochschulausbildung oder ein Studium an „gleichgestellten Ausbildungsstätten" voraussetzen. Darunter können wir uns nichts vorstellen, die Dänen, Niederländer, Belgier, Franzosen, Italiener aber durchaus. Bei ihnen werden beispielsweise Logopäden, Physiotherapeuten, Hebammen oder, im Falle Frankreichs, Techniker an den IUTs, „au sein des universités", also im Schoß der Universitäten, ausgebildet, aber lediglich zwei Jahre. Auch unsere Assistentenberufe – medizinisch-technische, physikalisch-technische usw. Assistenten – bedingen in anderen EG-Staaten eine Hochschulausbildung. Bei uns firmiert diese Ausbildung unter Berufsfachschulen. Zwei unterschiedliche Ebenen der Berufsausbildung also, unterschiedlich auch in Ansehen und Bezahlung, dürften da demnächst ins Wanken oder Überlappen geraten. Es wäre ja auch etwas absurd, wenn Ingenieure, Architekten oder Juristen im Europa des Binnenmarktes frei über die Grenzen wechseln könnten, Logopäden, Hebammen oder Freizeitpädagogen aber nicht. Für die Krankenschwestern gab es übrigens schon seit langem eine „vertikale" Richtlinie, die ihre Beschäftigung in allen Staaten der EG ermöglichte; und dies, obgleich in einigen Staaten Krankenschwestern an Hochschulen ausgebildet werden, in anderen, beispielsweise bei uns, aber nicht. Europa wird uns in vieler Hinsicht zum Umdenken zwingen.

Das gilt auch für die nächst-untere Berufsebene, die Facharbeiterberufe. Sie nämlich sind noch nicht wechselseitig anerkannt. Das ist in der Tat merkwürdig für jeden Laien, der die Qualität italienischer Autos, Textilien oder Schuhe oder spanischer Möbel zu schätzen weiß. Fachleute erklären einem dazu, daß die Tarifpartner Widerstand gegen eine solche Anerkennung anmelden, daß aber auch die ganz unterschiedlichen Sozialversicherungssysteme im Wege stehen. Und nicht zuletzt die Verschiedenartigkeit der Ausbildung. Die einen lernen durch „learning by doing" oder „looking", wie man auf Neudeutsch sagt, die anderen, etwa in Dänemark, haben sechswöchige Moduln, Bausteine ihrer Ausbildung, die kumuliert werden. In wieder anderen Mitgliedstaaten findet die Facharbeiterausbildung an Schulen statt. Ein duales System, wie wir es haben, kennt kein anderes EG-Land, doch verschiedene versuchen es inzwischen zu kopieren, die Portugiesen, die Niederländer, die Engländer zum Beispiel. Die Anfangserfolge sind gering. Es fehlt der Unterbau an Tradition, der bei uns bis in die mittelalterlichen Zünfte zurückreicht.

Das in Berlin von der EG eingerichtete CEDEFOP (Europäisches Zentrum für die Förderung der Berufsausbildung) ist seit Jahren mit der mühevollen Aufgabe beschäftigt, für eine Reihe von Facharbeiterberufen Profile und Tätigkeiten zu definieren, um auf dieser Grundlage wenn nicht Anerkennung, so doch Gleichstellung vorzubereiten. Für etliche große Berufsfelder (z. B. KFZ-, Elektroberufe, Hotel- und Gaststättengewerbe), die immerhin über 100 Einzelberufe umfassen, ist man damit fertig. Aber einige Hundert stehen noch aus. Der Direktor des BIBB, des Bundesinstituts für Berufsbildung in Berlin/Bonn, Hermann Schmidt, hegt die Hoffnung, daß man demnächst einen Europäischen Berufsbildungspaß haben werde, in dem neben einer Beschreibung der Ausbildung auch Zeiten und Arten der späteren Berufstätigkeit vermerkt werden, so daß der potentielle Arbeitgeber sich eine Vorstellung machen kann. Das könnte helfen. Der Durchbruch in Sachen Anerkennung läßt bei den Facharbeiterberufen jedenfalls noch auf sich warten.

Ich komme zum Sonderfall Lehrerberufe. Bei der Richtlinie über die gegenseitige Anerkennung der Hochschuldiplome habe ich sie ausgespart, obgleich sie es gewiß nicht verdienen. Denn wer sollte die zukünftigen jungen Europäer erziehen, fremdsprachenkundig, geschichts- und landeskundig machen, für eine europäische Dimension im Unterricht sorgen, wenn nicht die Lehrer? Und wer sollte wohl deutschen Jugendlichen Spanisch oder Portugiesisch besser beibringen als ein Lehrer aus Spanien oder Portugal? Gegen einen Wechsel der Lehrer über die Grenzen hinweg haben sich sowohl die Bundesländer als auch die Lehrerverbände bisher am heftigsten gesträubt. Sie beriefen sich auf die Ausnahmeregelung nach Art. 48, Abs. 4 EWG-Vertrag, nach der Berufe mit hoheitlichen Befugnissen aus der allgemeinen Freizügigkeit ausgespart werden sollen.

Diese Position wird sich m. E. nicht halten lassen. Nach der Auffassung der EG-Kommission – es gibt darüber einen Schriftwechsel zwischen Jacques Delors und Bundesaußenminister Hans-Dietrich Genscher – sind als Berufe dieser Art nur zu definieren: Militär und Polizei, Richter, Diplomaten, Zollbeamte, nicht aber Lehrer. Im Ablehnungsfalle droht die Kommission den Mitgliedstaaten sogar mit Vertragsverletzungsverfahren. Inzwischen ist selbst der Bundesrat weich geworden. Ein Antrag Bayerns und Baden-Württembergs, der darauf zielte sicherzustellen, daß der Unterricht an öffentlichen Schulen auch in Zukunft nur von eigenen Staatsangehörigen im Beamtenverhältnis erteilt werden könne, fand keine Mehrheit. Trotz des Grundgesetzauftrages, daß das gesamte Schulwesen unter der Aufsicht des Staates steht, haben die Lehrerverbände offenbar begonnen umzudenken. Die GEW war sowieso für eine Aufweichung des Beamtenstatus der deutschen Lehrer und damit für ihr Streikrecht. In den meisten europäischen Nachbarstaaten sind die Lehrer Beamte oder Quasi-Beamte und streiken trotzdem, so in Frankreich und Spanien. Der Deutsche Lehrerverband, Dachorganisation für den Philologenverband, den Verband der Realschullehrer und die Verbände der Lehrer an beruflichen Schulen, beharrt zwar weiterhin darauf, den Beamtenstatus deutscher Lehrer nicht anzutasten, plädiert aber neuerdings dafür, den Staatsangehörigkeitsvorbehalt im deutschen Beamtenrecht zu lockern. Reichlich locker ist er übrigens ohnehin schon. Nach § 4, Abs. 2 des Beamtenrechtsrahmengesetzes sind Ausnahmen bei der Staatsangehörigkeit zulässig, wenn ein „dringendes Bedürfnis" besteht. So sind immerhin schon rd. 20 000 Ausländer im öffentlichen Dienst bei uns tätig, davon 5 000 als Hochschullehrer oder -assistenten, 8 000 als Lehrer und die übrigen 6 000 bis 7 000 bei der Zoll- und Drogenfahndung. Künftig in die Bundesrepublik strebende

Lehrer aus anderen EG-Staaten müßten natürlich, so der Deutsche Lehrerverband, sich denselben Anpassungslehrgängen oder Eignungsprüfungen unterziehen und denselben sprachlichen Anforderungen genügen wie die übrigen Akademiker, auf die jene Richtlinie zur Anerkennung der Hochschuldiplome zutrifft. Das leuchtet ein.

Europa als Bildungsgemeinschaft

Abschließend gehe ich auf die europäische Dimension, auf Europa als Bildungsgemeinschaft ein. Die deutsche Einigung bedeutet, daß auch die Deutschen aus den neuen Ländern an sämtlichen EG-Programmen teilnehmen können. Das im Mai 1990 beschlossene TEMPUS-Programm (Trans-European Mobility Scheme for University Students) wurde zunächst für Kooperationsprojekte der EG-Hochschulen und -betriebe mit Betrieben und Hochschulen in Ungarn und Polen vorgesehen und gleich für das Anlaufjahr 1990/91 mit 40 Millionen DM ausgestattet. Inzwischen ist es für Teilnehmer aus allen übrigen mittel- und osteuropäischen Staaten (außer Rumänien) geöffnet worden. Europa als Bildungsgemeinschaft – das ganze Europa – rückt dank des stürmischen Demokratisierungsprozesses in diesen Staaten schnell in greifbare Nähe.

Dabei wird die Schlüsselrolle der Fremdsprachen im Schulunterricht, aber auch bei der Berufsausbildung immer mehr Bildungspolitikern und Pädagogen klar. Das neue EG-Programm LINGUA, das im Januar 1990 anlief, soll den Unterricht in den Fremdsprachen, besonders auch den Randsprachen der Gemeinschaft wie Portugiesisch, Dänisch, Griechisch fördern. Es wäre übrigens auch auf Kindergärten und Schulen ausgedehnt worden und sollte ursprünglich entsprechend höher dotiert werden, hätten nicht die deutschen Länder vehementen Protest angemeldet wegen Eingriffs in ihre Kulturhoheit. Nun ist es nominell auf die Berufsausbildung und die Ausbildung von Fremdsprachenlehrern begrenzt. Da aber in den meisten Mitgliedstaaten die Berufsausbildung an Schulen stattfindet, werden diese die Mittel abrahmen, während wir, ähnlich wie bei COMETT, nachhinken werden.

Mit den Fremdsprachen allein ist es selbstverständlich nicht getan. In den Sog der neuen Europa-Dynamik geraten zwangsläufig auch andere Unterrichtsfächer oder -bereiche wie Umweltbildung, die neuen Technologien, der Geschichtsunterricht und der Literaturunterricht. Ein Europäisches Geschichtsbuch ist in Vorbereitung, hoffentlich wird es gut, ein Europäisches Lesebuch fordert der Deutsche Lehrerverband, aber auch der bereits erwähnte damalige bildungspolitische Sprecher der EVP-Fraktion im EP, Werner Münch.

Die gerade genannten EG-Austauschprogramme und das Programm „Jugend für Europa“ (Youth for Europe), das auch bisher vernachlässigten Gruppen, wie Lehrlingen und jungen Berufstätigen, praktische Erfahrung, einschließlich sprachlicher Vorbereitung, in anderen Mitgliedstaaten vermitteln soll, können dazu beitragen. Absolut entscheidend sind sie nicht. Sie sollen ja nur Initialzündungen geben. Wir müssen viel mehr tun. Der schon längst laufende, auf Schul- oder Hochschulpartnerschaften beruhende Schüler-, Studenten- und Lehreraustausch müßte verstärkt werden. Ein Europa der Anschauung und Erfahrung, und zwar einer Anschauung und Erfahrung, die tiefer geht als ein bloßer Europa-Tourismus, mit Rucksack und Schlafsack auf dem Rücken, müßte viel mehr Jugendlichen und auch älteren Berufstätigen ermöglicht werden. Anders kann sich europäisches Bewußtsein nicht bilden.

Die „Mitteilung“ der Kommission an den Rat, in der ein mittelfristiges Programm bis 1992 skizziert wird, enthält den folgenden, vielleicht folgenschweren Satz: „Allgemeine und berufliche Bildung sollen an die Spitze der Prioritäten“ treten. Das klingt fast wie die Regierungserklärung Willy Brandts 1969. Man sollte dazu sagen, daß seit Bildung der neuen EG-Kommission die Unterabteilung Education, die bisher unter dem Schirm des Generaldirektorats für Arbeit und Soziales ein vergleichsweise schattenhaftes Dasein fristete, herausgenommen und zu einer Task Force befördert worden ist. Das bedeutet: sie muß in nächster Zeit ein eigenes Programm vorlegen und dürfte dann eine eigene, neue Generaldirektion „Education, Training and Youth“ werden.

Dies sind Indizien dafür, daß die Kommission und der Ministerrat entschlossen sind, aus der Europäischen Gemeinschaft, deren ständige Querelen um Agrarprobleme ihr die Sympathie vieler Bürger verscherzt haben, endlich eine „Bildungs- und Kulturgemeinschaft“ werden zu lassen. Dabei sollten regionale und föderalistische Besonderheiten keineswegs unterdrückt werden; vielmehr sollte die Vielfalt Europas als Bereicherung begriffen werden.

Ein kurzer Ausblick zum Schluß: Wenn der europäische Aufbruch anhält, der ja inzwischen überbordet über die Grenzen EG-Europas hinaus, ist es sehr unwahrscheinlich, daß die deutschen Länder ihre Bremser-Funktion beibehalten können. Ich berufe mich auf den in Juristen- und Politikerkreisen wohlbekannten Verfassungsrechtler Fritz Ossenbühl, der im September 1989 bei einer Tagung über „Föderalismus und Regionalismus in Europa“ in Bonn gesagt hat, die Verteidigungsposition der deutschen Länder sei „nahezu aussichtslos“ geworden. Ihnen bleibe kein anderer Weg, als vom „Kompetenzföderalismus zum Beteiligungsföderalismus“ überzugehen, ein Begriff, den auch Werner Münch aufgegriffen hat. Ähnlich argumentierte in den Mitteilungen des Deutschen Hochschulverbandes der Jurist Ingo Hochbaum von der Landesvertretung Schleswig-Holstein, allen Insidern als sehr konsequenter Verfechter der Länder-Kompetenzen bekannt, als er in einem Kommentar über das Erasmus-Urteil des EuGH schrieb, es sei wahrscheinlich, daß demnächst „auch der gesamte Sekundarschulbereich in den Regelungszugriff des Gemeinschaftsrechts einbezogen werden könnte“. Er endete mit der resignierten Feststellung, eine Änderung der Römischen Verträge, durch die Bildung und Kultur offiziell zum Gegenstand des Gemeinschaftsrechts gemacht würde, sei „à la longue wohl die beste Lösung“. Ich stimme ihm zu. Anders ist Europa als Bildungsgemeinschaft sicherlich nicht zu verwirklichen.

Zusammenfassend: Wir gehen einem Wettstreit der europäischen Schul-, Hochschul- und Berufsbildungssysteme entgegen. Nicht Vereinheitlichung, sondern Kräftemessen ist das Gebot der Stunde. Das deutsche Konzept einer dualen

Berufsausbildung ist bereits zu einem „Exportschlager" geworden und wird von immer mehr Mitgliedstaaten nachgeahmt. Wenn das deutsche gegliederte Schulwesen, das auch in den neuen Ländern überwiegend eingeführt ist, so leistungsfähig ist, wie viele meinen, braucht man nicht zu befürchten, daß es in der Konkurrenz mit den gesamtschulartigen Systemen der anderen EG-Länder unterliegen könnte. Das Europa von morgen wird ein föderalistisches Europa sein. Diese Einsicht hat sich in Brüssel längst durchgesetzt.

Ohne Opfer, ohne gewisse Kompetenzverluste auf diesem wie auf anderen Gebieten wird das vereinte Europa nicht geboren. Die Gewinne werden aber sicherlich die Opfer aufwiegen. Gewonnen werden nicht nur 11 europäische Märkte, gewonnen wird auch ein neues oder erneuertes europäisches Bewußtsein. Das „Europa der Bürger" wird ein Europa ohne Grenzen sein, es wird stolz sein auf seine wiederentdeckte kulturelle Einheit in aller Vielfalt, auf seine Traditionen, seinen moralischen Grundkonsens. Wenn sich die Entwicklung fortsetzt, daß europäische Staaten außerhalb der EG, daß die deutsche Nation als ganze sich demselben moralischen Grundkonsens verpflichtet wissen, eröffnen sich neue Ausblicke auf ein die Grenzen der EG sprengendes Europa.

Literatur in Auswahl*

Arbeitsgemeinschaft Freie Schulen (Hrsg.): Handbuch Freie Schulen. Pädagogische Positionen, Träger, Schulformen und Schulen im Überblick (1988)

Arbeitsgruppe Bildungsbericht am MPI für Bildungsforschung: Das Bildungswesen in der Bundesrepublik Deutschland (1990)

K. Aurin: Eine gute Schule – was ist das? Die Realschule 9/1989, 357 ff.

Ders. u. a.: Schule in der Diskussion. Eichholz Brief 4/87

R. Baumeister u. a.: Die Vermittlung wirtschaftlicher Zusammenhänge im allgemeinbildenden Schulwesen. Vorträge und Beiträge der Politischen Akademie der Konrad-Adenauer-Stiftung 10, hrsg. von K. Weigelt (1989)

K. Bayerts/H. H. Holz: Grundwerte. Der Streit um die geistigen Grundlagen der Demokratie (1987)

W. Brezinka: Erziehung in einer wertunsicheren Gesellschaft. Beiträge zur Praktischen Pädagogik (1986)

Ders.: Tüchtigkeit – Analyse und Bewertung eines Erziehungsziels (1987)

Ders.: Erziehung – Kunst des Möglichen. Beitr. zur Praktischen Pädagogik (³1988)

Ders. u. a.: Werterziehung. Vorträge und Beiträge der Politischen Akademie der Konrad-Adenauer-Stiftung 19, hrsg. von K. Weigelt (1991)

Der Bundesminister für Bildung und Wissenschaft (Hrsg.): Allgemeinbildung heute. Schriftenreihe 22 (1988)

Ders. (Hrsg.): Grund- und Strukturdaten 1990/1 (November 1990)

Der Bundesminister für innerdeutsche Beziehungen (Hrsg.): Vergleich von Bildung und Erziehung in der Bundesrepublik Deutschland und in der Deutschen Demokratischen Republik (Wiss. Kommission unter Leitung von O. Anweiler) (1990)

R. Falk/R. Weiß (Hrsg.): Mikro-Computer. Herausforderung für das Bildungswesen (1987)

K. G. Fischer (Hrsg.): Zum aktuellen Stand der Theorie und Didaktik der Politischen Bildung (⁵1986)

J.-D. Gauger u. a.: Bildungsgemeinschaft Europa. Vorträge und Beiträge der Politischen Akademie der Konrad-Adenauer-Stiftung 16, hrsg. von K. Weigelt (1991)

Ders. u. a.: Allgemeinbildung. Von der Notwendigkeit allgemeinverbindlicher Inhalte. Vorträge und Beiträge der Politischen Akademie der Konrad-Adenauer-Stiftung 7, hrsg. von K. Weigelt (1988)

Ders.: Geschichtsverständnis und Politische Bildung. Materialien zur Politischen Bildung 3/1989, 14 ff.

Ders. u. a.: Anstöße zur Schulpolitik. Vorträge und Beiträge der Politischen Akademie der Konrad-Adenauer-Stiftung 12, hrsg. von K. Weigelt (1989)

E. E. Geißler: Welche Farbe hat die Zukunft? Über politische Kultur im technischen Zeitalter (1986).

Ders. (Hrsg.): Life-long-learning-Society. Universitätsseminar des Instituts für Erziehungswissenschaft in Zusammenarbeit mit der Hanns-Martin-Schleyer-Stiftung (1989)
U. Göbel/W. Kramer (Hrsg.): Aufgaben der Zukunft – Bildungsauftrag des Gymnasiums (1989)
M. Hättich u. a.: Die politische Grundordnung der Bundesrepublik Deutschland in Politik- und Geschichtsbüchern. Forschungsbericht der Konrad-Adenauer-Stiftung 47, hrsg. von H.-J. Veen/P. Weilemann (1985; Neuauflage vorgesehen)
B. Heck (Hrsg.): Verantwortung für die Jugend – Erziehung im demokratischen Staat. Studien zur Politischen Bildung 15 (1987; dort ausführliche Verweise auf ältere Lit.)
W. Heldmann Kultureller und gesellschaftlicher Auftrag von Schule (1990)
G. Helwig (Hrsg.): Schule in der DDR (1988)
U. Kittler: Ganztagsschule im Angebot – Problemskizze für einen „Dritten Weg". Forum E 9/1990, 10 ff.
W. Kramer: Die Ganztagsschule als offenes Angebot. Beiträge IW Köln 157 (1990)
B. Mohr: Bildung und Wissenschaft Deutschland West (1991)
E. Meinberg: Das Menschenbild der modernen Erziehungswissenschaft (1988).
W. Mitter: Schule und Bildung in beiden deutschen Staaten. Forum E 4/1990, 15 ff.
A. Pfeifer: Nach 40 Jahren Bildung im Sozialismus. Neuanfang statt Wende, in: F. Bohl (Hrsg.): Abschied von einer Illusion. Die Überwindung des Sozialismus in Deutschland (1990) 173 ff.
Die Realschule. Zeitschrift für Schulpädagogik und Bildungspolitik 9/1989 (Themenheft zur Entwicklung der Realschule) – 4/1990 (Themenheft zur Elternmitwirkung und -mitverantwortung) – 7/1990 (Themenheft zum Spracherwerb)
E. Schaaf: Ansätze und Perspektiven zeitgeschichtlichen Unterrichts. Forum E 7/8/1990, 10 ff.
F. Schaumann – H. G. Hofmann: Bildungspolitischer Reformbedarf in der Bundesrepublik und in der DDR. Beiträge IW Köln 155 (1990)
S. Schiele/H. Schneider (Hrsg.): Konsens und Dissens in der politischen Bildung. Didaktische Reihe der Landeszentrale für politische Bildung Baden-Württemberg (1987)
G. Schmirber (Hrsg.): Umwelterziehung als Bildungsaufgabe. Berichte und Studien der Hanns-Seidel-Stiftung 53 (1990)
C. Solzbacher/H.-W. Wollersheim: Hauptschule '89 – Auf den Trümmern der Reform (1989).
Der Spiegel 38/1990 („Verbummelte Zeit"); 41/1991 („Chaos Schule", insb. das Interview mit W. Nowak, 66 ff.)
M. Spieker: Flucht aus dem Alltag? Arbeit, Wirtschaft und Technik in den Schulbüchern des katholischen und evangelischen Religionsunterrichts (1989)
B. Sutor: Neue Grundlegung politischer Bildung I/II (1984)

S. Uhl: Die Pädagogik der Grünen. Vom Menschenbild zur Familien- und Schulpolitik (1990)
Verband Deutscher Realschullehrer (Hrsg.): Was heißt und zu welchem Ende betreiben wir Erziehung? (Mülheimer Kongreß 1987) (SD 1988)
Ders. (Hrsg.): Koedukative Erziehung. Positionen, Probleme, Perspektiven (Mülheimer Kongreß 1989) (SD 1990).
W. Wittenbruch: Grundschule im Zielfeld der Erwartungen. Forum E 6/1990, 9 ff.
D. Waterkamp: Handbuch zum Bildungswesen der DDR (1987)

*Die Hinweise beschränken sich im wesentlichen auf den Zeitraum 1987–1991; Hinweise auf ältere Lit. s. in dem von B. Heck herausgegebenen Sammelband.

Personenregister

(nicht aufgenommen wurden reine Literaturverweise innerhalb der Artikel)

Nachtrag: Schulgesetzgebung der neuen Länder (Stand: Ende Juni 1991)

Land	Brandenburg	Mecklenburg-Vorpommern	Sachsen	Sachsen-Anhalt	Thüringen
Schulen in freier Trägerschaft	vorlaüfig geregelt gemäß Berliner Gesetz über Privatschulen	geregelt gem. Volkskammergesetz über Privatschulen vom 22. 7. 90	geregelt gemäß Art. 7 (4) Grundgesetz	geregelt gemäß Art. 7 (4) Grundgesetz	geregelt gemäß Art. 7 (4) Grundgesetz
Dauer der Vollzeitschulpflicht	10 Jahre	9 Jahre	9 Jahre	9 Jahre	9 Jahre
Lehrerausbildung	zweiphasig, einphasig mögl., schulstufenbezogen	zweiphasig, schulartbezogen	nicht im Schulgesetz geregelt; Ermächtigungsnorm für VO	nicht im Schulgesetz geregelt	zweiphasig, schulartbezogen
Religion	noch keine Regelungen	Religionskunde oder Religionsunterricht gem. Art. 7 (2), (3) GG (sobald personelle Vorauss. gegeben)	gemäß Art. 7 (2), (3) Grundgesetz; Ersatzfach Ethik, Philosophie	gemäß Art. 7 (2), (3) Grundgesetz; Ersatzfach Ethik	gemäß Art. 7 (2), (3) Grundgesetz; ausgen. Fachschulen; Ersatzfach Ethik
politische Bildung	noch keine Regelungen	noch keine Regelungen	noch keine Regelungen	noch keine Regelungen	noch keine Regelungen
Mitwirkung der Lehrer und Eltern	nicht geregelt	über Beiräte	über Beiräte	über Beiräte	über Beiräte und Personalvertretung
Übergangsverfahren in das weiterführende Schulsystem	Gutachten nach Kl. 6; Freies Elternwahlrecht	Grundschulvorschlag u. Antrag d. Eltern nach Kl. 4; bei abweich. Meinung Elternvotum	Elternwahl nach Empfehlung der Grundschule; Aufnahme nach Begabung u. Leistung	Elternwahl nach Neigung und Fähigkeiten des Kindes	Elternwahl nach Empfehlung der Schule; Gymn.: Notenvorgaben, ggf. Aufn.-prüf. (VO)
Schulentwicklungsplanung	geregelt; Vorgaben: fläch. Bildungs- u. Abschlußangebot (ohne Realschule); Finanzierbarkeit	nicht im Gesetz geregelt	nicht im Gesetz geregelt	geregelt; Vorgabe: ausgewog. Bildungsangebot; Ermächt. f. VO	nicht im Gesetz geregelt
neue Schulstruktur voraussichtl. ab	1. 8. 1991	1. 8. 1991	1. 8. 1991	1. 8. 1991	1. 8. 1991

Die Autoren

Kurt Aurin, Prof. Dr., Erziehungswissenschaft, Univ. Freiburg
Wolfgang Brezinka, Prof. Dr., Erziehungswissenschaft, Univ. Konstanz
Jörg-Dieter Gauger, Dr., Stv. Leiter der Politischen Akademie der Konrad-Adenauer-Stiftung
Erich E. Geißler, Prof. Dr., Erziehungswissenschaft, Univ. Bonn
Georg Gölter, Dr., MdL, Kultusminister des Landes Rheinland-Pfalz a. D.
Henning Günther, Prof. Dr., Allg. Didaktik und Schulpädagogik, Univ. zu Köln
Peter Heesen, OStR, Vorsitzender des Philologenverbandes NRW
Werner Heldmann, Prof. Dr., Allg. Pädagogik, Univ. Düsseldorf
Kurt A. Heller, Prof. Dr., Psychologie, Univ. München
Rainer Ilgner, Dr., Stv. Sekretär der Deutschen Bischofskonferenz
Julius Krämer, Prof. Dr., Schule und Unterricht, Univ. Bielefeld
Josef Kraus, OStR, Präsident des Deutschen Lehrerverbands
Rudolf Lassahn, Prof. Dr., Erziehungswissenschaft, Univ. Bonn
Birgit Lermen, Prof. Dr., Neuere Deutsche Literatur, Univ. zu Köln
Brigitte Mohr, Dr., Frankfurter Allgemeine Zeitung, Bonn
Ilse-Maria Oppermann, Vorsitzende des Bundeselternrats
Franz Petermann, Prof. Dr., Klinische Psychologie, Univ. Bremen
Ulrike Petermann, PD Dr., Schulpädagogik, Univ. Bonn
Karl-Heinz Potthast, LKR, Vorsitzender der AG Evangelischer Schulbünde
Herbert Reul, MdL, Generalsekretär der CDU NRW
Elisabeth Sander, Prof. Dr., Psychologie, EWH Rheinland Pfalz, Koblenz
Uwe Sandfuchs, Prof. Dr., Ausländerpädagogik, Univ. Hildesheim
Bernhard Vogel, Dr., Ministerpräsident a. D., Vorsitzender der Konrad-Adenauer-Stiftung
Reinhold Weiß, Dr., Institut der deutschen Wirtschaft, Köln
Klaus Westphalen, Prof. Dr., Pädagogik, PH Kiel
Peter Winterhoff-Spurk, PD Dr., Psychologie, Univ. des Saarlandes